CAMINHOS CRUZADOS

Estratégias de empresas
e trajetórias de trabalhadores

Universidade de São Paulo
Reitor: Prof. Dr. Adolpho José Melfi
Vice-Reitor: Prof. Dr. Hélio Nogueira da Cruz

Faculdade de Filosofia, Letras e Ciências Humanas
Diretor: Prof. Dr. Sedi Hirano
Vice-Diretor: Prof. Dr. Gabriel Cohn

Departamento de Sociologia
Chefe: Prof. Dr. Lísias Nogueira Negrão
Suplente: Prof. Dr. Brasilio Sallum Jr.

Coordenação do Curso de Pós-Graduação em Sociologia
Coordenador: Prof. Dr. Sérgio Adorno
Vice-Coordenadora: Profa. Dra. Maria Helena Oliva Augusto
Secretaria do Curso: Irany Emidio, Maria Ângela Ferraro de Souza
e Juliana Maria Costa

Agradecimento
O autor e o Curso de Pós-Graduação em Sociologia do Departamento
de Sociologia da Universidade de São Paulo agradecem à CAPES —
Coordenação de Aperfeiçoamento de Pessoal de Nível Superior —
os recursos que viabilizaram a co-edição deste livro.

Nadya Araujo Guimarães

CAMINHOS CRUZADOS

Estratégias de empresas
e trajetórias de trabalhadores

Curso de Pós-Graduação em Sociologia
Universidade de São Paulo

editora■34

EDITORA 34

Editora 34 Ltda.
Rua Hungria, 592 Jardim Europa CEP 01455-000
São Paulo - SP Brasil Tel/Fax (11) 3816-6777 www.editora34.com.br

Curso de Pós-Graduação em Sociologia
Departamento de Sociologia da Faculdade de Filosofia, Letras e
Ciências Humanas da Universidade de São Paulo
Av. Prof. Luciano Gualberto, 315 Cid. Universitária CEP 05508-900
São Paulo - SP Brasil Tel. (11) 3091-3724 Fax (11) 3091-4505

Copyright © Editora 34 Ltda., 2004
Caminhos cruzados © Nadya Araujo Guimarães, 2004

A FOTOCÓPIA DE QUALQUER FOLHA DESTE LIVRO É ILEGAL, E CONFIGURA UMA
APROPRIAÇÃO INDEVIDA DOS DIREITOS INTELECTUAIS E PATRIMONIAIS DO AUTOR.

Capa, projeto gráfico e editoração eletrônica:
Bracher & Malta Produção Gráfica

Revisão:
Carmen T. S. Costa

1ª Edição - 2004

Catalogação na Fonte do Departamento Nacional do Livro
(Fundação Biblioteca Nacional, RJ, Brasil)

Guimarães, Nadya Araujo, 1949-
G979c   Caminhos cruzados: estratégias de empresas
e trajetórias de trabalhadores / Nadya Araujo Guimarães.
— São Paulo: USP, Curso de Pós-Graduação em
Sociologia: Ed. 34, 2004.
408 p.

ISBN 85-7326-288-5

Inclui bibliografia.

1. Trabalho - Aspectos sociais - Brasil.
2. Indústria químico-petroquímica - Aspectos sociais
- Brasil. 3. Trabalhadores - Brasil - Condições sociais.
I. Universidade de São Paulo. Curso de Pós-Graduação
em Sociologia. II. Título.

CDD - 331.0981

CAMINHOS CRUZADOS
Estratégias de empresas
e trajetórias de trabalhadores

Um prefácio dialogal, *Francisco de Oliveira* 9

Introdução 17

PARTE 1:
CONSTRUINDO O OBJETO

1. A Sociologia do Trabalho Industrial no Brasil:
desafios e interpretações 41
   1. Os pontos de partida 41
   2. O "novo sindicalismo" e a nova Sociologia
   do Trabalho Industrial 46
   3. Crise, reestruturação e trabalho industrial 60

2. Tempo e espaço:
antigos desafios, novas abordagens 71
   1. Uma trajetória de enriquecimento
   temático e teórico: do caso isolado à cadeia,
   do transversal ao longitudinal 73
   2. As questões centrais e o partido metodológico
   no estudo da cadeia químico-petroquímica:
   cadeia e complexos; mercados e processos de trabalho 78
   3. Tempo e espaço:
   levando mais longe a problematização 87

PARTE 2:
ESTRATÉGIAS DE SELETIVIDADE OCUPACIONAL
E CONSTRUÇÃO DO CONSENTIMENTO
ENTRE OS TRABALHADORES "SOBREVIVENTES"

3. Na cadeia produtiva da
indústria químico-petroquímica:
organização e relações industriais 99
   1. Globalizando o global e privatizando o particular:
   a trajetória da químico-petroquímica brasileira 105

2. A reestruturação industrial e a reestruturação
das relações industriais na petroquímica brasileira:
em direção a um novo tipo de regime fabril? 125

4. O dia seguinte: as credenciais da
sobrevivência ao ajuste nas empresas 137

1. O ajuste dos anos 90 e seus efeitos
sobre o volume de emprego 139
2. Quem foram os sobreviventes dos anos 90? 149
3. A inserção ocupacional dos que sobreviveram
ao ajuste dos anos 90 156

5. A alquimia organizacional:
qualificação e construção do consentimento 169

1. Os casos: quais as bases para novas institucionalidades? .. 171
2. Os desafios no primeiro elo da cadeia:
mercado monopolizado, decisões centralizadas
e gestão paternalista — a experiência da "Refinaria" 178
3. Abrindo a jaula de ferro:
limites institucionais à novidade técnico-organizacional
— o caso da"Petroquímica" 191
4. As chances de institucionalização no envolvimento
compulsório — o caso da "Companhia" 205
5. As chances da institucionalização no envolvimento
coletivamente negociado — o caso da "Química" 219
6. As bases para o consentimento:
refletindo conclusivamente sobre os casos 229

PARTE 3:

OS DESTINOS DOS TRABALHADORES DESLIGADOS

6. O destino dos demitidos:
a contribuição das análises longitudinais
ao estudo das mudanças no trabalho no Brasil 237

1. O tempo como elemento endógeno
ao desenho de estudos sobre o mercado de trabalho 241
2. Por que pensar em termos longitudinais para entender
as transições ocupacionais no Brasil dos anos 90? 256

7. Reestruturação sistêmica e mobilidade predatória:
destinos de trabalhadores em espaços sociais
sob intensa mudança 279

1. A reestruturação sistêmica 283

2. Reestruturação sistêmica e mobilidade predatória?
Padrões de trajetória intersetorial de demitidos
na indústria químico-petroquímica da Bahia 289

8. Laboriosas, mas redundantes: diferenciais de gênero nas transições ocupacionais.. 307

1. Retomando alguns pontos de partida:
os anos 90 e as novidades na dinâmica
do trabalho feminino no Brasil 312

2. O destino dos demitidos, a redundância
e as chances de inserção:
diferenciais entre homens e mulheres 317

9. Do trabalho ao desemprego: contextos societais, construções normativas e experiências subjetivas 331

1. Da Sociologia do Trabalho à Sociologia do Emprego?
Mudanças estruturais e re-significação de conceitos 332

2. Por uma agenda de novos temas para uma
Sociologia do Desemprego: as dimensões
normativo-institucional e biográfico-subjetiva 347

3. Pensando comparativamente:
o Brasil à luz de outras realidades 351

Bibliografia 367

UM PREFÁCIO DIALOGAL

Francisco de Oliveira

Dizendo em português um tanto arcaico, Nadya Guimarães é, decididamente, uma trabalhadeira formidável. Hoje, com mais pedantismo, diz-se *workaholic*, ainda mais quando estamos no terreno da Sociologia do Trabalho. Mas eu prefiro o meu termo em desuso, também porque lembra e rima com "mulher rendeira", que é também parte do poderoso ofício de Nadya.

O livro, originado de sua tese de livre-docência, dá conta, em parte, de uma intensa atividade de pesquisa desenvolvida em três décadas de trabalho, desde seu doutorado na Universidad Nacional Autónoma de Mexico, para não recuar até seu mestrado na UnB. Pode-se conferir essa trajetória pelos títulos da própria autora — 35 citados —, que não é uma auto-referência narcísica, mas a avaliação do diálogo consigo mesma, com suas posições ao longo do tempo, a elaborada e permanente re-construção do objeto. Além disso, a impressionante bibliografia, que não é apenas citada mas utilizada ao longo dos capítulos, mostra um domínio do *métier* raro e apropriado, o que faz dela uma professora de primeiro plano na sua área. Aqui se combinam pesquisa e docência como deveria ser em toda genuína vocação universitária. A riqueza do material — quase multimídia, pois falta ainda a fala da pesquisadora —, gráficos funcionais, tabelas compreensíveis, faz deste livro presença obrigatória nos cursos e disciplinas da Sociologia do Trabalho e afins que tomem o trabalho ainda como o processo estruturador-mor da sociedade capitalista de nosso tempo.

O partido teórico-metodológico de Nadya se define, a meu ver, a partir do encontro com Michael Burawoy, cujos *Manu-*

facturing consent e *The politics of production*, ambos da década de 1980, ofereceram o suporte a toda uma nova geração de pesquisadores do trabalho para escapar do que se julgava excesso de determinismo de Braverman (*Labor and monopoly capital*). A outra grande vertente teórico-metodológica que influenciou os novos estudos do trabalho é a que se inspirou nos trabalhos de Edward J. Thompson e sua perspectiva da classe "fazendo-se", mas essa influência não é marcante em Nadya Guimarães. A perspectiva gramsciana que inspira Burawoy pareceu mais adequada para tratar processos e conflitos que, sobretudo na era de ouro do *welfare*, pareciam ser — e o foram também — construídos sobre o consentimento entre trabalhadores e empresários, um terreno de qualquer modo pantanoso entre o capital e o trabalho, que não exclui a coerção mas não se esgota nela.

Essa perspectiva alentou os estudos que se conduziam "sobre o terreno", chãos-de-fábrica, estudo dos contratos e das greves, alguns quase etnográficos na tradição de Marx nos capítulos sobre a jornada de trabalho em *O capital*, os quais poderiam fornecer — e forneceram — os elementos empíricos para observar a construção do consentimento. Assim, o estudo dos processos de trabalho não seria, apenas, o do definhamento das qualificações, mas um terreno privilegiado para a observação da medição de forças e de seus resultados. A Sociologia do Trabalho realizou ao longo das duas últimas décadas esse programa de pesquisa, que na perspectiva burawoyana também escapava da abordagem tipo "Sociologia Industrial" de Chicago. No Brasil, os estudos da Sociologia do Trabalho desde então se multiplicaram, compondo hoje uma rica orquestração com todos os naipes, tons e semitons necessários para a compreensão desse que continua sendo o terreno mais central do conflito.

A primeira parte do livro dedica-se ao estabelecimento do objeto e seu método, incorporando as dimensões de espaço e tempo: no primeiro caso, para sair dos estudos isolados e avançar integrando as cadeias produtivas — o que é evidentemente um enorme avanço tanto do ponto de vista do trabalho (o trabalhador

10   Francisco de Oliveira

coletivo de Marx nos *Grundrisse*) quanto do capital (com a intensa concentração do capitalismo contemporâneo) — e, no segundo, para abandonar a perspectiva *cross-section* que se revela inadequada para o estudo de processos de longa duração, que envolvem reestruturações e emprego/desemprego. As cadeias químico-petroquímicas mostram-se especialmente adequadas para o exercício dessas mudanças metodológicas, até porque antecipam algo do que veio a ocorrer nos processos de trabalho e organização anteriormente fordistas.

Na segunda parte, Nadya perscruta as novas estratégias de seleção e construção do consentimento entre os trabalhadores, as receitas consideradas mágicas pela literatura apologética desde os famosos processos toyotistas aos "vestir a camisa da empresa" — digamos mais acidamente: os "recursos de método" do capital, que quer se mostrar longe das antigas formas descaradas da ditadura fabril e as substitui por algo que pode ser pior: a internalização e subjetivação das "razões" da empresa, uma versão do Dr. Kevorkian, a "morte assistida" da resistência do trabalhador e de suas organizações da autonomia. No título desta parte, nossa autora cometeu uma espécie de "ato falho": trabalhadores "sobreviventes" não deixa de evocar Braverman...

Na terceira parte, Nadya Guimarães trabalha com um novo objeto, próprio dos tempos do desemprego de longa duração: os destinos dos trabalhadores desligados. Aqui, o uso de metodologia longitudinal revela-se essencial. Trata-se de um problema que não se colocava na era de ouro keynesiana e entre nós parecia completamente abstruso, pois só a taxa de crescimento demográfico de São Paulo, ao longo de décadas até os anos 1980, mostrava que sobravam empregos e faltavam braços. É verdade que nossa forma de acumulação truncada utilizou o trabalho chamado informal como mecanismo quase de acumulação primitiva. Hoje, o trabalho informal — que já perdeu como conceito sua capacidade heurística — não é o "outro" do trabalho formal ou com carteira: ele é agora o modelo para o que ainda resta de trabalho com relações formalizadas. Flexível, polivalente, anti-hie-

Um prefácio dialogal

rárquico: de que estamos falando? Nossa autora revela outra vez os truques dessas promessas e seus fracassos, inclusive o da chamada qualificação pelo aumento da escolarização. Não havia entre os 18 mil inscritos para vagas de gari no Rio de Janeiro até físicos e bacharéis no plural lembrando o personagem de Jorge Amado em *Gabriela, cravo e canela*? Outra vez, doutora querida, Braverman está nos seus calcanhares: "Laboriosas, mas redundantes" é o título do capítulo 8.

Agora, é o caso de voltar a Marx, ao diálogo com a economia política. A Sociologia do Trabalho derivada dos capítulos clássicos de *O capital* obrigou-se a examinar todas as clivagens do mercado de trabalho, de gênero, étnicas, regionais, etárias, para não subsumir tudo aprioristicamente nas determinações abstratas do capital e numa classe trabalhadora homogênea e inequívoca, com o que se ganhou enormemente, que se confirma no vastíssimo repertório examinado por Nadya Guimarães. Agora a tarefa é outra. Pois na origem essa Sociologia do Trabalho buscava explicar a mais-valia, suas formas absoluta e relativa, as variações impostas pelas jornadas, especializações e qualificações, suas relações com as porções do exército de reserva, e finalmente a taxa de lucro e a forma do capitalismo, concorrencial, oligopolístico, monopolístico. Percorrido todo o riquíssimo trajeto dos estudos empíricos, faz-se necessário voltar a perguntar-se sobre os efeitos e as relações que guarda e constrói com o sistema capitalista contemporâneo, globalizado e financeirizado. E sobre as classes. Para Sociologias do Trabalho de outras matrizes teóricas, esse diálogo não se impõe, mas para esta inspirada na concepção de trabalho como coerção e estranhamento, não há como fugir. O que não quer dizer que já não se deva seguir o percurso de cada nova forma surgida no bojo desse conflito. Mas as próprias conclusões a que já se chegou mudam a prospectiva, numa nova síntese sobre o que quer dizer trabalho no capitalismo contemporâneo. De não ser assim, a Sociologia do Trabalho se prolongará sem fim num formalismo sofisticado, ou no máximo como um texto. É muito pouco para todo o enorme esforço feito.

Não se trata de voltar a Braverman, mas de aceitar o desafio contemporâneo: todas as lutas travadas, inclusive nas suas expressões políticas — neoliberalismo, declínio do *welfare*, direitização das esquerdas —, têm a ver com o trabalho, as resistências ainda efetivas, as não-formas atuais propiciadas pela revolução molecular-digital. A Sociologia do Trabalho de Nadya Guimarães investiga incessantemente esses processos. Cabe dar-lhe um remate, sempre provisório, mas que nesse momento pode ser iluminador, dos modos pelos quais as metamorfoses no trabalho respondem pelo estado do capital hoje e, sem exagerar, do mundo. É urgente. Até porque a própria ciência é parte integrante desses processos, e sem a crítica das humanidades ela pode converter-se apenas numa técnica. Vá lá, Nadya.

CAMINHOS CRUZADOS

Estratégias de empresas
e trajetórias de trabalhadores

Para
Joana, Pedro e Antonio Sérgio,

na ordem de chegada,

pela (saudável) desordem que
impuseram a meus planos e rumos,
e pela cumplicidade com que comigo
assumiram os percursos refeitos.

INTRODUÇÃO

Neste livro sistematizo um percurso de pesquisa empírica e de reflexão acadêmica que me envolveu intensamente nos últimos sete anos, mais exatamente desde 1995. Vários interesses moveram esse percurso e a reflexão dele resultante. Tentarei situar os principais, organizando-os a partir das suas fontes de motivação. Ao fazê-lo, parece irresistível começar pelas motivações que advêm da própria agenda social. De fato, os estudos do trabalho talvez sejam um daqueles campos temáticos, na Sociologia, em que tal agenda tem demonstrado sua elevada capacidade de pautar os interesses científicos e as prioridades de investigação. A mera remissão ao ano de 1995 já é alusiva aos múltiplos vetores sociais que confluíam para formar a agenda de pesquisa. Era um momento em que a redemocratização afigurava-se consolidada, mas em que a mudança econômica, ainda em efervescência, estava muito longe da decantação que se iniciara na cena política. Sobressaíam-se os efeitos do processo de abertura econômica e de mudança nas formas de atuação do Estado (na produção direta, tanto quanto na regulação das relações entre produtores); eles se manifestavam nos apelos à menor intervenção estatal, à maior competitividade das firmas, aí contidas as mudanças nas suas estratégias competitivas, com impactos importantes nos planos macroeconômico e microorganizacional. Mas 1995 foi também o ano de ingresso numa conjuntura de estabilização monetária, com reflexos importantes na pauta das negociações coletivas e sindicais. Simbolizava, também, a constituição de novas instâncias de negociação e pacto de interesses, seja no âmbito da gestão pública — com destaque para as experiências de gestão multipartite de grandes fundos públicos (como o FAT — Fundo de Amparo ao Trabalhador) —, seja na gestão das empresas. Entretanto, a reanimação econômica, resultante de um bem-sucedido plano de estabilização, já deixava entrever aquele que viria a ser o legado duradouro, mas desafiante, da primeira metade dos anos 1990: se recuperação houvesse, ela se daria em novas bases, temperadas por novas estratégias gerenciais de competição — seja por mercados, seja pelo consentimento e compromisso da parte dos trabalhadores que haviam logrado sobreviver nos ambientes de trabalho, reestruturados pelo ajuste macroeconômico e microorganizacional.

Isto mesmo, "sobrevivência" e "reestruturação" pareciam duas idéias-chaves, densas de significado, tanto para os atores sociais quanto para seus intérpretes. Começo pela última (a "reestruturação") e tentarei chegar à primeira (a "sobrevivência"). De fato, a noção de reestruturação da atividade produtiva — a propalada "reestruturação produtiva" — adquirira uma tal vigência em meados da década dos 90, que ultrapassara os gabinetes dos pesquisadores para assumir o estatuto de um conceito, por assim dizer, "nativo", dotado de sentido pelos atores sociais e, por isto mesmo, capaz de organizar-lhes as formas de cognição, as motivações e de orientar as suas condutas. "Reestruturação produtiva" fazia referência a um cardápio de mudanças sociais que afetavam os assim chamados "chãos-de-fábrica", neles alterando a forma tecnológica e organizacional de produzir, as estratégias de gerenciar as relações de trabalho e de negociar o consentimento em face dos novos padrões de produção, e atingindo o próprio perfil dos trabalhadores. Entretanto, mais além dos seus efeitos sobre o processo e as relações de trabalho nos cotidianos fabris, a noção de "reestruturação produtiva" apontava para os elos entre o espaço microorganizacional e o que estava para além dele, isto é: para as novas formas de controle patrimonial (no bojo de um processo intenso de fusões e aquisições que se desencadeava com a abertura econômica e a integração da produção local a padrões competitivos internacionais); para as estratégias de competição interfirmas; para os novos encadeamentos produtivos delas resultantes, na busca de metas de qualidade e produtividade.

Processos microorganizacionais pareciam, assim, indelevelmente ligados a dinâmicas macroeconômicas: aos mercados de ativos, aos mercados de produtos, mas também aos mercados de trabalho (e não somente aos mercados internos, mas também aos mercados externos de trabalho). "Enxugamento" aparecia como a palavra mágica no ideário gerencial; ela banalizava a idéia de que a longevidade da relação de emprego distava de ser um valor, mesmo no Brasil, onde a relação salarial jamais se universalizara como norma. Enxugamento, encolhimento de efetivos, exteriorização de processos produtivos, mas também de trabalhadores, terceirização, foram práticas que emergiram com força nesse momento, introduzindo um novo léxico e uma nova gramática, que tentavam dar conta da alteração profunda, então em curso, na maneira de incorporar o trabalho: no seu volume, na sua natureza, nas relações sociais que o estruturavam, nas institucionalidades que o regulavam. Ou seja, sobreviver ao ajuste, permanecendo empregado nos ambientes produtivos reestruturados, parecia ser, mais e mais, uma conquista de poucos. E quem eram eles? Quais os seus atributos? Sob que condições se mantinham incluídos? Na contraface dessa moeda, que se passava com os que eram desligados no curso desse processo de reestruturação, tão fortemente seletivo? Cedo a pressão da agenda social se transmutou em linha de inquirição analítica, a mobilizar parcela não desprezível dos pesquisadores no campo dos estudos do trabalho no Brasil.

Para mim, ela tinha um encanto adicional. O encanto dos conhecimentos que desestabilizam formas aparentemente sólidas de interpretar a realidade. De fato, a Sociologia do Trabalho cumprira, até então, uma trajetória que, conquanto rica, tinha algumas características que mereciam ser repensadas, se quiséssemos aceitar o desafio de construir formas de abordagem, e metodologias, mais adequadas a bem interpretar o que transcorria no Brasil. E por quê? Troco em miúdos o argumento. A geração dos pesquisadores e intérpretes que assistiam àquelas mudanças dos 90 era herdeira de uma tradição analítica que viera se consolidando desde fins dos 70. Essa tradição tinha na análise dos locais de trabalho, no estudo da experiência subjetiva do processo de trabalho, o seu modo particular de penetrar no entendimento das relações sociais que se estabeleciam nos ambientes produtivos. Como tal padrão de "ciência normal", parafraseando Kuhn, foi gerado entre nós? Como e por que abandonamos o estilo anterior de reflexão, que dominara desde o final dos anos 1950 até a primeira metade dos 70, pelo qual o trabalho retirava a sua importância analítica do fato de ser uma dentre as dimensões centrais (mas, arriscaria dizer, uma dimensão assujeitada) ao grande tema do desenvolvimento e da mudança social? Como e por que migramos para um estilo de reflexão em que o trabalho se torna o ponto de partida analítico por excelência para entender a mudança social no Brasil, centrado no valor heurístico do estudo do local de produção, da experiência da vida fabril, da análise das relações sociais *na* produção, antes que das relações sociais *de* produção? A isto dedicarei o primeiro capítulo.

De fato, os estudos sociológicos do mercado de trabalho, que haviam contribuído decididamente para as reflexões sobre desenvolvimento e marginalidade na América Latina (e no Brasil), estavam, já desde os anos 1980 (e permaneciam naquele alvorecer dos anos 90), subordinados às chamadas análises do processo de trabalho. Iria mais longe e diria que a nossa Sociologia do Trabalho constituía-se diferenciando-se da antiga agenda, mais próxima ao que seria uma Sociologia do Emprego. A conjuntura dos anos 90 desafiou o estilo dominante de análise; ou, quando menos, a suficiência interpretativa do mesmo. Por um lado (e como dito acima), porque as tendências dos 90 chamavam a atenção para os elos entre mudanças nos chãos-de-fábrica e mudanças nos mercados (de ativos econômicos, de bens e produtos, e de trabalho). Por outro lado, porque para entender a contínua transformação técnico-organizacional que atingia as firmas era insuficiente a estratégia analítica (dominante nos 80) dos estudos transversais de casos isolados (nos quais cotidianos de trabalho eram analisados qualitativamente e em profundidade). Assim, em lugar de estudos de casos isolados, impunha-se a necessidade de análises de redes interfirmas, de cadeias produtivas; esse estilo transformou os referentes de espaço que até então presidiam os desenhos metodológicos das nossas pesquisas. Ademais, em lugar dos estudos de casos intensamente observados num único momento de tempo, surgem as análises de trajetórias de transformação das firmas; com elas, alteram-se também os referentes de tempo que haviam estado vigentes até o final dos 80.

Alterar os referentes de tempo e de espaço foi, então, desafio metodológico para as novas abordagens das mudanças que se verificavam tanto nas estratégias das firmas, quanto nos destinos dos trabalhadores. A necessidade de melhor estudar tais processos traz à cena a importância dos estudos de trajetórias — de empresas e de trabalhadores. De fato, conquanto não se inaugurassem no pós-90, foi a partir de então que esses estudos passaram a adquirir uma vigência analítica muito mais poderosa. Foram esses os parâmetros da reconstrução dos nossos objetos de estudos. No capítulo 2, desenvolvo mais extensamente esse argumento. Ao fazê-lo, dou por finda a primeira parte, na qual procuro introduzir o leitor às minhas interpretações sobre o processo de construção do campo de conhecimento, ao qual me dedicarei nas partes segunda e terceira que lhe seguem.

Mas, o leitor pode se indagar, por que começar por uma releitura do processo de construção do campo de estudos? Por estar convicta de que descrição e análise empírica não são procedimentos ingenuamente unívocos. Por acreditar que as ferramentas conceituais e metodológicas, por meio das quais procurarei me apropriar dos processos a interpretar, dependem, em grande medida, do modo como entendo o campo. Nesse sentido, a realidade será reconstruída a partir de um certo lugar teórico-metodológico. E é esse lugar, creio eu, que se careceria situar, no ponto de partida. Assim fazendo, dou ao leitor o benefício da dúvida, isto é, os instrumentos para que possa pôr em questão as

Introdução

minhas próprias descrições e interpretações, porque localizo — no debate intelectual — o ponto em que ancoro a minha própria abordagem.

Para acompanhar os processos que tinham lugar no Brasil dos 90, decidi observá-los em uma situação-limite: a da moderna indústria químico-petroquímica. O pioneirismo, a intensidade e a radicalidade das mudanças ali ocorridas tornavam os processos muito mais facilmente perceptíveis se observados nesse setor. Justamente por ter se afigurado, desde a sua origem, como a ante-sala de mudanças que se generalizariam em seguida, as indústrias de fluxo, e particularmente a indústria química, haviam atraído a atenção de teóricos, em alguns dos estudos mais clássicos da história da Sociologia do Trabalho. Ademais, o processo de incorporação de tecnologia automatizada (cedo reconvertida a formas de automação digital e de otimização de processos produtivos tecnologicamente integrados) e de novos artefatos da tecnologia gerencial (como equipes de trabalho, regimes de turno contínuo, hierarquias mais planas etc.) fez dessas indústrias verdadeiras precursoras nas estratégias de produção de compromisso, em razão das especificidades dos seus cotidianos de trabalho. Além do mais, elas eram marcadas pelo uso de uma força de trabalho cujos ativos de qualificação (escolaridade formal, treinamento nos processos produtivos, "casamento com as plantas" etc.) aproximavam-se daquilo que, para os demais tipos de indústria, apenas muito depois viria a se constituir como um traço característico, e que, no Brasil, seriam reconhecidos somente nos anos 90. Finalmente, no caso brasileiro, a forma como tal segmento se constituiu, articulado a uma política industrial de substituição de importações no ramo dos insumos básicos, fortemente ancorada nos incentivos e na ação produtiva direta do Estado, num modelo patrimonial *sui generis*, aviva o interesse. Para argumentar em favor da riqueza analítica dessas indústrias tendo em vista o estudo das transformações recentes no trabalho no caso brasileiro, procuro, no capítulo 3, sistematizar as características da organização e das relações industriais nas empresas da cadeia químico-petroquímica na primeira metade dos anos 1990 e como as mudanças então ocorridas atingem-nas, alterando estratégias gerenciais das firmas e as relações entre elas.

Descritas tais mudanças, trato de, no capítulo 4, caracterizar os seus efeitos no que concerne à ocupação e ao perfil dos trabalhadores que logram manter-se empregados nas empresas químico-petroquímicas. Quem sobreviveu ao ajuste promovido pelas firmas? Que credenciais parecem ter qualificado esses trabalhadores a permanecer nos ambientes reestruturados de trabalho? Se compararmos redes de empresas em distintos complexos produtivos, os efeitos se assemelham? Ou, pelo contrário, eles só podem ser adequadamente percebidos se não apenas ultrapassamos o nível da firma individual, e analisamos complexos, mas se os comparamos em diferentes contextos produtivos e mercados regionais de trabalho? Será possível aceitar que o enxugamento, embora sempre seletivo, possa ter tido um desenrolar e efeitos distintos se comparados, por um lado, complexos voltados à produção para a exportação e sediados em mercados de trabalho mais heterogêneos e com maior risco de desemprego e, por outro, complexos voltados ao comprador brasileiro e recrutando sua força de trabalho em mercados mais homogêneos e sujeitos a menor desemprego?

Encerrando a segunda parte, procurarei, no capítulo 5, enfrentar uma questão sociológica que reputo central: que diferentes caminhos foram trilhados pelas firmas na busca da negociação de interesses, da legitimação dos seus objetivos e da construção do consentimento dos seus trabalhadores com vistas às intensas mudanças que promoveram, e cujos efeitos retratei no capítulo anterior. Tal questão se mostra central na medida em que o nosso partido teórico recusa frontalmente qualquer tipo de determinismo, econômico ou tecnológico, que retire dos atores, da construção de suas identidades e da negociação de seus interesses, o foco central da análise dos processos de mudança. Assim, através de estudos de alguns casos-tipo, procurarei argumentar que a busca do compromisso para com metas e modalidades de organização (da produção e do trabalho) assumiu diferentes formas.

Para entendê-las, há que ter em conta alguns elementos explicativos importantes, dentre os quais destacaria: o porte da empresa, a sua posição na cadeia produtiva, o tipo de gestão do trabalho e a força da organização sindical dos seus trabalhadores. Os casos estudados (tratados como casos estilizados, na medida em que expressam síndromes típicas das características acima) chamam a atenção do leitor para o que denomino uma "alquimia organizacional". Digo alquimia não somente para, num jogo de palavras, fazer referência a que o conjunto de práticas e técnicas de produção de consentimento tem lugar entre empresas do âmbito da transformação química, mas para aludir ao fato de que práticas e técnicas têm como substrato (tal qual na alquimia medieval) uma panacéia: a chamada "qualificação" e as políticas gerenciais voltadas para a sua produção. Com esse argumento concluirei a segunda parte.

Até aqui o campo privilegiado da observação e da análise fôra o do estudo das empresas, enquanto organizações formais, em suas estratégias para lidar com um ambiente econômico em mudança, formando alianças e tecendo novas relações, seja com outras empresas, seja com os trabalhadores selecionados como aptos (ou qualificados) a sobreviver ao profundo ajuste que promoveram. Ao manter a empresa como unidade privilegiada de análise, onde, então, estaria a novidade da abordagem em face dos estudos de caso de processo de trabalho que haviam dominado o campo até a primeira metade dos anos 90? A novidade está, a meu juízo, (i) na análise de trajetórias de mudanças, (ii) comparando empresas, (iii) controlando a sua inserção no seio de cadeias produtivas, e (iv) temperando a interpretação com a diversidade regional e de propriedade de capital que dá sentido às escolhas que se espelham nas suas estratégias gerenciais. Dessa forma, os mercados — de ativos, de produtos e de trabalho —, que antes eram tratados ora como pressupostos ora como resultados da análise, tornam-se agora parte integrante do interesse interpretativo, centrais à definição do objeto. Por isso mesmo, a constelação de casos tratados na Parte 2 requer abarcar (no desenho mesmo do estudo) a diversidade de propriedade de capital, de posição na cadeia produtiva e de localização regional do mercado de trabalho, de modo a refletir sobre a transformação no tempo, experimentada por conjuntos de casos articulados — e não apenas sobre o estatuto das relações de trabalho num caso isolado, tratado transversalmente e em profundidade, do ponto de vista da dinâmica das relações sociais na experiência cotidiana do processo de trabalho. Esse me parece o avanço na metodologia de abordagem.

Mas tal avanço ainda não me parecia ser suficiente para dar conta da complexidade das transformações desencadeadas no Brasil dos anos 90. Assim, na terceira parte, procuro dar um passo adiante, no esforço por mostrar que, para tal, era imperioso relacionar as estratégias das empresas às trajetórias dos trabalhadores, articulando a dinâmica da mudança intra-organizacional aos resultados dessa que se expressam, não apenas na trajetória da firma, mas dos indivíduos que ali haviam estado ocupados; considerando não apenas a dinâmica do processo de trabalho (sua organização, gestão e transformação), mas dos mercados de trabalho. Por isso mesmo, inicio a terceira parte defendendo, no capítulo 6, um partido metodológico: o de que a análise longitudinal da dinâmica do mercado de trabalho aporta um conhecimento novo, e refinado, sobre as vicissitudes dos trabalhadores em contextos de intensa reestruturação. Procurarei argumentar no sentido de que, mais que um contexto, um pressuposto ou um resultado, capturado na forma de uma fotografia transversal (como, por exemplo, fiz no capítulo 4), uma Sociologia das mudanças no trabalho, no Brasil, deve aceitar o desafio de fazer do tempo um elemento endógeno à análise, também no que concerne ao estudo dos destinos dos trabalhadores por ela atingidos. Como? Desvendando os percursos ocupacionais de coortes de indivíduos. Mais que mera análise pontual do volume da ocupação e do perfil dos ocupados, num contexto de "enxugamento", torna-se analiticamente relevante focalizar um outro aspecto: qual o destino dos que foram desligados da indústria no curso desse processo? E tal destino — argumentarei nesse capítulo 6 — pode ser reconstruído metodologicamente sob diferentes formas, e com diferentes resultados em termos interpretativos. Assim, podemos insistir numa sucessão de análises transversais *dos estoques* de desempregados; mas podemos também investir em analisar destinos de trabalhadores sujeitos a experiências comuns no mercado de trabalho, *coortes* de trabalhadores. Podemos acompanhar essas coortes seja através de sucessivas "fotografias", reiterando análises transversais (as chamadas análises de tipo *repeated cross-section*); mas podemos ir mais longe, buscando descobrir trajetórias típicas de agregados de indivíduos, percursos comuns no mercado de trabalho, ao modo de uma verdadeira análise longitudinal de tipo prospectivo. Para ilustrar a diversidade de resultados dessas três diferentes formas de abordagem metodológica, e a potencialidade interpretativa da análise longitudinal, tomarei o caso dos demitidos da indústria brasileira, no ano de 1989; eles serão acompanhados em seus intentos de obtenção de um novo trabalho assalariado no mercado formal de trabalho no Brasil por nove anos consecutivos, entre 1989 e 1997. Para tanto, usarei uma base especial de dados longitudinais, a Rais-Migra, que lança mão de registros administrativos do Ministério do Trabalho. Assim fazendo, creio poder atrair o leitor para o meu partido metodológico, que aplicarei nos capítulos subseqüentes dessa terceira parte.

De modo a demonstrar a possibilidade — e o interesse analítico — de ligar as descrições e análises sobre as mudanças nas firmas ao estudo das trajetórias dos trabalhadores, no capítulo 7, voltarei a considerar o caso da indústria químico-petroquímica, em seus dois mais importantes complexos produtivos, na Bahia e em São Paulo, analisando comparativamente os percursos ocupacionais dos trabalhadores que foram desligados da cadeia produtiva, nos dois diferentes espaços regionais. Serão os contextos de saída importantes para entender os destinos dos desligados? Serão os momentos da demissão importantes para informar as chances de obtenção de um novo vínculo empregatício? Quais os ativos individuais decisivos para a reinserção, isto é, que qualidades, ou que qualificações, aumentam as chances de reingresso ao trabalho registrado? E por que insistir com o exemplo da indústria química, depois de ter mostrado, no capítulo anterior, que os contornos gerais dos destinos valem para o conjunto da força de trabalho industrial? Defenderei o argumento de que, em condições de reestruturação sistêmica, como a que acontece com radicalidade no setor, as transições entre situações no mercado de trabalho configuram uma mobilidade de tipo predatório, que leva de roldão sejam direitos, sejam ativos de qualificação.

Para aprofundar a análise do caráter seletivo das mudanças que atingem também os trabalhadores desligados, o capítulo 8 focalizará as diferenças entre sexos nos percursos ocupacionais. Desigualdades entre homens e mulheres mostram-se um traço importante nos destinos ocupacionais e nos intentos de reinserção. Tanto mais importante quanto mais heterogêneo e informalizado o mercado onde se compete, mesmo mantido constante o setor — no caso ainda a indústria química moderna, comparada novamente em seus dois pólos brasileiros mais importantes, através da mesma base prospectiva de dados administrativos, a Rais-Migra.

Chegando a esse ponto, acredito, terei reunido os elementos de reflexão necessários a formular as minhas considerações finais. Elas estarão reunidas no nono e último capítulo, com o qual buscarei argumentar em favor da idéia de que as novas problemáticas que passaram a desafiar o nosso entendimento, a partir dos anos 90, impuseram, à Sociologia do Trabalho, o enriquecimento das suas formas de abordagem e das metodologias em uso. Assim como, ao final dos anos 70, um importante desenvolvimento analítico deu lugar à emergência, no Brasil, dos estudos do processo de trabalho, com seu enfoque eminentemente qualitativo e transdisciplinar da experiência cotidiana nos chãos-de-fábrica, para bem entender a realidade contemporânea do trabalho, havia que enriquecer nossas abordagens e metodologias. Entre os múltiplos caminhos possíveis, um deles me parece particularmente profícuo — e, por certo, não exclui outros desenvolvimentos, ao contrário. No capítulo 9, argumentarei em favor da urgência e do valor heurístico de avançarmos em direção a uma Sociologia do

Desemprego. Será isto um mero chamamento à volta aos estudos do mercado de trabalho? Penso que se trata de algo bem mais complexo. E apelo para duas ordens de considerações.

É certo que o chamado movimento de "racionalização" do uso do trabalho pôs a nu o fenômeno da vulnerabilidade do trabalhador individual, do risco crescente do desemprego e da precarização das relações de trabalho. Nessas condições, o desemprego se tornou um mecanismo eficaz para, dizendo-o de modo provocativo, promover a redistribuição dos empregos. É certo que, num primeiro momento, a análise do fenômeno do desemprego foi tributária (corretamente tributária, de resto) dos estudos sobre a razão gerencial, que emergia, assim como do lugar do trabalho nos chamados "novos paradigmas de produção". Não sem razão, os problemas do emprego passaram a ser tratados como problemas da empregabilidade, reabilitando o conceito proposto por Ledrut tantos anos atrás. Entretanto, bem cedo os intérpretes que propugnavam pela hipótese da tendência à convergência entre os modelos produtivos (e entre os processos a eles conseqüentes) se aperceberam de que não bastava observar as tendências inscritas nas estratégias empresariais de reestruturação. Quando variavam os contextos societais, estratégias gerenciais similares produziam efeitos sociais muito diversos. Um âmbito estratégico para reconhecê-lo foi justamente o mercado de trabalho. Estratégias gerenciais aparentemente similares (até porque gestadas no bojo de processos de globalização de investimentos e de negócios) poderiam produzir fenômenos tão diversos como o "desemprego de longa duração", no caso da Europa Ocidental, por exemplo, ou a "recorrência do desemprego", no nosso caso, para tomarmos um exemplo alternativo.

Na primeira situação, surge um novo fenômeno que desafia as formas do contrato social antes vigente. Ora, tal como originalmente concebido, o desemprego era uma situação de privação de trabalho *involuntária e transitória*; por isso mesmo, cabia ser mitigado por meio de políticas sociais; tais políticas institucionalizaram seu caráter transitório e involuntário, conferiram legitimidade social ao "desempregado", transferindo para as redes públicas de proteção social os antídotos que permitiriam — e acelerariam — a transição entre um e outro vínculo de trabalho. Ora, quando tal transição já não se faz célere, ou para aqueles grupos aos quais ela já não é sequer possível, a pressão exercida sobre as políticas públicas, pelo alongamento do tempo de permanência dos indivíduos na situação de desemprego, notadamente para alguns grupos de trabalhadores, torna-se um desafio que põe em cheque as próprias políticas de proteção, desestabilizando a forma como até então estivera institucionalizado o desemprego, e pondo em risco a legitimidade do estatuto do desempregado, juntamente com as políticas voltadas à sua proteção.

Entre nós, um regime público e pujante de *welfare* jamais chegou a se constituir e a institucionalizar políticas abrangentes e eficazes de proteção. Por isso mesmo, rompe-se o elo entre emprego e desemprego (o emprego deixa de ser o outro do desemprego), e o trânsito no mercado de trabalho assume uma pluralidade de formas, necessárias à produção do rendimento que garante a sobrevivência. Na ausência de um regime público de proteção, eficaz e abrangente, a ampliação do fenômeno da recorrência no desemprego torna-se, entre nós, o efeito socialmente mais relevante das estratégias de "racionalização" do trabalho. Nessas condições, nem os indivíduos são reconhecidos pela política pública e nem se reconhecem e reivindicam subjetivamente como desempregados, sujeitos do direito ao trabalho, ou ao rendimento condizente com mínimos de sobrevivência.

Por isso mesmo, uma Sociologia do Trabalho, entre nós, deve se sentir desafiada a entender tanto os contextos empresariais em que vige a norma da relação salarial, quanto os contextos de trabalho em que os indivíduos transitam (mais dia, menos dia; com maior ou menor intensidade), ao redor das redes dominantemente privadas (e com freqüência familiares) de promoção de alguma ocupação, capaz de prover algum rendimento. Em contextos sociais como o nosso, a experiência do trabalho nem de longe pode ser analiticamente resolvida pela extensão da metáfora dos "chãos-de-fábrica". E, desse modo, quando cruzamos os destinos — das empresas e dos seus trabalhadores —, somos premidos a incorporar, ao estudo da Sociologia do Trabalho, cenários analíticos que transbordam a metáfora fabril que organizara a nossa cognição sobre o mundo do trabalho. Cenários que nos remetem à experiência cotidiana da produção da sobrevivência, em condições de incerteza e risco, que distam muito das formas organizadas pela razão subjacente à relação salarial.

Entretanto, longe de propugnar pela estratégia analítica de somarmos abordagens a respeito de setores — como, por exemplo, "formal" e "informal", só para retomar velhos conceitos —, procurarei propor, no capítulo final, que uma Sociologia das Relações Sociais no Trabalho não pode escapar ao desafio de compreender e conciliar duas dimensões centrais a bem retratar os contornos atuais da experiência do trabalho: a da sua construção institucional e a da sua construção subjetiva. Neste livro, buscarei ilustrar como, seja observando a partir dos locais de trabalho, seja observando a partir dos mercados de trabalho, a interpretação analítica com respeito aos determinantes sociais da construção — institucional e subjetiva — da experiência do trabalho é o desafio que se oferece ao nosso conhecimento. Para tanto, urge articular os avanços que logramos nos estudos sobre transformações nas estratégias das empresas ao estudo longitudinal das trajetórias e biografias de seus trabalhadores. Esse pode ser um caminho frutífero para progredirmos na compreensão da forma específica pela qual se (re) constroem — institucional e subjetivamente — as relações sociais de trabalho.

No desenvolvimento do esforço de investigação subjacente à defesa do argumento, foi imprescindível o apoio de inúmeras instituições e pessoas. Inicio pelas primeiras e sigo pelas últimas. Embora correndo o risco de lapsos imperdoáveis, seria inadmissível não registrar os débitos, intelectuais e institucionais.

O estudo sobre reestruturação da cadeia químico-petroquímica, em que analisei os complexos produtivos de Camaçari, Bahia, e Santo André, São Paulo, teve lugar como parte do projeto "Qualificação, Mercados e Processos de Trabalho: Estudos de Caso no Complexo Químico Brasileiro", pesquisa que contou com o patrocínio da Finep — Financiadora de Estudos e Projetos e do CNPq — Conselho Nacional do Desenvolvimento Científico e Tecnológico. Ela se ancorou num projeto mais amplo, intitulado "Reestruturação Produtiva e Qualificação", cuja execução teria sido impossível não fora o apoio da sua coordenação-geral, sediada no Cedes — Centro de Estudos Educação e Sociedade e na Unicamp — Universidade de Campinas. Na equipe do nosso chamado "Projeto Cedes" foi decisivo o diálogo intelectual com outros colegas, que tocavam projetos afins, como Márcia Leite, Leda Gitahy, Alice Abreu, José Ricardo Ramalho, Cibele Rizek e Vanilda Paiva; ou que se somaram à nossa equipe como consultores, no caso Laís Abramo e John Humphrey. Ivany Pino (Cedes) e Márcia Leite (Decisae/Unicamp) foram figuras decisivas para a viabilidade da arquitetura institucional que sustentou a pesquisa.

Para dar conseqüência a essa arquitetura, tal como planejada, duas instituições foram particularmente importantes. Por um lado, a Universidade Federal da Bahia, através do Programa de Pós-Graduação em Sociologia, ao qual ainda estive ligada entre 1995 e 1996, enquanto desenvolvia os estudos de campo no Pólo Petroquímico de Camaçari. Por outro lado, o Cebrap — Centro Brasileiro de Análise e Planejamento, ao qual me integrei como pesquisadora associada em 1993, e para onde me transferi em 1996; ali obtive todas as condições requeridas para o desenvolvimento do trabalho no Pólo de Capuava/Santo André, inicialmente como pesquisadora visitante da Fapesp, e posteriormente como membro da equipe permanente do Centro.

Na equipe de pesquisa sediada na UFBa foi decisivo o envolvimento do grupo de assistentes de pesquisa, orientandos e bolsistas de iniciação científica. Sem eles, teriam sido impossíveis os longos levantamentos de campo e a cuidadosa preparação dos dados. Por isso mesmo, não poderia deixar de agradecer a Mar-

Introdução

tha Maria Ramos Rocha dos Santos, Vera Lucia Bueno Fartes, Edson Neves Valadares, Mônica Rocha, Sandra Oliveira, Ana Cristina Andrade, Sandro Santana, Priscilla Andreata Silva e Nereida Mazza do Espírito Santo. Já no Cebrap, foram essenciais à viabilidade das atividades da pesquisa em Santo André, tanto a interlocução e a amizade dos colegas que comigo construíam a Área de "Estudos do Trabalho" — Álvaro Comin, Alexandre Comin, André Gambier Campos —, como o apoio inestimável de uma dedicada equipe de bolsistas, formada, entre 1995 e 1997, por Paulo Henrique da Silva, Fernando Valentim, Beatriz Veloso, Adriana Vieira e Tatiana Landini.

Não seria demais dizer que, sem a colaboração de engenheiros, operadores e funcionários administrativos (notadamente nas áreas de automação, gestão da qualidade e recursos humanos) das diversas empresas estudadas, dificilmente teria conseguido reunir a massa de informações necessária a mobilizar o apoio de tantos e tão eficientes colegas de pesquisa, envolvidos na realização dos estudos de caso. Bem assim, os sindicatos de trabalhadores e os sindicatos patronais, na Bahia e em São Paulo, foram colaboradores decisivos, tanto no acesso a dados, como na discussão de idéias.

Ao tempo em que acumulava os achados da pesquisa de campo nas empresas químico-petroquímicas, crescia a minha convicção de que tão importante quanto estudar os "sobreviventes" ao ajuste seria acompanhar o destino dos que haviam sido desligados das empresas. Transformar sentimento em projeto de pesquisa, testar metodologias, produzir dados para acompanhamento longitudinal de percursos foi algo que por certo teria sido absolutamente impossível não fora a cumplicidade de uma equipe de colegas e o apoio decidido de algumas instituições. Parceiros no mesmo sentimento de que tínhamos um novo território analítico a devassar foram, na primeira hora, Adalberto Cardoso (inicialmente como colega no Cebrap e posteriormente no IFCS e no Iuperj), Luís Antonio Caruso e Valéria Pero (no CIET-Senai). Posteriormente, Álvaro Comin se integraria a esse grupo.

Não fora o apoio da Anpocs — Associação Nacional de Pós-Graduação e Pesquisa em Ciências Sociais, através do seu Programa de Dotações de Pesquisa patrocinado pela Fundação Ford, concedido, em 1996, ao projeto "Trajetórias Ocupacionais e Empregabilidade: Por uma Metodologia Quantitativa para Estudo dos Trabalhadores Industriais na Nova Ordem Produtiva", dificilmente teríamos podido ir adiante, testando alternativas metodológicas para acompanhamento de trajetórias de demitidos. Bem assim, sem o envolvimento do Ministério do Trabalho, notadamente através de Vera Marina Martins Alves, e dos técnicos da Datamec e da AB Consultoria, no Rio de Janeiro, as idéias inovadoras de Luís Antonio Caruso e Valéria Pero, temperadas com os adendos meus e de Adalberto Cardoso, dificilmente ganhariam a forma da primeira base experimental de dados, denominada Rais-Migra, construída a partir da Rais, para acompanhar trajetórias de desligados da indústria, entre 1989 e 1993. Posteriormente foram produzidas novas bases de dados longitudinais, geradas a partir da Rais, e sucessivamente mais refinadas; novamente foi possível contar com o apoio do Ministério do Trabalho e da Datamec, já agora através das suas equipes sediadas no Rio de Janeiro e em São Paulo.

A continuidade da pesquisa relacionando estratégias de empresas e trajetórias de trabalhadores deu-se através de um outro projeto, negociado pelo Cebrap junto à Finep, em 1998, e que se intitulou "Reestruturação, Qualificação e Seletividade: As Bases Sócio-Institucionais de uma Nova Contratualidade no Âmbito do Trabalho". O apoio entusiasmado de José Arthur Giannotti, tanto à constituição da área de "Estudos do Trabalho", como ao desenvolvimento dessa linha de pesquisas, foi condição *sine qua non* para que os compromissos de pesquisa pudessem ser honrados e o andamento das atividades assegurado, mesmo nos hiatos entre diferentes financiamentos ou quando patrocinadores atrasavam a liberação de recursos.

Mas o caminho que vai da produção da base de dados ao seu aproveitamento metodológico, mediante ferramentas refinadas de análise estatística, requeria mais do que suporte financeiro. Ele foi possível igualmente graças ao intercâmbio científico com alguns parceiros internacionais, experimentados no tema, que se dispuseram a discutir as virtualidades e limites dos dados que produzíramos, e que nos acompanham desde 1997. São eles: Peter Elias (pesquisador do IER — Institute for Employment Research da University of Warwick), Kate Purcell (inicialmente pesquisadora do IER e posteriormente coordenadora da ESRU — Employment Studies Research Unity, da University of West of England), Margaret Birch (pesquisadora do IER), Abigail McKnight (inicialmente também membro do IER e posteriormente pesquisadora do CASE — Center for Analysis on Social Exclusion, da London School of Economics), Alain Degenne e Marie-Odile Lébeaux (pesquisadores do LASMAS — Institut du Longitudinal, em Caen, França) e Helena Sumiko Hirata (pesquisadora do GERS — Genre et Rapports Sociaux, Laboratório Associado ao CNRS e sediado no IRESCO — Institut de Recherches sur les Sociétés Contemporaines, França).

Acordos de cooperação internacional entre Brasil e Inglaterra, por um lado, e Brasil e França, por outro, facultaram o desenvolvimento e a continuidade desse intercâmbio. No quadro do acordo entre o CNPq e The British Council foi possível seguir contando com o diálogo com os colegas ingleses, através de dois Projetos de Cooperação Internacional: o primeiro deles, intitulado "Restructuring, Redundancy and Reskilling" (1998-2000), que coordenei juntamente com Peter Elias; o segundo, sob o título "Industrial Restructuring, Reskilling and Occupational Mobility: Firm Strategies and Workers Transitions" (Projeto CNPq-BC, 910131/00-7, vigente entre 2001 e 2003), que atualmente coordeno, juntamente com Kate Purcell.

No quadro do acordo de cooperação entre o CNPq e o CNRS foi possível abrigar outra linha importante de desenvolvimento da pesquisa, ampliando-lhe o escopo, de modo a incorporar a análise qualitativa de biografias e representações subjetivas, produzidas por trabalhadores típicos de distintos grupos sociais, relevantes por suas experiências específicas com o desemprego (antigos operários industriais, jovens em busca de trabalho, mulheres depois de cumprida carreira reprodutiva, antigos chefes nos serviços). Esse esforço de ampliação do escopo das reflexões tem sido feito como parte de um projeto que, indo além do intercâmbio, almeja produzir resultados comparativos, contrastando três metrópoles mundiais (São Paulo, Paris e Tóquio), numa experiência de cooperação internacional sobre o tema do "Desemprego: Aspectos Institucional e Biográfico — Uma Comparação Brasil, França, Japão" (CNPq-CNRS, processo n° 690030/01-0), que coordeno juntamente com Helena Hirata. Nele se envolvem outros pesquisadores vinculados a instituições francesas, como Kurumi Sugita (Institut d'Asie Orientale, Université de Lyon), Didier Demazière (Laboratório PRINTEMPS — Professions, Institutions, Temporalités, da Université de Versailles, Saint-Quentin en Yvelines), Catherine Marry (pesquisadora do LASMAS, no IRESCO, em Paris) e Maria Teresa Pignoni (do Département d'Animation de la Recherche, do Ministério do Trabalho e Solidariedade); além de pesquisadores vinculados a instituições brasileiras, como Paula Montagner (Gerente de Estudos Sócio-Econômicos da Fundação Seade — Sistema Estadual de Estatísticas e de Análise de Dados), Cláudio S. Dedecca (do Instituto de Economia da Universidade de Campinas), Sandra Brandão e Sinésio Farias (pesquisadores da Fundação Seade).

Ocioso salientar que a presença constante do CNPq — apoiando a pesquisa ao longo de todo esse período, nas duas linhas de estudos (estratégias de reestruturação das empresas e trajetórias de trabalhadores), e premiando-me com uma Bolsa de Produtividade em Pesquisa, também ao longo de todo o período — foi um fator absolutamente imprescindível à continuidade dos esforços. Os auxílios à pesquisa foram tão importantes na viabilização do custeio de algumas das atividades, complementando outros provedores, quanto — e em especial — na montagem e estabilidade das equipes de pesquisa. Isso se passou tanto com o processo n° 524236/96-8, "Reestruturação Produtiva, Trabalho e Qualificação", como com o processo 469792/00-0, intitulado "Desemprego: Aspectos Institucional e Biográfico — Uma Comparação Brasil, França, Japão", qualificado no primeiro edital de apoio a projetos de pesquisa, em 2000. Sem a contribuição do CNPq, através desses projetos, dificilmente teria sido possível manter unida a equipe de assistentes que veio trabalhando sob minha direção, nos últimos anos, na USP e/ou no Cebrap, formada por Mônica Varasquim Pedro, Paulo Henrique da Silva, Marcelo Teodoro, Marcelo K. de Faria, Fernando Fix, Marcus Vinicius Farbelow, Maíra Mühringer, Sofia Farah, Priscilla Vieira, Uvanderson Vitor da Silva e Patrícia Stefani.

Mais recentemente, com a minha integração, em 1999, ao corpo docente do Departamento de Sociologia da Universidade de São Paulo, pude dispor de mais um abrigo institucional e, nele, do apoio dos meus colegas chefes do Departamento, professores doutores Sedi Hirano e Lísias Nogueira Negrão. Graças a ambos, a minha agenda de pesquisas e de compromissos (intelectuais e institucionais) foi assumida como sua pelo Departamento de Sociologia, que me tem concedido todo o respaldo necessário, seja à captação de recursos, seja ao trabalho de pesquisa e de formação de equipe de jovens pesquisadores.

No desenvolvimento mais recente dos estudos de campo, contei também com o apoio institucional do CEM — Centro de Estudos da Metrópole, instituição de pesquisas patrocinada pela Fapesp, como parte do seu Programa Cepid, em que integram a Universidade de São Paulo, o Cebrap e a Fundação Seade. No CEM, foram decisivos o suporte e a compreensão que tenho encontrado da parte de Argelina Figueiredo e Fernando Limongi, respectivamente diretores geral e financeiro. Graças ao respaldo do CEM pude associar os meus interesses de pesquisa aos da equipe responsável pela PED — Pesquisa de Emprego e Desemprego, na Fundação Seade, dando origem a novos avanços na produção de dados e análises sobre as transições ocupacionais na região metropolitana de São Paulo.

A preparação de boa parte dos capítulos deste livro beneficiou-se ainda de períodos de estadia em outras universidades e instituições de pesquisa, propiciados pelos projetos em cooperação internacional, ou por auxílios-viagem. Ao longo dos últimos anos, as férias escolares brasileiras têm sido momentos preciosos para aproveitar a intensa vida intelectual que se desenvolve, no inverno, nos países do hemisfério norte. A acolhida dos colegas foi, em todos os casos, fator decisivo para a produtividade intelectual. Na França, nos invernos de 1997 (como pesquisadora visitante do ORSTOM — Institut de Recherche Scientifique pour le Développement en Coopération, e com apoio do CRBC — Centre de Recherches sur le Brésil Contemporain, da Maison des Sciences de l'Homme); de 2000 (como pesquisadora visitante do Laboratório PRINTEMPS — Professions, Institutions et Temporalités, da Université de Versailles); e de 2002 (como pesquisadora visitante do Laboratório GERS — Genre et Rapports Sociaux e com acolhida suplementar do CRBC, com apoio do CNPq). Nos Estados Unidos, no inverno de 1998 (como "Visiting Scholar" do Departamento de Sociologia da Universidade da Califórnia, Los Angeles, com apoio da Fapesp e da Mellon Foundation). Na Inglaterra, no inverno de 2001 (como pesquisadora visitante do IER/University of Warwick, com apoio do CNPq e The British Council). Levantamentos bibliográficos, discussão com colegas e preparação de novos textos e análises foram facultados por esses momentos de dedicação exclusiva à pesquisa.

Em cada um dos capítulos confiro os créditos relativos ao apoio institucional e intelectual que recebi, dada a trajetória, algumas vezes longa, que foi percorrida, desde as primeiras intuições até à forma pela qual o argumento aqui se apresenta. Certamente, nem de longe isso me isenta de assumir, solitária, o custo das ilações ou inferências mais arriscadas.

Entretanto, idéias, ilações e inferências não teriam se materializado no texto que aqui circula não fosse a generosidade intelectual da banca examinadora que as leu e discutiu, em primeira mão, na forma de tese de livre-docência em Sociologia do Trabalho, julgada na Universidade de São Paulo, em novembro de 2002.

Introdução

Aos professores doutores Sedi Hirano, Francisco de Oliveira, Maria Tereza Leme Fleury, Magda de Almeida Neves e José Ricardo Ramalho, agradeço a qualidade dos comentários e o estímulo à publicação.

O texto final não teria assumido uma forma gráfica cuja elegância e leveza desafiam, com freqüência, o peso do (inescapável) jargão que contamina os argumentos, não fora o cuidado e o bom gosto de Icléia Alves Cury, responsável pela preparação editorial da tese, e de Paulo Malta e equipe da Editora 34, responsáveis pela edição na forma de livro; a todos agradeço imensamente.

Parte 1
CONSTRUINDO O OBJETO

1.
A SOCIOLOGIA DO TRABALHO INDUSTRIAL NO BRASIL: DESAFIOS E INTERPRETAÇÕES[1]

1. OS PONTOS DE PARTIDA

Dois desafios principais sentaram as bases da moderna Sociologia do Trabalho Industrial no Brasil, um de natureza histórica e outro de natureza institucional.

O primeiro deles remeteu a intelectualidade brasileira dos anos 60 para a necessidade de explicar a emergência, contemporânea a esses pensadores, de um novo operariado. Autóctone, ele era fruto de um processo de industrialização acelerada, que se intensificara a partir da segunda metade dos anos 50, num contexto político onde o forte apelo populista interpelava as chamadas "massas urbanas", incorporando-as como elementos-chaves de um discurso de Estado. O desafio radicava em entender a natureza e as atitudes desse proletariado industrial, isto é, compreender a sua constituição como um grupo social peculiar, que emer-

---

[1] As idéias aqui apresentadas são devedoras de múltiplas contribuições. Elas foram inicialmente esboçadas num texto escrito em parceria com Márcia de Paula Leite, por encomenda dos organizadores do I Congresso Latino-Americano de Sociologia do Trabalho (Cidade do México, novembro de 1993); foram, então, discutidas na mesa-redonda intitulada "La Sociologia del Trabajo en América Latina". O debate ali travado, tanto quanto a recepção à primeira versão publicada no Brasil (Castro e Leite, 1994), em muito contribuíram para afinar o argumento. Em seguida, transformei essas idéias em hipóteses de trabalho num curso que ministrei juntamente com Helena Hirata, em 1998, para estudantes do Programa de Pós-Graduação

gia no contexto de novas formas de sociabilidade, nas grandes cidades brasileiras, em especial, São Paulo.

Uma importante linha de reflexão esboçou-se, então, estabelecendo os parâmetros do campo da futura Sociologia do Trabalho no Brasil. Duas vertentes principais nela se incluíam. De um lado, havia os estudos que buscavam investigar as atitudes políticas e profissionais dos trabalhadores em sua relação com os sindicatos; para seus autores, as origens culturais e regionais da classe operária proviam a explicação primeira para as suas formas de expressão no Brasil (Cardoso, 1962; Lopes, 1965; Pereira, 1965; Rodrigues, L., 1970). De outro, estavam aqueles que indagavam sobre a vinculação estrutural existente entre sindicalismo populista e Estado, avaliando o que significara a tutela estatal para o desempenho dos sindicatos em seu papel de formadores da consciência operária (Rodrigues, L., 1966; Rodrigues, J., 1968; Simão, 1966).

Esses estudos pioneiros colocaram três questões fundamentais ao entendimento do trabalho, da ação sindical e das relações industriais no Brasil, as quais são relevantes ainda hoje (Vianna, 1978; Guimarães e Castro, 1987). Primeiro, como as propostas de emancipação da classe trabalhadora, formuladas pelos partidos, encontraram expressão na política sindical? Segundo, quais os efeitos da natureza da estrutura sindical sobre as lutas dos

---

em Sociologia da Universidade de São Paulo; as intensas discussões ali travadas enriqueceram minhas interpretações, temperando-as e aprofundando-as. Em posterior revisão e condensação do argumento, beneficiei-me dos comentários de Daniel B. Cornfield e Randy Hodson, que generosamente publicaram o texto como capítulo de uma coletânea, que reúne estudos sobre trajetórias da Sociologia do Trabalho em diferentes países do mundo (Guimarães e Leite, 2002). A versão que compõe este capítulo é mais longa e completa que qualquer das anteriores; nela, busco aprofundar o argumento, articulando-o ao interesse deste livro. Agradeço a todos os colegas e alunos com quem pude discutir várias versões do texto e, muito especialmente, a Márcia de Paula Leite, pela autorização para retomar as idéias que desenvolvi em frutífero diálogo com ela.

trabalhadores em busca da sua emancipação? Terceiro, como a formação cultural desses trabalhadores e a sua situação no mercado de trabalho limitaram as possibilidades de emergência de um movimento sindical forte e autônomo?

A reflexão adquiria rigor acadêmico e um estilo disciplinar, tanto no desenho metodológico dos estudos, quanto nas fontes teóricas que inspiravam as interpretações. Estabelecia-se, assim, um ponto de não-retorno com relação à tradição anterior, marcada pelas análises de militantes e memorialistas, de cunho político-ideológico ou político-programático, voltadas para a avaliação do desempenho histórico (ou conjuntural) dos partidos operários, que se supunha fossem os portadores privilegiados da consciência de classe do proletariado brasileiro (Telles, 1962; Linhares, 1962; Miglioli, 1963; Dias, 1962).

Esse ponto de não-retorno não é uma percepção *ex-post*, do intérprete que revisita o pensamento dos anos 50-60. Ao contrário, ela era central ao projeto daquela primeira geração. Isto porque, para os pioneiros da construção do campo da Sociologia do Trabalho Industrial no Brasil, o estudo da realidade social do trabalho era terreno onde se travava uma batalha crucial: a batalha pela construção de um campo de investigações *sociológicas* sobre o trabalho e os trabalhadores. Ou seja, naquele momento, estava em jogo um desafio — o da legitimação da Sociologia enquanto disciplina, capaz de gerar uma nova abordagem da realidade social.

Nova porque (e usarei, como testemunho, o discurso dos intelectuais de então acerca de seu próprio esforço):

(i) fundada no que chamavam "pesquisa original" (tomo a expressão de empréstimo de Cardoso, 1970, que a utiliza na apresentação do livro de Leôncio Martins Rodrigues, *Industrialização e atitudes operárias*);

(ii) comprometida com a afirmação de um *modus faciendi sui generis*, qual seja, o da Sociologia, distinto do memorialismo militante. Assim, por exemplo, Leôncio Martins Rodrigues apresenta o livro *A crise do Brasil arcaico*, de Juarez R. Brandão Lopes, chamando a atenção do leitor para que "o mérito maior desta publicação — que aproveita as melhores contribuições da moderna Sociologia Industrial — consiste, a nosso ver, em ter posto de lado as considerações normativas e ideológicas que habitualmente se infiltram nos escritos referentes à classe operária" (Rodrigues, L. *apud* Lopes, 1967); ou o prefácio de Mario Wagner Vieira da Cunha ao livro *Sociedade industrial no Brasil*, também do mesmo autor, em que sublinha que "a ênfase que o Prof. Juarez Brandão Lopes dá ao processo de transformação da sociedade tradicional ou da sua subsistência nas relações trabalhistas, não resulta de um ponto de vista *a priori*, e sim, da justa e correta análise dos dados" (Cunha *in* Lopes, 1965: 10).

Era a disputa simbólica por demarcar o território da Sociologia no âmbito dos estudos do trabalho, distinguindo-o do conhecimento partidário (com suas reconstruções emanadas das lutas políticas, e simbolizadas tanto no memorialismo dos seus militantes, como nos documentos de análise conjuntural).

Ao longo dos mais de 30 anos que separam esses escritos da nossa reflexão de hoje, a construção de territórios institucionais, próprios ao saber das assessorias e militâncias sindicais, *pari passu* com a formação acadêmica de muitos dos seus quadros — técnicos e políticos —, forjou um discurso intelectual no âmbito dos próprios movimentos, ao mesmo tempo que expôs a academia a uma agenda que se torna mais e mais devedora da agenda política desses mesmos movimentos. Disto resulta um solo comum que ultrapassa a mera pauta ou agenda sobre a qual refletimos, criando um vocabulário conceitual, um certo jargão, que é responsável por estruturar, aproximando, as formas de compreender as mudanças no trabalho. "Reestruturação produtiva" quiçá seja o vocábulo emblemático dessa nova coexistência de modos de figurar o real, ao menos no caso brasileiro. Voltarei a isto mais adiante. Por enquanto, convém retornar à geração dos nossos "clássicos".

Um segundo desafio animava os pioneiros da construção do campo de estudos, nos idos dos 60, no Brasil. Ele decorria da necessidade de institucionalizar um modo de pensamento; vale dizer, de consolidar institucionalmente e legitimar socialmente um domínio disciplinar para a Ciência Social.

A Sociologia saiu na dianteira desse processo de institucionalização da Ciência Social no Brasil, buscando tornar hegemônico o seu discurso analítico. Suas categorias de análise deviam ser capazes de desvendar o que emergia na nova ordem competitiva, impregnando a sociedade brasileira e constituindo-a como nação. Qual a natureza do processo de transformação que se testemunhava nos anos 50-60? Quem eram os seus trabalhadores, de onde provinham e o que aspiravam? Como fora talhado o empresariado industrial e quais as suas concepções sobre o desenvolvimento econômico que agenciava? Quais os correlatos estruturais do processo de industrialização? Que pautas valorativas compunham agora a vida urbana e como essa nova ordem social convivia com os valores de um Brasil arcaico, que se acreditava em crise?

A Sociologia de então ousava correr o risco de formular uma teoria da sociedade brasileira, desafiando o universalismo etnocentrado das teorias sociológicas da modernização (Lopes, 1967) e sentando as bases para uma reflexão que posteriormente daria lugar a teorizações de mais amplo fôlego, como os estudos sobre estrutura e classes sociais em situações de desenvolvimento dependente (Cardoso, 1964; Ianni, 1967; Cardoso e Faletto, 1970).

Nesse pioneirismo interpretativo, os estudos sobre o trabalho e os trabalhadores industriais desempenharam um papel decisivo. Ao desenvolvê-los, a Sociologia brasileira mostrava-se capaz de dialogar com diferentes interpretações sobre a moderna sociedade industrial, tecidas seja a partir do pensamento acadêmico norte-americano sobre as relações industriais (com destaque, àquele momento, para Mayo, 1933; Roethlisberger e Dickson, 1939; Warner e Low, 1947; Whyte, 1951 e 1961; Moore, 1951; Bendix, 1956; Dunlop, 1958; Kerr *et al.*, 1960), seja a partir do pensamento europeu sobre a natureza do trabalho no capitalismo e a consciência operária (Friedmann, 1946; Friedmann e Naville, 1961; Tréanton e Reynaud, 1963; Touraine, 1955, 1960,

1966; Touraine e Mottez, 1961). A pertinência desse diálogo pode ser documentada pela repercussão, na França, dos novos estudos sobre o proletariado brasileiro, difundidos num número especial da prestigiosa *Sociologie du Travail*, destinado a tratar dos operários e sindicatos na América Latina (nº 4, de 1961).

Mas, entre nós, a Sociologia Industrial e do Trabalho que se constituía era indubitavelmente tributária das problemáticas que afloravam nas teorias do desenvolvimento e da mudança social. Trabalho e relações industriais eram, ao fim e ao cabo, uma dimensão da modernidade cuja construção, no Brasil, cabia teorizar.

2. O "NOVO SINDICALISMO" E A NOVA SOCIOLOGIA DO TRABALHO INDUSTRIAL

Mas, uma forte inflexão teórica marcou a constituição do campo da Sociologia do Trabalho Industrial, no Brasil, no final dos anos 70. Tal inflexão foi caudatária de dois processos. De um lado, o ressurgimento do movimento sindical e operário, em 1978, após os muitos anos de ausência da cena pública, que se seguiram ao golpe militar de 1964. O movimento ressurge renovado em suas consignas e formas de organização. Ademais, tal ressurgimento se fazia num novo contexto, que já não era mais o do desenvolvimentismo de tipo populista, mas que estava marcado pelos ecos de um "milagre econômico" (anos 1967-1973), gestado pela direção autoritária de governos militares.

De outro lado, repercutiam no meio intelectual brasileiro as reorientações que ocorriam na Sociologia do Trabalho a nível internacional: a observação das práticas sociais dos atores passava a privilegiar o âmbito dos cotidianos fabris; nestes, os comportamentos individuais e coletivos eram analisados da perspectiva da construção subjetiva da experiência do trabalho. No Brasil, como de resto em grande parte da América Latina, o pensamento marxista experimentava, nesse momento, difusão e sucesso acadêmicos ímpares. No âmbito dos estudos do trabalho, pelo menos duas vertentes alimentavam tal vigência intelectual. Por uma parte, a reinterpretação da teoria marxiana, proposta por Braverman (1974),[2] fortemente ancorada na valorização do âmbito do processo de trabalho. Sua difusão deflagra, na América Latina, e particularmente no Brasil, aquilo que Littler e Salaman (1982) denominaram, pensando em seu impacto no mundo anglo-saxônico, uma "bravermania". Por outra parte, o vigor da história social inglesa, de inspiração marxista, renova e desafia o estruturalismo·estreito, valorizando a dimensão da experiência do trabalho (Thompson, 1963; Hobsbawm, 1964).

Algumas análises, desenvolvidas antes mesmo da conjuntura de greves no coração industrial brasileiro, em 1978 e 1979, anteciparam o novo curso que tomaria a reflexão sobre o operariado industrial no Brasil. Em particular, foram precursores os escritos de Weffort (1972, 1978 e 1979), voltados para entender não apenas a construção social e subjetiva de um novo grupo social, tal como fora feito nos anos 50-60, mas para explicar a emergência desse grupo, na cena institucional, como ator de relevo. Estudando a modalidade de inclusão política dos assalariados urbanos no Estado populista, Weffort sentou as bases analíticas para as futuras discussões sobre interesses, formas de representação e de negociação, postas sobre a mesa pelo que viria a ser chamado, no pós-78, de "novo sindicalismo".

Mas a inflexão interpretativa ocorrida no alvorecer dos anos 80 fez com que, no Brasil, os escritos sobre partidos e sindicatos, bem como as reflexões sobre a formação do proletariado, perdessem proeminência para um outro estilo de análise, o dos chamados "estudos dos processos de trabalho". Buscava-se entender, ao

---

[2] Notar que é tão grande a repercussão das idéias de Braverman que a primeira tiragem em língua espanhola do seu livro (feita no México, pela Editorial Nuestro Tiempo) data de apenas um ano depois (1975) da edição original em inglês, que é de 1974.

modo como era conceituado à época, a "maneira pela qual o capital organiza o consumo produtivo da força de trabalho" (Sorj, 1983: 3) e as formas políticas de resistência, desenvolvidas pelos trabalhadores no curso da sua atividade cotidiana de produção.

A dinâmica da própria pesquisa empírica encarregou-se de alargar progressivamente o interesse em direção a novos temas, até então pouco explorados — como o das estratégias empresariais de organização do trabalho e de gestão da mão-de-obra; da segmentação do mercado de trabalho; da divisão sexual e social do trabalho; dos efeitos da tecnologia, da qualificação e desqualificação da força de trabalho diante da modernização tecnológica; das formas de resistência operária às estratégias empresariais de dominação e controle sobre o trabalho. Nesse processo, também o estudo das greves e conflitos sociais mudou seu foco de atenção: o olhar sobre o desempenho e as orientações das lideranças sindicais, tão presente nos anos 60 e 70, cedeu lugar à necessidade de elucidar a relação entre as reivindicações dos trabalhadores e o processo de trabalho; deslocava-se a atenção para as práticas sociais que emergiam do chão-de-fábrica.

Essa ampliação do escopo de análise significou, também, para a Sociologia brasileira, o desafio de integrar a contribuição de outras áreas do conhecimento, já desde antes familiarizadas com o estudo dos cotidianos de trabalho, tais como: a engenharia de produção (Fleury e Vargas, 1983; Fleury, 1985 e 1988; Salerno, 1985; Vargas, 1985), a administração de empresas (Fleury e Fischer, 1985; Marques, 1986; Carvalho, 1987 e 1993), além dos estudos de saúde ocupacional, particularmente, a ergonomia e a psicopatologia do trabalho (Hirata e Kergoat, 1987). Ampliava-se, também, o leque dos pensadores internacionais influentes no Brasil (Laurell e Márquez, 1983; Dejours, 1987). Conforme reconhecia, naquele momento, Abreu (1985: 3), "a clara percepção por parte dos cientistas sociais que começaram a se interessar pelo estudo do processo de trabalho, da necessidade de equacionar o problema a partir de uma perspectiva multidisciplinar, movimento replicado por alguns profissionais das outras áreas mencionadas, leva a um desafio que vem sendo, de uma maneira ou de outra, enfrentado seriamente, embora com resultados ainda não totalmente satisfatórios".

Esse novo veio interpretativo teve como uma de suas marcas mais importantes a crítica à postura teórica que havia predominado anteriormente, em especial à visão da classe trabalhadora como passiva e destituída de consciência (Pereira, 1979; Fischer, 1985; Sader e Paoli, 1986). Ao dirigirem seu olhar para o que acontecia nos chãos-de-fábrica, os estudos de caso em empresas revelaram coletivos de trabalhadores múltiplos e heterogêneos, que desenvolviam complexas estratégias de resistência à dominação (Le Ven, 1983). Como bem o expressaram Sader e Paoli, "os pesquisadores das ciências sociais dos anos 80 se viram diante de um momento político marcado por movimentos vários de luta contra opressões diversas, cujo processo tirava de cena os atributos de 'alienação' e heteronomia tradicionalmente atribuídos aos trabalhadores". Na realidade, para esses intérpretes, os movimentos emergentes tinham "o efeito de consagrar novas interpretações e imagens que vinham sendo produzidas", manifestando a "percepção de uma não coincidência entre representações vigentes e experiências sociais da realidade" (1986: 60). Atentos às dimensões políticas e às formas de expressão subjetiva que transpareciam no discurso do chamado "novo sindicalismo", passou-se a encarar o desafio de reconstruir uma interpretação sociológica sobre a experiência do trabalho, recuperando-lhe o significado da perspectiva dos múltiplos sujeitos que a teciam (Lobo, 1991).

A interlocução entre a Sociologia do Trabalho e domínios correlatos no campo das Ciências Sociais aguçou a acuidade dessa nova geração de analistas, valorizando, a seus olhos, as relações entre vida fabril e vida extrafabril. Destacavam-se, em especial, os nexos entre as práticas e representações sociais construídas em outros âmbitos institucionais (como a família, a unidade doméstica, a escola, o bairro etc.) e sua expressão no espaço da produção, onde adquiriam vigência, naturalizando-se (Lobo e Soares, 1985; Moysés, 1985; Abreu, 1986; Cabanes, 2002).

Os chamados "estudos de gênero" talvez constituam o exemplo mais virtuoso dessa emulação entre campos temáticos ao interior do domínio da Ciência Social. De fato, o interesse pela participação das mulheres no trabalho industrial marcou a história das análises sobre a condição feminina no Brasil, sendo, como sugere Bruschini (1995: 2), "a porta de entrada dos estudos sobre mulher na academia brasileira" (Saffioti, 1969 e 1978; Madeira e Singer, 1975; Blay, 1978; Bruschini, 1978; Pena, 1981). Até os anos 70, as análises correntes (e mesmo as mais marcantes), dedicadas ao estudo da industrialização substitutiva e da estrutura da classe operária no Brasil, haviam permanecido impermeáveis ao que Lobo (1991) explicitou como sendo sua "composição sexuada"; as questões de gênero permaneciam, até então, invisíveis ao *mainstream* da produção acadêmica brasileira.

A insistência com que os estudos feministas passaram a apontar para os "guetos ocupacionais" existentes num mercado de trabalho, descrito como fortemente segmentado (Bruschini, 1978; Saffioti, 1985; Pena, 1986; Aguiar, 1984), deflagrou um novo interesse, que se tornou, nas décadas de 70 e 80, um importante desafio interpretativo para a Sociologia do Trabalho no Brasil: havia que entender as mudanças na estrutura ocupacional, que já se tornavam patentes. Por um lado, a composição setorial do emprego feminino adquiriu maior complexidade com a crescente integração de mulheres nos setores chamados "dinâmicos", em particular nos segmentos da indústria metal-mecânica ou na produção de equipamentos eletro-eletrônicos (Humphrey, 1984; Hirata, 1988; Gitahy, Hirata, Lobo e Moysés, 1982; Moura *et al.*, 1984; Moysés, 1985; Spindel, 1987a). Por outro lado, a crise econômica de 1981-1983, longe de lhes queimar as oportunidades recém-criadas comprometeu, em especial, o emprego dos homens, pondo em cheque o argumento corrente, que tratava as mulheres como parte de um exército de reserva: primeiras a sair e últimas a entrar (Spindel, 1987b). A "anomalia" (para parafrasear Kuhn) deixava patente a necessidade de associar o estudo das desigualdades de acesso ao mercado de trabalho à análise das formas de segregação no processo de trabalho (Hirata e Humphrey, 1989). Trajetórias profissionais, qualificação e gestão da mão-de-obra surgiam como construções sociais, para cuja elucidação a perspectiva dos estudos de gênero constituía-se num instrumento frutífero.

A crítica das relações sociais tecidas na produção e das formas simbólicas de opressão teve, então, a virtude de vivificar, a um só tempo, tanto os estudos feministas sobre mulher e trabalho (Castro e Lavinas, 1992), quanto o "núcleo duro" dos estudos de caso em fábricas, tal como eram então empreendidos no Brasil (Lobo, 1991). Sociologia do Trabalho e Sociologia da Família e das Relações Sociais de Gênero foram, assim, campos conexos que se fecundaram reciprocamente com notável intensidade nos anos 80, no Brasil (Bilac, 1978; Fausto Neto, 1982; Leite, R., 1984; Montali e Telles, 1986). Desenvolveu-se, com isso, uma ampla linha de estudos centrada na análise da divisão sexual do trabalho e dos papéis sociais de gênero a partir de uma nova ótica: a dos estudos de caso em empresas, eminentemente qualitativos, dirigidos a observar a organização e gestão das relações sociais de gênero ao interior de processos concretos de trabalho. O cotidiano fabril tornou-se, então, uma instância analítica chave para responder à indagação de por que as mulheres brasileiras, em que pese capazes de ingressar no trabalho industrial, e mesmo nas indústrias dinâmicas, viam-se ali confinadas às posições mais subalternas, pior remuneradas e de menor qualificação (Acero, 1981; Spindel, 1980; Moura *et al.*, 1984; Moysés, 1985; Abreu, 1985; Neves, 1995).

Nesse sentido, a própria categoria "divisão do trabalho" passava a ser pensada como mais que uma simples divisão de tarefas; se ela implicava uma diferenciação de funções, tinha também como correlatos a distribuição assimétrica do controle, da hierarquia, da qualificação, da carreira e do salário. A condição de gênero revelava-se uma variável determinante na construção dessas assimetrias, e os estudos debruçavam-se sobre os ingredientes da cultura do trabalho que as fundamentavam. Tais assimetrias expressavam tradições e hierarquias, isto é, componentes *simbólicos*, socialmente construídos e vivenciados (Rodrigues, A., 1978; Abreu, Silva e Cappellin, 1978; Humphrey e Hirata, 1984; Moura *et al.*, 1984; Lobo e Soares, 1985; Moysés, 1985; Abreu, 1986; Lobo *et al.*, 1987; Lobo, 1991; Castro, s/d; Neves, 1995). Entendê-las era fundamental para interpretar tanto as formas concretas e microcósmicas de produção do consentimento e reprodução da dominação, quanto a construção da resistência e da ação coletiva.

A observação construída do ponto de vista da empresa e do processo de trabalho revelava, assim, a existência de variadas situações ocupacionais que aproveitavam diferenças sociais entre os trabalhadores, construídas *fora* da produção e *preexistentes* à inserção econômica dos indivíduos; diferenças que, uma vez criadas ou produzidas, podiam ser apropriadas sem que fossem sequer percebidas pelos que a elas estavam sujeitos (Rodrigues, A., 1978).

Desse modo, quando "o trabalho deixa de ser uma operação física que envolve uma força de trabalho *e se torna uma prática comunicativa* nem os gestos, nem a linguagem da gestão das/ os trabalhadoras/es podem ser generalizados" (Lobo, 1991: 261). A formulação teórica da Sociologia brasileira adquiria, então, a necessária complexidade e remetia a atenção a outras experiências, tão simbioticamente aliadas à vivência da condição operária quanto a condição de gênero: por exemplo, a condição étnico-racial ou a condição geracional (Castro, M., 1988; Pessanha e Morel, 1991; Castro e Guimarães, 1993; Silva, 1993; Agier, 1995; Sansone, 1993).

Renovavam-se, assim, as interpretações sobre a classe trabalhadora na Sociologia do Trabalho brasileira. Nesse processo, frutificou uma nova linha de estudos sobre a formação da classe operária, a partir de pesquisas (socioantropológicas ou historiográficas) que dirigiram o olhar para situações pretéritas vividas pelos trabalhadores, também como forma de aguçar a compreensão do que acontecia naquele momento (Alvim, 1985; Blass, 1986; Hardman, 1983; Hardman e Leonardi, 1982; Paoli, 1987 e 1989;

Leite Lopes, 1976 e 1988; Rizek, 1988; Minayo, 1986; Morel, 1989; Ramalho, 1986).

Isso porque a Sociologia tinha, então, a sua atenção atraída pelo caráter inovador das demandas e práticas (operárias e sindicais) emergentes nas grandes greves de metalúrgicos do ABC no final dos anos 70. Como explicá-las? Para alguns autores, esses movimentos coletivos estavam desafiados a demonstrar a que vinham: seriam eles mera expressão das aspirações de uma elite de trabalhadores dos setores modernos da indústria, caracterizados por suas condições especiais de trabalho e demandas também específicas, provavelmente impertinentes para o conjunto da classe operária brasileira (Almeida, 1978)? Como expressou Vianna (1984: 56), a se confirmar esse tipo de interpretação, "a identidade do 'novo sindicalismo' tenderia a apartá-lo do restante dos trabalhadores". Mas, para outros intérpretes, essas práticas expressavam a reação de um grupo social que, embora desfrutando uma situação salarial relativamente vantajosa, estava igualmente submetido a difíceis condições de trabalho, razão pela qual seria capaz de assumir a vanguarda de um movimento de contestação às formas autoritárias de gestão da mão-de-obra, impostas pelas empresas no contexto de um regime ditatorial (Humphrey, 1982). Entre as condições que particularizavam esse novo grupo social de trabalhadores, destacavam-se: i) o relativo controle que as categorias operárias mais ativas exerciam sobre o seu processo de trabalho; ii) a ausência de escalas promocionais e de recrutamento interno de pessoal mais qualificado que nutrissem um mercado interno de trabalho; iii) as condições de sobre-exploração refletidas na quantidade exagerada de horas extras e na elevada intensidade do trabalho, e iv) a posição monopolística das empresas do setor automotriz frente aos seus mercados (consumidor, de trabalho e de insumos).

O estudo de Humphrey sobre a construção do dissenso entre os trabalhadores da indústria automobilística tornou-se um marco na Sociologia do Trabalho Industrial no Brasil. Um dos mais importantes achados de sua pesquisa consistiu na elucidação de que os trabalhadores desenvolveram um sentimento de "injustiça com respeito às recompensas cada vez menores a seus esforços", ao qual se somava "a consciência de que os empregadores tinham recursos para proporcionar melhores salários e condições de trabalho" (Humphrey, 1982: 159).

Alguns analistas preferiram sublinhar o fundamento eminentemente econômico da greve de 1978 em São Bernardo, destacando sua investida contra o "arrocho salarial" imposto aos trabalhadores pela ditadura militar (Antunes, 1986). Outros, trilhando o caminho aberto por Humphrey, destacaram a experiência de injustiça a que os trabalhadores eram submetidos nos locais de trabalho como um elemento fundamental na explicação do ímpeto da luta. Esses últimos sublinhavam a necessidade de se integrar à análise a questão da subjetividade operária, dimensão de inegável valor heurístico para captar as características do processo de lutas (Maroni, 1982; Abramo, 1986).

O achado de Humphrey, bastante explorado pela bibliografia que se seguiu, teve uma importante complementação no trabalho de Sader (1988). Conjugando a análise do "novo sindicalismo" à de outros movimentos sociais que eclodiram nessa mesma conjuntura, Sader chamou a atenção para o nascimento de formas discursivas distintas, através das quais segmentos sociais emergentes na cena política tematizavam as suas condições de existência. Assim, retomando o mesmo campo empírico antes examinado por Humphrey, Sader (1988: 194-5) documentou como o sindicato de São Bernardo do Campo passou a "tematizar as injustiças pelo ângulo da falta de reciprocidade entre a importância do trabalho desempenhado, de um lado, e a remuneração recebida e as precariedades das condições de trabalho e de vida, de outro". O elo entre condições de trabalho e condições de vida, luta sindical e movimentos sociais ensejou novos estudos, que estreitaram laços entre a Sociologia do Trabalho e a Sociologia Urbana (Caccia-Bava, 1983 e 1988; Telles, 1984 e 1988; Bonduki, 1987; Kowarick, 1988). Construía-se, assim, o entendimento de que o "novo sindicalismo" — ao enfrentar o regime militar, articulando a crítica ao autoritarismo fabril, capitaneado pelas gerências, à crítica ao autoritarismo na gestão do Estado — esboçou uma alternativa dos trabalhadores para a transição democrática que poderia se delinear no país; nesse sentido, introduziu um outro sujeito político no cenário público brasileiro (Sader, 1988).

Vários outros estudos evidenciaram a relação existente entre, por um lado, as características do movimento sindical emergente e, por outro, as formas de organização do processo de trabalho e de gestão da mão-de-obra predominantes nas plantas industriais brasileiras (Leite, 1985 e 1987; Almeida, 1982; Pessanha, 1985; Sorj, 1985; Ramalho, 1986; Morel, 1989). Acompanhando a própria difusão do movimento, a atenção dos pesquisadores deslocou-se para setores não-fabris, como o dos trabalhadores da construção civil (Vargas, 1979; Bicalho, 1983), o dos bancários (Grün, 1986; Segnini, 1988; Blass, 1992; Pereira e Crivellari, 1991; Silva, 1991), ou outros setores de assalariados de classe média que adquiriam importante presença no movimento sindical brasileiro a partir de meados dos anos 80 (Rodrigues, L., 1991; Noronha, 1991). Como elemento unificador da maior parte desses estudos, destaca-se a análise das formas de organização do trabalho e das lutas e reivindicações que elas ensejaram.

As pistas da difusão das atitudes e práticas coletivas do chamado "sindicalismo do ABC" foram igualmente perseguidas pelos estudiosos do trabalho em diferentes partes do Brasil. Tratava-se de compreender como tais atitudes e práticas reproduziam-se em *outros* contextos regionais, no curso do processo de expansão produtiva com desconcentração e reespacialização industrial, desencadeado pelos governos militares com vistas a aprofundar a substituição de importações nos segmentos da produção de bens duráveis e de insumos básicos. Assim, novos eixos industriais (como Belo Horizonte—Betim, Salvador—Camaçari, Recife, Manaus, Porto Alegre—Canoas—Triunfo) atraíram a atenção dos pesquisadores brasileiros, que se voltaram para explicar o processo de constituição de um operariado moderno, já agora em escala nacional (Le Ven e Neves, 1985; Le Ven, 1988; Spindel, 1987a;

Guimarães, 1988 e 1998; Guimarães e Castro, 1988 e 1990; Agier, Castro e Guimarães, 1995; Lima, 1996; Lima e Ferreira, 1996; Siqueira, Potengy e Cappellin, 1997).

Outras análises buscaram desvendar os processos através dos quais se constituíram e difundiram as formas de organização dos trabalhadores nos locais de trabalho (Silva, R., 1985; Faria, 1986; Keller, 1986; Rodrigues, I., 1990). Argutas descrições evidenciaram as diferentes maneiras através das quais os trabalhadores construíam a resistência ao autoritarismo, apoiando-se nos conhecimentos — formais ou tácitos — que detinham sobre o processo de trabalho (Maroni, 1982; Zilbovicius, Grün et al., 1987). Igualmente importantes foram aquelas análises que se voltaram para acompanhar a difusão da prática da negociação coletiva. Ao fazê-lo, o "novo sindicalismo" desafiava tanto os inúmeros dispositivos legais que limitavam a negociação, quanto a resistência patronal a negociar as condições em que o trabalho era prestado (Almeida, 1981; Silva, R., 1990).

A dinâmica do movimento sindical no período foi ainda estudada a partir de análises quantitativas sobre as greves (Noronha, 1991; Sandoval, 1994) e a expansão dos sindicatos (Silva, R., 1992; Comin, 1995). Enquanto as primeiras testemunharam um notável processo de fortalecimento do movimento, que se configura na crescente mobilização grevista durante os anos 80, as últimas apontam para uma situação paradoxal: se, em alguns casos, o aumento do número de sindicatos significou um fortalecimento da organização dos trabalhadores, em outros denotava apenas a atomização da organização sindical, provocada pelas características da legislação em vigor, especialmente, no que se refere à unicidade sindical e ao monopólio da representação pelo sindicato de base. A constituição das centrais sindicais passou também a desafiar intérpretes, que se voltaram para investigar as características das diferentes tendências sindicais nacionais, suas concepções e práticas políticas, bem como ao perfil dos seus militantes; o sindicalismo brasileiro se tornava ideologicamente plural, e respondia à dinâmica de diferentes atores sindicais, já não mais redutíveis à diferença de antanho entre "pelegos" e "autênticos" (Rodrigues, L., 1990 e 1991; Cardoso, 1992 e 1995; Rodrigues, L. e Cardoso, 1993).

O ímpeto do movimento e sua capacidade de se manter na cena política fortaleciam as formas de organização operária, fazendo dos trabalhadores atores importantes na luta pela redemocratização do país. O papel social e político do "novo sindicalismo", que se consolidou com a criação do Partido dos Trabalhadores — PT, em 1979, foi, desde cedo, objeto de análise em vários estudos (Moisés, 1981). Ademais, a experiência do "novo sindicalismo" brasileiro e sua incursão na cena partidária, por meio do PT, repercutiram no mundo intelectual estrangeiro, alimentando uma nova geração de brasilianistas, cuja atenção se voltava para o âmbito do trabalho, do sindicalismo na indústria, ou mesmo para o militantismo no ABC (Keck, 1991; Seidman, 1994; French, 1995). Esta é uma outra característica interessante deste segundo momento na constituição da Sociologia do Trabalho Industrial no Brasil: aprofunda-se a interlocução internacional e consolida-se um novo circuito de discussão entre pesquisadores brasileiros e brasilianistas, que passa a ter no trabalho industrial e sua organização o principal terreno de interesse intelectual.

Completada a transição para o governo civil, a reflexão sociológica passou a inquirir sobre a influência do movimento sindical na construção de uma nova ordem democrática, expressa, inicialmente, no processo constituinte, em 1988. Para alguns (Rodrigues, L., 1988), essa nova institucionalidade terminou por fortalecer a antiga liderança sindical, encastelada nas federações e confederações que se opunham ao "novo sindicalismo". Já outros autores (Leite e Silva, 1988) sublinharam os avanços trazidos pela nova Constituição no que se refere, por exemplo, à conquista do direito de greve e à maior liberdade de ação dos sindicatos, conquanto reconhecessem que alguns princípios da antiga estrutura sindical (combatidos pelo "novo sindicalismo") haviam logrado sobreviver (unicidade sindical, cobrança compulsória do imposto sindical e monopólio da representação por parte dos sindicatos de base), mantendo vivas as principais características de uma organização que se baseia no "corporativismo atomizado" (Leite e Silva, 1988: 38). Cresce e se aprofunda a reflexão sobre o significado da legislação sindical, cujas características principais persistem mesmo após a nova Constituição (Comin, 1995; Rodrigues, L., 1988; Boito, 1991 e 1999). Ganha corpo, ademais, a reflexão sobre os efeitos desta no modelo brasileiro de relações industriais, um modelo "legislado", para tomar de empréstimo a idéia de um dos seus intérpretes (Noronha, 1998).

Na verdade, a tematização sobre os limites do novo movimento operário e sindical acompanha a sua história recente e produziu resultados importantes para a Sociologia do Trabalho Industrial no Brasil. Almeida (1988) e Noronha (1991), por exemplo, alertaram para a defasagem existente entre a força do movimento trabalhista no plano social e sua escassa significação política, entendida como capacidade de "influir na definição de políticas governamentais de tipo social, nelas incluindo a política de salários" (Almeida, 1988: 328). Também Sader chamou a atenção para o fato de que a consumação da transição democrática, em 1985, significou, ao fim e ao cabo, uma derrota para o projeto político implícito nos movimentos sociais que emergiram no fim da década de 1970; esses, "levados 'precocemente' aos embates políticos, expressaram sua imaturidade enquanto alternativas de poder no plano da representação política" (Sader, 1988: 315). Desse modo, "nem os sindicatos teriam sido capazes de aparecer frente ao Estado como interlocutores respeitáveis, nem os partidos teriam expressado no Congresso as demandas sindicais com a força suficiente para forçar um compromisso" (Castro e Guimarães, 1990: 219-21). Disso resultou o aparente "paradoxo de direitos formalmente conquistados, embora escassamente implementados" (idem), exemplificado nos dispositivos constitucionais carentes de aplicabilidade porque sequer chegaram a ser regulamentados.

Ao final dos anos 1980 (a chamada "década perdida"), uma profunda recessão inaugura o ingresso do Brasil nos anos 90, momento de inflexão política decisivo: um candidato de origem operária, Lula, dirigente emblemático do "novo sindicalismo", disputa, com chances reais de ganho, a Presidência da República. Sua derrota abre caminho para um novo arranjo político entre elites sob um novo projeto de direção política, que integra abertura comercial, redefinição do papel do Estado, sepultando o projeto substitutivo e desafiando a sobrevida de uma forma de contrato social das relações de trabalho, que fora introduzido e institucionalizado durante a chamada "era Vargas". Não sem razão, vozes políticas e acadêmicas, nessa quadra, se indagaram: a era Vargas teria, enfim, acabado? (Cardoso, 1999).

De fato, um conjunto não-desprezível de mudanças altera, a partir dos anos 90, no Brasil, o perfil e peso dos atores centrais ao mundo do trabalho industrial, bem como a configuração das formas institucionalizadas de expressão e de negociação dos coletivos que nele se construíam (Baumann, 1996 e 1999; Dupas, 1999; Cardoso, 1999).

A crise econômica atingiu fortemente o conjunto da atividade produtiva, fazendo minguar o peso estrutural dos assalariados industriais, notadamente dos grupos operários. Ademais, nessa mesma conjuntura, um rápido processo de reestruturação patrimonial, tecnológica e organizacional das firmas desnorteou trabalhadores e sindicalistas, não apenas queimando postos de trabalho e reduzindo o nível de emprego, mas alterando — e às vezes significativamente — a micropolítica no chão-de-fábrica (Leite, 1993; Carleial e Valle, 1997; Guimarães e Comin, 1998 e 2000; Guimarães, Comin e Leite, 2001). Tomados de surpresa, segmentos importantes do movimento sindical brasileiro procuraram fazer face ao que se passava no interior das plantas, de modo a negociar alguma chance de intervir sobre as estratégias de modernização das empresas (Bresciani, 1995 e 1997; Cardoso, 1999a). A experiência das Câmaras Setoriais e o chamado "Acordo das Montadoras" tornam-se divisores de águas a desafiar o movimento sindical brasileiro e seus intérpretes (Cardoso e Comin, 1993; Diniz, 1993; Arbix, 1996; Oliveira e Comin, 1999). Reunindo Estado, sindicatos e empresários numa forma muito especial de negociação pública e tripartite, essas experiências alteravam os termos em que a legislação corporativa vigente concebia a negociação das relações de trabalho, prenunciando a possibilidade de novas tendências.

Ajuste macroeconômico e microorganizacional, num contexto de democracia política e de construção de novas institucionalidades no âmbito da organização e da negociação das relações de trabalho, passaram a ser os ingredientes de uma nova configuração da realidade social brasileira, que desafiou os sociólogos brasileiros do trabalho e levou as suas abordagens e metodologias a uma nova etapa (Abreu, 2000).

3. CRISE, REESTRUTURAÇÃO E TRABALHO INDUSTRIAL

À diferença dos economistas, para os sociólogos, os anos 1980 não haviam sido, no Brasil, apenas uma "década perdida". A transição para a democracia, as grandes mobilizações sociais e a consolidação do movimento operário e sindical deram também a tônica ao período. Esse fortalecimento das esferas públicas de expressão da sociedade civil ocorreu ao mesmo tempo que, no país, intensificava-se o processo de reestruturação patrimonial, tecnológica e gerencial da indústria (Castro e Guimarães, 1990). Como, então, uma cultura fabril, talhada no autoritarismo, passou a conviver com o apelo social pela democratização? Como a extensão da cidadania aos chãos-de-fábrica, bandeira de primeira hora do "novo sindicalismo", foi capaz de temperar as novas estratégias empresariais de modernização tecnológica e organizacional da indústria brasileira num contexto internacional de crescente integração competitiva?

A produção da Sociologia do Trabalho nesse tema reflete, em grande medida, os rumos e as vicissitudes do próprio processo de reestruturação industrial no Brasil. Heterogêneo, ele atingiu com intensidade e natureza diversas os distintos setores industriais, as diferentes regiões do país e os vários grupos de trabalhadores (Abramo, 1990; Guimarães, 1991; Leite, M., 1993 e 1995; Castro, 1993).

Num primeiro momento, que recobre a primeira metade dos anos 80, as propostas inovadoras se restringiram à adoção dos círculos de controle de qualidade, sem que as empresas se preocupassem em alterar de maneira significativa as formas de organização do trabalho ou em investir de maneira mais efetiva em novos equipamentos microeletrônicos. Vários estudos apontaram, então, o caráter parcial e reativo dessa "japanização de ocasião", responsável pelo rápido fracasso da estratégia de adoção dos CCQs (Hirata, 1983 e 1993; Fleury, A., 1985 e 1988; Salerno, 1985; Carvalho, 1987; Abramo, 1990; Leite, M., 1993 e 1995; Castro, 1993 e 1995).

Um segundo momento iniciou-se com a reanimação da atividade econômica, em 1984-85, e estendeu-se até os últimos anos da década de 80, caracterizando-se pela difusão de equipamentos de base microeletrônica. Essa conjuntura estimulou pesquisas sobre as formas pelas quais os trabalhadores percebiam a inovação tecnológica, as significações que lhe atribuíam e as representações produzidas acerca da experiência subjetiva do trabalho. Tais estudos detiveram-se nas formas, individuais e coletivas (sindicalmente organizadas ou não) de elaboração (simbólica e política) sobre as novas condições técnicas do cotidiano de trabalho (Marques, 1986; Neder, 1988; Abramo, 1988; Leite, 1994; Rizek, 1994). Ganhou fôlego, assim, a temática do simbólico no estudo da organização e da gestão do trabalho, e categorias como "cultura técnica" (Valle, 1991) ou "cultura da empresa" (Fleury, 1986) tornaram-se importantes ferramentas na análise.

Embora, nesse momento, algumas empresas estivessem empenhadas em introduzir novas formas de organização do trabalho, vários estudos enfatizaram o fraco desempenho do empresariado em adotar inovações organizacionais. Na realidade, a resistência patronal em modificar estratégias de gestão da mão-de-obra dificultou a adoção de formas de organização baseadas

A Sociologia do Trabalho Industrial no Brasil

no trabalho em grupo e na ampliação das margens para a participação dos trabalhadores nas decisões relativas ao processo produtivo (Leite e Silva, 1991; Ferreira *et al.*, 1992; Humphrey, 1994; Ferro, 1992; Castro e Guimarães, 1991; Castro, 1995; Posthuma, 1995; Marx, 1997). O paradoxo da chamada "modernização conservadora" atiçou os estudiosos do trabalho, que se voltaram para a compreensão das estratégias empresariais de inovação técnico-organizacional, estratégias freqüentemente desiguais, em sua natureza e intensidade, nos distintos setores (Salerno, 1994; Segre e Tavares, 1991; Grün, 1992).

A partir dos anos 90, observam-se os sinais de uma nova fase. As mudanças na política econômica (com rápida abertura comercial num contexto de crise de crescimento e retração do mercado interno), ao lado da redefinição na forma de intervenção do Estado (menor proteção a partir de mecanismos regulatórios diversos, em especial fiscais e financeiros), obrigaram as empresas a reorientar seus objetivos e estratégias. Destacam-se as múltiplas medidas de contenção de custos, conducentes a concentrar esforços na renovação de práticas organizacionais, na adoção de novas formas de gestão da mão-de-obra, que lograssem compatibilizar as medidas de redução de efetivos e de flexibilização do trabalho com as necessidades de envolvimento dos trabalhadores num contexto mais competitivo e regido por novas formas (econômicas e políticas) de regulação da ação (sindical e empresarial).

Essas mudanças, aceleradas com a difusão dos programas de qualidade e produtividade, alteraram o discurso empresarial, que passou a dirigir-se, com insistência, para novos temas, tais como: a qualificação da mão-de-obra, a simplificação das estruturas de cargos e de salários e a diminuição dos níveis hierárquicos, a obtenção do compromisso ativo dos trabalhadores. Por isso mesmo, as políticas abertamente autoritárias de relacionamento com os operários passaram a ser desafiadas pela necessidade de interpelar o trabalhador individual, assegurando o seu compromisso ativo, de modo a introduzir formas menos conflituosas de gerenciamento do trabalho (Gitahy e Rabelo, 1991; Humphrey, 1991; Carvalho, 1992; Leite, E., 1993; Leite, M., 1993; Castro, 1993; Ruas, 1993). Os intérpretes se indagavam: estaria esse processo apontando para "mudanças culturais incrementais nas empresas" (Fleury, 1993)? Como tais mudanças importavam em uma disputa por hegemonia e legitimidade entre discursos gerenciais competitivos (Grün, 1999)? Quais os seus efeitos sobre a negociação das relações de trabalho (Guimarães e Comin, 1998)?

A Sociologia do Trabalho Industrial no Brasil debateu — e de modo acalorado — o sentido dessas mudanças. Para uns, elas continham o embrião de uma possível democratização das relações de trabalho nos chãos-de-fábrica (Gitahy e Rabelo, 1991). Outros, entretanto, sublinharam seus prováveis limites: persistiam as práticas autoritárias, especialmente no referente às relações com os sindicatos e com as organizações dos trabalhadores nos locais de trabalho (Leite, M., 1993; Humphrey, 1993; Ruas, 1993; Bresciani, 1995). De fato, com exceções muito localizadas (e resultantes do empenho dos trabalhadores em assegurar espaços para intervir e negociar mudanças, como na indústria automobilística), a postura patronal predominante foi a de marginalizar sindicatos e inviabilizar as organizações de trabalhadores dentro das fábricas.

Curiosamente, isso tinha lugar num momento rico em novidades. Do ponto de vista da realidade a interpretar, nessa mesma ocasião o movimento sindical apresentava os primeiros sinais de uma transição que poderia levá-lo da antiga postura de resistência incondicional — que caracterizou a prática sindical no início do processo de modernização industrial, inspirada no sentido confrontacional que identificou o "novo sindicalismo" — para posições mais afeitas à negociação e à contratação das condições de introdução das inovações (Bresciani, 1991 e 1997).

Do ponto de vista dos intérpretes dessa realidade em mudança — e diferentemente de momentos anteriores — o movimento sindical amadurecera e, mais que isto, legitimara uma reflexão própria, construída e difundida a partir de instituições não-acadêmicas, que se consolidaram ao longo do tempo.[3] Arriscaria dizer que, por primeira vez, desde o final dos anos 50 (quando a Sociologia se constituiu como monopolizadora do discurso interpretativo legítimo, por institucionalizar as regras de um *"metier"* e a formação dos que ali intervinham), o campo do conhecimento sobre o trabalho passava a conter mais de um produtor de discurso legítimo. As instituições e atores do movimento sindical haviam passado a produzir um discurso analítico sólido, que os qualificava como intérpretes; seus porta-vozes podem agora interagir com a Sociologia academicamente sediada, sendo finalmente por ela reconhecidos como parte de um mesmo campo discursivo, e não apenas como seus "objetos".

Todos esses processos, conquanto embrionários, colocaram novos desafios interpretativos à Sociologia do Trabalho, impondo-lhe refletir sobre a sociedade brasileira que lhe era contemporânea e o sentido da sua modernização (termo que curiosamente volta à cena nos anos 90, tal como ali estivera nos 50-60).

O primeiro desses desafios, de natureza teórica, dizia respeito ao futuro da chamada "sociedade do trabalho" e, em especial, ao valor heurístico dos estudos do trabalho para o entendimento das sociedades contemporâneas. Esse não era um desafio trivial, ou apenas local. Ao contrário, ele se tornara corrente no debate internacional, notadamente a partir da discussão deflagrada por Offe (1986) sobre a modernidade e sua crise, aí compreendida a crise do trabalho, enquanto dimensão central à organização da sociabilidade no mundo contemporâneo e, *a fortiori*, como categoria-chave da Sociologia. Sua repercussão, entre nós, alimentou uma linha de reflexão, tecida em especial por Antunes (1997 e 1999), que teve grande efeito no debate intelectual brasileiro.

---

[3] Dentre essas instituições, destacaríamos o Dieese — Departamento Sindical de Estatísticas e Estudos Sócio-Econômicos e o Desep — Departamento de Estudos Sociais, Econômicos e Políticos da Central Única dos Trabalhadores. Como exemplo dessa capacidade de produção de conhecimento, no tema, ver Dieese, 1994.

Mas, esse debate ganhou uma cor própria, na medida em que se aliou ao enfrentamento de um outro desafio: a discussão sobre a crise do fordismo e a transição em direção a novos paradigmas de produção. Como entender essa crise se, num caso como o do Brasil, tal forma de regulação jamais chegara a se constituir com os traços do "fordismo genuíno" conceituado por Boyer (1986)? Ao contrário, o exemplo brasileiro servira como mote para a construção de novas categorias, adjetivadas, como a de "fordismo periférico" (Lipietz, 1977 e 1988; Leborgne e Lipietz, 1990).

A rigor, a nossa literatura tivera que se deparar com tal questão já desde os tempos dos estudos do processo de trabalho (Vargas, 1985; Carvalho e Schmitz, 1988; Silva, 1991; Humphrey, 1992; Guimarães, 1991). Mas, conquanto tenha sido importante o legado da reflexão da geração dos 70-80, nos 90 esse debate assumiu novos contornos. Indagava-se, à luz da emergência do chamado "modelo japonês", se estaríamos em face de uma nova cultura normativa do trabalho, de imposição e transferibilidade irresistíveis, como todo *one best way* (Hirata, org., 1993). Para enfrentar (e refutar) qualquer resposta aligeirada e ingenuamente afirmativa a essa questão (ao modo de Womack, Jones e Roos, 1992, que tanta crítica despertaram entre nós), os estudos do trabalho, no Brasil, dedicaram muito do seu esforço, seja no plano da análise empírica (Carvalho e Schmitz, 1988; Carvalho, 1992 e 1993; Grün, 1992; Faria, 1995; Schmitz, 1995; Marx, 1996; Salerno, 1999), seja no plano da reflexão teórica (Ferreira *et al.*, 1992; Hirata, org., 1993; Zilbovicius, 1997; Antunes, 1997 e 1999).

Todavia, esse debate se entrelaçava com o enfrentamento de um terceiro desafio: a partir do momento em que se redefiniam a configuração estrutural e a expressão política dos atores do trabalho, importantes dimensões da organização e das relações industriais passaram a ser objeto de negociação entre atores, que se reconheciam como interlocutores legítimos. Nesse sentido, a situação, nos anos 90, distinguia-se da experiência dos anos 70 e início dos 80, quando o assentimento operário às metas e modos de organizar a produção era assegurado pela imposição aberta-

A Sociologia do Trabalho Industrial no Brasil 65

mente autoritária de um regime fabril, exclusivamente calcado no despotismo político e de mercado (Humphrey, 1982; Carvalho, 1987; Guimarães, 1988; Silva, 1991; Cardoso e Comin, 1993).

No âmbito da organização industrial, a reestruturação em curso impôs que se compreendesse a nova feição dos arranjos produtivos, assim como os novos padrões de cooperação que passaram a caracterizar as redes de clientes e fornecedores, internos ou externos, alterando o perfil estrutural e as formas de solidariedade e de hierarquia que se estabeleciam entre setores patronais, o que acabava por influir na forma de negociar as condições de trabalho no chão-de-fábrica (Gitahy, Leite e Rabelo, 1993; Gitahy e Rabelo, 1991). Esse foi, sem dúvida, um terceiro terreno desafiador que se colocou aos intérpretes brasileiros nos anos 90. Para respondê-lo, a Sociologia do Trabalho careceria renovar seu enfoque, redefinindo a abordagem ao seu objeto e o estilo de pesquisa empírica: tratava-se de deslocar o olhar da empresa e dirigi-lo para as cadeias produtivas, combinando a análise do processo de trabalho com o estudo da reconfiguração do tecido produtivo, com atenção especial para o âmbito da organização industrial.

Terceirização e reconfiguração de cadeias produtivas tornaram-se tendências importantes especialmente a partir da primeira metade dos anos 90, quando a economia brasileira se abrira rapidamente para o mercado internacional. A terceirização — não só de atividades ligadas aos serviços de apoio à produção, mas de áreas produtivas propriamente ditas — começara a ser identificada por várias pesquisas, realizadas já no início da década de 90 (Martins e Ramalho, 1994; Gitahy, 1993; Gitahy e Rabelo, 1991; Gitahy, Rabelo e Costa, 1988 e 1990). Alguns autores (Rabelo, 1989; Leite, E., 1997; Abreu *et al.*, 1998) mostraram que, em paralelo à crescente subcontratação, um movimento de qualificação de fornecedores, conduzido pelas empresas contratantes com vistas a garantir a qualidade dos produtos fornecidos, poderia estar indicando um esforço articulado entre a grande e a pequena empresa, a exemplo do que a bibliografia internacional identificara em outros países (Brusco, 1982; Piore e Sabel, 1984; Gereffi e Korzeniewicz, 1994).

Entretanto, esse movimento não difundiu, para toda a cadeia produtiva, as condições de emprego e trabalho encontradas nas suas empresas líderes. No que se refere às condições de trabalho, os estudos passaram a apontar um processo de deterioração, tanto mais visível quanto mais se percorresse a cadeia à jusante, o qual incluía a manutenção de trabalhos repetitivos e desqualificados, aumento dos ritmos, intensificação do controle, elevação de incidência de doenças profissionais; já no que se refere às condições de contratação do emprego, os trabalhos sublinharam a precarização que se desencadeou, apontando para o aumento da informalidade, diminuição dos salários, aumento das jornadas e perda de benefícios (Martins e Ramalho, 1994; Ruas e Antunes, 1997; Bresciani, 1997; Carleial, 1997; Leite, 2000; Leite e Rizek, 1998; Hirata, 1998; Abreu, Sorj e Ramalho, 1998). Não se pode desprezar a imbricação desses processos com a divisão sexual do trabalho (Abreu, 1994; Abramo e Abreu, 1998; Hirata, Husson e Roldan, 1994; Hirata, 1998). Inúmeros estudos sublinharam essa tendência, destacando o confinamento das mulheres nos postos mais degradados ou em situações de emprego mais precarizadas (Bruschini, 1995; Bruschini e Lombardi, 1996; Lavinas, 1997; Posthuma e Lombardi, 1997; Segnini, 1998; Hirata, 1998; Leite, 2000).

Diante da nova realidade dos anos 90, os intérpretes brasileiros voltaram a se colocar a incômoda pergunta sobre o sentido dessas mudanças. Seriam essas tendências inexoráveis? Os achados empíricos respondiam negativamente. Alguns estudos evidenciaram que as relações industriais mostravam-se um elemento importante na definição das condições do processo de reestruturação e, portanto, da qualidade do emprego e das condições de trabalho que poderiam ser asseguradas ao longo da cadeia (Carvalho Neto e Carvalho, 1998). Exemplos nesse sentido foram apontados no setor automotivo (Leite e Rizek, 1998; Bresciani, 1997), no setor eletroeletrônico da região metropolitana de Curitiba (Carleial, 1997), bem como no setor de autopeças, em estudo comparativo no Rio de Janeiro, São Paulo e Rio Grande do Sul (Abreu *et al.*, 2000).

Finalmente, ainda em face da nova realidade dos 90, os sociólogos do trabalho foram levados a enfrentar um quarto desafio: intensificar o seu diálogo entre os estudos feitos a partir dos locais de trabalho com as análises que tinham no mercado de trabalho o foco central de observação. De fato, a Sociologia do Trabalho, que em seu alvorecer tivera nos estudos do mercado de trabalho um dos seus temas privilegiados, pouco a pouco, em especial pela centralidade dos estudos do processo de trabalho, deixara de cultivar essa abordagem. A economia do trabalho foi responsável pelas melhores descrições e análises desenvolvidas nos anos 80 (Sabóia, 1991 e 1991a; Dedecca e Brandão, 1993; Dedecca e Montagner, 1993; Dedecca, Brandão e Montagner, 1993; Amadeo, Camargo *et al.*, 1993; Amadeo, Barros *et al.*, 1994; Amadeo, 1995; Urani, 1995; Azeredo, 1998; Dedecca, 1999). A reestruturação das formas de contratação e uso do trabalho, coetânea à reestruturação do tecido produtivo, impusera a urgência de retomar o mercado de trabalho como esfera crítica de observação (Posthuma, org., 1999).

A esse respeito, a ênfase no tema da flexibilização do trabalho talvez seja exemplar. Num país como o Brasil, onde o uso flexível da força de trabalho parece ser um dado genético, como dotar de significado analítico a categoria "flexibilidade" (Camargo, org., 1996)? A especificidade desse processo só poderia ter os seus efeitos bem interpretados se fosse analisada, simultaneamente, a partir dos determinantes intra *e* extrafabris, que afetam as novas formas contratuais e que se expressam no mercado de trabalho (Dedecca e Montagner, 1993; Dedecca, Montagner e Brandão, 1993; Siqueira Neto, 1997; Castro, 1997; Cacciamali, 1997; Castro e Dedecca, 1998).

Esse estilo de análise pôs em cena, novamente, os diferenciais de oportunidades entre distintos grupos de trabalhadores (Henriques, org., 2000). Como as mulheres, cujo afluxo intenso ao mercado de trabalho se associa, nos anos 90, à tendência à ampliação do desemprego feminino, mais célere que o desemprego masculino (Lavinas, 1997 e 1998; Bruschini, 1995; Bruschini e Lombardi, 1996; Guimarães, 2001); ou como os jovens, que embora compartam com as mulheres tendência à crescente e rápida escolarização, estão sujeitos a problemas agudos de inserção no mercado de trabalho (Pochmann, 1998; Madeira, 1996); ou ainda como os negros, cujos elevados níveis de integração ao mercado não encontram contrapartida nos lugares que ali ocupam e nos rendimentos que auferem (Hasenbalg, 1979; Silva, 1981; Hasenbalg e Silva, 1988; Caillaux, 1994; Pastore e Silva, 2000; Soares, 2000).[4]

Flexibilidade expressava-se, no âmbito do mercado de trabalho, pela recorrência do trânsito entre situações ocupacionais. Acompanhar esse movimento tornou-se um novo ponto de pauta no estudo dos elos entre reestruturação das firmas e reorganização do mercado de trabalho. A abordagem do tema viu-se renovada pelo uso de metodologias de análise baseadas em painéis longitudinais, pouco comuns na literatura brasileira sobre transições ocupacionais no mercado de trabalho (Pero, 1997; Caruso e Pero, 1997; Cardoso, Caruso e Castro, 1997; Cardoso, 2000; Cardoso, Comin e Guimarães, 2001).

De fato, o tema da mobilidade ocupacional — que estivera no coração da pesquisa sociológica durante o predomínio dos estudos de estratificação social dos anos 50-60 (Hutchinson *et al.*, 1960; Hutchinson, 1962; Moreira, 1962; Kahl, 1962; Gouveia,

---

[4] Ademais, essa intensa seletividade social, correlata à reestruturação produtiva, reabriu a discussão sobre crescimento e exclusão. No Brasil, estudos sociológicos sobre pobreza, exclusão e cidadania (Lopes e Gottschalk, 1990; Telles, 1992; Lopes, 1994; Barros e Mendonça, 1995; Faria, 2000; Telles, 2001) em muito estimularam a tradição mais ortodoxa da nossa Sociologia Industrial, via de regra preocupada apenas com as novas condições e ambientes de trabalho que abrigariam, nas indústrias, os "sobreviventes" do processo de reestruturação.

1965) e que tivera, desde então, desdobramentos ocasionais (especialmente através de Pastore, 1979; Silva, 1979 e 1981; Scalon, 1999; Pastore e Silva, 2000) — deixara de interessar aos estudiosos do trabalho desde a vaga das reflexões sobre desenvolvimento e marginalidade, nos anos 70 (Kowarick, 1975; Faria, 1976). Ao final dos anos 90, eles voltam a despertar interesse dos sociólogos do trabalho. Isto porque as mudanças ocorridas chamavam a atenção não somente para a intensa migração entre posições no mercado de trabalho, mas para os efeitos desta em termos de mobilidade, ocupacional e social.

Todo esse avanço tornou patente, enfim, a necessidade de interpretar processos que, se têm nos ambientes fabris seus espaços de expressão por excelência, carecem transcendê-los de modo a melhor compreender seus efeitos e determinantes. Assim, já não são suficientes as estratégias empíricas fundadas na análise de caso isolado, exaustivamente descrito num único ponto de tempo.

No estudo da reestruturação da indústria no Brasil, há que adotar estratégias comparativas e longitudinais de análise, onde trajetórias de empresas (ou de grupos de empresas) — e também trajetórias de trabalhadores — sejam acompanhadas ao longo do tempo e sob diferentes perspectivas de observação. A emergência de estudos comparativos e longitudinais é, sem dúvida, um estilo metodológico que obriga à formulação de hipóteses de fôlego explicativo mais amplo. Com esse novo arsenal analítico pode ser possível documentar e formular ilações sobre as formas de organização que se reestruturam e a natureza da sociedade que delas emerge.

Aceitar esse desafio será o meu intuito nos capítulos que se seguem.

2.
TEMPO E ESPAÇO:
ANTIGOS DESAFIOS, NOVAS ABORDAGENS[1]

Desde fins dos anos 70, a Sociologia do Trabalho, no Brasil, veio acumulando um acervo considerável de estudos de caso, que nos permitiram descrições refinadas sobre a realidade das relações de trabalho, em sua construção cotidiana.[2] Formamos, assim, massa crítica — seja em termos de boas descrições empíricas, seja em termos de instigantes hipóteses de trabalho —, que nos capacita a dar o passo seguinte, qual seja, refletir sobre os horizontes descortinados pelo campo temático dos chamados "estudos do processo de reestruturação produtiva".

---

[1] Na preparação deste capítulo lancei mão de idéias que sistematizei em texto anteriormente preparado, sob encomenda de um grupo interdisciplinar de interlocução. Esse grupo envolvia pesquisadores que, em 1999, estavam recém-saídos de experiências de estudos empíricos sobre cadeias produtivas. Diante da novidade da abordagem, decidimos nos fechar entre quatro paredes para a discussão dos desafios teóricos e metodológicos que havíamos enfrentado, seja na produção, seja na interpretação dos dados. Tal discussão teve lugar num evento que intitulamos "Reestruturação Produtiva e Trabalho em Diferentes Cadeias Produtivas no Brasil: Discussão Teórico-Metodológica", e que foi a primeira sessão (restrita) do Ciclo de Seminários Temáticos Interdisciplinares "Os Estudos do Trabalho: Novas Problemáticas, Novas Metodologias e Novas Áreas de Pesquisa", promoção do Cebrap, USP e Unicamp, realizada na FEA-USP, São Paulo, em 28/5/1999. Agradeço os comentários dos colegas e, em especial, as observações do professor Juarez Rubens Brandão Lopes, debatedor da sessão. Nem de longe a qualidade das idéias aqui apresentadas faz jus à riqueza do que as quatro paredes em que nos encerramos puderam ouvir e testemunhar.

[2] Para considerações mais detalhadas sobre o tema e o percurso das análises no campo, ver capítulo 1.

Refletir sobre esse campo requereria um primeiro acerto de contas intelectual, ao qual infelizmente renunciarei, por ser, ele mesmo, merecedor de um outro trabalho: o de entender o processo de formação de uma categoria — "reestruturação produtiva" — que parece ter se tornado, a um só tempo, um constructo analítico *e* uma "categoria nativa". Fazê-lo, seria duplamente interessante. Por um lado, por facultar a produção de uma boa história das idéias nesse campo, a qual nos legaria, por certo, maior rigor teórico. Por outro lado, por explicitarmos melhor alguns elos, que por vezes permanecem obscuros, entre conhecimento e realidade social. Vale dizer, elucidar o movimento de criação de significados que se realiza, simultaneamente, no pensamento acadêmico *e* no discurso dos atores; dele resultou, por primeira vez em nosso campo, que conhecimento disciplinar e conhecimento dos agentes da produção ombreassem em legitimidade, fertilizando-se reciprocamente.[3]

Embora instigante, deixarei tal empresa à margem do meu argumento, que, neste capítulo, volta-se para indicar os parâmetros teórico-metodológicos que definiram a construção do meu objeto de estudo. Para tanto, prosseguirei no esforço de avaliação crítica da trajetória dos estudos no campo da Sociologia do Trabalho Industrial no Brasil, iniciada no capítulo anterior. Ali, busquei apresentar uma certa interpretação sobre o percurso, deixando apenas enunciados, ao encerrar o capítulo, aqueles que me parecem os desafios mais importantes no campo. Aqui, buscarei sistematizar as minhas próprias reflexões a respeito desses desafios, notadamente na forma como deles me apropriei e como procurei encaminhar-lhes soluções teóricas que se refletiram no desenho da investigação empírica, cujos resultados substantivos apresentarei nas partes 2 e 3 deste livro. Assim fazendo, completo, com

---

[3] Diferentemente do que se passara nos anos da fundação da Sociologia do Trabalho no Brasil (anos 50-60) quando (conforme assinalado no capítulo anterior) a reflexão acadêmica se constituiu pela recusa ao estilo não-disciplinar dos memorialistas e dos militantes.

este segundo capítulo, o esforço no sentido de situar o leitor com respeito aos interesses analíticos e às soluções operacionais que sustentam o desenho da pesquisa.

1. UMA TRAJETÓRIA DE ENRIQUECIMENTO TEMÁTICO E TEÓRICO: DO CASO ISOLADO À CADEIA, DO TRANSVERSAL AO LONGITUDINAL

Para melhor ordenar o argumento, retomarei alguns pontos de partida, deixados no capítulo anterior.

A literatura brasileira dedicada ao estudo dos processos de reestruturação industrial desde cedo teve o seu interesse dirigido para a análise das microssituações de mudança que se desencadeavam nas empresas em processo de ajuste técnico-organizacional. A rigor, já estávamos nas fábricas quando novas formas de gestão tomaram de assalto os ambientes de trabalho, como uma contingência da chamada "modernidade industrial".

Cruzar os muros das fábricas fora, para os sociólogos brasileiros, por assim dizer, uma imposição do seu objeto. De fato, algo de novo parecia pulsar no ressurgimento de movimentos sociais de massa, no final dos anos 70, capitaneados por bandeiras do movimento sindical, que remetiam à luta por direitos, às condições de exercício da cidadania operária, resumidas na então desconcertante reivindicação por autonomia e dignidade operária. Autonomia em face dos partidos políticos e do Estado; dignidade em face do autoritarismo gerencial.

A atenção acadêmica deslocou-se, então, do eixo sindicatos—partidos—Estado, atraída pelo desejo de devassar a intimidade das fábricas, de modo a entender o que se passava naquele que fora chamado por um dos mais clássicos pensadores do trabalho como "o âmbito recôndito da produção" (Marx, 1986). Que poderíamos dizer sobre as formas cotidianas de organização das relações sociais no trabalho e como estas forjavam uma experiência do assalariamento e da sujeição, responsável por esculpir novos atores políticos? Essa passou a ser a pergunta, o desafio primeiro para a nossa imaginação sociológica. Estratégias gerenciais, percepções de trabalhadores e práticas sindicais tornaram-se os ingredientes principais da análise.

Na maioria desses trabalhos, as empresas estudadas constituíam-se, elas mesmas, no limite da análise, sendo a alegoria, por excelência, daquilo que se denominava "o mundo fabril". A metáfora do "mundo", para remeter à experiência fabril, era eloqüente num duplo sentido. Por um lado, apontava para a aspiração de universalidade que parecia poder emergir daquele microcosmos, indicando a centralidade heurística que se conferia à experiência do trabalho. Por outro lado, supunha que essa universalidade poderia estar contida na "descrição densa" (para parafrasearmos Geertz) de um caso. O processo de trabalho tornava-se o novo *locus* de emergência das reivindicações sociais.

Nesse contexto, as estratégias gerenciais eram quase sempre reduzidas às estratégias de gestão do trabalho. Interpretadas enquanto estratégias de classe, melhor dito, estratégias de classes em luta (ou, quando menos, classes em construção), elas tinham um fim necessário (o controle do trabalho) e uma funcionalidade imanente (que resultava do imperativo de atender à chamada lógica da acumulação, cujo cerne estaria no controle do trabalho). Mais ainda, tais estratégias pareciam ter os seus graus de liberdade inteiramente definidos no microcosmos da fábrica. Por tudo isto, o desenho típico dos estudos dessa fase era o do estudo de caso, mais exatamente o do estudo transversal do caso único.

Assim estimulada, a pesquisa avançou em direção a um terreno ao qual os sociólogos brasileiros tinham sido, até então, muito pouco afeitos: como a organização da produção continha, ela mesma, uma ordem que lhe dava sentido, estruturando-se não apenas em torno de equipamentos e famílias de máquinas, mas também de hierarquias sociais e de sistemas simbólicos. A problemática da construção da assim chamada dominação do capital sobre o trabalho (e, por conseqüência, da sua contraface, a da resistência operária à dominação) era o interrogante de fundo, que permeava nossas análises, desafiando as interpretações.

Todavia, a relação de dominação era pensada num registro único: o da relação de poder que se tece entre sujeitos, não apenas assimetricamente dispostos numa hierarquia, mas antepostos por suas posições estruturais e por seus interesses últimos. Nesse sentido, atores eram sociologicamente imaginados em construções analíticas simples, que maximizavam as diferenças entre os grupos sociais antepostos (gerências e trabalhadores) e minimizavam as diversidades ao interior de cada um deles. Assim, se as estratégias gerenciais eram estratégias de classe, delas haveria que sobressair o caráter antioperário. Do mesmo modo, a resistência trabalhadora tinha (para fazer jus ao nome e ao qualificativo) que revelar sua motivação antipatronal. Umas e outra unificavam interesses e diluíam eventuais especificidades que quisessem se exprimir ao interior dos dois grupos sob análise.

Foram os estudos feministas aqueles que se encarregaram de despertar os sociólogos brasileiros do trabalho para a existência e centralidade das diferenças, socialmente transmutadas em desigualdades. A construção e a experiência da dominação revelavam-se diversas ao interior do próprio grupo social dos trabalhadores: a sujeição estava longe de ser uma realidade singular. Mais ainda; compreendê-la supunha ultrapassar o "mundo" fabril, integrá-lo à vida extrafabril, particularmente ao âmbito doméstico, de modo a entender como as relações sociais de gênero tecem uma certa forma de sociabilidade, que adentra no trabalho e reconstrói a experiência cotidiana da vida da fábrica, alimentando-a com as hierarquias e representações construídas e vigentes fora desta.

No pólo oposto, a passagem dos anos 70 para os anos 80 nos colocou também diante da necessidade de interpretar o comportamento gerencial. Antes que singular e univocacionado — antes que uma ação "de classe", voltada para o mero controle do trabalho —, ele era o resultado de uma pluralidade de determinantes, e outra tanta de motivações. Vale dizer, o comportamento gerencial, como qualquer conduta de ator, resultava de escolha, estruturada, num leque de possibilidades; dentre estas, a motivação para o controle do trabalho era apenas um dos elementos-chave da ordem na produção.

Nessa perspectiva, as estratégias gerenciais deixavam de ser um pressuposto e passavam a ser, elas mesmas, um resultado por investigar. Como variavam no tempo? Como se (re)construíam? Quais os seus determinantes? Como estratégias de competição impactavam sobre estratégias de uso e controle do trabalho?

Vale dizer, se as estratégias gerenciais deixam de ser vistas como um dado, um pressuposto; se elas já não são mais tributárias de uma lógica imperiosa, exterior às escolhas dos atores, há que lhes reconhecer a diversidade de natureza e de determinantes; há que tomá-las como objeto de análise. A construção da ação gerencial tornava-se, então, um atrativo para a reflexão da Sociologia do Trabalho no Brasil, deslocando-nos para o campo das hierarquias, das práticas e das representações simbólicas que tecem o curso da própria ação empresarial, explicando-lhes as mudanças e, nestas, o nexo com as formas assumidas pela relação social de trabalho.

Num primeiro momento, a nossa atenção analítica esteve orientada para os determinantes tecnológicos dessas mudanças. Nesse registro, as estratégias de uso do trabalho andavam de braços com as necessidades colocadas pelo desafio da atualização das plantas industriais. Talvez o principal fruto desta primeira leva de pesquisas tenha sido havermos exorcizado o fantasma do determinismo tecnológico, que parecia rondar as interpretações formuladas no ponto de partida. Assim, tanto quanto o melhor da literatura internacional, ao buscarmos investigar o que então denominávamos os "impactos sociais da automação microeletrônica", ou as "respostas sindicais à automação", terminamos por encontrar nos determinantes organizacionais e nos contextos societais tanto ou mais explicações quanto a que decorria das tendências de reconversão tecnológica pura e simples. Integração, flexibilidade, estratégias de qualificação e estabilização de efetivos podiam — ou não — andar de braços com a introdução de novos equipamentos automatizados. Havia que inquirir mais além, buscando nas estratégias competitivas, na posição da firma nos respectivos complexos produtivos, na forma de regulação estatal do trabalho e da ação empresarial, tanto quanto na força sindical nos chãos-de-fábrica e nos regimes fabris que ali se erigiam, os determinantes mais seguros para os efeitos sobre a organização da produção e do trabalho.

Nesse caminho, a metodologia de estudos transversais, em profundidade, de caso único mostrou-se cada vez mais insuficiente. O entendimento das estratégias de gerenciamento do trabalho apontava, por um lado, para desenhos de tipo longitudinal (antes que para fotografias de tipo *cross-section*) e, por outro, para o estudo das firmas imersas em seu contexto de competição e de alianças, para a análise de redes interfirmas (antes que para o estudo de um só caso ou de poucos casos, isolados dos complexos em que se inseriam). A *análise longitudinal de firmas em redes* revelou-se, então, uma estratégia de grande valor heurístico quando se enfrentava o desafio de identificar o modo como se combinavam, na explicação, os determinantes contextuais e aqueles internos à própria organização.

Tempo e espaço reaparecem, então, como duas dimensões capazes de revelar novas vias de inteligência do real. Curiosamente, no ponto de partida desse breve retrospecto, estavam os "clássicos" estudos do processo de trabalho. Que desafio eles haviam colocado e que limites podem ser reconhecidos nos mesmos, quando se trata de repensar as coordenadas de tempo e espaço?

Os estudos do processo de trabalho, a seu modo, foram também uma resposta inovadora às discussões sobre tempo e espaço. Se mais não fosse, por que eles nos levaram a substituir a temporalidade da macropolítica pela idéia, então revolucionária, de "cotidiano" (Heller, 1972; Thompson, 1963). Mas, não bastava ter a pista do "cotidiano" para acabar de descobrir a chave do mistério; isto porque a senha para a nova abordagem supunha adjetivá-lo: eram os "cotidianos fabris" — inovadora recomposição das coordenadas de tempo *e* de espaço. Feito isto, estava claro o alvo da empresa intelectual: desvendar a micropolítica que era tecida no dia-a-dia das relações sociais de *e* na produção, vale dizer, nos chamados "chãos-de-fábrica".

Que encontramos, agora, ao final desse percurso? Uma nova equação de tempo e espaço torna-se heuristicamente significativa: a chave do mistério agora passa a estar no estudo *longitudinal* das firmas, já agora imersas em *redes*. O privilégio passa a estar não mais na descrição exaustiva e aprofundada de um caso, mas na análise do tecido que o contém, do(s) caso(s) insertos nas cadeias produtivas. Bem assim, não é mais suficiente a descrição exaustiva de um momento de tempo, mas impõe-se um estilo de análise em que a transversalidade cede lugar à longitudinalização do olhar do pesquisador.

Pois bem, como esse conjunto de pontos de partida aqui assumidos refletiram-se no desenho empírico do estudo da cadeia químico-petroquímica, que sustenta o argumento deste livro?

2. AS QUESTÕES CENTRAIS E O PARTIDO METODOLÓGICO NO ESTUDO DA CADEIA QUÍMICO-PETROQUÍMICA: CADEIA E COMPLEXOS; MERCADOS E PROCESSOS DE TRABALHO

O móvel inicial da pesquisa era refletir sobre os desafios recentemente enfrentados pelas estratégias de recursos humanos das empresas brasileiras e, em particular, as suas respostas em termos de políticas de qualificação de efetivos.[4]

---

[4] A pesquisa se desenvolveu a partir do projeto CNPq/Finep/Cedes/ UFBa/Cebrap, intitulado "Qualificação, Mercados e Processos de Trabalho: Estudo Comparativo no Complexo Químico Brasileiro". Ela era parte de um projeto mais amplo, de natureza comparativa, e escopo nacional, envolvendo múltiplas equipes e instituições, denominado "Reestruturação Produtiva

Posicionando-me nesse território, uma indagação preliminar se fazia necessária: haveria lugar para uma abordagem especificamente sociológica do tema — livre de um certo reducionismo interpretativo que muitas vezes empobrecia as explicações dos cientistas sociais, fazendo destes uma sorte de engenheiros ou administradores de produção mal-resolvidos, porque insuficientemente aparelhados? Vale dizer, qual a exata medida de equilíbrio que distingue a bem tecida cooperação interdisciplinar da perda pura e simples de especificidade da abordagem, da linguagem, da teorização e da metodologia que caracterizariam uma Sociologia das Relações Sociais no Trabalho?[5]

A minha reflexão teve como pano de fundo um contexto — o da primeira metade dos anos 90 — no qual um intenso processo de reestruturação industrial convivia, no plano econômico, com medidas de ajuste estrutural e de mudança nas formas de regulação das relações com o mercado internacional; e, no plano polí-

---

e Qualificação". O trabalho de campo transcorreu entre 1995 e 1997, e o seu relatório final foi divulgado em 1998 (Castro *et al.*, 1998).

[5] Interessante seguir pensando (ainda na margem e em diálogo com o capítulo anterior) por contraste com os nossos "pais fundadores". Assim, à diferença desses, é como se a disputa simbólica que inaugurou o domínio de um território acadêmico nos anos 50-60 estivesse agora sendo reposta, não mais pelo desafio do conhecimento militante, mas pela atração e mimetismo pela abordagem do parceiro (o engenheiro ou o administrador de produção, por exemplo) que habita a disciplina ao lado. O leitor poderá estranhar esse aparente libelo antiinterdisciplinar, partindo de alguém que se posiciona num campo em que a cooperação entre conhecimentos disciplinares distintos se aprofundou a ponto de ter passado a dar a tônica à agenda dos estudos. Esclareço. Acredito que a cooperação pluridisciplinar é fator de enriquecimento das nossas análises; entretanto, a cooperação entre disciplinas supõe intérpretes que, solidamente situados num arsenal teórico e metodológico disciplinar, desafiam-no, e enriquecem-no, pela incorporação de um "olhar estrangeiro", pela desconstrução e crítica à sua própria abordagem, tecidas a partir de outra perspectiva disciplinar. Dito de outra forma: a solidez disciplinar é condição de possibilidade para qualquer cooperação interdisciplinar igualmente sólida e criadora.

Tempo e espaço

tico, com o desafio da consolidação democrática. Os objetivos principais do trabalho foram três: a) analisar as mudanças que vinham ocorrendo nos perfis de qualificação dos trabalhadores que logravam sobreviver aos processos de reestruturação produtiva; b) identificar tipos de iniciativas empresariais que vinham sendo implementadas no que concerne ao gerenciamento de políticas de treinamento e formação profissional; c) inquirir sobre como tais mudanças eram negociadas, seja a partir das formas de ação dos sindicatos de categoria (instituições detentoras do monopólio de representar interesses coletivos com respeito às condições de contratação do trabalho), seja a partir de novas formas institucionais de produção de consenso, no bojo das mudanças organizacionais em curso.[6]

Para levá-lo a cabo, tomei o partido metodológico de estudar tais mudanças ali onde elas pudessem estar se desenvolvendo com particular radicalidade. Escolhi, por isto mesmo, investigar a realidade da cadeia produtiva da indústria químico-petroquímica, respaldando tal escolha num conjunto de razões:

(i) Tratava-se de um segmento industrial de decisiva centralidade para a dinâmica econômica nacional: ele estava ligado às principais cadeias de produtores finais, sendo responsável por alguns dos principais insumos básicos e intermediários que viabilizam a produção nos mais importantes complexos industriais no Brasil.

---

[6] Dada a natureza deste capítulo, me furtarei a descrever resultados substantivos. Eles serão aqui retomados apenas e na exata medida da necessidade de situar questões de natureza teórico-metodológica, que dizem da forma pela qual construí o objeto, na contramão do estilo que se tornara tradicional entre nós. Remeto o leitor para a Parte 2 (capítulos 3, 4 e 5), onde apresentarei os achados da pesquisa. Aos que eventualmente se interessem por maiores detalhes acerca das várias dimensões do estudo empírico então desenvolvido, remeto ao minudente relatório final (Castro *et al.*, 1998), bem como à tese doutoral de Fartes (2000), que dirigi, e que aprofundou o campo empírico de um dos estudos de caso (a "Refinaria").

(ii) Caracterizava-se, ademais, por um intenso e permanente processo de renovação tecnológica: seja nas diversas formas de "tecnologias duras" (tanto na tecnologia de produto, quanto — e especialmente — nas tecnologias de processo e de controle de processo), seja nas "tecnologias organizacionais", nos modelos de gestão da produção.[7]

(iii) Dada a elevada intensidade de capital, a complexidade tecnológica e o risco operacional associados aos seus processos produtivos, a cadeia químico-petroquímica sempre se sustentou numa intensa automação de procedimentos, requerendo uma força de trabalho com perfil de qualificação bastante mais elevado que a média no mercado de trabalho industrial. Ademais, por serem processos intensos em tecnologia (especialmente na tecnologia de processo e de controle deste), a atualização tecnológica das firmas torna-se uma condição para a sua sobrevida num mercado fortemente competitivo, formado por conglomerados internacionais integrados e verticalizados ao longo dos vários níveis da cadeia produtiva (petróleo, petroquímica básica, intermediária, final, fármacos etc.). Nesse sentido, atualizar a qualificação dos seus efetivos em direção a fronteiras tecnológicas (na transformação química, para os novos produtos; na microeletrônica e informática para os controles de processos) era um permanente desafio para estas empresas. Pois bem, como esse desafio era enfrentado (e negociado) num contexto de remarcada instabilidade, como aquele que me interessava estudar?

---

[7] De fato, o modelo de fábrica de produção integrada e em fluxo contínuo — característico das indústrias de produção a-dimensional (também chamadas "indústrias de propriedade") e perfeitamente representado pela cadeia escolhida — funcionou, a um só tempo, como arquétipo e precursor dos princípios de gestão dos processos produtivos atualmente em voga; daí generalizando-se para os processos produtivos de tipo discreto, ou dimensionais, da chamada "indústria de forma".

Tempo e espaço

(iv) Esse foi também um segmento industrial precursor no uso das modernas estratégias gerenciais dirigidas à produção do consentimento dos trabalhadores. Ele moldara a sua gestão de recursos humanos em políticas que visavam seja compensar o trabalho duro dos turnos contínuos em situações de elevado *stress*, seja assegurar o compromisso ativo dos seus efetivos, decisivo num contexto em que o trabalho tem um caráter eminentemente supervisório, estando sempre voltado para reparar quaisquer desvios da normalidade operacional, sejam eles reais ou potenciais. Por isso mesmo, foi exatamente nesse setor da indústria em que mais se desenvolveram as políticas de recursos humanos voltadas para a estabilização de efetivos, tais como: consolidação de um mercado interno à empresa, com suas carreiras próprias; elevação relativa dos salários; diferenciação destes através de incentivos e adicionais; e concessão de múltiplos tipos de benefícios extra-salariais.

(v) No caso brasileiro, uma particularidade importante marcava, ainda, a história da constituição desta cadeia: ela foi objeto privilegiado da política de intervenção estatal. Tal política se manifestou sob várias formas: seja pelo monopólio total, constitucionalmente assegurado de algumas atividades (como a extração e o refino do petróleo); seja pelo domínio acionário real, amplamente majoritário em outras atividades (como, até muito recentemente, a produção petroquímica básica, a assim chamada "primeira geração"); seja pela indução e "invenção" de uma burguesia ou formação de uma pujante tecnoburocracia,[8] viabilizadas por uma agressiva política industrial calcada em incentivos fiscais e financeiros que promoveram a consolidação do setor (em direção a toda a extensão da cadeia produtiva química) e a sua simul-

---

[8] Parafraseando Evans (1981 e 1981a), no primeiro caso, e Suarez (1986), no segundo.

tânea reespacialização (desconcentrando-o do seu pólo original, no Sudeste, e redirecionando-o seja para o Nordeste, seja para o Extremo Sul do país). Se o petróleo e a sua estatal foram, nos anos 50, sinônimos da política de construção da soberania nacional, a petroquímica foi, nos anos 70, sinônimo da integração nacional pela via do desenvolvimento industrial de regiões até então economicamente periféricas e socialmente atrasadas. Burguesias regionais e operariados locais consolidaram-se como grupos sociais com interesses significativos no curso da implantação desse segmento industrial, trazendo à cena das relações industriais novos atores de peso.[9]

(vi) Mas a cadeia química teve uma forma muito peculiar de reagir a duas das mudanças fundamentais trazidas pela nova conjuntura econômica dos anos 90: a abertura comercial e a privatização. Tendo sido um dos setores mais beneficiados com a intensa regulação estatal sobre mercados e produtos, o segmento químico-petroquímico viu-se de braços com o desafio de privatizar-se (vale dizer, de tornar-se atraente para possíveis compradores) num contexto em que o mercado nacional se abria para produtores estrangeiros (rompendo-se um importante nicho que beneficiava essas empresas), ao tempo em que o mercado externo enfrentava a adversidade de uma das suas crises cíclicas de superoferta de produtos petroquímicos. Instabilizaram-se, simultaneamente, as regras internas nos mercados de insumos (pela redefinição das políticas de subsídios) e de competição (pela redução de alíquotas de importação) *e* as posições externas nos mercados de produtos, tudo isto ao tempo em que se demandava racionalização de procedimentos e de custos, na busca de novos acionistas e compradores. Este parece ter sido o grande desafio aberto pelos anos 90, desafio que adquire, nesse seg-

---

[9] Vide Agier, Castro e Guimarães (1995) e Tittoni (1994).

Tempo e espaço

mento, uma particular radicalidade, haja vista a sua trajetória de constituição. Os efeitos desse contexto sobre as estratégias de racionalização do trabalho, de redução de custos e de "enxugamento" da mão-de-obra foram de monta considerável e afetaram de modo fortemente seletivo os seus trabalhadores, tendo na qualificação (*lato sensu*) um dos seus mecanismos de seleção mais importantes.

Assim definidas as razões da escolha, que outros elementos caracterizaram o partido metodológico deste estudo?

Antes de mais nada, a forma de análise. O estudo procurou alinhar dois tipos de estratégia de investigação. Por um lado, a análise do mercado de trabalho, em que o foco se dirigiu para a dinâmica de ampliação (ou retração) dos postos de trabalho, visando caracterizar a força de trabalho ali ocupada. Suposto aqui assumido: em condições de ampla oferta de trabalhadores e de retração dos postos de trabalho, o perfil dos efetivos remanescentes, aos quais chamo, metaforicamente, de "sobreviventes", poderia ser considerado como um bom *proxy* das preferências manifestas nas políticas de recursos humanos das empresas. Isto é, num ambiente de tão forte assimetria na relação entre ofertantes e demandantes de emprego, as mudanças de curto prazo no perfil dos efetivos sobreviventes deveriam expressar muito mais de perto as novas preferências contidas nas políticas de recrutamento que as eventuais alterações no perfil dos trabalhadores que se oferecem no mercado de trabalho. Por isso mesmo, o mercado de trabalho torna-se um cenário privilegiado para descrever-se os resultados do processo de seleção a que estão sujeitos os que demandam emprego: como as suas diferentes características subjetivas os credenciam (ou não) para a obtenção de postos de trabalho; como as suas chances de empregabilidade variam segundo condicionantes sociais que se encarnam em seus perfis pessoais, caracterizando-os, seja em termos de traços individuais aquisitivos e, por isso mesmo, ligados ao desempenho (como escolaridade, experiência na empresa etc.), seja em termos de traços individuais de tipo adscrito e, por isso mesmo, ligados às representações sociais sobre atributos pessoais (como sexo, idade, cor etc.).

Entretanto, interessava-me não apenas descrever esse processo de seleção por seus resultados finais, caracterizando quem são os sobreviventes ao "dia seguinte" do ajuste. Mais que isso, cabia aclarar igualmente os mecanismos que operaram ao interior das empresas. Nesse sentido, decidi estudar algumas situações-tipo e nelas descrever o decurso dessa seleção tão intensa, relacionando-o: (i) às estratégias competitivas que desafiavam distintos tipos de produtores (em distintos níveis da cadeia e sob distintas condições de proteção estatal); (ii) às trajetórias tecnológicas e organizacionais dessas empresas; (iii) à sua história de negociação das relações de trabalho. Por isso mesmo, a análise do mercado de trabalho só se completaria com o estudo intensivo e em profundidade dos locais de trabalho, de firmas intencionalmente escolhidas no complexo, para nelas descrever os mecanismos de seleção, os perfis preferenciais que orientaram a seleção, as formas de provimento de cargos e as instâncias e estilos de negociação, seja da inclusão nas novas condições de trabalho, seja da exclusão destas.

Em síntese, mercados e processos de trabalho tornavam-se duas faces importantes (por sua pertinência metodológica) e complementares (em seus aportes teóricos) para descrever a realidade das mudanças nas formas de uso e de gestão do trabalho, aí compreendidas as políticas gerenciais e as estratégias individuais de qualificação.

Isto me remete ao segundo elemento ainda por caracterizar no partido metodológico que foi adotado: a seleção dos casos a estudar no complexo químico-petroquímico brasileiro. Procurei, na escolha dos casos, representar tipos de empresas, dadas algumas variáveis que reputei importante controlar por meio do desenho empírico. Que variáveis foram essas? Em primeiro lugar, a diversidade regional, expressa na natureza dos mercados (regionais) de trabalho e de produtos. Para tanto, selecionei empresas nas duas maiores concentrações de negócios no ramo químico-petroquímico. No Pólo de Capuava/Santo André, no Sudeste do Brasil, em São Paulo, selecionei duas das principais empresas daquele que foi o primeiro complexo químico-petroquímico brasileiro, e que ainda hoje é o fornecedor por excelência de petroquímicos básicos para o coração da indústria nacional. No eixo Mataripe/Pólo de Camaçari, no Nordeste do Brasil, na Bahia, selecionei outras duas empresas que se situavam (uma delas) na origem da indústria petroleira nacional, e (a outra) na principal concentração petroquímica fora do eixo do Sudeste, desde cedo voltada ao mercado internacional. Assim escolhidas, as quatro empresas provinham de contextos bastante distintos seja pela forma como se configurava o tecido industrial (e pela densidade e complexidade do segmento químico-petroquímico local), seja pelas distintas vocações competitivas que caracterizavam cada uma das concentrações industriais, seja pelo perfil da força-de-trabalho que se ofertava em cada um desses mercados regionais, seja pelo tipo de cultura gerencial que neles imperava.

Em segundo lugar, na seleção dos casos procurei representar diferentes posições na cadeia produtiva: refino, petroquímica básica, petroquímica intermediária e química. Dessa sorte, combinando esse critério ao anterior foram escolhidas: na Bahia, uma refinaria e sua principal compradora local no seguinte nível da cadeia, uma empresa produtora de petroquímicos básicos; em São Paulo, uma central de matérias-primas petroquímicas e uma das suas principais compradoras na seguinte geração da cadeia, heterogênea o suficiente para conter negócios/plantas no segmento intermediário e na química semifinal.

Finalmente, em terceiro lugar, procurei também representar distintas formas de propriedade do capital dada, por um lado, a importância da presença do Estado no setor e, por outro, o processo de privatização que se iniciara. Nesse sentido, foram estudadas: uma empresa estatal, uma ex-estatal recém-privatizada, uma privada nacional (estatal em sua origem, mas que desde cedo sofrera uma sorte de "privatização branca") e uma empresa privada multinacional.

Que ganhos analíticos apareceram como sendo o resultado virtuoso desse desenho metodológico e que lacunas ainda permaneciam e me obrigavam a outros passos e ao avanço na pesquisa empírica sob novas bases teórico-metodológicas? Tomarei uma questão de cada vez posto que elas são centrais para que o leitor entenda a construção do objeto teórico deste livro e a sua tradução em termos empíricos.

3. TEMPO E ESPAÇO: LEVANDO MAIS LONGE A PROBLEMATIZAÇÃO

Considerando o estudo da cadeia produtiva química, arriscaria dizer[10] que uma novidade do desenho empírico do estudo, e que resultou em ganhos descritivos e analíticos, foi haver não apenas passado da abordagem da firma isolada à da cadeia produtiva, mas ter cuidado de combinar a análise de segmentos da *cadeia* situados em *complexos* distintos. Justamente a especificidade da organização (do tecido) industrial da químico-petroquímica no Brasil impunha que se associassem os enfoques de cadeia e de complexo polarizado. Isso porque a maneira pela qual se constituíram (talvez melhor dito, fragmentaram) os negócios nesse segmento da atividade econômica,[11] numa trajetória de implantação industrial que se fez sob o comando inconteste do Estado — que associou política industrial e política de desenvolvimento regional, por meio da implantação de pólos petroquímicos em

---

[10] Embora correndo o risco de antecipar resultados sem a necessária documentação empírica, que virá nos capítulos da Parte 2.

[11] Voltarei a esse ponto mais extensivamente no capítulo seguinte, mas desde já remeto à excelente análise de José Clemente Oliveira (1994) que adotou o conceito de "quase-firmas" para se referir às empresas no modelo brasileiro de organização industrial da petroquímica.

sítios de tipo *greenfield* —, recomendava que as redes interfirmas fossem analisadas no quadro dos complexos polarizados em que os segmentos da cadeia se situavam.

Ao fazê-lo, foi possível evidenciar, por exemplo, que, do ponto de vista do processo de seletividade de mão-de-obra — mesmo quando mantinham-se constantes, para fins de comparação, o período de tempo e o segmento da indústria química —, a intensidade e o *timing* dos processos de "enxugamento" do emprego variavam enormemente nos casos dos complexos da Bahia e de São Paulo.[12]

A variação no "enxugamento" deveria ser atribuída, quando menos em parte não desprezível, à distinta complexidade dos tecidos produtivos: menos denso (em termos de número de empresas) e menos heterogêneo (em termos de gerações da transformação química) na Bahia que em São Paulo. Por isso mesmo, passei a hipotetizar que, dado o caráter mais sistêmico do processo de mudança, resultante da pouca heterogeneidade do tecido produtivo na Bahia, a perda de emprego numa planta impunha muito mais dificuldade à reinserção do trabalhador baiano, no mesmo setor, sem perda de qualificação. Já a variação no *timing* poderia ser atribuída (outra vez, quando menos em parte) à diversidade de vocação competitiva (mais voltada a um mercado interno, mantido cativo até meados desta década, no caso paulista; mais cedo e mais intensamente reconvertida para o exterior, no caso baiano). Assim, graças ao tipo de desenho de investigação foi possível desvelar as especificidades dos processos de seletividade na gestão do trabalho, ao contextualizar-se a cadeia em seus espaços regionais distintos, porque encadeados em complexos de *variada história e natureza.*

Um segundo ganho para a análise resultou do diálogo entre os enfoques na dinâmica dos *mercados* (de produtos e de trabalho) e dos *processos* de trabalho. Aprendi, com essa pesquisa, que

---

[12] No capítulo 4 detalharei os achados a esse respeito.

há que tomar na devida conta as trajetórias de reestruturação de empresas, aí compreendidos tanto os determinantes que advêm da natureza dos desafios competitivos e da economia das trocas materiais, como aqueles que resultam da economia das relações simbólicas, de poder (ao interior da hierarquia e entre territórios administrativos da empresa, tanto quanto entre gerências e sindicatos), tendo em conta os limites institucionais fixados às relações entre atores num setor fortemente sujeito à regulamentação.

Só assim pode-se passar de uma contabilização de resultados, como a que nos oferece a análise tipo *repeated cross-section* do movimento do emprego, para a investigação dos *mecanismos* através dos quais tais resultados se produzem; para as políticas de produção que os engendram; para os arranjos institucionais que limitam as relações entre os atores do trabalho; enfim, para os regimes de regulação ao nível fabril que produzem tal seletividade ocupacional tão intensa. Quando demitir, a quem demitir, quanto demitir? Quando treinar, como treinar? A quem recrutar, como contratar e em quanto remunerar? Estas são perguntas-chaves num estudo sobre reestruturação, seletividade e qualificação, e que não têm sua resposta completa (isto é, não têm seus mecanismos de produção desvendados) se enfocadas apenas, seja pela ótica do mercado de trabalho, seja pela ótica dos processos e da gestão do trabalho. A definição de situações ideal-típicas — tendo em mente cadeia *e* complexos — complementada com a análise em profundidade dessas situações — articulando mercado *e* processos de trabalho — restabeleceu, a meu juízo, a importância do lugar de cada caso (o seu estatuto analítico), ao tempo em que balizou melhor (com o enfoque de cadeia e de complexo) a própria escolha das unidades/firmas a observar mais detidamente.

Assim equacionadas as virtualidades desse tipo de construção de objeto, creio ter estabelecido os elementos metodológicos centrais no que tange à dimensão espacial da análise. Entretanto, os estudos, tal como até ali se desenvolviam, ainda deixavam muito a desejar no que concernia à incorporação da dimensão temporal.

Tempo e espaço

É certo que fora feito um esforço no sentido de introduzir o tempo de um modo mais complexo no estudo dos casos: ao captar *simultaneamente* a complexa estrutura que sustentava as relações sociais no cotidiano fabril (via análise dos mecanismos da política cotidiana de construção e reconstrução de regimes fabris) *e* o movimento longitudinal de constituição de trajetórias organizacionais, era possível construir verdadeiras "histórias de vida" das empresas selecionadas, na forma de uma arqueologia das suas estratégias empresariais.

Entretanto, havia um âmbito da análise em face do qual o uso do tempo ainda deixava muito a desejar: o do movimento das *trajetórias dos indivíduos* no mercado de trabalho. Ao tempo em que transcorria o trabalho de campo nesse primeiro estudo acerca da indústria química, aguçava-se o meu interesse analítico por entender os nexos entre estratégias de empresas e trajetórias dos seus trabalhadores. Isto porque a magnitude dos cortes no emprego direto, protegido e de longa duração[13] não poderia ser interpretada apenas enquanto efeito de trajetórias de reestruturação das empresas. Cabia analisá-la, igualmente, do ponto de vista dos seus efeitos sobre as trajetórias ocupacionais e estratégias de vida dos trabalhadores demitidos.

Tal era a monta desse efeito (em termos de número de demitidos), tão intenso era o "enxugamento" (em termos de encolhimento dos postos), que o analista rapidamente percebia que já distava muito o tempo[14] em que as estratégias gerenciais de de-

---

[13] E a indústria química moderna foi um caso singular no precário mercado de trabalho brasileiro. Particularmente a petroquímica, em que se destacavam: a importância dos mercados internos de recrutamento e a configuração de carreiras profissionais, ademais de uma política de estabilização da força de trabalho, fundada em mais elevados salários e benefícios extrasalariais, que em muito se diferenciava da regra geral. Voltarei a esse assunto nos capítulos 3, 4 e 5, Parte 2.

[14] Magistralmente descrito por Humphrey (1982), por exemplo, para a automobilística.

semprego se traduziam em estratégias de rotação dos trabalhadores. Antes, a quebra do contrato prenunciava o estabelecimento de um outro contrato, via de regra no mesmo setor, no mais das vezes com um outro empregador (mas por vezes com o mesmo, num outro momento), embora sempre com menores salários e em condições de barganha mais desigual. Assim, nos anos do "milagre", só para figurar um exemplo, é certo que a rotação (contraface do despotismo de mercado) deprimia os salários e sujeitava os trabalhadores à intensificação das jornadas, em condições de privação de direitos (como o da estabilidade, substituída pela legislação do FGTS). Entretanto, no próprio mecanismo de rotação acenava-se com o horizonte de uma futura readmissão, da reinserção no mundo dos empregos *no setor do qual se saíra*.

O intenso *turn-over* era um instrumento, por excelência, de gestão, que se completava com a repressão política. Mas ele não privava, seja da chance (de longo prazo) da reinserção, seja — e por isto mesmo — da representação simbólica de uma identidade (profissional) e de um destino (ocupacional). Tanto é assim que, na crise do início dos 80, os sindicatos protegiam "os seus" desempregados. Ou, por outra, quando o desemprego era expressão do custo "político" da militância,[15] havia o instituto dos "fundos de greve", que vaticinava a transitoriedade do desligamento "da categoria" e anunciava que num futuro, mesmo que remoto, o trabalhador restabeleceria os elos com o seu destino de origem. Tanto assim que, num caso ou no outro, o sindicato bancava a conta desse interregno. Assim, na falta de um arcabouço institucional público-estatal, as pontes de passagem eram feitas por instituições públicas não-estatais, os sindicatos e a solidariedade operária estavam entre as principais delas.

Ora, ao avançar no estudo dos elos entre reestruturação e seletividade, parecia cada vez mais claro que o desemprego ago-

---

[15] Pois, nesses casos, a perda do emprego não era mais que uma forma travestida da repressão.

Tempo e espaço

ra representava, para uma parcela muito significativa dos desligados (e naquele momento eu ainda não sabia dizer quão ponderável era essa parcela), a perda definitiva dos elos com uma trajetória pretérita, com uma eventual carreira profissional, com uma identidade social, enfim. Não se tratava de mera rotação, mas de rompimento dos elos que faziam do par emprego—desemprego elementos de uma relação biunívoca. O desemprego não era mais, para muitos, o outro, transitório, do emprego. E sendo assim, que dizer do destino desses trabalhadores?

Isto me deixara diante da necessidade de retomar, com maior complexidade, as dimensões de espaço e tempo. Mas, para fazê-lo, havia que arriscar um desenho complementar, mas distinto, de investigação. A seletividade produzida no processo de reestruturação já não podia ser apenas descrita pelos seus resultados agregados, em termos de estoques de indivíduos privados dos vínculos de trabalho.[16] Tampouco era suficiente simplesmente atualizar séries de painéis de tipo transversal (ao modo das *repeated cross-sectional analysis*), que documentavam a magnitude da queima de postos de trabalho ou de redefinição na natureza dos vínculos (precarizados) ou de reespacialização do emprego. Desafiava-me a necessidade de equacionar um desenho inovador, que permitisse analisar *trajetórias* ocupacionais agregadas (isto é, destinos ocupacionais comuns, recorrentes, partilhados) de *coortes* de trabalhadores desligados.

Nesse sentido, havia que restabelecer as pontes com um outro terreno fértil da Sociologia — o dos estudos de mobilidade ocupacional, ligando-os à discussão sobre as estratégias de reestruturação e "racionalização" do trabalho.[17] Fazê-lo significava incor-

---

[16] Ao modo do capítulo 4.

[17] Esse fora um campo caro à Sociologia da Estratificação (Hutchinson, 1962; Hutchinson *et al.*, 1960; Moreira, 1960), mas que permaneceu, por muito tempo, abandonado pelos estudos do trabalho (até mesmo pela quadra de esquizofrenia que atravessamos durante certo tempo, quando se ar-

porar um imenso desafio metodológico, qual seja, o de tornar o tempo um elemento *endógeno* à própria construção da análise e, por isso mesmo, ao desenho da investigação (Elias, 1994 e 1997).

O esforço de alguns grupos brasileiros de pesquisa (notadamente CIET, Iuperj e Cebrap) dirigiu-se, então, a construir bases longitudinais para o estudo do mercado de trabalho.[18] A representação da dinâmica do mercado de trabalho passaria a ser feita não apenas através de cortes estruturais, produzidos pelas nossas bases convencionais de estatísticas de emprego, notadamente do emprego formal (como é o caso da Rais-Caged, por exemplo). Com as análises longitudinais seria possível o estudo da sucessão dos vínculos na vida ocupacional do trabalhador, criando-se uma importante forma de aproximação à análise das suas chances da sua reinserção no trabalho, tanto quanto da dinâmica da sua mobilidade ocupacional.

Isso remete a dois argumentos com os quais finalizarei.

A análise da mobilidade, uma vez incorporado o tempo como uma variável endógena (isto é, constitutiva dos nossos modelos de análise e, por implicação, dos nossos desenhos de investigação), permitiu-me aplicar ao âmbito do estudo dos indivíduos no mercado de trabalho a mesma estratégia que já havia adotado na análise das firmas: a ênfase em *trajetórias*; a centralidade dos es-

---

güía uma descabida incompatibilidade entre abordagens de classe e abordagens de estratificação). O elo trabalho—mobilidade, tão caro à tradição da Sociologia, foi por nós francamente desprezado nos 30 últimos anos, tendo sido nutrido por muito poucos estudos empíricos no *mainstream* da Sociologia do Trabalho (Hirata e Humprey, 1989; Lima e Ferreira, 1996), muito embora analistas das desigualdades sociais seguissem cultivando essa linha (Pastore, 1979; Silva, 1979, 1981, 1992; Hasenbalg e Silva, 1988; Scalon, 1999; Pastore e Silva, 2000). Reintegrar essas tradições era a fronteira que havia que explorar.

[18] Ver Caruso e Pero (1995, 1996); Cardoso, Caruso e Castro (1997); Caruso, Pero e Lima (1997); Lima (1997); Pero (1997); Castro (1998); Cardoso (1998, 1999b, 1999c).

Tempo e espaço

tudos *longitudinais*. Trajetórias de empresas, sim, mas trajetórias de trabalhadores, também.

Por outro lado, a nova forma de incorporar a dimensão do tempo ao estudo dos efeitos da reestruturação sobre as oportunidades ocupacionais dos demitidos traz novamente ao centro da análise a dimensão espacial. Trocando em miúdos: acredito que um dos elementos fundamentais para entendermos as chances de reinserção ocupacional dos trabalhadores vem da análise dos tecidos industriais, da natureza da reestruturação das firmas. Explico: o avanço na primeira parte do estudo empírico consolidou o valor heurístico de uma hipótese, a de que quanto mais sistêmico o processo de reestruturação das firmas e, por isso mesmo, quanto mais homogêneo um dado tecido industrial, menores as chances de reinserção ocupacional dos trabalhadores desligados no curso das trajetórias de reestruturação das suas firmas de origem.[19] Mais ainda: menores as chances de reinserção com preservação do seu capital de qualificação (isto é, mantendo-se no mesmo circuito do mercado de trabalho, vale dizer, mantendo-se na mesma cadeia ou no mesmo segmento da cadeia produtiva a que pertencera). Inversamente, quanto menos sistêmica a mudança e, por conseqüência, quanto mais heterogêneo o tecido industrial (e as cadeias produtivas), maiores as chances de reinserção ocupacional.[20]

Com esse tipo de hipótese, tornava-se possível restabelecer os elos entre *estratégias e trajetórias de empresas*, por um lado, e *estratégias e trajetórias de trabalhadores*, por outro. E esse era um dado novo nos estudos sociológicos brasileiros sobre a reestrutu-

---

[19] É evidente que outros determinantes das chances de reinserção pesam sobre a mobilidade individual (tais como escolaridade, gênero, tempo de desemprego, número de desligamentos), e não apenas a natureza do tecido produtivo. Por isso mesmo, no capítulo 6 procuro introduzir essas variáveis na análise.

[20] Os primeiros resultados de pesquisa já sinalizavam para o provável conteúdo de veracidade dessa hipótese de trabalho (Cardoso, 1998 e 1999c; Castro, 1998; Castro e Valle, 1998).

ração de cadeias produtivas. Daí por que, na pesquisa, trilhei um longo caminho que se expressa num desenho complexo, constituído por estudos empíricos intercomplementares. Tal desenho procura focalizar o objeto sob duas óticas: a das estratégias das empresas e formas de inclusão dos trabalhadores sobreviventes, e a dos destinos dos trabalhadores demitidos. Cada uma delas terá seus principais resultados alinhados, respectivamente, nas duas partes subseqüentes que formam este livro.

Parte 2

ESTRATÉGIAS DE SELETIVIDADE OCUPACIONAL E CONSTRUÇÃO DO CONSENTIMENTO ENTRE OS TRABALHADORES "SOBREVIVENTES"

3.
NA CADEIA PRODUTIVA
DA INDÚSTRIA QUÍMICO-PETROQUÍMICA:
ORGANIZAÇÃO E RELAÇÕES INDUSTRIAIS[1]

Analisar as estratégias de seletividade ocupacional que têm lugar na indústria brasileira nos anos 90, de modo a refletir sobre as formas de construção do consentimento dos trabalhadores que nela sobrevivem, constitui-se no objeto da Parte 2, que se abre com o presente capítulo.

Para acompanhar esses processos, decidi observá-los em uma situação-limite: a da indústria químico-petroquímica brasileira, aquela formada pela cadeia de empresas situadas nos ramos do processamento do petróleo e produção de nafta; da transformação desta em produtos petroquímicos básicos e intermediários; e, finalmente, na transmutação destes em produtos químicos de terceira geração ou de uso imediato na composição de manufaturados ao consumidor.

Duas indagações de imediato se colocam. Primeira, qual o valor heurístico da escolha desse caso, frente a outros setores industriais, tendo em vista o objeto de estudo — qual seja, a reestruturação fabril e seus efeitos de seletividade ocupacional que se manifestam, tanto condicionando os destinos dos trabalhadores

---

[1] Este capítulo é uma versão substancialmente revista de uma comunicação que preparei para o painel "Restructuración, eslabones productivos y competencias profesionales", realizado como parte da programação da Labor Studies Section da LASA — Latin American Studies Association, durante o seu XX Congresso Internacional (Guadalajara, México, 17/4/1997). O texto dessa comunicação foi posteriormente incorporado à coletânea organizada por Dombois e Pries (1997, tomo II, pp. 793-827).

sobreviventes (que permaneceram nos postos reestruturados de trabalho), quanto as trajetórias daqueles trabalhadores que foram tornados redundantes, vistas as necessidades de pessoal da empresa pós medidas de ajuste? Segunda, qual a relevância do caso escolhido para o entendimento das especificidades desses processos no Brasil dos anos 90? Argumento, lançando mão de quatro principais razões.

Em primeiro lugar, trata-se de um tipo de processo de trabalho em que:

(i) A automatização de procedimentos torna a intervenção humana predominantemente supervisória, num trabalho que requer informação técnica, capacidade de abstração e permeabilidade ao desenvolvimento de tarefas em equipes; sem contar a disposição de adaptar-se a um regime de turnos, que dá novo sentido, tanto ao envolvimento do trabalhador com o cotidiano da vida fabril, quanto às suas interações sociais fora da fábrica (Blauner, 1964; Gallie, 1978; Kern e Schumann, 1989);

(ii) O compromisso ativo do trabalhador sempre foi uma condição para a performance operacional, sendo, por isso mesmo, um alvo a ser alcançado na gestão do trabalho nas firmas do complexo (Gallie, 1978; Kern e Schumann, 1989; Teixeira, 1993; Crivellari, 1988; Carvalho *et al.*, 1988; Carvalho, 1989 e 1993);

(iii) A estratégia gerencial dirigida à força de trabalho operacional (ao *core* do contingente de trabalhadores) se caracteriza, por isto mesmo, por: maior estabilidade dos vínculos de trabalho; escolarização de ingresso mais elevada que a média do mercado; sistema de benefícios extra-salariais que alimenta um modelo pujante de *welfare* compensatório, privado ou com características que dele se aproximam (Carvalho *et al.*, 1988; Castro e Guimarães, 1992; Guimarães, 1998).

Em segundo lugar, trata-se de um complexo cuja estruturação responde ao imperativo técnico da organização das unidades em cadeia de produtores. Os elos nessa cadeia se fundam na seqüência, tecnicamente necessária, entre as chamadas (no jargão técnico) "gerações" de produtos. Entretanto, tal como se implantou no Brasil — induzido, fortemente subsidiado pelas políticas fiscais e pelo financiamento público, além de excessivamente regulado em termos do modelo institucional de firma — o encadeamento de produtos se deu na forma organizacional de um encadeamento entre múltiplos produtores, estruturados em unidades de porte e complexidade relativamente pequenos (Evans, 1981 e 1981a; Suarez, 1986; Guimarães, 1992; Oliveira, 1994).

Isso porque, diferentemente da experiência internacional (de mercados com pouca proteção, baixa regulamentação estatal e forte competitividade), no Brasil verificou-se uma reduzida verticalização de negócios (*up* ou *down-stream*). Por essa razão, a fragmentação de interesses econômicos (especialmente evidente na solução tripartite que sustentou a intervenção estatal) produziu como resultante organizacional um modelo, de que tratarei mais sistematicamente em seguida, já denominado de "quase-firmas" (Oliveira, 1994). Nele, o encadeamento interempresas era conseqüência antes de um imperativo institucional, decorrente do modelo de organização industrial adotado (e que tinha como substrato o encadeamento técnico entre provedores), que de uma verdadeira cadeia de negócios.

No Brasil, até certamente 1990, as relações interfirmas nessa cadeia estavam profundamente marcadas (i) por condições artificiais de fixação de preços, (ii) de proteção do produtor nacional em face da entrada de importados via política de alíquotas, (iii) de participação compulsória do Estado na composição do capital das firmas de segunda geração e de monopólio sobre o refino do petróleo, produção da nafta e das matérias-primas de primeira geração petroquímica. No período que se segue a 1990, testemunha-se a célere transformação daquela que fora uma *cadeia técnica entre produtores*, assentada num mercado artificialmente regulado, numa *cadeia de negócios entre competidores*, cujos interesses devem ser pactuados num mercado mais aberto e menos protegido.

Em terceiro lugar — e pelo que se disse anteriormente — essa cadeia parece rica o suficiente para ilustrar as maneiras pelas quais desafios competitivos e respostas empresariais variam segundo (i) distintas formas de propriedade do capital (e, nesse sentido, distintas estratégias de posicionamento na nova cadeia de negócios), (ii) a localização das firmas em diferentes pontos da cadeia técnica e a natureza do encadeamento entre produtores.

Esse conjunto de características das empresas do complexo químico-petroquímico resume um importante grupo de estímulos externos, que configuraram um quadro de intensa mudança no meio ambiente onde interagem gerentes e trabalhadores. Uma vez processados pelo ambiente organizacional, eles moldarão os arranjos entre interesses internos, bem como as formas institucionais para sua expressão. O processamento desses estímulos, com seus efeitos em termos das políticas de recursos humanos, tenderá a variar em função de características da organização, dentre as quais destaco algumas, que serão retomadas ao longo dessa segunda parte, em especial para justificar a pertinência analítica dos casos escolhidos; são elas: a natureza do sistema de benefícios ou do "regime de *welfare*" (formas de provimento de benefícios e autonomia organizacional para a sua negociação), tipo de gestão do trabalho e natureza da força sindical nos chãos-de-fábrica.

No presente capítulo, pretendo sistematizar as características da organização industrial e das relações industriais nas empresas da cadeia químico-petroquímica na primeira metade dos anos 90, identificando as mudanças então ocorridas e mostrando o alcance das mesmas.

Com isso, pretendo argumentar pela pertinência do recorte de tempo adotado — o estudo dos anos 90. Analisarei, com base em dados secundários e em material documental, as mudanças intensas ocorridas nos primeiros anos dessa década. Em seguida, e ainda com dados secundários, introduzirei os seus principais efeitos sobre a gestão dos efetivos, claramente evidentes e já consolidados na segunda parte da década. Mostrarei como essas mudanças respondem às significativas alterações no ambiente em que as firmas produziam e competiam, mudanças essas que redefiniram regras e práticas prevalecentes até o final dos anos 80. Isto afetou as estratégias gerenciais internas às empresas — aí compreendidas as estratégias para com os seus efetivos, bem como as relações entre as firmas e o Estado, e mesmo as relações entre firmas ao interior da cadeia produtiva.

Pretendo ressaltar, com a análise aqui apresentada, o estreito nexo que existe entre a dinâmica da reestruturação produtiva setorial e os processos de globalização e privatização por que passava a indústria químico-petroquímica na primeira metade dos anos 90. Nessa reestruturação, alteram-se as condições de produção e os padrões de competição, mas alteram-se também, e fundamentalmente, as relações industriais. Nesse novo contexto, a fabricação de novas formas de consentimento nos chãos-de-fábrica passa a ser uma das características mais importantes.

Não pretendo, entretanto, seja recuperar e recontar a história da indústria químico-petroquímica brasileira, seja acompanhar, exaurindo (e muito menos até à atualidade), as transformações que se desencadearam após a abertura comercial e reestruturação do papel do Estado no pós-90. O foco do meu interesse analítico vai se dirigir, então, para situar um momento vivido pelas empresas da cadeia (a primeira metade dos anos 90), especialmente em seus dois mais importantes complexos produtivos (São Paulo e Bahia). Nesse momento crítico, reúnem-se as condições contextuais para o ajuste macroeconômico e a reestruturação microorganizacional. Ou seja, pretendo contextualizar as políticas gerenciais de reestruturação, de modo a melhor entender o quadro de desafios que estava na raiz das estratégias de racionalização do uso do trabalho e de seletividade dos trabalhadores (cujos efeitos sobre os efetivos estudarei mais detidamente no capítulo 4), as quais deflagraram novas formas de negociação das relações industriais e de trabalho (de que tratarei mais detalhadamente no capítulo 5), com especial atenção para o papel das políticas de qualificação na busca da obtenção do consentimento dos trabalhadores em face das intensas mudanças então em curso.

Para alcançar a demonstração desse argumento, o capítulo está dividido em duas partes.

Na primeira, apresento um panorama da organização do setor no Brasil, procurando situar os principais condicionantes do perfil das relações industriais. São explorados: o modo de implantação da estrutura industrial na petroquímica no Brasil; o tipo de empresa e estratégias competitivas; e o padrão de participação estatal na sua implantação e desenvolvimento. Dessas considerações depreendem-se pelo menos duas ordens de conclusões importantes. Por um lado, a especificidade do processo de abertura comercial e de integração ao mercado internacional num setor cuja mundialização da escala de operação das firmas antecede em muito a assim chamada globalização. Por outro lado, o significado do processo de privatização, distinguindo o que seria a mera transferência de controle acionário (do Estado para particulares) da forma como esse controle é exercido, isto é, do gerenciamento da empresa (em termos das suas estratégias de negócio, de manufatura e de pessoal).

Já na segunda parte do capítulo, indico como as mudanças da primeira metade dos anos 90 — decorrentes da conjunção entre abertura, crise e redefinição do papel do Estado —, ao desestabilizarem esse modelo, alteram aspectos importantes das relações industriais no setor. Isto me permitirá explorar os nexos entre a reestruturação industrial em curso no Brasil nos anos 90 e as suas tendências mais gerais na químico-petroquímica do ponto de vista das relações sociais no trabalho e da possível emergência de um novo tipo de regime fabril. Assim fazendo, introduzo uma agenda de questões que, de maneira mais detida, será abordada nas partes subseqüentes deste trabalho.

Convido, então, o leitor a se transportar para o início dos anos 90, de modo a entender a profundidade das transformações que se operam, naquele momento, na cadeia produtiva, impulsionando mudanças nas estratégias gerenciais, que tratarei de contextualizar e explicar ao longo deste capítulo.

1. GLOBALIZANDO O GLOBAL E PRIVATIZANDO O PARTICULAR: A TRAJETÓRIA DA QUÍMICO-PETROQUÍMICA BRASILEIRA

Qual o significado de globalizar-se — desafio primeiro da conjuntura dos anos 90 — numa indústria, como a químico-petroquímica, cuja operação nunca se prestou a padrões de oferta atomizada e onde a competição sempre se fez entre oligopólios?

Para responder essa questão, retomarei algumas características gerais do ramo químico-petroquímico, fixando-me notadamente nas especificidades da sua estrutura industrial. Isto porque características da estrutura industrial condicionam fortemente o perfil e a performance de setores que, como a petroquímica, têm como traços principais: a sua organização em segmentos entrelaçados; o processamento de grandes volumes de matérias-primas; a elevada densidade de capital; o efeito determinante da escala técnica e empresarial; o predomínio do padrão oligopolístico de competição (Oliveira, 1994: 18).

1.1. ORGANIZAÇÃO INDUSTRIAL, GLOBALIZAÇÃO E COMPETITIVIDADE: O MODELO DE ENCADEAMENTO NA QUÍMICO-PETROQUÍMICA INTERNACIONAL

O que caracteriza a estruturação do complexo químico? Dois traços principais: sua forte articulação interna e sua grande dependência em relação ao restante da economia, dado o seu caráter de fornecedor de insumos aos demais complexos industriais (Haguenauer, *apud* Oliveira, 1994: 25). Ambas características podem ser nitidamente visualizadas quando se observa a matriz básica da indústria químico-petroquímica. Nela, representam-se perfeitamente encadeadas as chamadas "gerações", que vão do refino de petróleo e gás natural à produção petroquímica básica (1ª geração), desta à produção dos intermediários e finais (2ª ge-

Na cadeia produtiva da indústria químico-petroquímica

ração petroquímica) e destes aos artefatos industriais (3ª geração, representada pelas indústrias de processamento).[2]

- Em termos históricos, a origem da moderna indústria químico-petroquímica é recente e está fortemente ligada ao aproveitamento dos subprodutos do refino do petróleo, que se intensificou, a partir do final do século passado, com a difusão do motor de combustão interna e do uso de veículos automotivos.[3] Até a Segunda Guerra, o crescimento da indústria petroquímica foi lento, restrito às necessidades da indústria automobilística e ao suprimento de solventes e componentes para tintas, vernizes e aditivos diversos. A Segunda Guerra criou novas e urgentes necessidades de produtos químicos sintéticos, que substituiriam ou complementariam os produtos naturais; com isso, a demanda por petroquímicos cresceu exponencialmente. Surgiram os plásticos e elastômeros sintéticos, segmentos de larga e vigorosa utilização; ao lado dos detergentes, fibras e fertilizantes, eles criaram novos mercados em rápida expansão para a indústria.

O rápido crescimento da químico-petroquímica foi, portanto, o resultado de demanda potencial, combinada com uma extraordinária mobilização científica e tecnológica: de uma saída inteligente para o aproveitamento de subprodutos da operação das refinarias, passou-se a desenvolver novos e diversos processos,

---

[2] Por isso mesmo, a sua participação no valor agregado da indústria de transformação não apenas é elevada, como tendeu a se elevar ainda mais ao longo do tempo. Tomando o período que antecede aos anos 90, nos países desenvolvidos, essa participação passou de 13,6% em 1980 para 14,1% em 1989; no Brasil, sua significação era particularmente importante, tendo se elevado de 19,8% para 24,2% entre 1980 e 1989 (Oliveira, 1994: 28).

[3] De início, esses subprodutos não se constituíam em matéria-prima de uso industrial, sendo simplesmente queimados. Em poucos anos, entretanto, a pesquisa química revelou que os mesmos poderiam ser objeto de síntese de compostos de ampla utilização; estava iniciada, em 1919, a produção química em escala industrial a partir de subprodutos de petróleo, numa planta da Standard Oil, em New Jersey.

Estratégias de seletividade ocupacional

capazes de transformar suas matérias-primas em produtos petroquímicos básicos, dotados de maior valor agregado que os combustíveis e em escala cada vez mais elevada, permitindo praticar preços reais mais baixos. Tais produtos formaram a base para a integração vertical das indústrias de fibras, plásticos, defensivos, fertilizantes etc. (Oliveira, 1994: 47-8).

A emergência desse novo ramo deflagrou uma luta entre a nova indústria químico-petroquímica, derivada do petróleo, e a indústria química tradicional. Disso resultou que a empresa petrolífera moderna se integrou à petroquímica, de sorte tal que inexiste grande empresa internacional de petróleo sem um braço petroquímico. Por seu turno, a indústria química tradicional, para assegurar a preservação da sua posição de vanguarda, procurou também se integrar, seja *up-stream* (por exemplo, constituindo grandes instalações de craqueamento de nafta ou adquirindo acervos de refino de petróleo), seja *down-stream* (investindo na química fina, na biotecnologia ou nas especialidades plásticas).

Dessa história, resultou uma estruturação de firma que se aproxima ao modelo verticalmente integrado que encadeia, na empresa petroquímica internacional, as sucessivas gerações, indo da extração do petróleo até à produção petroquímica final. Ou seja, a produção encadeada exprimia-se, em termos de organização industrial, na forma de empresas progressivamente mais verticalizadas e operando como oligopólios, como era o caso da Shell, Exxon, Arco, Elf-Ato, Eni etc.

Ao lado desses determinantes históricos, outras justificativas poderiam ser aventadas para o desenvolvimento, no setor, de um modelo de organização industrial tão verticalizado, tendência em tudo contrária ao que se observa em outros setores de relevo, como é o caso da indústria automobilística. Oliveira (1994) sistematiza algumas delas. Em primeiro lugar, na químico-petroquímica (como típica indústria de processo), a "escala empresarial" sustenta-se numa "escala de planta", vale dizer, numa estratégia tal que o tamanho da firma torna-se uma forma nova e eficaz de estabelecer barreiras de ingresso. Por isso mesmo, o "tamanho ótimo" das unidades produtivas apresenta uma tendência à contínua expansão em face do mercado potencial, num curioso movimento em que a oferta se antecipa à demanda, posto que, quanto maior o tamanho das plantas, menores o investimento e o custo unitário. Mais ainda, essa vantagem se amplia quando, além do tamanho da planta, aumenta-se o tamanho da empresa, capacitando-a a operar várias plantas; nesse caso, reduzem-se custos médios de administração e ampliam-se as chances de investimento em P&D, a partir de poucos e fortes centros irradiadores. Agregue-se a tudo isso a tendência ao uso estratégico de inovações tecnológicas, tornadas verdadeiros ativos (*assets*) para o exercício da liderança, em certos mercados e por algum período, até que novas estratégias empresariais recomendassem a sua difusão. Não esquecer, por fim, de que essas tendências se reforçam com a globalização acelerada dos mercados consumidores.

Assim sendo, tem-se assistido, na indústria químico-petroquímica, a um intenso processo de mudança na estrutura industrial, que se acelerou mais recentemente. As firmas líderes mundiais do setor mostram elevado grau de integração ao longo da cadeia produtiva, seja para a frente (em direção a novas etapas de processamento industrial superior), seja para trás (em direção a fontes firmes de suprimento de matérias-primas, de modo a assegurar-se de condições privilegiadas para a sua atividade de produção).

A partir dos anos 80, a globalização se constituiu em marca essencial da estratégia de negócios na químico-petroquímica. As empresas procuraram disseminar unidades produtivas fora das suas sedes, em diferentes mercados e regiões, de modo a eliminar ou reduzir toda sorte de barreiras. Além do mais, foi marcante, no período, o processo de reestruturação, marcado por diversificação produtiva, integração em torno do *core business*.[4]

---

[4] Esses expedientes foram decisivos para fazer face aos momentos de estagnação da demanda, que se agravaram após os anos 80 com importantes acréscimos de capacidade produtiva, promovidos pelo ingresso de no-

Nos anos 90, essa reestruturação assumiu a forma de intenso movimento de fusões, incorporações, cisões, trocas de posições acionárias e de ativos operacionais, parcerias em novos negócios, desativações de unidades produtivas, especializações em ramos completos e redirecionamento de negócios. Enfim, de uma grande e agressiva flexibilidade nas estratégias de negócios.[5]

1.2. ORGANIZAÇÃO INDUSTRIAL E CADEIAS PRODUTIVAS NA QUÍMICO-PETROQUÍMICA BRASILEIRA

Como se constituiu o modelo de organização industrial da químico-petroquímica brasileira e que desafios se colocaram para esse modelo na conjuntura internacional de intensificação da globalização do final dos anos 80 e início dos 90?

O parque químico-petroquímico brasileiro começou a se constituir nos anos 50, no Estado de São Paulo, onde estava localizada, tanto a maior concentração de indústrias demandantes dos seus produtos, quanto a maior refinaria de petróleo do país, e que acabara de ser construída em Cubatão. Em torno da Refinaria Presidente Bernardes, entre 1958 e 1964, formou-se, então, um pequeno núcleo de uma meia dúzia de empresas produtoras. Foi somente em 1965 que começou a se forjar o marco legal-institucional que permitiria a efetiva expansão do setor: coube ao primeiro governo militar tomar a decisão de atribuir prioritariamente ao setor privado o investimento na petroquímica nacional. A partir daí, implantou-se a primeira central de matérias-primas

---

vos produtores no mercado, como Arábia Saudita, China, Coréia, Taiwan, Cingapura, Tailândia e Índia.

[5] Oliveira (1994: 75) registra que apenas durante dois anos (1991-1993) do período que nos interessa (a primeira metade dos anos 90) ocorreram nada menos que 100 operações de reestruturação, sob diferentes formas: 33 aquisições, 29 *joint-ventures*, 16 fusões, 12 encerramentos de negócios, 6 cisões e 4 trocas de negócios.

— a Petroquímica União, a qual, com as unidades de segunda geração que aglutinava, passou a formar o embrião da químico-petroquímica nacional.

Em 1967, o governo constituiu a Petróleo Química S.A. — Petroquisa, braço químico da Petrobras, voltado para ancorar o desenvolvimento do setor. Logo no ano seguinte, a Petroquisa assumiu o controle acionário da central recém-criada, que não parecia conseguir sustentar-se financeiramente.

Entretanto, foi somente com o segundo ciclo de expansão da químico-petroquímica nacional (nos anos 70) que se consolidou o modelo de firma e de organização industrial que especificaria o perfil do setor no Brasil, e que daria as coordenadas de nível macroinstitucional ao modelo de relações industriais a partir de então implantado e que somente nos anos 90 começaria a ser rompido. Esse modelo — denominado "tripartite" — assentava-se, como princípio, numa divisão de responsabilidades entre Estado, capital estrangeiro e capital privado nacional. Ao Estado deveria caber a tarefa de liderar a constituição do setor, articulando interesses, fixando metas, catalisando investidores privados com os quais se solidarizaria; assumindo os riscos, enfim. Ao sócio estrangeiro caberia prover a capacitação tecnológica. Em cada planta produtiva, ele se associava a um parceiro nacional, o qual, pelas mãos do incentivo fiscal e financeiro do Estado, era induzido, nessa experiência de parceria, a adquirir competência específica no empreendimento. Multinacionais, capital nacional e Estado aglutinavam-se na forma de *joint-ventures*; "três sócios dividindo o capital de controle na base de 1/3 para cada um deles, garantindo assim, teoricamente, ao mesmo tempo, o controle privado (sócio nacional privado e sócio estrangeiro) e nacional (sócio nacional privado e sócio estatal), conforme postulado político da época" (Oliveira, 1994: 89).

Em termos de organização industrial, esse modelo se baseava na concepção de "pólo petroquímico", complexo diversificado e integrado em cadeia, reunindo indústrias de primeira e segunda gerações, que deveriam estar capacitadas a atender à demanda projetada, bem como substituir progressiva e completamente as importações. Sujeitos à cuidadosa planificação em sua implantação, os cronogramas dos pólos supunham, além das indústrias produtoras, todo o planejamento de atividades como suprimento de utilidades, tratamento de efluentes, circulação de produtos (terrestre e portuária), treinamento de mão-de-obra, operacional e gerencial etc. Enquanto complexo diversificado e integrado, o pólo supunha ademais perfeito cumprimento dos cronogramas de implantação, posto que ali se encravava, de modo simultâneo, a cadeia produtiva.

O Pólo Petroquímico de Camaçari, na Bahia, segundo complexo químico-petroquímico constituído, foi o experimento exemplar dessa nova concepção. Sua operação iniciou-se em 1978. Quatro anos depois, em meio à profunda recessão de 1982, partia o III Pólo, em Triunfo, Região Metropolitana de Porto Alegre. Conquanto seguisse o mesmo modelo de complexo integrado ao redor de uma central de matérias-primas e utilidades, no pólo do Sul era menor o número de unidades na segunda geração.

Destaco, ademais, que dois outros alvos eram explicitamente buscados, por meio desse crescimento industrial induzido através da desconcentração polarizada. Por um lado, ele deveria servir de motor para o crescimento regional; política industrial era, assim, instrumento de política nacional de desenvolvimento. Por outro, almejava-se contornar os eventuais riscos e custos políticos associados à excessiva concentração de trabalhadores numa única região do país, que era justamente a explosiva região do ABC paulista, coração da indústria brasileira e onde, por isto mesmo, teve origem a químico-petroquímica nacional.

Todavia, essa concepção de complexos polarizados previa uma forma de integração da cadeia produtiva que claramente diferenciava os modelos de firma segundo as gerações. Assim, enquanto na primeira geração (fornecedora *up-stream* de petroquímicos básicos) foi adotada a concepção de unidades centrais (que conjugavam a produção das diversas matérias-primas nas linhas das olefinas e dos aromáticos, ao fornecimento da manutenção especializada, ao tratamento de efluentes e à produção das utilidades), o mesmo não se verificou para a segunda geração. "Dezenas de 'empresas monoprodutoras', cada qual dotada de interesses acionários distintos e de tecnologia de diferentes origens. Por isso mesmo, cada 'firma' (quase-firma) se confunde com uma fábrica monoprodutora cercada de inflexibilidade de todo tipo" (Oliveira, 1994: 89).

Desse modo, o modelo de organização industrial adotado no Brasil, quando da constituição do setor, baseou-se na constituição daquilo que Oliveira (1994) denominou — tendo em mente o modelo ordinário de complexidade e integração — como "quase-firmas". O que entendia ele por "quase-firma"? Essa noção não se limita às chamadas "divisões" de um conglomerado industrial, em geral "braços" externos de empresas transnacionais, mas se refere, de modo mais amplo, *a toda e qualquer organização submetida a fortes limitações no seu campo decisório*, especialmente aquelas que impedem o exercício pleno e autônomo do processo de acumulação de capital: investimento, alavancagem de recursos, desenvolvimento e/ou aquisição de tecnologia, movimentos de reestruturação" (p. 18, grifos meus).

Estando organizado em base a "quase-firmas", o moderno complexo químico brasileiro (e especialmente o seu microcomplexo petroquímico) tinha sua ação e seu porte empresariais configurados de modo defasado em face dos competidores internacionais; esses, como visto anteriormente, avançaram para uma configuração caracterizada pela forte integração *up-stream* e *down-stream*. Observe-se, todavia, que esse padrão de "quase-firma" não se verificava entre as multinacionais atuantes no país, muito mais integradas e diversificadas que as empresas de capital (estatal e privado) nacional. Nessas últimas, essencialmente monoprodutoras, cada planta tendia a se confundir com uma empresa; assim sendo, desativar uma unidade produtiva equivalia, via de regra, a fechar uma empresa. Isso fazia com que as firmas assim organizadas se tornassem muito mais vulneráveis às alterações de conjuntura que as empresas multinacionais aqui atuantes.

Estratégias de seletividade ocupacional

Esse modelo, conquanto atualizado tecnologicamente, tornou-se inadequado ao padrão que se consolidou internacionalmente, no setor, no pós-80. Isto porque o tamanho de empresa era relativamente pequeno; carecia-se de integração e de economias de escopo; era impossível globalizar-se; sendo igualmente impossível investir montantes adequados e de forma continuada em pesquisa e desenvolvimento; com a conseqüente perda da capacidade de competir e de ajustar-se, especialmente ao longo dos ciclos recessivos que se associavam a momentos de significativo excesso de capacidade instalada no mundo (Oliveira, 1994; FIEB, 1995; Guerra, 1994).

Ora, essa capacidade de ajustamento era o que estava em pauta no início dos 90, momento que se mostrou particularmente difícil para os que produziam no Brasil. Isto porque, entre nós, o último ciclo recessivo internacional coincidiu, em primeiro lugar, com a abertura comercial promovida pelo governo Collor. Dela decorreu a inesperada e intensa exposição da químico-petroquímica brasileira à concorrência internacional, via rápida e drástica redução de tarifa aduaneira e queda de todas as barreiras não-tarifárias. Mas esse momento coincidiu também com a progressiva retirada de cena da ação estatal, que se fazia via Petroquisa. Vale dizer, rompia-se o fundamento de estabilidade do modelo organizacional, qual seja, a existência de uma ação articuladora do Estado, através de várias de suas agências, administrando e viabilizando as condições de possibilidade desse modelo organizacional.

Isto remete à segunda questão importante, que baliza o cenário do sistema de relações industriais e a forma como essas se configuravam no setor: a ação do Estado.

1.3. O PAPEL DO ESTADO
E O SENTIDO DA PRIVATIZAÇÃO
NA CADEIA QUÍMICO-PETROQUÍMICA BRASILEIRA

A implantação do parque químico-petroquímico brasileiro resultou de uma agressiva política do Estado no contexto de um programa de substituição de importações. Foi assim também no caso dos demais países latino-americanos onde a indústria química tem importância, como Argentina e México. Em todos esses países, Brasil inclusive, definida a importância (econômica e estratégica) do setor, coube ao Estado instrumentar estímulos especiais para gerar os investimentos (quando não, investir diretamente), assegurando um fluxo constante de subsídios de crédito, impostos e preços, estimulando e sustentando atividades que, de não ser assim, certamente claudicariam em sua rentabilidade (Chudnovsky e López, 1995).[6]

Há, entretanto, um elemento importante a destacar na atuação do Estado na petroquímica brasileira. Ela se fazia através de mecanismos, mobilizados pelas agências governamentais, que asseguravam a viabilidade de um "capitalismo assistido". Eram políticas voltadas aos alvos do setor e que abarcavam desde incentivos fiscais e de crédito, até políticas de estoques e de regulação de preços; em quase todos os casos, elas giravam em torno do eixo Petrobras—BNDES. Entretanto, em que pese fortemente centrado nos desígnios e na ação do Estado, na história da configuração do setor, o recurso à privatização foi usado como uma forma deliberada de preservar mecanismos de apoio, garantindo — por paradoxal que pareça — as diretrizes da política estatal para o segmento. A experiência exemplar vem do Pólo do Nordeste e ensina que, para se entender a natureza da onda de privatizações que ocorreu nos anos 90 há que ter em conta que ela desdobra (ao menos no caso de Camaçari, o mais pujante dentre os três pólos)

---

[6] No caso brasileiro, a experiência inicial com a Petroquímica União, antes relatada, parece demonstrar que não bastava constituir um marco legal regulatório, assegurando a abertura do setor ao capital privado. Havia que subsidiá-lo fortemente, criando a competência nacional específica em um ramo de atividades e, nesse movimento, forjando um empresariado nacional para o setor. Isto seria exatamente o que Evans (1981) denominaria de "invenção de burguesias" ou Chudnovsky e López (1995) trataram como "capitalismo assistido".

um outro tipo de experiência de privatização, realizada logo no início da operação das unidades do II Pólo. Vale relembrar, para melhor reter as diferenças e a especificidade das mudanças no cenário do setor nos anos 90.

De fato, o Pólo de Camaçari representou, pela sua magnitude e características, a situação exemplar para o modelo de complexos, formulado pela tecnoburocracia e intelectualidade do sistema Petroquisa. Tal como descrito anteriormente, a forma tripartite protegia o sócio nacional sob todos os aspectos. A parceria com o Estado lhe assegurava a preferência nas políticas de incentivos e meios de administração, concedendo-lhe os recursos públicos e a experiência gestionária do modelo Petrobras. A parceria com o sócio multinacional lhe dava o acesso à tecnologia, criando o ambiente para a formação de uma competência técnica nacional, até então inexistente no ramo.

Entretanto, findo o processo de implantação dessas empresas, os seus níveis de endividamento eram surpreendentes. Mais além do pioneirismo do empreendimento, ou das carências de infra-estrutura regional, o reflexo do primeiro choque do petróleo sobre custos de equipamentos e de serviços contratados levou ao estouro dos orçamentos, que haviam sido elaborados com base em preços anteriores ao choque, vigentes no pré-1973. O início da operação das plantas (a "partida", no jargão técnico dos agentes) impunha, ademais, necessidades de formação de capital de giro que estavam longe de poder ser satisfeitas por aportes suplementares de recursos de terceiros, que vinham sendo feitos para compensar os diferenciais entre previsão e realização orçamentária. A competição por recursos da Petroquisa (já então dirigidos a atender ao alvo seguinte, o III Pólo, no Sul) e os limites para acesso a programas de fortalecimento à empresa privada levaram a que, logo no seu nascedouro, a central de matérias-primas do II Pólo, em Camaçari, optasse pela estratégia de privatizar-se.

O que poderia parecer surpreendente, dado que aparentemente se alterava o rumo de um modelo já no seu ponto de partida, na verdade manifestava que o recurso à privatização se constituía numa astuta estratégia governamental para seguir ancorando o segmento, com base não apenas nas antigas, mas em novas formas de sustentação. Lançando ações ordinárias, já em 1978 (ano da partida), a Copene (Companhia Petroquímica do Nordeste, central de matérias-primas e de utilidades e principal empresa do II Pólo) escapava à condição de estatal e, com isso, poderia ter acesso aos programas de capitalização e financiamento da empresa privada nacional. Entretanto, mesmo na nova forma de participação acionária, o Estado — através da Petroquisa — mantinha-se como o maior sócio individual, além de que, participando como acionista de todos os demais sócios, retinha de fato a hegemonia sobre a administração da companhia.

Mas o principal lance da privatização do II Pólo seria jogado logo em seguida, ainda em 1980, com a criação da empresa *holding* Norquisa — Nordeste Química S.A.: as 17 empresas de segunda geração, acionistas da central de matérias-primas, transferiram à Norquisa as suas ações do capital votante da central.[7] Era o Estado confrontando-se consigo próprio, posto que, se a Petroquisa estava sujeita aos ditames da SEST — órgão governamental que exercia rígido controle sobre as empresas estatais —, o mesmo não se passaria com a Norquisa. O governo (através da tecnoburocracia que gerenciava o setor) assegurava, desse modo, a necessária autonomia estratégica para que a central de matérias-primas pudesse aglutinar recursos e executar a política da Petroquisa para o setor,[8] com completa independência das restrições emanadas do próprio governo.

Privatizar, nesse caso, não foi mais que um recurso para assegurar a continuidade da política de um segmento do Estado diri-

---

[7] Com isso, a Norquisa tornou-se possuidora de 47,19% do controle acionário da central de matérias-primas, quase se igualando à Petroquisa, possuidora de 48,16% deste.

[8] Isto porque era a Petroquisa o grande acionista individual da Norquisa, em cuja participação acionária somava todas as parcelas que detinha em cada uma das 17 empresas coligadas.

116   Estratégias de seletividade ocupacional

gida à indústria químico-petroquímica brasileira. Marcus Alban Suarez (1986: 178) desenvolveu a respeito uma interpretação provocativa ao afirmar que "com a Norquisa, a tecnoburocracia se privatiza cortando as amarras não só com o Estado, como com a própria Petrobras".

O II Pólo, assim "privatizado", consolida-se ao longo dos anos 80, tornando-se o centro de gravidade da petroquímica nacional; a partida do III Pólo, em 1983, nem de longe ameaça a sua posição.[9] De fato, a atuação indutora do Estado, além de viabilizar que a indústria petroquímica nacional atingisse o alvo de substituir importações,[10] permitiu-lhe alcançar, a partir dos anos 80 (com a crise econômica interna coincidindo com a implantação dos três pólos), sucessivos ganhos em termos de avanço nas exportações. De fato, a crise de demanda interna inverteu o alvo inicial, reorientando para o exterior parte da produção, o que, a partir de então, passou a representar nunca menos que 20%.

Nessa inversão, novamente o esforço de sustentação das agências governamentais foi decisivo para a inserção da produção nacional no mercado externo: o governo garantiu, através da Interbras, a compra de excedentes; assegurou, por meio da Petrobras, o fornecimento de nafta a preços inferiores aos do mercado internacional;[11] forneceu, através do BNDES, apoio financei-

---

[9] O faturamento da central do II Pólo somente se vê afetado pela partida do Pólo Sul no primeiro ano de atividades deste; fora isso, ultrapassa a primeira metade da década com ganho persistente de faturamento.

[10] O que se configurou plenamente tão logo o Pólo de Camaçari entrou em operação; basta notar que, já em 1980, dois anos após a partida, as importações líquidas haviam caído para apenas 2,83%.

[11] Note-se que a nafta é responsável por cerca de 70% do custo desembolsado numa central. No Brasil, o seu preço esteve tradicionalmente submetido a regulamentação governamental por ser considerado parte do monopólio estatal; essa tradição foi quebrada justamente após o governo Collor, no início da década de 1990.

ro para recomposição de capital de giro, garantindo taxas de juros inferiores ao habitual.

Essas políticas preferenciais foram sendo, uma a uma, postas a pique nos anos 90: o sistema de concessão de créditos subsidiados foi revisto (encurtando períodos de carência e de amortização e elevando taxas de juros); a Interbras foi extinta; a política de financiamento da nafta revista; e, principal alteração, a Petroquisa foi retirada da estrutura acionária das empresas, graças ao programa de privatização.

Qual efeito dessas mudanças na configuração da cadeia químico-petroquímica? Disto, tratarei em seguida.

1.4. Os anos 90: ajuste de custos, ajuste de preços, ajuste político

A indústria químico-petroquímica foi um dos setores de ponta mais fortemente atingidos pelas mudanças de rumo da economia brasileira, que tiveram lugar a partir do início da década de 90. O leque de medidas governamentais então adotadas era capitaneado pelas novas políticas de abertura comercial, via redução de alíquotas para importação de nafta, e pelo refluxo da intervenção reguladora da estatal Petroquisa. O efeito avassalador dessas medidas foi proporcional à dependência (quase constitucional) do setor em face da ação do Estado.

De fato, os anos 90 representaram um segundo ponto de inflexão na história da químico-petroquímica brasileira. A partir de então, o seu desenvolvimento passou a se dar num contexto novo, definido por parâmetros que podem ser sintetizados em duas palavras: globalização e privatização. As mudanças introduzidas nesse ramo industrial só são comparáveis, por seus efeitos radicais, às medidas que, nos anos 70, forjaram-lhe o perfil sustentado na expansão induzida e polarizada em complexos produtivos, fortemente ancorados no investimento e na proteção estatais. Delas havia resultado a ampliação da base produtiva nacional e o estímulo ao crescimento desconcentrado do eixo petróleo—petroquímica a partir de seus três pólos: Capuava/Santo André (em São Paulo), Camaçari (Bahia) e Triunfo (Rio Grande do Sul). Nos anos 70 e 80, tal como descrito anteriormente, o protecionismo havia marcado a ação governamental; seja na gestão da política de preços da principal matéria-prima (a nafta); seja nos subsídios fiscais e financeiros à implantação e/ou ampliação de unidades produtivas; seja no ordenamento do mercado nacional de produtos, que cresceu protegido da concorrência internacional; seja no estímulo à renovação tecnológica; seja na regulação das relações industriais.[12]

Essa realidade foi abruptamente transformada logo nos primeiros meses do ano de 1990. A falta de liquidez em cruzeiros e o bloqueio dos ativos financeiros promovido pelo Plano Collor paralisaram bruscamente os investimentos e planos de expansão. Mais ainda, os novos elementos da política industrial alteraram as antigas regras do jogo, reduzindo alíquotas de importação de vários produtos petroquímicos, diminuindo subsídios à nafta (o que promoveu um aumento em preços reais da ordem de 35,2% na passagem de 1989 para 1990), e diminuindo o controle da indústria sobre a administração dos preços dos seus produtos, ao congelá-los, por exemplo (Guimarães, 1992). E mais, as novas regras do jogo foram introduzidas num momento em que o ciclo de oferta de produtos era adverso, o que ocasionara uma baixa considerável de preços no mercado internacional.

A todas essas medidas somou-se uma grande inovação de natureza político-administrativa: um ambicioso programa de privatização que redefiniu de modo radical o papel da estatal Petroquisa,

---

[12] O ponto culminante da estratégia governamental, desenhada nos anos 70-80 para o setor, seria o plano de ampliação da indústria petroquímica a ser executado entre 1990 e 1995, com vultosos investimentos públicos; seus principais alvos eram a ampliação significativa da capacidade produtiva nos pólos já existentes *pari passu* com a modernização tecnológica das novas unidades em implantação e, em especial, com a instalação de um quarto complexo, no Rio de Janeiro.

até então organizadora do setor.[13] Ao longo dos anos 90, foram levadas a leilão as participações acionárias do Estado, leia-se Petroquisa (como controladora ou sócia minoritária), em algumas das mais importantes empresas do ramo, nos diferentes pólos, inclusive nas três centrais brasileiras de matérias-primas e utilidades.

Essa nova conjuntura teve um efeito significativo na reestruturação da químico-petroquímica no Brasil, sob variados e importantes aspectos. Alterou-se o modelo tripartite de controle acionário e, com ele, alteraram-se as estratégias de mercado, a estrutura organizacional das empresas, as estratégias de renovação tecnológica e de organização da produção, além da natureza das relações industriais.

Quais os alvos e instrumentos desse ajuste interno das empresas químico-petroquímicas, em resposta às mudanças no seu ambiente competitivo? O forte ajuste interno promovido pelas empresas fundou-se em medidas que tinham dois alvos: políticas de custos e políticas de preços. As políticas de custos tiveram um

---

[13] Mais que mera transferência de controle acionário, travou-se nesses casos um embate político que alijou do poder o grupo que detivera a hegemonia desde os 70 até início dos 90 sobre os interesses químico-petrolíferos no Brasil, comandando tanto a Petrobras quanto a Petroquisa: o assim chamado "Grupo Geisel", encabeçado pelo ex-presidente da República (e também ex-presidente da Petrobras) general Ernesto Geisel. Ao redor dele, um grupo reduzido, mas significativo, de administradores governamentais e executivos de empresas petroquímicas (especialmente formado por engenheiros e economistas, em sua maioria provenientes da própria Petrobras) criou aquela que talvez seja a mais bem-sucedida experiência nacional de constituição de uma tecnoburocracia (Suarez, 1986), responsável pelo que Evans (1981a) denominaria como "reinvenção de uma burguesia", no contexto de um "capitalismo coletivizado" (1981). Não cabe aqui discorrer mais longamente sobre esse fenômeno, conquanto seja imprescindível destacá-lo, pois dele resultam características importantes da cultura das relações industriais, expressas tanto no âmbito meso-setorial, do complexo químico-petroquímico brasileiro, quanto no âmbito micro, dos terrenos de regulação que se constituem no dia-a-dia das relações industriais, nas empresas e plantas químico-petroquímicas.

120   Estratégias de seletividade ocupacional

endereço principal, os custos do trabalho; tiveram também um mediador importante: a mudança tecnológica. Vejamos um a um esses elementos e seus efeitos no plano da cadeia petroquímica como um conjunto.

No que concerne à redução de efetivos, ela foi particularmente significativa.[14] Tomando os dados recolhidos junto às empresas pela própria Associação Brasileira das Indústrias Químicas (Abiquim), observa-se que, no período compreendido entre dezembro de 1989 e dezembro de 1994 (que concentra as principais descontinuidades na forma de operar do setor), o total de empregados caiu de 137.565 para 79.704. A julgar por esses números, ao final do período, os efetivos eram apenas 58% do que haviam sido cinco anos antes e haviam sido queimados nada menos que 25% dos postos de trabalho, se considerados os dados ponto a ponto. Essas perdas atingem até mesmo o pessoal de operação — para quem a químico-petroquímica tradicionalmente mantivera uma política de estabilização. O seu montante reduziu-se em cerca de 20% no período. Mesmo tomando em conta a elevada subenumeração da informação sobre empregados contratados através de terceiros (posto que um número significativo de empresas não fornece o dado sequer à associação patronal, a Abiquim), observa-se, ainda assim, que o peso do pessoal terceirizado aumenta de 12% para 16% (em face do total de ocupados); certamente, uma vez eliminada a subenumeração, essa fração se tornaria bem mais significativa.

Essa redução de efetivos fez-se por múltiplos processos. Um primeiro, e mais radical, foi o da queima de postos de trabalho pela pura e simples desativação de equipes completas; tal foi o caso das áreas de P&D, eliminadas em muitas das unidades, e deslocadas para as matrizes. Outro caminho foi o da redução do pessoal ocupado em funções de gerenciamento intermediário. Uma

---

[14] Voltarei a este tema de maneira mais sistemática, e comparando diferentes realidades regionais, no capítulo subseqüente.

terceira via, também bastante efetiva, assumiu a forma de reorganização de tarefas e recomposição da divisão do trabalho; esta foi uma forma recorrente nas áreas operacionais, reduzindo de modo significativo o número de trabalhadores por postos de trabalho. Finalmente, a externalização de atividades, via subcontratação, também foi um outro instrumento importante na política de redução de custos com pessoal. Embora a químico-petroquímica já tivesse uma tradição de subcontratar, especialmente em serviços alheios à produção (segurança, limpeza, alimentação etc.), tal tendência incrementou-se de modo significativo, nos anos 90, e passou a incluir a terceirização de serviços operacionais, em especial de apoio à produção, em tarefas de manutenção corretiva (e não apenas nas "paradas" de manutenção, como também já era de hábito). Nesse caso, os postos de trabalho se mantinham, o número de trabalhadores por posto por vezes também, mas rompia-se a relação funcional, introduzindo-se uma nova forma de contratação, a de serviços externalizados, que permitia redução de gastos com pessoal.

Tabela 3.1

PESSOAL: TOTAL, DE PRODUÇÃO E DE TERCEIRAS

Anos	Total	Produção	Terceiras
1991	108.490	58.953	13.409
1992	100.685	57.627	13.658
1993	82.096	49.515	12.698
1994	79.704	48.905	13.457

Fonte: Abiquim — Associação Brasileira da Indústria Química, *Anuários da Indústria Química Brasileira*, 1991 a 1994.

Tais políticas de controle de custos teriam sido impossíveis não fora o fato de que a racionalização do trabalho encontrou a sua viabilidade em um esforço generalizado de renovação tecnológica através de várias iniciativas, tais como: passagem à instrumentação digital de controle de processo, através da introdução dos sistemas digitais de controle distribuído (SDCDs); de intensa automação nos laboratórios e nas tarefas de campo; otimização da produção. Tudo isso voltado para o desafio da racionalização e da contenção de custos.

Essa renovação, a princípio mais perceptível nas centrais de matérias-primas (Castro e Guimarães, 1991), generalizou-se ao longo dos 90. De fato, inicialmente ela estivera restrita ao âmbito do controle de processo; isso porque, já desde meados dos anos 80, impusera-se a substituição de equipamentos obsoletos (como é o caso dos que utilizavam instrumentação pneumática), ou tornados obsoletos via política de preços relativos adotada pelo Estado (como é o caso da instrumentação analógica, que equipava então a maioria das plantas, inclusive as que haviam partido na primeira metade dos anos 80). Seguiu-se a implantação dos programas de controle avançado e de otimização *on line*, com os quais se buscou racionalizar custos (particularmente o balanço energético) e atingir padrões mais estáveis e tecnicamente superiores de especificação do produto; essas eram condições para atuar no mercado exportador, importante deságüe da produção nacional a partir da crise econômica em que mergulhou o Brasil no início dos anos 80 (Carvalho, 1989; Castro e Guimarães, 1991).

Do mesmo modo, o processo de modernização tecnológica se fez sentir também na atualização da chamada "tecnologia de base", isto é, o conjunto de equipamentos que definia a concepção e o projeto das novas plantas que entraram em atividade no período. Dessa modernização das novas plantas, e/ou de unidades produtivas instaladas ao interior de plantas mais antigas, resultou a parte significativa do aumento de produção logrado nos anos 90.[15]

A central de matérias-primas da Bahia, por exemplo, duplicou a sua produção, "partindo" uma nova unidade em 1993. Entretanto, o seu efetivo total não apenas deixou de ser incremen-

---

[15] E não tanto dos pequenos ganhos incrementais dos "desgargalamentos", assim chamadas as pequenas melhorias de capacidade e performance implementadas em plantas antigas.

tado proporcionalmente ao aumento de produção, como se reduziu substancialmente nessa década. Isso sugere que, além dos esforços de racionalização do trabalho via procedimentos de reestruturação organizacional, na químico-petroquímica teve lugar uma importante reestruturação tecnológica que potencializou as chances de redução de pessoal e de controle de custos.

Sem embargo, o ajuste interno não se reduziu ao manejo de políticas de controle de custos. O esgotamento do modelo de substituição de importações e do antigo papel da indústria químico-petroquímica impunha estratégias de alcance mais longo que o mero controle de custos. Essas estratégias deveriam fazer face à nova conjuntura que, como visto, estava marcada pela reformulação do papel do Estado, por um lado, e do ambiente de competição, por outro. Na busca por assegurar essa nova forma de integração competitiva, destacam-se os esforços de ajuste em três direções. Primeira, no sentido do incremento de produtividade e conseqüente redução do hiato que distanciava a petroquímica brasileira dos seus concorrentes internacionais.[16] Segunda, avanço em programas de autocertificação de qualidade, a partir das normas ISO 9000, como forma de agregar valor a seus produtos e melhor inserir-se nas regras de um mercado globalizado.[17] Terceira, através de fusões administrativas, mecanismo de contorno das dificuldades colocadas pelo reduzido porte das empresas.

A continuidade da reestruturação da cadeia químico-petroquímica, que se concretiza especialmente pela via da privatização, acompanhada de fusões e aquisições, assume, então, um caráter distinto daquela que se fez no final dos anos 70. Naquela opor-

---

[16] Dados da Confederação Nacional da Indústria e da Federação das Indústrias do Estado da Bahia (CNI/FIEB) indicam que, entre 1991 e 1994, o incremento acumulado de produtividade alcançou a ordem de 35%, com uma elevação média anual de 10,6% (FIEB, 1995: 94).

[17] No Pólo de Camaçari, até 1995, 25 empresas já haviam obtido certificação, a começar pela própria Central de Matérias-Primas.

tunidade, a eficiência no desempenho ao longo da cadeia estava ligada à possibilidade de escapar ao controle governamental sobre as empresas estatais. Assim, num aparente paradoxo, privatizar — desembaraçando-se dos controles impostos pela burocracia pública — era o melhor recurso para exercitar a política da Petroquisa e aprofundar o compromisso com uma certa ideologia de Estado na gestão do setor, voltada para reforçar a política de autodeterminação do mercado interno.

O processo de privatização, tal como ocorrido a partir dos anos 90, reconfigurou o modelo de organização industrial da cadeia químico-petroquímica brasileira, ajustando-o a um outro ambiente. Neste (i) o Estado deixou de ser a âncora reguladora do setor e (ii) já não mais se busca preservar, via regulação estatal, o mercado nacional como espaço autárquico. Nessa realidade, a privatização parece ser a face mais aparente, ou o mecanismo mais plausível, de alteração de hegemonia, cujo centro se deslocara da Petroquisa.

Ao longo dessa trajetória, a químico-petroquímica brasileira busca globalizar-se, inserindo-se num ambiente competitivo que já era global, ao tempo em que privatiza o que, a rigor, também já era, em boa medida, particular. Como essas importantes mudanças na configuração setorial da cadeia produtiva e da gestão dos negócios afetam o plano das relações industriais e redefinem os princípios da gestão do trabalho?

2. A REESTRUTURAÇÃO INDUSTRIAL E A REESTRUTURAÇÃO DAS RELAÇÕES INDUSTRIAIS NA PETROQUÍMICA BRASILEIRA: EM DIREÇÃO A UM NOVO TIPO DE REGIME FABRIL?

No plano das relações industriais, o setor já havia sido fortemente desafiado com a aprovação da nova Constituição brasileira e, ainda em 1989, foi obrigado a introduzir uma quinta turma de trabalhadores, em virtude da nova legislação sobre a jornada de trabalho nas indústrias em regime de turno. As quintas turmas, entretanto, foram introduzidas sem que tivesse havido a contratação de operadores adicionais, o que era um claro indicativo, já àquela época, de que a adoção da nova regra se deu através de uma importante reorganização das tarefas e da distribuição dos efetivos já existentes. Foi um primeiro momento de forte racionalização do trabalho, a qual — aliada à renovação tecnológica e às políticas de controle de custos — teve impactos negativos sobre o emprego, notadamente de operadores; e, naquele momento, especialmente dos operadores menos experientes e dedicados à operação de campo (Castro e Guimarães, 1991; Guimarães, 1992).

Em seguida, em inícios dos anos 90, a ampliação para as áreas operacionais das iniciativas de terceirização, atingindo especialmente o setor da manutenção, reduziu ainda mais os efetivos diretamente contratados (Santos, 1996; Faria, 1995). Pouco depois, uma célere renovação tecnológica se difundiu no âmbito dos laboratórios, alterando as condições técnicas e a organização social do trabalho no setor, e promovendo uma nova e avassaladora onda de enxugamento. Ademais, em todas as empresas, a redução de efetivos veio de par com a reestruturação das carreiras, que envolveu bem mais que simples mudança de nomenclatura, na medida em que, por detrás dessa, estava uma profunda reorganização das tarefas (Castro *et al.*, 1998).

Aos requerimentos constitucionais e aos custos financeiros, aliavam-se os custos políticos de administração da força de trabalho. De fato, nos últimos anos da década de 80, o movimento sindical petroquímico, antes só ativo em Camaçari, havia se ampliado para os demais pólos, o que se tornou num fator adicional a pressionar pela adoção de medidas de enxugamento e racionalização do pessoal (Rizek, 1994; Carrion, 1998). Nesse sentido, como destacou Guimarães (1992), o Plano Collor foi um claro sinal para que a indústria rompesse as convenções coletivas de trabalho assinadas e inaugurasse uma fase mais dura no tratamento com os sindicatos e com os trabalhadores. Iniciou-se um período em que perdas salariais e redução do nível de emprego do setor passaram ao largo de qualquer negociação baseada em consenso. De fato, especialmente entre 1990 e 1993, as relações entre sindicatos patronais e de trabalhadores estiveram particularmente esgarçadas. Por um lado, as empresas lutavam para se adaptar ao novo contexto da competição nacional e internacional; por outro, os sindicatos viam-se fortemente acuados pela derrota do PT nas eleições presidenciais e pela ofensiva anti-sindical do governo Collor.

A reorganização das áreas administrativas importou em alterações relevantes no perfil interno das empresas, com efeitos nas estratégias de tomada de decisão e no futuro da regulação, em nível micro, das relações industriais no setor. A informatização de serviços propiciou a supressão de empregos nos escritórios, simplificando rotinas e abrindo, também ali, o caminho para uma intensa terceirização. Ao lado disso, "enxugou-se" a própria hierarquia administrativa, suprimindo postos de comando e alterando as redes de tomada de decisão. Esse "enxugamento" do quadro administrativo teve um impacto profundo sobre dois setores importantes do mercado de trabalho: o segmento profissional e o segmento "colarinho branco", que tinham nos pólos petroquímicos (principalmente em Porto Alegre e em Salvador) um dos seus empregadores de elite (Guimarães, 1992).

Diante desse rol de mudanças, assumo a hipótese de que, em meados dos 90, a mudança nas estratégias e políticas das empresas químico-petroquímicas brasileiras nos conduzira à emergência de um novo regime fabril (tomando de empréstimo o conceito cunhado por Burawoy, 1982 e 1985). Quero com isto sugerir que houve, nesse momento, um processo de inflexão, do qual resultou a emergência de uma nova forma de organizar e negociar as relações sociais no trabalho, de uma nova forma de política na produção, com novas institucionalidades correlatas. Tal regime fabril dista em muito do que prevalecera no Brasil até os anos 80 (Castro, 1997a; Guimarães e Comin, 2000). Essas mudanças foram particularmente importantes por terem ocorrido num setor

Na cadeia produtiva da indústria químico-petroquímica   127 estratégico para o crescimento econômico e para as alianças de poder no país. Mas importam também pelo seu caráter precursor; de fato, as indústrias de fluxo têm sido, historicamente, a antesala de importantes transformações (na organização da produção e do trabalho) que posteriormente têm tendido a se generalizar por ramos de produção discreta ou semicontínua, na forma de modelos de flexibilidade e de integração. Também entre nós, a radical alteração do modelo de regime fabril vigente na químicopetroquímica, na primeira metade dos anos 90, prenunciava o desenrolar das transformações em curso nos outros setores, as quais consolidaram-se até o final daquela década.

Como caracterizar esse novo tipo de regime de regulação das relações industriais? Acredito que ele poderia ser tentativamente caracterizado a partir da conjunção de aspectos micro — cuja dinâmica resulta das relações de poder tal como se tecem internamente às empresas — com aspectos meso — em que se distinguem fatores derivados das especificidades regionais ou setoriais.[18]

Em nível micro, destacaria um conjunto de oito novas características, que especificam a natureza da inflexão que tem lugar no regime fabril da químico-petroquímica nos anos 90.

Em primeiro lugar, observa-se, desde então, maior integração entre todos os setores de atividade na fábrica, graças à informatização generalizada que passa a interligar as informações operacionais, financeiras e comerciais (Castro *et al.*, 1998).

Em segundo lugar, constituiu-se a hegemonia das estratégias comercial-financeiras tanto na definição da estratégia global da empresa, quanto na relação desta com as demais estratégias gerenciais, tecnológicas, de recursos humanos etc. (Castro, 1997a; Fartes, 2000).

---

[18] Nessa caracterização, recorro a alguns elementos de descrição sugeridos por Guimarães (1992), à luz dos seus estudos nos 80, atualizando-os e alinhando-os a outros tantos, que me parecem caracterizar melhor as tendências vigentes nos anos 90.

Em terceiro lugar, a crescente importância dos setores responsáveis por administrar e maximizar, seja a comunicação interna, seja a motivação para o trabalho, seja a negociação dos interesses e conflitos, já notada nos anos 80 como resposta às bem-sucedidas ações sindicais grevistas (Guimarães, 1998), passa a estar mais evidente; só que, agora, subsumida às instâncias institucionais que concebem e executam os programas de qualidade e produtividade (Faria, 1995; Castro, 1997a; Lima, 1999; Fartes, 2000).

Em quarto lugar, a crescente automatização do trabalho de operação de campo e o aumento de importância da operação dos terminais nas salas de controle haviam reunido nas mãos do operador de processo um conhecimento mais amplo sobre o processo produtivo, abrindo-lhe a possibilidade de maior diálogo com a engenharia, o que esvazia o papel das hierarquias intermediárias, tendentes cada vez mais ao "enxugamento" (Castro e Guimarães, 1991; Rizek, 1994; Carrion, 1998).

Em quinto lugar, era claro o maior comando dos engenheiros (e/ou chefias de unidades) sobre o desempenho técnico dos efetivos operacionais (especialmente operadores), seja pela via das novas formas do controle técnico exercidas no sistema de acompanhamento de processo por SDCDs, seja pela via do controle organizacional exercido por meio da sistemática de formalização e padronização de procedimentos, característica dos programas de qualidade. Isso esvaziava a liderança técnica detida pelos antigos supervisores e demais chefias intermediárias, no vácuo do que ampliaram-se as chances de *downsizing*. Aos que haviam sobrevivido ao processo de redução de níveis hierárquicos, alocava-se um poder de base eminentemente administrativo-disciplinar, que distribuía, escada abaixo, na estrutura hierárquica, o exercício de funções de gerenciamento de equipes.

Em sexto lugar, transparecia o esforço gerencial no sentido de reduzir muitas das antigas (e importantes) diferenças simbólicas indicativas da descontinuidade dos universos de comunicação entre os grupos sociais na fábrica. Destaco especialmente aquelas associadas aos ambientes de refeição (unificação e padronização do espaço social e simbólico da alimentação, tal como detalhadamente analisadas por Viana, 2001) e às formas ou espaços sociais da apresentação de si (diferenciação de fardamento, formas de controle de presença, formas de acesso ao local de trabalho, formas de auto-identificação).

Em sétimo lugar, constituíra-se uma nova institucionalidade, ao interior das plantas, a partir dos programas de qualidade. As novas práticas de formação de consenso sobre o processo técnico, concebidas ao redor da chamada "filosofia da qualidade", tendiam, então, a contaminar progressivamente as demais negociações das relações sociais no trabalho, abrindo canais de representação de interesses coletivos, que passaram não apenas a contornar, como a competir com o sindicato, desafiando abertamente o monopólio, até então legítimo, de representação de interesses coletivos no trabalho (Faria, 1995; Castro, 1997; Castro e Comin, 1998; Lima, 1999; Guimarães e Comin, 2000).

Finalmente, de tudo o que até aqui assinalei (e esta seria a oitava e última característica desse novo regime fabril) decorre uma observação adicional, importante para o entendimento dos novos terrenos de regulação das relações industriais ainda no plano micro: essa criação de institucionalidades, componente central das políticas empresariais de gestão do trabalho, estavam voltadas ativamente para o apelo e incorporação *do trabalhador individual*. Nesse contexto, a relação capital—trabalho passa a ter nas *personas* que lhe dão concretude importante pedra-de-toque para as novas práticas de regulação das relações sociais (Castro, 1997; Castro e Comin, 1998; Guimarães e Comin, 2000).

No nível meso, isto é, no nível do ramo químico-petroquímico, configuraram-se outros determinantes importantes dos terrenos e práticas que compõem o sistema de relações industriais. Nele se evidenciaram as dinâmicas constituídas pelos atores (i) que se relacionam numa cadeia produtiva integrada e distribuída ao redor de complexos e (ii) que se fazem representar em associações, sindicatos, federações e confederações de grande porte e elevado poder de influência setorial e/ou regional. Nesse nível, novas características ganham relevo a partir dos anos 90, consolidando o regime fabril emergente.

Em primeiro lugar, o gerenciamento a partir dos chãos-de-fábrica, tal como agora organizado, colocara na mão dos administradores (como resultado intencionado, ou não) a possibilidade de uma resposta contundente aos esforços sindicais de organização nos locais de trabalho. Isso porque, até meados dos 90, na químico-petroquímica, diferentemente de outros setores no Brasil (como as montadoras, por exemplo), não se havia configurado aquilo que Oliveira (1993) denominou de "antagonismo convergente", para se remeter aos valores que escudavam a disputa capital—trabalho entre metalúrgicos do ABC e grandes firmas montadoras (Castro, 1995a; Cardoso, 1995a; Guimarães e Comin, 2000). Na petroquímica, ao contrário, as relações industriais se erigiram sobre o valor de que a disputa capital—trabalho seguia o modelo de tipo "soma zero": ali, gerências e sindicatos eram competidores, ativos e beligerantes, pelos espaços da micropolítica nas plantas. A convergência de interesses inexistia como valor, estando, por isso mesmo, ausente a expectativa de que ambos os lados pudessem sentir-se vencedores ao alcançarem um resultado com base em consenso (Rizek, 1994; Mello e Silva, 1997; Guimarães, 1998; Carrion, 1998).

Em segundo lugar, e se vemos esse valor pela ótica das empresas, as novas políticas gerenciais dirigiam-se ativamente para privar de eficácia tanto a forma institucional "sindicato", quanto as instituições por ele patrocinadas no nível das plantas (Faria, 1995; Lima, 1999). É certo que, na nossa cultura das relações industriais, o sindicato tem sido figurado como a instância por excelência de representação de interesses coletivos e de formação de vontade no que concerne à negociação das condições de uso, controle e remuneração da força de trabalho. Mas como a cultura empresarial dominante na químico-petroquímica brasileira decodificava esse valor? Para parte significativa do empresariado, o sindicato deveria restringir-se ao papel de negociador de salários nas (ainda sobreviventes) datas-base das categorias; aí acabaria a sua legitimidade. Ora, num contexto de estabilização monetária, como o que se abre em 1995,[19] as negociações que escapavam ao espaço da disputa setorial de tipo intersindical (entre patrões e empregados) tendiam a se tornar progressivamente mais urgentes e rentáveis para os indivíduos trabalhadores; eram, portanto, muito mais atraentes que os acordos anuais por pequenos ajustes de salário. Esse se tornara um dos embates de estratégias mais significativos no nível meso das relações industriais. Entretanto, tal estratégia empresarial desafiava não apenas as bases de legitimação da organização sindical *de trabalhadores*, mas punha em cheque a própria organização sindical *patronal*, na medida em que estreitava também os limites de sua representatividade. Ou seja, nesse tipo de entendimento, a negociação das relações sociais de trabalho tornava-se parte da esfera do privado, sendo uma questão interna a cada empresa em particular; ali, e somente ali, deveriam ser negociadas as relações sociais, sem o risco e os ônus da sua publicização, necessariamente emergentes em marcos legais-institucionais mais amplos.[20]

Em terceiro lugar, há características importantes que se expressam também no plano da ação sindical. Para entendê-las, haveria que partir de uma indagação prévia. Como foi equacionada, pelo movimento sindical de trabalhadores químico-petroquímicos daquela época, a questão dos fundamentos de legitimação da ação sindical? Ou seja, a que servia o sindicato e o que dele se devia esperar na conjunção entre mesopolítica da relação com o sindicato patronal (cujo padrão se consolidara nos anos 80) e

---

[19] Em que as perdas inflacionárias haviam decrescido, e em que outras mudanças importantes nos padrões de uso, controle e remuneração do trabalho eram acenadas, pelas empresas, mas também pelo governo (como os adicionais de produtividade, participação nos lucros e resultados etc.).

[20] Vide as vicissitudes dos exemplos das Câmaras Setoriais dos Complexos Automotivo (Arbix, 1997) ou Químico (Mello e Silva, 1997).

a nova micropolítica das fábricas (que emerge nos 90)? Ora, no setor químico-petroquímico, tanto quanto no setor automotivo, consolidara-se um sindicalismo de tipo confrontacional que, desde o final dos anos 70, havia fixado à sua imagem pública o valor da autonomia (seja em face ao patronato, seja em face do Estado). Assim como na automobilística (caso mais classicamente estudado pela Sociologia do Trabalho no Brasil),[21] um número reduzido de sindicatos poderosos surgiu da arregimentação de trabalhadores das mais modernas empresas químicas e petroquímicas, cujas bases sindicais estavam densamente concentradas em um número relativamente reduzido de empresas, distribuídas pelos três pólos. Por outro lado, a política estatal de indução do crescimento setorial em complexos espacialmente desconcentrados produziu um sub-produto por certo não intencionado pelos que a conceberam: ela deslocou para áreas de escassa tradição operária o gérmen do chamado "novo sindicalismo"; isto foi particularmente verdadeiro, por exemplo, para a região do Complexo Petroquímico de Camaçari, onde cedo emergiu o mais ativo sindicalismo no ramo no país (Agier, Castro e Guimarães, 1995). Entretanto, diferentemente da automobilística, o movimento sindical manifestara escassa capacidade para criar fortes organizações de trabalhadores nos chãos-de-fábrica. Isso certamente aumentou as chances de êxito, tanto das novas microestratégias gerenciais, largamente utilizadas no cotidiano dos programas de qualidade e produtividade, e voltadas para a incorporação e envolvimento do trabalhador individual; quanto da mesoestratégia abertamente confrontacional do sindicalismo patronal, que emergiu com força pós-Collor, e que passou a desafiar o poder negociador e a eficácia em termos de resultados da representação sindical.

Em quarto lugar, as formas meso — e supra sindicais — de organização de trabalhadores, tais como as centrais (particularmente, no caso da químico-petroquímica, a CUT — Central Úni-

---

[21] Ver capítulo 1.

Na cadeia produtiva da indústria químico-petroquímica

ca dos Trabalhadores, e a estrutura federada que a ela se vinculava), passaram a atuar no sentido de promover um deslocamento temático das negociações, valorizando-as com novos pontos de pauta (a qualificação dentre eles) e tentando fortalecer tanto o momento da data-base, quanto o terreno da negociação coletiva entre os sindicatos patronais e de empregados. Com isso, procurava contornar a perda de importância da temática dos ganhos salariais e apontar para outras formas de negociar o processo de reestruturação produtiva do setor. No caso, nacionalizando o conteúdo das pautas locais de negociação, na tentativa de criar um marco legal-institucional unificado e de caráter nacional para o setor. Entretanto, e também diversamente da experiência da automobilística, aqui não se constituiu uma esfera pública, supra-sindical e supra-regional de formação de consenso nas relações industriais, como momentaneamente ocorreu na Câmara Setorial Automobilística. Ao contrário, na ausência de renúncia fiscal, e na impossibilidade de regular, via Câmara Setorial, a política governamental para abertura do mercado, pouco interesse esse instituto despertou no segmento químico-petroquímico; nada lhes parecia haver para barganhar (Mello e Silva, 1997).

Finalizo. Um amplo conjunto de mudanças, deflagradas no início dos anos 90, alterou a químico-petroquímica brasileira. Tal como foi descrito neste capítulo, essas mudanças abarcam desde a estruturação da cadeia — a natureza e o estatuto dos agentes direta ou indiretamente envolvidos na produção, as formas de regulação das relações entre as firmas e a performance e modernização destas —, até o modo de regulação das relações sociais no trabalho e as instâncias e atores envolvidos em sua negociação, seja no plano micro do cotidiano fabril nos chãos-de-empresas, seja no plano meso dos embates entre sindicatos (patronal e de trabalhadores) dotados de uma enorme capacidade centrípeta e de um poder não desprezível de arregimentação. Se observarmos o efeito desse cardápio de mudanças sobre os efetivos de trabalhadores, quem foram aqueles que lograram permanecer nos postos de trabalho nesse momento de inflexão nas estratégias das empresas, que acirram (como resposta à conjuntura) os mecanismos de intensa racionalização no uso do trabalho?

A isto me dedicarei no próximo capítulo, buscando caracterizar os trabalhadores "sobreviventes" a essa intensa reestruturação, e identificar as credenciais que facultaram a sua sobrevivência.

4.
O DIA SEGUINTE:
AS CREDENCIAIS DA SOBREVIVÊNCIA
AO AJUSTE NAS EMPRESAS[1]

Uma intensa racionalização do trabalho desencadeou-se, na indústria químico-petroquímica, como resposta às mudanças no ambiente econômico e institucional, ocorridas no Brasil dos 90. Diante da magnitude e do alcance das mudanças nas políticas de gestão do pessoal, antecipadas no capítulo anterior, há que ter respostas para duas perguntas. Primeira: quem sobreviveu ao ajuste ocorrido no mercado de trabalho, resultante das transformações sofridas pela indústria química brasileira nos seus dois principais mercados regionais, São Paulo e Bahia? Isto é, que características permitiram a continuidade nos postos de trabalho? Segunda: qual o tipo de inserção oferecida aos que lograram permanecer integrados a essa indústria? Isto é, em que tipo de postos de trabalho sobreviveram os trabalhadores remanescentes, distintos por suas qualidades (ou credenciais de qualificação)? Respondê-las será o alvo do presente capítulo.

---

[1] Este capítulo foi originalmente preparado como parte do relatório de pesquisa e publicado como artigo, em colaboração com André Gambier Campos, pesquisador assistente do Projeto "Qualificação, Mercados e Processos de Trabalho" (Guimarães e Campos, 1999). Os resultados aqui apresentados não teriam sido possíveis sem o apoio das equipes técnicas do Datamec, em São Paulo e em Salvador. Ademais, as interpretações formuladas são devedoras das discussões travadas nas duas equipes de pesquisa (na Bahia e em São Paulo), em torno de relatórios internos de trabalho, e notadamente ao apoio de alguns bolsistas (como Beatriz Hirata e Fernando Fix, na preparação e revisão dos dados) e pesquisadores (como Álvaro Comin, André Campos e Martha Santos, nas primeiras reflexões sobre os mesmos).

Utilizando as estatísticas do Ministério do Trabalho, disponíveis nas bases da Rais — Relação Anual de Informações Sociais e do Caged — Cadastro Geral de Emprego e Desemprego, para os complexos químicos em São Paulo e na Bahia, procurarei caracterizar as dimensões que acredito sejam as mais relevantes para formular respostas a essas duas indagações.[2] Em primeiro lugar, descreverei o perfil de ambos os complexos no que tange ao uso do trabalho. Em segundo lugar, tratarei da intensidade, da concentração temporal e da distribuição (segundo os principais espaços regionais e os diversos tipos de empresas) da enorme queima de postos de trabalho ocorrida nos anos 90. Em terceiro lugar, descreverei as características dos trabalhadores "sobreviventes", procurando destacar a importância de diferentes tipos de características — como as adscritas (sexo e idade) ou adquiridas (escolaridade e tempo de emprego) — nas chances de emprego. Em quarto lugar, refletirei sobre os tipos e qualidade dos postos onde foram alocados os trabalhadores "sobreviventes", de modo

---

[2] A Rais é uma base de dados administrativos, construída com base em relatórios anuais que todas as empresas estão obrigadas por lei a enviar ao Ministério do Trabalho, contendo informações sobre a movimentação e o perfil de seus empregados. O banco de dados composto a partir desses relatórios abrange as seguintes variáveis: idade, sexo, nível de instrução, tempo de emprego, renda, porte das empresas, função do empregado e razão da demissão. Essas variáveis são classificadas segundo o tipo da atividade econômica desempenhada pela empresa e segundo a localização da mesma. O Caged é também um registro administrativo e igualmente compulsório, porque formado a partir das exigências da Lei 4923/65, que obriga as empresas a preencher mensalmente um formulário em que informam as demissões e as admissões realizadas no período de referência, caso as tenham efetuado. Note-se, entretanto, que, ao contrário da Rais, que deve ser respondida por todas as empresas, o Caged refere-se apenas àquelas que promoveram movimentação em sua mão-de-obra. Rais e Caged são compostos por dois módulos, o primeiro com dados sobre a empresa e o segundo com dados sobre os empregados. Finalmente, vale sublinhar que ambas as bases — Rais e Caged — reúnem informações unicamente sobre o emprego formalmente registrado e exercido em estabelecimentos.

a verificar o peso de características adscritivas ou aquisitivas na alocação dos mesmos em postos de trabalho, analisados por sua qualidade.

1. O AJUSTE DOS ANOS 90 E SEUS EFEITOS SOBRE O VOLUME DE EMPREGO

Processos de reestruturação industrial não têm curso e resultados unívocos. Seus efeitos sobre a geração do emprego e sobre as formas de uso da força de trabalho apenas podem ser entendidos levando-se em conta a diversidade de contextos em que as firmas recrutam e em que os trabalhadores se mobilizam para o trabalho. Por isso mesmo, o nosso ponto de partida aqui é, antes que indagar qual o efeito da reestruturação sobre a qualificação do trabalhador (julgando-o unívoco), buscar descobrir *distintos padrões de reestruturação* e, nesse sentido, indagar por *distintos modos* de incorporação do trabalho e de valorização de credenciais de qualificação, que preservem os indivíduos em contextos de redução persistente da oferta de postos de trabalho.

Por isso mesmo, no nosso estudo da indústria químico-petroquímica, tomarei em conta duas realidades contrastantes, a de São Paulo e a da Bahia. Para entendermos os distintos efeitos, nessas duas realidades, do ajuste ocorrido no mercado de trabalho, como resultado da reestruturação das firmas nos anos 90, inicio destacando as especificidades de cada um desses contextos. Tais especificidades depreendem-se de duas características principais: a configuração da estrutura industrial e a vocação competitiva de cada um desses complexos industriais. Tomarei uma característica de cada vez.

No que diz respeito à configuração da estrutura industrial, as plantas químicas baianas e paulistas encontram-se insertas em realidades bastante distintas. Vimos, no capítulo anterior, como foram diversas as trajetórias de constituição dos dois pólos. De

O dia seguinte

fato, o primeiro pólo químico, localizado em São Paulo, foi implantado ao tempo em que se constituíam os seus demandantes. Por isso mesmo, a oferta de insumos (básicos, intermediários e finais) em grande medida acompanhava a expressão das necessidades de provimento do mercado interno, necessidades essas advindas de uma estrutura industrial em progressiva consolidação e, sem sombra de dúvida, a mais pujante da América Latina. Já o segundo pólo, implantado na Bahia muitas décadas depois, foi[3] um esforço de indução de crescimento industrial regionalmente desconcentrado, aproveitando a oferta local de petróleo, sua principal matéria-prima. Nesse sentido, se bem integrado com a estrutura produtiva a montante, carecia de uma ampla gama de produtores industriais de transformação final que sustentassem uma demanda local. Por isso mesmo, à diferença do pólo localizado em São Paulo, ao pólo químico baiano faltava a integração produtiva a jusante, que o articulasse a um mercado de transformação industrial que lhe fosse adjacente. De fato, contrariamente ao caso paulista, na nova fronteira econômica (como de resto nas demais experiências brasileiras) nunca chegou a se completar uma estrutura industrial que assegurasse, seja a pujança de todas as diferentes gerações de produção químico-petroquímica, seja a presença de um leque diversificado de indústrias de transformação final, que garantisse o encadeamento produtivo entre complexos industriais, distintos mas integrados.

Insisto nesse ponto. Não se trata apenas de diferenças de longevidade entre os dois parques químicos (o paulista de mais antiga implantação que o baiano), mas de quão efetiva era a demanda local para assegurar a sobrevida dos negócios. Ou, dito de outro modo, quais os graus de liberdade para levar ao limite a regulação estatal, preservando-se dos acicates e das incertezas competitivas geradas no mercado internacional.

---

[3] Como visto em detalhe no capítulo 3.

Nesse ponto, chego à segunda das características que diferenciam os dois complexos químicos de que tratarei. À diferença do complexo paulista, cuja produção tinha nas plantas industriais do Sudeste brasileiro um mercado consumidor cativo,[4] o complexo baiano tinha tanto mais chances de sobreviver quanto mais escoasse a sua produção para o mercado internacional; longe de opção, essa foi uma contingência de um complexo que — exatamente quando completava a entrada em operação de suas plantas, no início dos anos 80 — foi surpreendido por uma das mais profundas recessões ocorridas no mercado interno brasileiro. Ou seja, sua vocação competitiva esteve, desde muito cedo, orientada para outro espaço, o internacional. Isso acarretava a necessidade de melhores índices de desempenho operacional, de maior estabilidade na especificação dos produtos, além de novos referentes em termos de qualidade, de tempo de produção e de custos de produção, que tinham nas regras da competição internacional os seus principais parâmetros.[5]

Por outro lado, estruturas industriais distintas implicaram, nesse caso, complexos produtivos regionais de porte distintos, seja no que diz respeito ao número de "gerações" de produtores na cadeia químico-petroquímica, seja no que diz respeito ao número de estabelecimentos produtores em cada um dos elos da cadeia. Por isso mesmo, o pólo da Bahia acabou por especializar-se numa gama mais limitada de produtos, com um número mais reduzido

---

[4] Somente a título de exemplo, a mais importante planta produtora de petroquímicos básicos do pólo de Capuava/Santo André, em São Paulo, sempre foi capaz de assegurar que no mínimo 90% de sua produção fosse consumida pelas empresas que a circundavam e que tinham nela (pelas regras protetoras da competição administrada pelo Estado, vigentes até o início dos anos 90) o provedor exclusivo.

[5] É certo que essas regras eram cuidadosamente amenizadas pelos instrumentos decorrentes da proteção estatal, que minimizavam pressões de custos, transferindo muitas delas aos elos subseqüentes da cadeia (produtores intermediários ou mesmo para os consumidores finais).

O dia seguinte

de unidades produtivas, configurando um tecido industrial mais homogêneo e de menor porte. E, como se verá a seguir, isso teve efeitos sobre a intensidade da renovação tecnológica e a forma de gestão do trabalho; particularmente sobre o perfil de força de trabalho recrutada, por um lado, e sobre o ritmo e a intensidade do ajuste ocorrido no mercado de trabalho, realizado no momento da crise, por outro.

Tudo isso poderá ser verificado nos dados relativos ao emprego.

Mas, antes de passar à análise, vale uma preliminar de cunho metodológico. Os dados coligidos procuram caracterizar o que se passara no mercado de trabalho até o momento da minha chegada a campo, para pesquisa direta nas empresas, o que se deu entre 1995 e 1997. Por isso, procuro caracterizar o movimento do emprego nos 10 anos que antecedem o início dos estudos de caso. E por quê? Porque, assim fazendo, posso melhor verificar a hipótese da existência de um ponto de inflexão a partir do início dos anos 90, ao isolar dois momentos distintos. O primeiro momento (1986-1989) abarca os últimos anos de vigência do antigo modo de regulação pelo Estado e do modelo de gestão do trabalho a ele correspondente. O segundo momento (1990-1996) abarca o período de intensa mudança nas condições de competição, no marco regulatório e no estilo de negociação, com a inflexão em direção a novos padrões de gestão do trabalho e a um novo regime fabril.[6] Passo, então, aos resultados da comparação.

Em São Paulo, quase metade dos trabalhadores do setor estava ocupada na assim chamada atividade de "fabricação de produtos químicos diversos", que inclui uma miríade de coisas pouco definíveis. Afora essa, há várias outras atividades que se destacam por sua importância, como a "fabricação de tintas e solventes", a "produção de orgânicos e inorgânicos" e a "fabricação de fibras e resinas". Já na Bahia — e de modo diverso —, quase a

---

[6] Tal como descrevi no capítulo precedente.

142   Estratégias de seletividade ocupacional

metade dos trabalhadores estava empregada na "fabricação de derivados de petróleo"; afora isso, quase um terço dos trabalhadores estava empregado na "fabricação de produtos químicos diversos". Entre as demais atividades relevantes, conta-se apenas a "fabricação de fibras e resinas". Em suma, é menor a diversificação do tecido e, por conseqüência, do emprego industrial, num caso (o da Bahia), e maior no outro (o de São Paulo). O parque químico da Bahia gravitava em torno da fabricação de derivados de petróleo, enquanto o de São Paulo, em torno de um leque de atividades variadas.[7]

Essa diversificação do tecido produtivo tem clara correspondência com o volume do emprego criado em cada complexo industrial. O pólo de São Paulo possui um tamanho muito superior ao da Bahia. Mais significativo: a reestruturação, ocorrida entre o fim dos anos 80 e meados dos anos 90, amplia essa diferença. No ponto de partida, 1986, o parque paulista empregava uma quantidade de trabalhadores quase seis vezes maior que o baiano. No ponto de chegada, 1996, a diferença quase duplicara, passando o emprego em São Paulo a equivaler a 11 vezes o emprego direto e formal gerado pela químico-petroquímica na Bahia. Essa mudança se fez ao longo de um processo de redução de efetivos, marcado por uma intensa seletividade, processo este comum a toda a cadeia. Sem embargo, tal tendência diferenciava-se conforme o

---

[7] A maior diversidade do parque paulista e a menor diversidade do parque baiano ficam mais claras quando vemos as porcentagens exatas da participação de cada atividade do complexo químico no emprego total de cada caso: a) produção de orgânicos e inorgânicos (12,2% do emprego em São Paulo e 6% do emprego na Bahia); b) fabricação de derivados de petróleo (2,9% e 41,7%, respectivamente); c) produção de fibras e resinas (8,2% e 8,3%, pela ordem); d) fabricação de munições e explosivos (2,1% e 0,4%, respectivamente); e) produção de aromáticos (0,9% e 1,3%, pela ordem); f) fabricação de produtos de limpeza (5,9% e 3,9%, respectivamente); g) produção de tintas e solventes (13,9% e 2,5%, pela ordem); h) fabricação de adubos e fertilizantes (4,8% e 3,5%, respectivamente); i) fabricação de produtos químicos diversos (49,2% e 32,5%, pela ordem).

O dia seguinte

complexo: foi muito mais acentuada no complexo da Bahia que no de São Paulo.

Precisando melhor essa informação e localizando-a no tempo (Tabela 4.1 e Gráfico 4.1), vê-se que as trajetórias do ajuste ocorrido no mercado de trabalho também apresentam transcursos bastante diferenciados.

Tabela 4.1
EMPREGO NA INDÚSTRIA QUÍMICA
— SÃO PAULO E BAHIA, 1986-1996

Anos	Indústria química SP	Indústria química BA
1986	123.983	21.928
1987	124.489	22.559
1988	128.814	23.487
1989	132.102	24.983
1990	119.583	21.399
1991	110.028	18.717
1992	108.413	17.073
1993	103.775	15.095
1994	108.299	9.863
1995	104.388	9.723
1996	100.317	8.954

Fonte: Ministério do Trabalho e Emprego, Rais-Caged.
Processamento próprio.

No que tange à química paulista, destacam-se duas grandes fases. Na primeira, entre 1986 e 1989, há uma razoável ampliação de quadros. Na segunda, entre 1990 e 1996, assiste-se à redução intensa do pessoal. Isso confirma a expectativa de que a inflexão no ambiente competitivo teria tido efeitos importantes no volume do emprego; e os dados sobre o mercado de trabalho são um indicador sensível do que se passava com as estratégias de gestão das empresas, tornadas fortemente predatórias em face às chances de sobrevivência dos seus efetivos. Mas, a redução que se verifica a partir do início dos 90 se expressa em dois movimentos, com ritmos diferenciados. Entre 1990 e 1991, assiste-se a um intenso e agudo enxugamento de pessoal; não sem razão: é quando a abertura e a desregulamentação convivem com crise nos mercados interno (em recessão) e internacional (superoferta de petroquímicos). Já entre 1992 e 1996, persiste a erosão dos empregos, só que de forma mais lenta.

Gráfico 4.1
NÍVEL DE EMPREGO NA INDÚSTRIA QUÍMICA
— SÃO PAULO E BAHIA, 1986-1996 (1986 = 100)

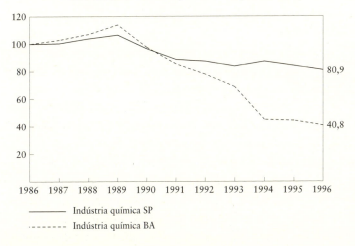

Fonte: Ministério do Trabalho e Emprego, Rais-Caged.
Processamento próprio.

No que tange à química baiana, *grosso modo* a periodização mostra-se compatível; mas as diferenças são prenhes de significado. Idêntica é a tendência na primeira fase, situada entre 1986 e 1989, quando se nota uma expansão dos postos de trabalho; ela antecede as grandes alterações que descrevi e as tendências do emprego não diferenciam um pólo do outro. Na segunda, testemunha-se também um movimento de encolhimento dos empregos formais diretos, que persiste até o final da série. Como em São Paulo, a intensidade da contração do emprego tende a decrescer, mas de forma muito distinta na Bahia. Num primeiro momento, a sangria parece apenas ligeiramente mais intensa, mas notavelmente mais delongada, indo de 1990 a 1994. Minha interpretação é de que os efeitos foram tanto maiores quanto menor a complexidade do tecido industrial, mais reduzido o número de produtores e mais coincidentes as pressões dos mercados nacional e internacional com vistas à redução de custos. Finalmente, a sangria reduz o seu ritmo, configurando um terceiro movimento, que tem lugar entre 1995 e 1996, numa persistente, embora pequena, redução de efetivos; mas essa fase de reversão no ajuste mais intenso só começa a se prenunciar na Bahia bem depois do seu início em São Paulo.[8]

Fatores estruturais e conjunturais, referidos no capítulo anterior, podem ser trazidos à baila para avançar explicações para os traços comuns e para as especificidades desse ajuste no emprego.

No que diz respeito às transformações estruturais, o governo Collor iniciara uma ampla desregulamentação econômica, que foi aprofundada pelos governos posteriores. Fatores a ela associados podem ser invocados como elementos explicativos da performance dos dois pólos. Destaco três deles. A acelerada abertura comercial (propiciada pela queda de diversas barreiras, tarifárias e não-tarifárias) à importação de produtos químicos em geral; a ampla liberalização de preços químicos historicamente monitorados por agentes públicos (particularmente importante na indústria de derivados de petróleo e, portanto, com maior impacto na Bahia); e, finalmente, a privatização de algumas empresas químicas de grande relevância controladas pelo Estado.

No que diz respeito às circunstâncias conjunturais, os anos de 1990, 1991 e 1992 haviam sido marcados por uma das piores

---

[8] Ou seja, no momento da minha chegada a campo, em 1995, já seria possível falar de "um dia seguinte" aos efeitos do ajuste, no que concerne ao complexo de São Paulo; na Bahia, entretanto, o processo ainda não entrara em decantação.

recessões da história do país, com efeitos extremamente deletérios sobre o montante de emprego. E, vale notar, a recuperação do nível de atividade econômica a partir de 1993 não anulou tais efeitos deletérios, pois o complexo químico já se preparara para operar (ou já operava) em novas bases, forjadas sob a pressão das transformações estruturais já mencionadas. Além disso, no plano internacional, os anos de 1990, 1991 e 1992 haviam sido marcados por uma superoferta de alguns produtos químicos importantes, como os derivados de petróleo. A convivência entre esse cenário do mercado internacional e o quadro interno de ampla desregulamentação mercantil e de aguda recessão econômica maximizou os efeitos da superoferta internacional sobre a indústria química nacional — e, particularmente, sobre a indústria de derivados de petróleo baiana.

Entretanto, os dados relativos ao volume do emprego e seu encolhimento são eloqüentes ao sugerirem que o impacto de todos esses fatores estruturais e conjunturais foi diferenciado nos parques baiano e paulista. Ele havia sido quantitativamente mais intenso e temporalmente mais prolongado na Bahia, ao passo que quantitativamente mais suave e temporalmente mais restrito em São Paulo. Tal disparidade entre as duas trajetórias de ajuste no emprego reflete as diferenças em termos de diversificação do perfil produtivo, da natureza do tecido industrial e das vocações competitivas nos dois casos.[9]

---

[9] Entretanto, vale precatar-se de uma armadilha presente na forma como os dados aqui utilizados são definidos. A Rais e o Caged computam, como salientamos acima, o emprego formal no setor de atividade da empresa. É certo que uma quantidade importante de postos de trabalho foi "enxugada" nesse ajuste; mas é certo também que uma parte ponderável dos empregos que "desaparecem" nessa estatística se deve à intensa "terceirização" que atinge de modo avassalador as atividades de produção e de apoio à produção (manutenção, laboratórios e, até mesmo, embora residualmente, operação). Uma vez "terceirizado", o trabalhador passa a ter outra alocação em termos da forma como o seu novo estabelecimento de vínculo (o sub-contratante) é classificado. Dessa sorte, é possível que o mesmo traba-

Entretanto, a redução no volume do emprego não foi a única transformação importante na estrutura ocupacional dessa cadeia produtiva. Ao lado disso, alterou-se também, no período, a distribuição do emprego químico pelos vários tamanhos de estabelecimentos, configurando uma tendência à desconcentração da oferta de postos de trabalho. Se essa tendência é transparente no parque paulista (que já possuía uma estrutura mais desconcentrada), ela é notória principalmente no parque baiano (que possuía, no início, uma estrutura fortemente concentrada).

É interessante destacar que as duas tendências — à redução do volume do emprego e à sua desconcentração — estão estreitamente relacionadas. Senão vejamos. Em São Paulo, o peso das grandes empresas na geração de emprego veio abaixo (de 36% para 25,9%), ao passo que o peso das pequenas empresas foi alçado a patamares até então desconhecidos (de 25% para 32%). Os dados mostram que tudo isso teve início entre 1990 e 1991, exatamente quando ocorreu a maior eliminação de postos de trabalho em todo o lapso de tempo estudado. Na Bahia, o encolhimento da participação das grandes companhias alcançou pata-

---

lhàdor tenha permanecido não apenas no setor, mas até mesmo na empresa, somente que, agora, sujeito a outro vínculo de trabalho, numa firma que já não é classificada como química (as de manutenção, por exemplo, com freqüência classificam-se como metalúrgicas). Os trabalhadores, em seu jargão, costumam aludir a esse movimento como de "troca da cor do macacão" (pelo qual tendem a se alterar muitas das normas e condições de gestão a que estão sujeitos). Essa intensa redução dos empregos, em suma, tem que ser tomada *cum grano salis* e dificilmente pode ser traduzível numa equivalente queima de postos de trabalho. Basta olharmos os números da Bahia: os empregos no complexo caem de 22 para 9 mil nesse curto período. Como verificar o alcance de uma possível subestimação, por efeitos da intensa terceirização? Pode-se fazê-lo somente de modo particularizado, por exemplo, pelas análises de caso junto a empresas (como fiz nesta pesquisa, vide Castro *et al.*, 1998; ou como foi feito em outros estudos junto a empresas, vide Faria, 1995), ou junto a empregados desligados (Santos, 1996; Menezes, Barreto e Carrera-Fernandes, s/d; Barreto, 1999).

mares ainda mais impressionantes (reduzindo-se de 50,3% para 11,9%), enquanto a participação das pequenas e médias quase que dobrou (de 10,4% para 23,9%, num caso, e de 39,3% para 64,2%, no outro). Novamente, os dados mostram que tais fatos tiveram início entre 1990 e 1994, também quando ocorria a intensa erosão de postos de trabalho antes referida.

A coincidência de movimentos, que faz com que a redução de oportunidades de emprego se dê concatenada com o simultâneo deslocamento deste em direção às empresas de menor porte, é uma tendência importante. Sabe-se que as condições de uso da força de trabalho e as condições de remuneração pelo uso da força de trabalho (assim como as condições de negociação de ambos os aspectos) pioram, ou melhoram, conforme varia o tamanho do estabelecimento. E, conforme desenvolverei mais adiante, quando da análise da renda dos empregados, a qualidade dos postos de trabalho químico, na Bahia e em São Paulo, também varia conforme o porte das empresas.

2. QUEM FORAM OS SOBREVIVENTES DOS ANOS 90?

Um movimento de tão intensa contração e simultânea relocalização do emprego, tal como ilustrado até aqui, fez-se em base a uma seletividade não negligenciável. Por isso mesmo, o passo seguinte na argumentação será traçar o perfil dos trabalhadores que, até o momento da minha chegada a campo para estudo das empresas, haviam logrado sobreviver ao ajuste dos anos 90 na cadeia químico-petroquímica. Procurarei mostrar de que modo algumas características adscritas (como a idade) e outras adquiridas (como a escolaridade e o tempo de emprego) funcionaram como critérios fundamentais de expulsão, em alguns casos, ou de permanência, em outros, na indústria químico-petroquímica. Nesse sentido, argumentarei em favor da tese de que certas qualidades subjetivas funcionaram como elementos de qualificação dos indivíduos que as possuíam, maximizando-lhes a chance de sobrevivência nos ambientes produtivos reestruturados.

Antes de me debruçar sobre tal objetivo, convém mencionar o papel desempenhado por uma importante característica, que funcionou como demarcadora das oportunidades de emprego em todos os complexos químico-petroquímicos brasileiros: a condição de sexo. É certo que um analista mais apressado poderia vaticinar a irrelevância desse tipo de diferenciação, dado o persistente, quase imutável, perfil da divisão por sexo das oportunidades ocupacionais no segmento químico-petroquímico. Afinal, trata-se de um ramo de atividade que, na construção social da divisão do trabalho, constituiu-se num nicho ocupacional para os homens; mais ainda, esse predomínio praticamente não variou no tempo. Isso poderia sugerir, a um olhar menos atento, a pequena importância da condição de sexo e das relações de gênero como critério de eliminação ou preservação das chances de acesso aos postos de trabalho.

Ora, os nossos dados permitem afirmar que, se houve uma barreira de entrada significativa nessa cadeia produtiva, ela se estruturou ao redor dessa característica. Seja em São Paulo, seja na Bahia, os homens representaram sempre entre 80% e 90% da mão-de-obra. Isso nos mostra que, se a condição de sexo não funcionou como elemento de seletividade *ex-post* (definindo os que sobreviveriam nos ambientes reestruturados), funcionou de forma decisiva como elemento de seletividade *ex-ante*, barrando, pura e simplesmente, o ingresso de mulheres num mundo ocupacional onde as relações de gênero eram centrais, posto que se constituiu sob a definição do "masculino".

Tal seletividade original[10] esteve sustentada seja em constrangimentos simbólicos (ao representar a atividade nesse segmento industrial como "trabalho de homem", por seus requerimen-

---

[10] Assim denominada por ter estado na origem mesma da constituição do *core* dessa força de trabalho.

tos de "coragem", decorrentes do risco a que se expõem os que nela se engajam), seja em constrangimentos legais, só muito recentemente tornados sem efeito jurídico (como o impedimento de incorporação feminina em jornadas noturnas, regime de trabalho necessário ao *core* da força de trabalho no eixo químico-petroquímico, regido pelo sistema de turnos contínuos).

No que tange à composição etária houve, entre 1986 e 1994, um aumento significativo da idade dos ocupados, tanto no parque químico paulista quanto no baiano. Ao que parece, esse aumento significativo esteve, em qualquer das situações, correlacionado com a maciça dispensa de empregados. Em São Paulo, a participação das faixas com até 29 anos caiu (de 45,5% para 37,1%), enquanto variou no sentido oposto a participação das faixas acima de 30 anos. E, vale notar, essas mudanças concentraram-se nos mesmos anos em que o parque paulista eliminou boa parte de seus postos de trabalho. Já na Bahia, ao mesmo tempo que o peso das faixas até 39 anos diminuiu (de 80,1% para 65,8%), o peso das faixas acima de 40 anos aumentou. E, novamente pode-se observar que tais mudanças estiveram concentradas justamente nos anos de maior queima de postos de trabalho no parque baiano. Em suma, em ambos os casos analisados, a idade dos ocupantes parece ter sido um critério básico para selecionar trabalhadores "sobreviventes", que ocupariam (ou permaneceriam) nos postos de trabalho.

Vale notar, apenas a título de complementação, que esse critério afetou de maneira similar os dois parques químicos, apesar das diferenças nos perfis etários da força de trabalho originalmente ocupada: a mão-de-obra baiana já era bem mais envelhecida que sua contraparte paulista, o que resultava de práticas de gestão de pessoal bastante específicas da indústria de derivados de petróleo, que sempre privilegiou a estabilidade do vínculo empregatício, conforme se verá mais adiante.

Todavia, é na análise da composição do emprego segundo os graus de instrução formal que se revelam algumas das mudanças mais notáveis. Observe-se que estamos tratando de um setor

O dia seguinte

da indústria em que já eram elevados (ao menos em relação à média brasileira) os padrões de escolarização formal da força de trabalho (Carvalho, 1992). Apesar disso, ao longo de todo o período de ajuste, tanto em São Paulo quanto na Bahia, a escolaridade dos trabalhadores químicos aumentou ainda mais, e de forma muito significativa. Em São Paulo, os trabalhadores com até 4ª série do ensino fundamental foram gradualmente expulsos das empresas (de 36,8% para 24%), enquanto os trabalhadores dotados de graus de instrução acima disso conseguiram permanecer.

Note-se que a mudança no perfil educacional da mão-de-obra (ao contrário da mudança no perfil etário) não esteve correlacionada de forma exclusiva com a contração do emprego realizada pela indústria química nos anos de 1990 e 1991. Isso porque tais mudanças estiveram relativamente bem distribuídas por todos os anos observados. Já na Bahia, não foram apenas os trabalhadores com até 4ª série que viram seus postos ser eliminados (de 18,6% para 11,4%); também foram afetados aqueles que haviam cursado até a 8ª série do ensino fundamental (de 22,8% para 15,7%). *Grosso modo*, foram preservados os trabalhadores com nível de instrução superior à 8ª série. E, tal como no caso paulista, a transformação do perfil educacional não esteve correlacionada de modo exclusivo com o ajuste no emprego levado a cabo entre 1990 e 1994. Também aqui as transformações nesses percentuais estiveram relativamente bem distribuídas por todos os anos observados.

Para resumir, o nível educacional aumentou significativamente em todo o período estudado, tanto no parque paulista quanto no parque baiano.[11] Um olhar apressado talvez levasse a con-

---

[11] Parte da explicação talvez esteja no fato de os complexos químicos, paulista e baiano, pressionados pelo estreitamento do mercado interno brasileiro com a crise do início dos anos 80 e pela necessidade de exportar parte de sua produção, terem iniciado, ainda nesses mesmos anos, um localizado mas significativo movimento de renovação da base técnica, especialmente no que concerne à tecnologia de controle de processo, decisiva para assegurar a

cluir, diante de números tão eloqüentes, que a escolaridade teria funcionado, tanto quanto a condição de sexo, como um claro critério de inclusão. A diferenciá-las haveria, talvez, um único aspecto: enquanto a condição de sexo apenas operou como critério de inclusão original, a escolaridade seguiu sendo mais e mais exigida como requisito de ingresso, a níveis que se elevavam com o passar do tempo, inclusive nos anos de mais intensa reestruturação e ajuste. Todavia, e mais adiante alinharei as evidências nessa direção, um olhar mais atento levará a concluir que, se a mais elevada escolaridade operou como uma condição necessária, ela não foi, entretanto, uma condição suficiente para a sobrevivência nos postos de trabalho reestruturados. Nesse sentido, em tal conjuntura de ajuste, ela sustentou a exclusão dos menos escolarizados (cujas chances de sobrevivência se tornaram virtualmente nulas), mas não foi capaz de assegurar a manutenção no emprego para muitos daqueles que buscaram adquirir maiores níveis de instrução.

Vale acrescentar que, tanto quanto a idade, a seletividade escolar atuou sobre realidades regionalmente distintas: os trabalhadores do parque químico baiano já exibiam, desde o início, níveis de educação muito mais elevados que a sua contraparte paulista. Essa diferença aponta para distinções nas modalidades de gestão entre os dois pólos. Elas dizem respeito tanto ao variado perfil da força de trabalho ofertada em cada um dos mercados regionais, quanto ao variado perfil da rede formadora que neles se desenvolve. A Bahia, carente de uma cultura de trabalho industrial (notadamente do trabalho em indústrias modernas, de alto risco, intensivas em capital e operantes em fluxo contínuo), viu-se desafiada a compensar a ausência de gerações afeitas à sociabilidade requerida pelo trabalho industrial dessa espécie com formas de "socialização antecipatória", forjadas no ambiente escolar. Vale dizer,

---

qualidade da produção e a economia de custos a que os impelia a exposição à maior competição (para mais detalhes sobre os elos entre esses processos, ver o capítulo 3 e Castro, 1997b).

experiência e cultura operárias foram construídas a partir da escola, na formação "técnica". Daí por que a exigência de escolarização de segundo grau para o *core* da força de trabalho, lograda por meio dos cursos técnicos para formação de operadores de processo, que moldaram a cultura do trabalho da geração de jovens petroquímicos que fez operar o Pólo de Camaçari. Por isso mesmo, o experimento planejado de constituição desse complexo envolveu não apenas o desenho e a montagem de um novo sítio industrial, mas o desenho e a montagem de uma rede formadora especial, que reestruturou antigas instituições locais de ensino, voltando-as para parcerias com as empresas, as quais puderam recrutar trabalhadores já desde as classes de escola, garantindo as condições da formação necessária. Os agentes da rede formadora ou se constituíram especialmente para prover os requerimentos do Pólo (Centec/MEC), ou foram reestruturados para tal (Escola Técnica Federal ou Escola de Engenharia Eletromecânica).

Já no caso paulista, a longa gestação do tecido industrial e daqueles que operavam as plantas encontra no mercado local, farto em prover novas "gerações operárias", a sociabilidade "naturalmente" formada. Afora isso, havia uma rede escolar já de longos anos constituída, na qual era significativo o peso dos estabelecimentos técnico-profissionais privados, de variado porte e dispersos pelos núcleos urbanos que se adensavam no tecido industrial que de há muito ali se constituíra. A cultura do trabalho industrial tinha na escola apenas uma de suas fontes de socialização; a herança social, fruto da tradição e da transmissão de grupo, era portada como um capital de inclusão pelas novas gerações operárias, que traziam de casa muitos dos códigos da disciplina, da assiduidade e da severa rotina requeridos pelo assalariamento industrial, notadamente nas modernas indústrias químicas, intensivas em capital, de fluxo contínuo e trabalho em regime de turnos igualmente contínuos.

Uma terceira e última dimensão da seletividade no ajuste diz respeito à experiência de trabalho, aqui operacionalizada pela variável "duração dos vínculos de trabalho". Quanto a isso, observa-se um panorama interessante. Em grandes linhas, pode-se colocar que o tempo de emprego aumentou de forma significativa entre 1986 e 1994, tanto no parque químico paulista quanto no baiano. E, ao que tudo indica, esse aumento do tempo de emprego teve algo a ver com o ajuste realizado pelas empresas no nível de emprego. Em São Paulo, decresceu bastante a presença dos trabalhadores com menos de um ano de casa (30,9% para 20,6%), ao passo que a presença dos trabalhadores com mais tempo de casa seguiu o caminho inverso. Os dados sugerem que o maior tempo de emprego esteve correlacionado com o ajuste e a contração da ocupação. Isso porque foram justamente os anos de maior queima de postos aqueles que concentraram, no caso paulista, a maior queda no emprego de trabalhadores com menos tempo de empresa. Na Bahia, também decresceu o peso dos trabalhadores com menos de um ano de serviço (de 16,3% para 10,3%); já o peso dos trabalhadores com mais tempo de serviço seguiu o rumo oposto. Tal como no caso paulista, o crescente tempo de emprego na química esteve relacionado ao ajuste nas estratégias das empresas baianas. Pois, além de marcar de forma clara o declínio da participação dos trabalhadores com menos tempo de empresa, o início dos anos 90 marca uma reversão no movimento daqueles com mais tempo de empresa. Em suma, seja num caso, seja no outro, o tempo de emprego parece ter se constituído em um critério fundamental para a decisão gerencial de fazer permanecer (ou não) os trabalhadores em seus postos de trabalho.

Vale observar que, também aqui, esse critério atuou sobre parques químicos com feições desde o início diferenciadas: a mão-de-obra na petroquímica baiana já apresentava vínculos mais duradouros que sua contraparte na química paulista. Isso revela a existência de políticas de gestão do trabalho distintas. Muito provavelmente, a escassez de oferta qualificada, os elevados custos para seu provimento e sua adequada socialização (seja por parte das empresas, seja por parte do poder público agenciando a rede formadora) estimulavam as práticas de gestão de pessoal tendentes a maximizar a estabilização dos trabalhadores. Ademais, sendo mais homogêneo, o parque petroquímico baiano exprimia as estratégias gerenciais de empresas modernas, de médio e grande porte, próprias da indústria de derivados de petróleo, que sempre utilizou de forma menos intensa a rotação nos postos de trabalho. Muito diferente era a realidade paulista; ali, tanto a oferta de força de trabalho, mais abundante e adequada, permitia o exercício mais livre da rotatividade, quanto a heterogeneidade do parque fazia representar tipos de empresas e de processos produtivos pouco afeitos a uma gestão voltada a estabilizar a sua mão-de-obra.[12]

De qualquer sorte, vê-se como o olhar sobre a dinâmica do mercado de trabalho ilumina e é, ao mesmo tempo, iluminado, pelo conhecimento das estratégias de gestão das relações sociais no processo de trabalho.

3. A INSERÇÃO OCUPACIONAL DOS QUE SOBREVIVERAM AO AJUSTE DOS ANOS 90

Que tipo de inserção coube aos trabalhadores que permaneceram na indústria química paulista e baiana? É possível encontrar diferenças sistemáticas se analisadas as características (adscritas ou adquiridas) dos trabalhadores "sobreviventes"?

Conforme observado, a participação de homens e mulheres na força de trabalho na indústria químico-petroquímica pouco se

---

[12] Ainda que nos anos recentes elas tenham se aproximado um pouco mais, as taxas de rotatividade do conjunto da mão-de-obra baiana sempre foram muito mais baixas que as do conjunto da mão-de-obra paulista, revelando o peso das políticas "nobres" de gestão de pessoal da indústria de derivados de petróleo na Bahia e a diversidade das políticas de gestão de pessoal da indústria química em São Paulo (reflexo da heterogeneidade da matriz industrial aí localizada). Para maiores detalhes, ver Comin e Hirata, 1996.

alterou em todo o lapso de tempo coberto, tanto no que concerne ao segmento paulista, como no segmento baiano dessa cadeia produtiva. Contudo, quando se analisa a composição por sexo segundo o porte das empresas, um resultado interessante se revela. Em São Paulo, no ano de 1986, a maior participação do sexo feminino estava nas firmas pequenas e a menor, nas grandes. Já no ano de 1994, pode-se observar que esse diferencial aumentou, com uma participação ainda maior nas primeiras e uma participação ainda menor nas segundas. Na Bahia, a mão-de-obra feminina continuou com sua participação tradicionalmente maior nos pequenos estabelecimentos e menor nos grandes.

Em geral, elevou-se a idade dos trabalhadores, não importando o porte das empresas. Entretanto, seja no parque químico paulista ou no baiano, ela cresceu mais nas grandes do que nas pequenas firmas. Isso quer dizer que, no limite, os mais jovens tendem a só encontrar possibilidade de emprego nas empresas de menor porte. Ora, sabe-se que quanto mais heterogênea a natureza do parque industrial, mais as suas pequenas empresas tendem a exibir condições mais precárias, ou penosas, de trabalho.

Também o nível de instrução dos trabalhadores aumentou em estabelecimentos de todos os tamanhos. Mas, no caso paulista, aumentou mais nos grandes do que nos pequenos. No caso baiano, como o aumento se fez de maneira quase uniforme segundo os distintos tamanhos de empresa, isso não alterou o quadro prévio, pois aqueles com até 4ª série já se restringiram a praticamente zero. De qualquer maneira, aqui também verificamos que, *grosso modo*, os menos escolarizados tenderam a só encontrar colocação em firmas de menor porte, no caso baiano.

Finalmente, o tempo de emprego dos trabalhadores também cresceu, tendência expressa por estabelecimentos de todos os portes. Todavia, as grandes lideraram tal crescimento de forma evidente no complexo químico paulista. Ainda que esse fato não tenha sido tão evidente na Bahia, ele não alterou a situação geral, pois aqueles com até um ano de serviço já adquiriram um peso apenas residual nessas mesmas empresas. Isso quer dizer que, em última instância, os trabalhadores dotados de vínculos mais recentes também tenderam a só sobreviver nos menores locais de trabalho.

A princípio, os dados da Rais e do Caged mostram que as condições de uso da força de trabalho e as condições de remuneração pelo uso da força de trabalho (assim como, provavelmente, as condições de negociação de ambos os aspectos) pioram conforme diminui o tamanho do estabelecimento. Os números a respeito da renda auferida pelos trabalhadores nos diversos tamanhos de empresa (Tabela 4.2) indicam claramente isso. Em 1986, tanto em São Paulo quanto na Bahia, os empregados das pequenas empresas concentravam-se nas faixas mais baixas de renda, enquanto os empregados das grandes se concentravam nas faixas mais altas. Em 1994, essa disparidade se acentuou particularmente no caso paulista, pois os empregados das pequenas se concentraram ainda mais nas faixas inferiores, enquanto os empregados das grandes se concentraram ainda mais nas faixas superiores. Ainda que, nesse ano, essa disparidade tenha diminuído um pouco, no caso baiano, a partir de um *up-grade* dos empregados das pequenas e de um *down-grade* dos empregados das grandes, a diferença não foi de modo algum eliminada. Pelo contrário, ela parece ter sido substituída pela disparidade existente não só entre os empregados das pequenas e das grandes, mas também entre os empregados das pequenas e das médias empresas.

Que se pode depreender, então, desse conjunto de achados? Como entender os efeitos e padrões da seletividade reinantes naquele momento de intenso ajuste?

Em primeiro lugar, as mulheres teriam assistido à deterioração crescente de sua inserção já nada favorável no mercado de trabalho químico-petroquímico de São Paulo, assim como à persistência de uma inserção também nada satisfatória no mercado de trabalho para o mesmo complexo industrial na Bahia. Em segundo lugar, os jovens viam cada vez mais distantes as chances de uma boa inserção no mercado de trabalho químico, principalmente se disputassem empregos no Nordeste. Em terceiro lugar, os indivíduos menos escolarizados eram cada vez mais alijados de oportunidades para uma boa inserção no mercado de trabalho químico, esteja ele no Sudeste ou no Nordeste. E, em quarto lugar, os indivíduos com menor tempo de emprego encontravam dificuldades crescentes para obter uma inserção razoável no parque químico, onde quer que ele estivesse localizado.

Tabela 4.2

PORTE DAS EMPRESAS E FAIXAS DE RENDA
NA INDÚSTRIA QUÍMICA —
SÃO PAULO E BAHIA, 1986/1994

São Paulo	Até 99 empregados		100 a 499		500 ou mais	
	1986	1994	1986	1994	1986	1994
Até 5,00 SM	36,1	49,4	16,8	23,1	9,4	9,3
5,01 a 10,00 SM	37,6	25,9	45,8	33,6	40,0	27,4
10,01 a 15,00 SM	8,5	9,7	13,8	16,4	17,5	22,9
15,01 a 20,00 SM	7,4	5,2	11,0	8,9	15,0	15,2
Mais de 20,0 SM	10,3	9,7	12,6	17,9	18,0	25,2
Total	30.170	34.142	47.742	45.162	43.931	27.734

Bahia	Até 99 empregados		100 a 499		500 ou mais	
	1986	1994	1986	1994	1986	1994
Até 5,00 SM	41,0	35,8	18,3	11,8	2,2	0,5
5,01 a 10,00 SM	27,2	20,6	26,4	24,2	17,0	34,1
10,01 a 15,00 SM	10,4	16,0	16,2	19,2	19,2	30,6
15,01 a 20,00 SM	9,1	8,9	17,6	16,6	25,1	14,5
Mais de 20,0 SM	12,2	18,8	21,5	28,3	36,4	20,2
Total	2.210	2.303	8.518	6.145	10.928	1.108

Fonte: Ministério do Trabalho e Emprego, Rais-Caged.
Processamento próprio.

Por um lado, todas essas constatações devem ser matizadas pelo fato de que importante heterogeneidade diferencia as pequenas empresas na cadeia químico-petroquímica. Em São Paulo, mas especialmente na Bahia, dada a realidade do tecido industrial em

O dia seguinte

cada complexo, assomam as diferenças. Em 1986, as companhias de pequeno porte já representavam o que havia de mais precário no emprego químico paulista. Em 1994, isso só ficou ainda mais nítido. Contudo, em 1986, as companhias de pequeno porte baianas já possuíam um perfil que as aproximava mais das médias do que das pequenas paulistas. E, em 1994, isso só ficou ainda mais claro. Isso se explica pela maior homogeneidade do complexo baiano; ali, aquelas que são classificadas como pequenas empresas bem podem ser estabelecimentos que nada mais são que unidades produtivas, extensões operacionais de casas matrizes, nacionais ou multinacionais, sediadas fora do Nordeste, as "quase-firmas" a que me referi no capítulo anterior, usando o conceito de Oliveira (1994). Na petroquímica baiana, parte importante das empresas classificadas como pequenas (dado o número de trabalhadores) preenchem esse perfil, sendo tecnologicamente modernas e gerencialmente sintonizadas com as tendências das grandes corporações, embora sejam unidades produtivas de porte inferior à média destas. Por isso mesmo, se a deterioração das condições de inserção das mulheres, dos jovens, dos menos escolarizados e dos dotados com menos tempo de emprego parece líquida e certa num caso, ela deve ser melhor contextualizada no outro.

Por outro lado, todas essas constatações são aparentemente respaldadas pelos dados a respeito das taxas de rotatividade de cada um dos perfis de trabalhadores (Tabela 4.3). *Grosso modo*, tanto em São Paulo quanto na Bahia, a rotatividade caía sensivelmente conforme se avançava na escala etária e na escala educacional, assim como caía quando o olhar passava das mulheres aos homens. Ou seja, os postos ocupados pelos menos instruídos, pelos mais jovens e pelas mulheres eram, naquele momento, os mais precários da indústria químico-petroquímica. E, mais do que isso, seja no parque paulista ou no baiano, a diferença entre os índices de rotatividade desses três últimos grupos e de suas contrapartes aumentara significativamente (Tabela 4.4).

Em outras palavras, no que tange à qualidade dos postos, era possível distinguir os sobreviventes dotados de um perfil tipicamente voltado para a inclusão e aqueles trabalhadores dotados de um perfil tipicamente voltado para a exclusão.

Tabela 4.3
ROTATIVIDADE DA MÃO-DE-OBRA
NA INDÚSTRIA QUÍMICA —
SÃO PAULO E BAHIA, 1987/1995

	São Paulo		Bahia	
	1987	1995	1987	1995
Sexo				
Masculino	38,7	36,8	16,2	19,3
Feminino	43,3	43,6	20,4	32,0
Faixa etária				
Até 17	54,8	54,2	29,6	61,5
18 a 24	57,5	62,4	28,9	39,8
25 a 29	43,2	41,0	18,8	25,4
30 a 39	27,9	29,5	13,5	17,9
40 a 49	23,0	23,0	12,0	10,3
50 ou mais	20,8	23,2	9,5	8,6
Grau de instrução				
Até 8ª série incompleta	47,6	51,1	23,9	29,0
1º grau completo a				
2º grau incompleto	33,9	36,9	9,9	24,0
2º grau completo a				
superior incompleto	27,7	25,7	16,2	19,1
Superior completo	22,9	19,3	14,6	16,2

Fonte: Ministério do Trabalho e Emprego, Rais-Caged.
Processamento próprio.

Finalmente, cabe uma consideração adicional. É certo que as mulheres e os jovens que permaneceram empregados após o ajuste lograram-no, tanto no parque paulista quanto no baiano, graças a uma precarização da sua condição de trabalho. Assim, viu-se como esses grupos (e, neles, basicamente os jovens) tenderam a perder espaço nos anos 90. Juntamente com os menos esco-

O dia seguinte

larizados, a sua permanência nos empregos teve como contrapartida a sua submissão aos piores postos de trabalho; via de regra, aos postos associados aos menores rendimentos e aos maiores índices de rotatividade. Entretanto, eram justamente as mulheres e os mais jovens aqueles que possuíam os maiores índices de escolaridade, tanto na mão-de-obra paulista quanto na baiana. Como entendê-lo se, àquele momento, o discurso gerencial tecia loas à formação escolar como passaporte para a inclusão?

Tabela 4.4
DIFERENCIAIS DE ROTATIVIDADE
DA MÃO-DE-OBRA NA INDÚSTRIA QUÍMICA —
SÃO PAULO E BAHIA, 1987/1995

	1987	1995
Sexo		
Diferença SP	1,1	1,2
Diferença BA	1,3	1,7
Faixa etária		
Diferença SP	2,6	2,3
Diferença BA	3,1	7,1
Grau de instrução		
Diferença SP	2,1	2,6
Diferença BA	1,6	1,8

Fonte: Ministério do Trabalho e Emprego, Rais-Caged.
Processamento próprio.

Acredito que esse achado aponta para uma característica particularmente reveladora da natureza da seletividade que teve lugar quando do ajuste dos empregos num contexto de intensa reestruturação. Em poucas palavras, isso quer dizer que as chances de permanência nas posições ocupacionais na cadeia químico-petroquímica, independentemente da localização regional das empresas, *não* estiveram centradas na qualificação formal. Variáveis associadas a outras qualidades (ou características) subjetivas pesaram, não só na exclusão pura e simples, como também na alocação dos sobreviventes entre os diversos postos de trabalho. Vale dizer, no movimento de seletividade que moldou a mão-de-obra químico-petroquímica que sobreviveu à "década dos empregos perdidos", características adscritivas — como sexo e idade — se sobrepuseram (e até por vezes prevaleceram) frente a outras, de natureza aquisitiva — como a escolaridade. Ou seja, atributos biológicos (como sexo e idade), uma vez socialmente reconstruídos e culturalmente conotados — e transmutados em expectativas de desempenho atribuídas à condição de "gênero" ou de "geração" —, revelaram-se referentes socialmente eficazes na estruturação das oportunidades. Eles sintetizam representações sociais acerca do indivíduo "adequado" e/ou da remuneração "justa" para um posto de trabalho. Construções sociais adscritas a indivíduos, que (como tal) lhes atribuem expectativas e posições de *status*, podem, assim, moldar-lhes as chances, definindo-lhes os destinos ocupacionais e neutralizando os possíveis efeitos virtuosos de suas características aquisitivas, como a escolaridade ou a experiência de trabalho.

Chegando a esse ponto, um primeiro conjunto de conclusões parciais poderia ser sistematizado. Vejamos.

Em primeiro lugar, não é possível entender as mutações do emprego na cadeia químico-petroquímica, no parque paulista e no parque baiano, sem entender, previamente, a natureza diversa de ambos os complexos industriais. Antes de tudo, há que apontar para suas vocações competitivas distintas. O parque paulista estivera voltado para a produção de um enorme leque de produtos básicos, intermediários e finais, dirigidos de modo quase que total ao mercado interno brasileiro. Já o baiano estivera, desde o início, dirigido para a fabricação de alguns poucos produtos específicos, orientados em boa medida ao mercado externo (ainda que os mesmos sempre tenham sido remetidos também ao mercado consumidor do Sudeste brasileiro). Assim, enquanto São Paulo adquiriu um perfil industrial extremamente diversificado, que se espelhou numa massa significativa de empregos, a Bahia adquiriu um perfil industrial mais especializado, que se espelhou num menor número de postos de trabalho. Isso ajuda a compreender o impacto diferenciado das transformações estruturais e das crises conjunturais dos anos 90 sobre ambos os parques, que, *grosso modo* — mas de maneiras distintas —, se tornaram expulsores de mão-de-obra. De fato, a atividade ligada aos derivados de petróleo padeceu muito com a ampla desregulamentação, com a recessão econômica no plano interno e com a superoferta de produção no plano internacional. A enorme dependência da Bahia em relação a essa atividade permite entender a estrepitosa erosão do emprego que ali ocorreu. Já no que concerne ao pólo de São Paulo, a atividade ligada aos derivados de petróleo era apenas uma dentre outras mais importantes, como a química orgânica e inorgânica, a fabricação de fibras e resinas e a produção de tintas e solventes. O menor impacto do ajuste macroeconômico ocorrido no início dos 90 sobre tais atividades ajuda a entender os índices de erosão bem menos intensos que ali se manifestaram.

Em segundo lugar, pode-se concluir que, tanto no Sudeste quanto no Nordeste, a eliminação dos empregos se fez acompanhar por uma desconcentração dos mesmos. Entre 1986 e 1996, as grandes empresas cortaram muito mais fundo em sua própria carne do que as pequenas e médias, o que resultou na relativa proeminência dessas últimas em face das primeiras. Entre outras coisas, isso quer dizer que, ao fim e ao cabo, as grandes corporações constituíram-se nos elementos motores das mutações aqui analisadas. Elas é que responderam pelas iniciativas que alteraram o panorama do mundo do trabalho na cadeia químico-petroquímica. E, vale observar, isso foi especialmente verdadeiro ali onde os indivíduos se encontravam mais concentrados em grandes empresas, ou seja, na Bahia. Afinal, foi exatamente ali que a eliminação dos empregos, bem como a desconcentração dos mesmos, mais avançou.

Como terceira conclusão, verificou-se, neste capítulo, que o fechamento dos postos, no parque paulista ou no baiano, não se deu indiferentemente às características dos trabalhadores que os ocupavam. Entretanto, contrariamente ao discurso gerencial, a sobrevivência nos postos de trabalho não resultaria de características ligadas ao desempenho e à aquisição da qualificação. Traços adquiridos — mas também traços adscritos — funcionaram como critérios para a exclusão ou inclusão. Via de regra, os mais jovens, menos instruídos e com menos tempo de emprego sofreram um mais intenso processo de expulsão, ao passo que os mais velhos, mais instruídos e com maior tempo de emprego foram relativamente mais preservados. Corroborando a idéia de que as grandes corporações foram os elementos motores das mutações aqui analisadas, pode-se afirmar que foram justamente elas, seja num local, seja no outro, que se utilizaram com maior ênfase da idade, da escolaridade e do tempo de emprego como critérios básicos para a seleção da mão-de-obra apta a operar as plantas industriais químico-petroquímicas nos novos moldes produtivos dos anos 90.

Como uma quarta conclusão, creio poder afirmar que, principalmente no Sudeste, mas também no Nordeste, os trabalhadores com o perfil tipicamente voltado à expulsão que lograram permanecer ativos só o conseguiram na medida em que se adaptaram aos postos de qualidade abaixo da média. Os mais jovens, os menos instruídos, aqueles com menos tempo de emprego e do sexo feminino, quase só se mantiveram empregados nas piores paragens das indústrias químicas: nas pequenas empresas. E, em contraste, principalmente num local, mas também no outro, os trabalhadores com o perfil tipicamente voltado para a preservação parecem ter conseguido, além da manutenção de seus empregos, as melhores oportunidades profissionais. Os mais velhos, os mais instruídos, aqueles dotados de mais tempo de serviço e do sexo masculino obtiveram as melhores inserções nos complexos químicos, basicamente nas maiores empresas. Em outras palavras, moldando a exclusão e a inclusão acima mencionadas, características adscritas e adquiridas funcionaram como parâmetros para a precarização de alguns indivíduos e para a recolocação virtuosa de outros.

O dia seguinte

Uma quinta e última conclusão apontaria para o fato de que a conformação de uma nova força de trabalho na cadeia químico-petroquímica (tanto no que tange ao perfil dos trabalhadores que dela fazem parte, quanto no que concerne à distribuição desses mesmos trabalhadores) obedece a uma "cesta" de características, que estão associadas a essa própria força de trabalho, seja paulista ou baiana. Todavia, os dados aqui expostos não permitem ratificar o discurso trivial, normalmente veiculado, de que a escolarização formal é a peça-chave para desvendar os mecanismos de efetivação desse processo. Antes, pelo contrário, esses dados autorizam, sim, a levantar dúvidas sobre o aparente truísmo de que a conformação de uma nova força de trabalho na indústria químico-petroquímica, seja paulista ou baiana, tenha obedecido, pura e simplesmente, a imperativos decorrentes dos anos de estudo e graus logrados. Isso porque a escolaridade, em si mesma considerada, só explica parte dos movimentos verificados na indústria química. Variáveis como o sexo e a idade fazem parte da "cesta" de determinantes do perfil dessa nova força de trabalho, chegando, mesmo, a se sobrepor à escolaridade; basta dizer que foram exatamente os grupos sociais mais escolarizados (jovens e mulheres) aqueles que, como documentado, forneceram os maiores contingentes de excluídos.

Sendo assim, que questões analíticas ficam abertas e nos instigam a outras formas de abordagem empírica? Por um lado, caberia deslocar a observação do cenário do mercado do trabalho (focalizado neste capítulo) para aquele das estratégias das firmas, de modo a verificar *por meio de quais mecanismos concretos* ganham forma as tendências agregadas até aqui descritas. Só assim se poderia identificar distintos padrões de ajuste (que pude aqui esboçar pelo estudo da dinâmica do mercado de trabalho), contextualizando-os em termos das diferenças regionais, de posição na cadeia, de vocação competitiva e de cultura gerencial que caracterizam as empresas e suas estratégias de gestão do trabalho, bem como da capacidade de negociação dos sindicatos.

Vale dizer, cumpre completar o retrato a ser pintado sobre

a seletividade do ajuste no emprego, construindo comparações contextualizadas entre políticas-tipo levadas a cabo por distintas empresas, em distintos ambientes produtivos. Somente um tal enfoque poderá enfrentar um novo conjunto de questões, igualmente relevantes e ainda mais específicas, a saber: Como, nas empresas, se processou essa seletividade? Que elementos as desafiavam a tal e como esses elementos afetaram a organização da produção e do trabalho? Que procedimentos gerenciais funcionaram como operadores de tal seletividade? Como, nesse transcurso, as empresas se valeram da rede formadora local ou (re)criaram mecanismos próprios de formação dos seus recursos humanos preferenciais? Como (e se o fizeram) negociaram essas mudanças com aqueles que por elas estavam sendo atingidos? A isso dedicarei o capítulo 5, subseqüente, com o qual concluirei a Parte 2 deste livro.

Mas, do que até aqui se avançou, restará ainda uma outra linha de indagações, igualmente promissora. Ela nos remete à necessidade de um enfoque analítico complementar, qual seja, o do estudo das trajetórias de trabalhadores industriais desligados das empresas no curso desse processo. Só através desse tipo de estudo se faz possível entender os destinos dos trabalhadores tornados redundantes pelo processo de reestruturação dos anos 90 — e, viu-se aqui, eles são uma fração significativa dos que haviam estado empregados. Cabe inquirir sobre os seus percursos ocupacionais, desvendar os seus padrões de trânsito no mercado de trabalho, tanto quanto as redes sociais que asseguraram a sua sobrevivência individual no momento da perda do emprego, ou na busca de uma nova ocupação. Isto é o que farei na Parte 3.

5.
A ALQUIMIA ORGANIZACIONAL: QUALIFICAÇÃO E CONSTRUÇÃO DO CONSENTIMENTO[1]

A alquimia de interesses intra-organizacionais, ao lado da estrutura institucional que os abarca, seriam elementos determinantes das chances e formas de resposta das empresas aos desafios postos pela conjuntura de reestruturação industrial.

Digo alquimia não somente para, num jogo de palavras, fazer referência a que o conjunto de práticas e técnicas de produção de consentimento tem lugar entre empresas do âmbito da transformação química, mas para aludir ao fato de que, nos 90, essas práticas e técnicas tiveram como substrato (tal qual na alquimia medieval) uma panacéia: a chamada "qualificação" e as políticas internas voltadas para o seu gerenciamento.

Sendo assim, neste capítulo analiso as políticas de recursos humanos, especialmente no que concerne à negociação das condições da reestruturação e da produção do consentimento entre os trabalhadores remanescentes ao ajuste organizacional — os "sobreviventes ao dia seguinte" dos processos de racionalização do trabalho. Endereçarei a reflexão para três questões principais:

---

[1] Este capítulo tem, no seu ponto de partida, um texto que foi originalmente preparado em co-autoria com Álvaro Comin, e apresentado no Seminário Internacional "Produção Flexível e Novas Institucionalidades na América Latina" (Rio de Janeiro, 18-20/9/1997), promoção do Social Sciences Research Council e do Instituto de Filosofia e Ciências Sociais da Universidade Federal do Rio de Janeiro. Posteriormente, o mesmo foi publicado em Abreu, 2000. A forma aqui apresentada revê e amplia significativamente o escopo empírico e o desenvolvimento da interpretação.

(i) Como se tem manufaturado a recomposição do consentimento em situações de reestruturação em empresas que já se caracterizavam, no contexto brasileiro, por suas formas mais modernas de gestão das relações sociais de trabalho?

(ii) Poder-se-ia dizer que uma nova alquimia institucional dos interesses organizacionais estaria em processo?

(iii) Qual o lugar das estratégias e políticas empresariais com relação à qualificação nesse novo arranjo institucional de interesses?

Para responder a essas questões, observei e analisarei, em seguida, quatro diferentes casos. Na construção do argumento, eles importam menos como descrições empíricas de cursos efetivos, e mais como "casos estilizados", na medida em que neles se sobressaem características que especificam cursos possíveis em termos de respostas empresariais ao desafio de negociar as condições da reestruturação e das políticas — de seletividade e de qualificação — dirigidas aos seus efetivos.

Com essa escolha, pretendi localizar a análise em um conjunto de situações-tipo, escolhidas de modo tal que algumas dimensões explicativas pudessem ser privilegiadas. São quatro essas dimensões.

Em primeiro lugar, a posição na cadeia produtiva, e seus impactos sobre as especificidades do processo de trabalho e sua organização, tendo em conta os desafios colocados pelas distintas estratégias de negócio.

Em segundo lugar, a natureza do modelo de distribuição dos benefícios do trabalho, expressa na diferença entre o que chamarei daqui por diante um sistema de *welfare* público ou um sistema de *welfare* privado. Nessa diferença, quero denotar não apenas a distinção entre fontes (públicas ou privadas) provedoras dos benefícios (salariais e extra-salariais) do trabalho, mas — e especialmente — o formato organizacional pelo qual o mesmo é gerenciado e, neste, a autonomia da empresa para negociar e institucionalizar regras de premiação dos seus servidores.

Em terceiro lugar, a natureza do gerenciamento das relações industriais tal como o mesmo se exerce, em nível micro, nos chãos-de-fábrica. Para fins de análise dos casos, lançarei mão de uma classificação que tipifica três situações: o paternalismo autoritário, o envolvimento individual compulsório ou o envolvimento coletivamente negociado.[2] Essas situações não devem ser vistas como meros rótulos, mas como formas que podem engendrar-se reciprocamente ou marcar diferentes momentos na trajetória de um mesmo caso.

Em quarto e último lugar, a força sindical nos chãos-de-fábrica, e sua capacidade de rotinizar e institucionalizar a negociação a partir dos locais de trabalho.

1. OS CASOS:
QUAIS AS BASES PARA NOVAS
INSTITUCIONALIDADES?

Posição na cadeia produtiva (e propriedade de capital), modelo de distribuição de benefícios, modalidade de gestão e força sindical nos chãos-de-fábrica serão variáveis-chave para o entendimento dos espaços de possibilidade abertos em cada um dos "casos estilizados". Esses casos são:

(i) Uma empresa situada no ponto de partida da cadeia, estatal, voltada ao refino de petróleo e produção de derivados deste, dentre os quais a nafta, insumo inicial da cadeia técnica de processamento na química-petroquímica. Exatamente por isso, ela é provedora das empresas da chamada "primeira geração petroquímica", isto é, produtoras de produtos petroquímicos básicos, seguinte elo da cadeia. Com cerca de

---

[2] Esses conceitos serão esclarecidos mais adiante, à luz da descrição dos casos estudados.

2.010 trabalhadores,[3] 22 unidades na área de produção e uma linha de 36 produtos, era, então, a segunda refinaria brasileira em complexidade, conquanto fosse a sétima em volume de produção.[4] Daqui por diante, a denominarei simplesmente a *"Refinaria"*.

(ii) Duas petroquímicas básicas, empresas da chamada "primeira geração", produtoras de matérias-primas petroquímicas (das linhas das olefinas e aromáticos). Elas têm em comum o fato de representarem um segundo elo na cadeia produtiva. A diferenciá-las estão a trajetória em termos de propriedade do capital e a localização geográfica (situadas em diferentes regiões do Brasil, articulam-se a dois pólos distintos no complexo químico-petroquímico brasileiro). A primeira delas — daqui por diante denominada a *"Companhia"* — é cliente preferencial da "Refinaria". Conquanto criada como empresa estatal, desde muito cedo passou a um regime de gestão privado, no modelo tripartite descrito no capítulo 3. Com isto, ganhou autonomia em face das rígidas regras da burocracia estatal no setor (que inibiram os planos de atualização tecnológica nas empresas similares, todas públicas), muito embora auferisse todas as vantagens e preferências da política industrial dos anos 70 e 80 para o complexo químico no Brasil, posto que, até então, o Estado se mantinha como o seu mais importante sócio individual. Tinha, então, 1.120 trabalhadores diretos, sendo a principal empresa brasileira produtora de petroquímicos básicos e a que mais avançou nos programas de atualização tecno-

---

[3] Todos os dados de pessoal apresentados neste capítulo dizem respeito ao ano de 1996, quando iniciei o trabalho de campo nas empresas.

[4] Quando menos até quando entrassem em operação os grandes e novos investimentos feitos pela Petrobras na "Refinaria", os quais fariam dela o segundo complexo brasileiro em capacidade de processamento de petróleo.

lógica e organizacional dentre aquelas que se situavam no mesmo ponto da cadeia químico-petroquímica. Localiza-se no pólo onde também se situava aquele que era, na ocasião, o mais agressivo movimento sindical de trabalhadores nesse segmento da cadeia.

(iii) Uma segunda petroquímica básica — que denominarei a "*Petroquímica*" — constitui-se no terceiro caso. Ela é a provedora de matérias-primas para um outro complexo integrado de empresas no Brasil e se constitui num exemplo típico de estatal de cepa, que se vê subitamente levada à privatização, tendo passado a ser gerenciada por capitais privados nacionais, que detinham o controle da empresa ao tempo do trabalho de campo. Com cerca de 697 trabalhadores, era a menor empresa petroquímica de primeira geração no Brasil. Conquanto mais antiga e tendo como cativo o principal mercado consumidor nacional, foi igualmente a que maior atraso tecnológico e organizacional acumulou, aprisionada que esteve na "jaula de ferro" das restrições sofridas pelas estatais, dada a política de investimentos que precedeu a sua privatização.

(iv) Finalmente, o quarto caso é o de uma empresa multinacional química, parte de um dos maiores conglomerados químico-farmacêuticos no mundo. Integrada à cadeia na qualidade de cliente da "Petroquímica", processa uma gama de produtos que vai desde a geração intermediária até à ante-sala da transformação final (abrangendo produtos químicos, silicones, plásticos de engenharia e acetato). Instalada em 1919, foi a primeira unidade construída, em solo brasileiro, por esse potente grupo multinacional; por isso mesmo, a sua história permite, de fato, um verdadeiro ensaio de arqueologia industrial. Entretanto, diferentemente das demais empresas que analisei na cadeia químico-petroquímica, a sua estratégia de negócios sempre foi flexível. No seu horizonte, sempre esteve presente a possibilidade de ágil reconversão numa unidade multiprodutos, líder no mercado nacional, mas também fortemente ligada às estratégias internacionais do seu grupo de negócios. Tinha, então, 495 trabalhadores (metade do contingente com que iniciou os anos 90) e fora um dos principais focos da ação sindical no pólo onde se localizava, com o recorde (no seu grupo empresarial) de 7 greves num período de 10 anos. Daqui por diante, ela será referida como a "*Química*".

Caracterizo, a seguir, de modo sintético, os quatro casos escolhidos, segundo as variáveis de controle que funcionaram como critérios para a sua seleção:

Quadro 5.1
CARACTERIZAÇÃO DOS
CASOS ESTUDADOS NA CADEIA

Variáveis de controle para seleção	Número e "nome" do caso			
	Caso 1 "Refinaria"	Caso 2 "Companhia"	Caso 3 "Petroquímica"	Caso 4 "Química"
Tipo de produto (posição na cadeia)	Refino de petróleo; nafta (Elo 1)	Produção petroquímica básica (Elo 2)	Produção petroquímica básica (Elo 2)	Produção química intermediária (Elo 3)
Localização	Complexo A	Complexo A	Complexo B	Complexo B
Ano de partida	1950	1978	1972	1919
Propriedade do capital	Estatal	Capital nacional (na origem estatal)	Estatal recém-privatizada, capital nacional	Privada multinacional
Número de empregados	2.010	1.120	697	495
Tipo de política de *welfare*	Público	Privado	Público –> privado	Privado
Tipo de gestão	Paternalismo autoritário	Envolvimento individual compulsório	Paternalismo autoritário	Envolvimento coletivamente negociado

Com base nesses casos procurarei desenvolver, nos itens sub-seqüentes, o argumento de que, na reestruturação por que passa a cadeia químico-petroquímica, alteram-se as condições de produção e os padrões de competição, mas alteram-se também, e fundamentalmente, as relações industriais. Nesse novo contexto, a fabricação de novas formas de consentimento nos chãos-de-fábrica passa a ser uma das características mais importantes (Burawoy, 1982 e 1985). Ilustrarei, lançando mão dos estudos de caso, que a qualificação (e as novas formas de gerenciá-la) se constitui numa das moedas de troca mais importantes na fabricação desse novo consenso.

Assim definido, o escopo do trabalho adota um partido analítico no que concerne à abordagem da qualificação. Recuso aqui tratá-la simplesmente como um conjunto de habilidades e atitudes que — tal como requeridas para o desempenho num posto de trabalho ou num ambiente organizacional — necessitam ser acumuladas pelo indivíduo trabalhador, como um capital de inclusão nos contextos produtivos reestruturados. Resistindo ao risco da reificação contido nesse tipo de abordagem, assumo um ponto de vista sociológico, propugnando pelo valor heurístico de entender-se a qualificação enquanto uma construção social (Kergoat, 1984). Construção social num duplo sentido.

Por um lado, porque competências (imaginadas como necessárias ou reconhecidas como portadas) são representações e, nesse sentido, são fatos sociais, são *constructos* (Zarifian, 1999). Mesmo os *best ways* ou as *best practices* que fazem (ou fizeram) furor na literatura acadêmica e/ou no imaginário gerencial[5] são modos de recrutar, modos de executar e modos de premiar o trabalho, cuja capacidade de moldar comportamentos (i) é sempre transitória e (ii) tem sido sempre recriada em cada contexto social por onde um valor dessa espécie se difundiu. Vale dizer: tais

---

[5] Como a chamada "administração científica do trabalho" ou o denominado "modelo japonês".

A alquimia organizacional

valores, longe de unívocos, são dotados de uma polissemia que reflete as negociações da vida social (Castro, 1997).

Daí por que diferentes meios sociais valoram de modo desigual as competências que permitiriam conferir a um indivíduo-trabalhador a condição de "qualificado". Ao fazê-lo, produzem códigos classificatórios que estabelecem regras de acesso e critérios de interdição, associando formas de trabalho a atributos sociais. Desse modo, "trabalho de homem" passa a ser diferente de "trabalho de mulher", e as habilidades passam a estar adjetivadas pelo gênero, idade ou condição étnico-racial de quem as desempenhará. Mesmo ali onde competências têm uma dimensão fortemente aquisitiva (como em se tratando de anos de estudo, de experiência profissional etc.), tal aquisição é também socialmente condicionada, do que resulta novamente o caráter socialmente construído da qualificação. Trajetórias familiares e redes sociais, por exemplo, são sabidamente determinantes de primeira hora para o acesso e progressão, seja na escola, seja no mercado de trabalho (Castro, 1997c).

Mas o caráter socialmente construído da qualificação resulta visível também por um outro ponto de vista; e é este que interessa mais de perto ao presente trabalho. Tanto quanto todos os outros jogos de significados que se expressam na vida social em geral, e na vida do trabalho em particular, a qualificação é a um só tempo produto e procedimento, meio e fim nos processos de negociação entre atores.

Produto, na medida em que as regras de inclusão e exclusão — isto é, os sistemas classificatórios que definem a natureza da atividade no trabalho, as habilidades de quem a exerce e as retribuições (materiais e simbólicas) pelo exercício de tal atividade — são sempre negociadas entre atores. Nesse sentido, tais sistemas são *produto* de práticas coletivas, em âmbitos institucionalizados de interação, nos sistemas de relações industriais. Aí estão presentes, no nível micro, por exemplo: as gerências de recursos humanos, as chefias de unidades, os sindicatos, as comissões (de empresa, de prevenção de acidentes etc.).

Mas os sistemas de classificação das competências e qualificações são, eles mesmos, procedimentos, mecanismos, *meios* no processo de produção de consentimento no âmbito do trabalho. São matéria-prima a partir da qual se negocia a produção de institucionalidades, instrumentos de barganha nas negociações entre gerências e trabalhadores com relação à natureza dos regimes fabris.[6] Estudos empíricos parecem indicar de modo bastante incisivo que a aquisição da qualificação se torna uma moeda de troca importante na negociação entre gerências e trabalhadores "sobreviventes" nos contextos reestruturados a partir do ajuste dos anos 90 na indústria brasileira em geral (Humphrey, 1995; Castro, 1997d).

A descrição dos casos, que a seguir se apresenta, documenta esse fenômeno para a cadeia produtiva da indústria químico-petroquímica. Ali, observa-se que as competências valorizadas pelas gerências se redefinem como resultado do intenso enxugamento de quadros e da reorganização do trabalho em equipes. Mas observa-se, sobretudo, que, na nova forma como gerenciada, a qualificação se torna um elemento fundamental (i) na barganha política pelo consentimento do trabalhador individual, ampliando o seu comprometimento com os objetivos da empresa, e (ii) na desqualificação do sindicato enquanto instituição, por excelência, de representação de interesses coletivos no âmbito do trabalho. Assim abordada, a qualificação torna-se tanto mais inteligível quanto mais contextualizada pela trajetória das relações industriais, em seu nível micro.

Isso posto, passo a apresentar e discutir os casos-tipo.

---

[6] No sentido dado por Burawoy (1982, 1985) de conjunto de instituições que, a um só tempo, resultam do cotidiano das relações sociais na produção e presidem a produção dessa micropolítica, regulando-a.

A alquimia organizacional

2. OS DESAFIOS NO PRIMEIRO ELO DA CADEIA: MERCADO MONOPOLIZADO, DECISÕES CENTRALIZADAS E GESTÃO PATERNALISTA — A EXPERIÊNCIA DA "REFINARIA"[7]

A história da "Refinaria" se confunde com a história da própria Empresa Brasileira de Petróleo, a Petrobras. Sua construção iniciou-se em 1949, antes mesmo da criação da Petrobras, pouco depois de descoberto o petróleo no Brasil. Ela era, por isto mesmo, objeto privilegiado para um dos estudos de caso, na medida em que: (i) além da sua longevidade; (ii) tinha posição estratégica, no ponto de partida da cadeia técnica de produtos petróleo-petroquímicos, sendo a principal fornecedora brasileira de derivados de petróleo para a mais importante central de matérias-primas petroquímicas do Brasil, a que se localiza no Pólo Petroquímico de Camaçari; (iii) vivia um momento de atualização tecnológica quando da pesquisa de campo, que se fazia num contexto de significativas mudanças na gestão da política brasileira de petróleo (com maior abertura às importações, mudança nas regras de regulação estatal e maior vulnerabilidade da empresa à concorrência de outros produtores e distribuidores de derivados de petróleo); (iv) além de ilustrar uma situação de completa proteção do mercado, o que criava condições especiais para as suas políticas de ajuste no pessoal ocupado.

A "Refinaria" contava, em final de 1996, com 2.025 trabalhadores diretamente contratados, em 22 unidades de produção e em um sistema de distribuição de seus 36 produtos; estes vão

---

[7] Na supervisão da coleta e da preparação dos dados no estudo de campo da "Refinaria", bem como no apoio à redação do primeiro relatório de campo sobre o caso, contei com a colaboração de Martha Rocha dos Santos e Vera Fartes, a quem agradeço. Para uma abordagem bem mais detalhada desse caso, ver a tese de doutorado de Fartes (2000).

prioritariamente para o mercado consumidor do Norte-Nordeste, do qual é a principal provedora.

A "Refinaria" — complexa e de longa trajetória — se caracteriza por uma grande diversidade no emprego da tecnologia segundo as suas diversas unidades. Ao longo de sua extensa trajetória, ela sofrera sucessivas ampliações que trouxeram como efeito a convivência de diferenciadas "gerações tecnológicas". As suas unidades mais modernas, ao serem instaladas, foram se utilizando de tecnologia mais avançada, contribuindo para uma atualização da "Refinaria" que se fez num processo de justaposição de tecnologias, segundo a idade das plantas nela contidas.

Muito embora as mudanças tecnológicas percebidas na "Refinaria" tenham ocorrido, como dito acima, num ritmo descompassado (e só muito recentemente tiveram lugar transformações de grande monta), o mesmo não se pode dizer das mudanças organizacionais. De fato, alterações na gestão da "Refinaria" merecem destaque desde há vários anos.

Foi em 1991, porém, que essas modificações se intensificaram, quando a Petrobras passou a seguir um sistema de Gestão pela Qualidade Total inspirado no modelo japonês. Em 1993, implantou-se o sistema de certificação da qualidade de produto com base nos critérios da ISO 9000 (mais exatamente ISO 9002). Essa nova estratégia levou a "Refinaria" a assumir um modelo de gestão cujos objetivos principais eram: (i) o enxugamento de níveis hierárquicos, tornando a estrutura organizacional mais leve; (ii) a modificação da natureza das tarefas, introduzindo um componente fortemente autônomo, mesmo naquelas tarefas consideradas menos especializadas; e (iii) a intensificação da participação dos trabalhadores, tanto no que se refere aos treinamentos a serem oferecidos, quanto na tomada de decisões em relação ao trabalho propriamente dito.

Quais os efeitos dessa nova estratégia de gestão organizacional? É certo que eles parecem ser variáveis no tempo, conquanto fortemente cumulativos e diferenciados ao interior da empresa. Com relação ao primeiro desses objetivos (tornar mais "leve" a

A alquimia organizacional   179

estrutura organizacional), os resultados foram indubitáveis. Assim, se comparados os organogramas da "Refinaria" no lapso dos dez anos que antecederam o estudo (entre 1986 e 1996), percebe-se uma grande simplificação da sua estrutura organizacional, visível na redução do número de Divisões e Setores.[8] Percebe-se igualmente uma forte diminuição de níveis hierárquicos, com conseqüências prováveis sobre o sistema de distribuição de tarefas. Voltarei ao assunto de maneira mais detida nos itens subseqüentes.

O processo de modernização técnico-organizacional veio atingindo paulatinamente, mas de forma global, toda a "Refinaria". O movimento de transformação na organização e gestão do trabalho colocou os setores de produção diante de grandes mudanças no processo produtivo, concatenadas à gradativa (embora não simultânea em todas as Unidades) substituição dos equipamentos antigos pelos de controle digital distribuído (os SDCDs — Sistemas Digitais de Controle Distribuído). Isso tinha implicações diretas para as novas atribuições e competências exigidas dos operadores, apontando para a necessidade de um processo de qualificação intensificado.[9]

As indústrias de fluxo contínuo, como é o caso daquelas na cadeia petróleo-petroquímica, se constituíram na ante-sala daquelas mudanças organizacionais que hoje se convenciona chamar de *novos paradigmas de uso e gestão do trabalho*. Isso se traduz em exigências de escolarização mais elevada, maior autonomia no tra-

---

[8] Tomando apenas o exemplo daquela que é o "coração" da atividade produtiva, a sua Divisão de Produção (Dipro), no momento do trabalho de campo, essa unidade havia passado a congregar o que, até novembro de 1996, era gerido por *três* outras divisões independentes — Divisão de Lubrificantes (Dilub), Divisão de Refino (Diref) e Divisão de Utilidades (Dutil).

[9] Isto não deve fazer crer que a qualificação escolar fosse, àquela época, um problema na "Refinaria". Ao contrário, existiam apenas 160 empregados, num total de 2.025, que não possuíam 1º e 2º graus completos, sendo que muitos dos trabalhadores que atuavam em funções reservadas ao nível médio possuíam qualificação em nível superior.

balho de operação, salários e benefícios igualmente mais elevados que a maioria do mercado e políticas gerenciais voltadas para a construção do compromisso do trabalhador com um trabalho de alto risco e de enormes investimentos financeiros. O trabalhador da "Refinaria" não foge a esse perfil. Prova disso é o fato de que 1.865 dos 2.025 empregados tinham completado pelo menos o primeiro grau, tendo assim, no mínimo, 8 anos de instrução. Ademais, muitos dos trabalhadores que atuavam em funções reservadas aos que tinham nível médio já possuíam escolaridade universitária.

Entretanto, a "Refinaria", sendo uma empresa de tipo estatal, tipificava o caso de política de pessoal sujeita a regras rígidas, que constrangiam enormemente os limites e graus de liberdade da gestão das situações concretas, reduzindo a margem de manobra para que os quadros gerenciais pudessem fazer face, com autonomia, presteza e criatividade, aos desafios que a conjuntura lhes colocava. Exemplo eloqüente foram as vicissitudes do programa de qualificação de operadores, idéia desenvolvida pelos quadros da "Refinaria", mas que, por longo tempo, esteve impossibilitada de implantá-la, dadas as diretrizes da direção central da empresa (a "Sede"), que arbitrou por iniciar tal inovação em outra unidade do sistema Petrobras.

Ademais, o último concurso público na "Refinaria" acontecera no começo da década de 90. Desde então,[10] toda seleção de trabalhadores passara a ser feita através do contrato de trabalho temporário. Vê-se, desde logo, uma especificidade da política de enxugamento nas empresas estatais: ela se fazia via o congelamento da admissão de trabalhadores estáveis. Mas, por que congelar admissões, como forma de redução de quadros, em vez de demitir, como ocorria nas demais empresas da cadeia?

A legislação brasileira era especialmente protetora das condições contratuais e de seguridade dos trabalhadores das empre-

---

[10] Ou seja, desde a proibição de realização de concurso para órgãos do Estado, no governo Collor.

sas estatais, como são as unidades da Petrobras. Por um lado, dada a necessidade de formar mão-de-obra afeita ao trabalho duro dos turnos contínuos, em situações de adversidade e risco como dos campos e refinarias de petróleo, distantes por vezes das condições atraentes da vida urbana; ademais, os trabalhadores eram os responsáveis por equipamentos de alto valor. Essas foram circunstâncias que estiveram na raiz das condições de admissão, de encarreiramento e de remuneração muito mais favoráveis, que caracterizaram a formação do seu corpo de empregados. Um regime particular de previdência (a Petros), largamente custeado pelo Estado, e condições especiais de aposentadoria completavam um quadro que em tudo especificava a gestão dos seus trabalhadores.

Por outro lado, a importância da empresa para a política de desenvolvimento por substituição de importações e a concepção de segurança nacional no modelo desenvolvimentista (tanto em sua vertente populista, quanto na autoritária) foram razões que justificavam o contínuo endosso do Estado a tal condição especial. Bem assim, há que se reconhecer a capacidade organizativa e a força dos sindicatos dos trabalhadores do petróleo (na extração e no refino) para arrancar vantagens, seja na política salarial, seja na forma do *welfare*. Em especial, não se pode perder de vista o fato de que grande parte dessas vantagens foi estabelecida num momento político distinto, em que um pacto de tipo populista aproximou direções sindicais e Estado, plantando neste os interesses das categorias àquela época mais organizadas, ao tempo em que internalizava nessas categorias o compromisso com a defesa da empresa estatal, sinônimo da defesa da nação. É certo que o movimento militar cortara os vasos de comunicação entre sindicato e Estado, atingindo a capacidade de prover ganhos adicionais pela via da ação coletiva organizada de trabalhadores. Entretanto, o compromisso desses governos com a complementação do processo substitutivo (em especial com a implantação do segmento petroquímico e químico, de modo desconcentrado, no Brasil) produziu uma espécie de paternalismo fortemente autoritário, que marcou a gestão das relações de trabalho, aliando forte repressão política (e ausência total de reconhecimento ao sindicato como interlocutor legítimo) com preservação de vantagens individuais (contratuais e de *welfare*), que diferenciaram os trabalhadores da Petrobras mesmo em face de trabalhadores de outras empresas do Estado (Neves, 1999).

Qual a novidade dos anos 90? O ajuste econômico radical do período Collor, associado à abertura comercial e à política de enxugamento do aparato administrativo do Estado, pressionaram as empresas públicas a uma rápida e intensa redução de custos. Primeiro passo: congelamento de contratação de novos "funcionários do Estado", ali onde as práticas de emprego institucionalizadas impediam o recurso à demissão pura e simples.

A conseqüência, em termos de política de pessoal na "Refinaria", foi a consolidação de um novo tipo de gestão do trabalho, com regimes diferenciados segundo suas práticas de emprego. Como resultado, distinguiam-se três grupos:

(i) o dos "trabalhadores próprios", ou seja, aqueles pertencentes ao quadro permanente da empresa;

(ii) o dos "trabalhadores contratados permanentes", com contrato de trabalho de longa duração e vínculo empregatício;

(iii) o dos "trabalhadores contratados temporários", admitidos por tarefa específica e por prestação de serviços.

Eles se diferenciavam não apenas em termos contratuais, mas também em termos dos direitos que se lhes outorgava (como atenção previdenciária, aposentadoria, férias); em termos de sua localização na empresa (efetivos formando o *core* da produção, contratados compondo o grosso da força de trabalho na manutenção); e, por esta via, em termos das formas de recrutamento e até mesmo do controle gerencial.[11]

---

[11] Assim, conquanto o número de trabalhadores em atividade permanente na "Refinaria" fosse igualmente repartido entre "próprios" e "contratados" (cerca 50% para cada um deles), toda a informação obtida do órgão

Que indicações mais exatas foi possível reunir acerca da forma como essa política de pessoal afetava o perfil da força de trabalho ocupada? Como disse, ela instalou um regime diferenciado de gestão do trabalho que se sustentava na segmentação dos contingentes de trabalhadores segundo práticas de emprego distintas. Focalizarei mais detidamente cada um desses três tipos de práticas de emprego.

Que caracterizava o regime de gestão dos chamados "trabalhadores próprios"? Esses trabalhadores eram os únicos a terem o estatuto de "funcionários públicos". Por isso mesmo, a eles se aplicavam os princípios de recrutamento e seleção que valiam para o ideal-tipo de funcionário, tal como descrito pela gerência, à luz das normas. Eles eram admitidos mediante concurso público, sendo que o suprimento de cargos de nível superior — por eles chamados "quadros profissionais" — era coordenado diretamente pela sede da empresa. Os salários pagos aos trabalhadores próprios foram considerados por vários entrevistados como acima da média do mercado regional. Ademais do salário propriamente dito, benefícios tais como adicionais de periculosidade e insalubridade, assistência médica e transporte gratuito para o trabalho faziam com que os ganhos fossem bastante diferenciados dos demais trabalhadores. A inclusão no sistema Petros de previdência completa a enorme diferença que os distingue daquele outro contingente que não tem o *status* de "funcionário público", o contingente dos trabalhadores "contratados".

Que caracterizava o regime de gestão daqueles trabalhadores denominados "contratados" e em que se diferenciavam os

---

de gerenciamento de pessoal referia-se apenas à política da empresa para com os trabalhadores "próprios". Os arquivos centralizados não dispunham de fichas de identificação que informassem sequer a existência dos outros dois grupos, mesmo quando se tratava de trabalhadores permanentemente contratados. Só na Manutenção (espaço onde estes se concentravam) se dispunha das informações sobre os mesmos.

"permanentes" dos "temporários"? Os trabalhadores permanentes eram contratados diretamente pela "Refinaria", por tempo determinado, em regime de prestação de serviços. Esses contratos geralmente tinham duração de até 3 anos, podendo haver renovação. Eram, em geral, estabelecidos entre a "Refinaria" e a empresa prestadora do serviço, e dependiam da situação específica.

Já os trabalhadores temporários eram admitidos por um período curto (no máximo 3 meses) para executar tarefas específicas (em regime de empreitada). Os contratos eram sempre feitos entre as empresas prestadoras de serviço e a "Refinaria". Esses trabalhadores, em que pese serem contratados por empreiteiras, tinham seu trabalho observado por um "fiscal de contrato", para que todas as cláusulas fossem respeitadas, principalmente no que se referisse a condições técnicas (que englobavam qualificação profissional) e de segurança. O seu salário era pago pela empreiteira. A "Refinaria" não se responsabilizava pela alimentação, assistência médica ou qualquer outro tipo de benefício.

Uma das coisas mais interessantes a se perceber com relação à política de quadros é que os trabalhadores contratados gozavam de estatuto semelhante no que diz respeito à forma de contratação, benefícios, direitos etc. O que parecia separá-los em "permanentes" e "temporários" era o fato de que os primeiros iam suprir necessidades da "Refinaria" que, por sua política de enxugamento de quadros, não podiam ser supridas por trabalhadores "próprios". Por isso mesmo, os trabalhadores "contratados" se localizavam quase exclusivamente nos serviços de manutenção e em alguns serviços de administração. No chamado quadro profissional e nos quadros técnicos de produção propriamente dita, ou seja, no "coração" da "Refinaria", havia apenas trabalhadores próprios, fortemente treinados e com salários bastante diferenciados.

Em julho de 1997, o contingente de trabalhadores da "Refinaria" se distribuía segundo os três tipos de regimes de gestão, como vemos no Quadro 5.2.

Analisando-se a discrepância entre a meta e a realidade, expressa na coluna "Variação", é entre os trabalhadores contratados que o hiato é destacável. Assim, se o efetivo próprio é apenas 2,21% maior que a meta a ser atingida no ano de referência; e se os contratados permanentes estão 8,14% acima do valor ótimo; no que concerne aos temporários, eles estão 127,8% acima da meta a ser alcançada em 1997. Vê-se, ademais, que o percentual de trabalhadores temporários mais que dobra se considerarmos como base a meta total de 3.395 trabalhadores em 1997. Os trabalhadores temporários, que deveriam somar 7,1%, eram, em julho, 16,17% do total almejado. Isto mostra que, mesmo reduzindo o quadro próprio, há tarefas que ainda continuam sendo necessárias ao funcionamento da "Refinaria", e estas estão sendo subcontratadas, através de terceiros.

Quadro 5.2
PESSOAL DA "REFINARIA"
SEGUNDO REGIMES DE GESTÃO:
META GERENCIAL, EFETIVO REALMENTE EXISTENTE
E VARIAÇÃO ENTRE META E REALIDADE

| Regime | Efetivo total 1997 | | | | Variação |
	Meta (A)		Realização (B)		[(B-A)/A] (em %)
Próprio[12]	1.950	(57,4)	1.993	(58,7)	2,2
Contratado					
Permanente	1.204	(35,5)	1.302	(38,3)	8,1
Temporário	241	(7,1)	549	(16,2)	127,8
Subtotal	1.445	(42,6)	1.851	(54,5)	28,1
Total	3.395	(100,0)	3.844	(113,2)	13,2

Fonte: "Refinaria", Relatório do Setor de Pessoal, julho 1997.
Nota: O número entre parênteses é o percentual relativo à meta total.

---

[12] Observe-se que há uma ligeira diferença no tamanho do efetivo de "trabalhadores próprios" (1.993 aqui contra 2.025 anteriormente referidos) posto que esses últimos dados referem-se ao mês de julho de 1997.

Observando as diferenças entre esses três tipos de práticas de emprego em termos da alocação dos trabalhadores segundo a sua área de trabalho, vê-se que o contingente de trabalhadores próprios e permanentes tem mais ou menos 85% dos seus quadros na área industrial. Já a relação entre o tipo de vínculo e a quantidade de trabalhadores por divisão deixa perceber que os trabalhadores chamados "próprios" estavam concentrados naquelas divisões onde eram gerados e colocados em práticas os projetos estratégicos da empresa.

Como esse quadro evoluiu durante a década de 90, quando a redução de pessoal se tornou um desafio de primeira hora na gestão do pessoal nas empresas públicas?

Segundo entrevistas realizadas com gerências da "Refinaria", de 1990 em diante houve um esforço de redução do pessoal próprio. Entretanto, verifica-se (vide Gráfico 5.1) que esse esforço não deixou grandes marcas no tamanho do efetivo total. À diferença das outras empresas estudadas, e que serão tratadas em seguida, esse foi o caso de menor redução de pessoal. Como as regras de gestão estatal — até então fortemente protetoras com relação ao trabalhador "próprio" — dificultavam os desligamentos em larga escala, reduziu-se a margem de manobra da ação gerencial ao recurso à demissão de tipo voluntário e aos desligamentos por aposentadoria. Isto levou a "Refinaria" a pôr em ação metas de modernização técnica e organizacional que conviveram com uma redução quase nula de pessoal, o que era completamente inusitado em face do que se passava nesse mesmo momento, no país e na cadeia produtiva.

Mas algo ainda mais interessante se depreende desses dados. Se a persistência no tamanho do efetivo próprio pode ser posta na conta da regulação estatal do trabalho, de nenhum modo esta poderia justificar o que acontece com relação ao pessoal contratado, permanente e temporário. Ou seja, mais da metade do efetivo total da empresa (contratado temporária ou permanentemente) já estava sujeito a regras de gestão e a práticas de emprego que permitiriam muito mais flexibilidade por parte das gerências, facultando-lhes uma ação mais incisiva de redução de pessoal. Como isso aparece nos dados da série histórica? É como se o movimento dos trabalhadores sujeitos a um tipo de prática de emprego (a do "trabalho contratado") compensasse o movimento dos regidos pelo outro tipo de prática (a do trabalho "próprio" com estatuto pleno de "funcionário público").

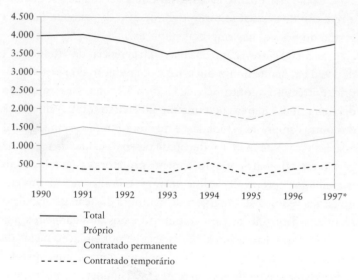

Gráfico 5.1
EVOLUÇÃO DO EFETIVO NA "REFINARIA"
1990-1997

Fonte: "Refinaria", Relatório de Atividades de Setor de Pessoal, agosto 1997.
* Os dados de 1997 referem-se ao mês de julho.

Num sistema de emprego tão fortemente segmentado, as políticas de qualificação então desenvolvidas pela empresa tinham um único alvo: o segmento dos "trabalhadores próprios".[13] Os

---

[13] Para uma descrição muito mais rica em detalhes sobre as políticas de recursos humanos da empresa, que incorpora tanto a visão dos seus ges-

trabalhadores contratados permanentes e, com muito mais razão, os trabalhadores contratados temporários, não tendo o estatuto formal de empregados da empresa, estavam fora do alcance das iniciativas da organização em termos de políticas de qualificação. Paradoxalmente, configura-se, nesse caso, uma situação em que é a gestão estatal aquela que parece assumir com maior radicalidade práticas excludentes de emprego, que privam do acesso às políticas gerenciais de qualificação nada menos que metade dos trabalhadores. Propriedade estatal está, assim, longe de equivaler ao universalismo que qualificaria uma gestão como verdadeiramente pública.

Finalizando, diria que esse caso-tipo nos deixa diante de algumas conclusões instigantes, que vale reter para uma reflexão comparativa, ao final, depois de vistos os demais casos.

Primeira. Ali onde o monopólio sobre o mercado de compradores e a proteção à concorrência internacional eram máximos, mostraram-se reduzidas as mudanças — tecnológicas e organizacionais —, e mínimos os efeitos destas sobre as políticas de gestão de efetivos (tanto em termos de tamanho dos quadros, como em termos de práticas de emprego).

Segunda. Tratando-se de uma unidade numa empresa estatal, nascida e mantida como tal, esse caso ilustra como a propriedade governamental, conquanto pública, pode alimentar práticas de emprego diferenciadas e excludentes que fazem dela um exemplo de convivência entre o caráter público da propriedade do negócio e o acesso restrito e fortemente segmentado aos benefícios do trabalho protegido. Para aquele segmento ao qual a organização conferia o estatuto de "trabalhadores próprios", vigiam as condições contratuais de funcionários de uma empresa estatal. Todavia, estes eram apenas metade da força de trabalho requerida para mover a produção.

---

tores, como as dos seus beneficiários (sejam eles chefias técnico-operacionais, sejam operadores), ver Castro *et al.*, 1998 e Fartes, 2000.

A alquimia organizacional

À outra metade estavam reservadas práticas de emprego em tudo distintas daquelas que regiam o trabalho do efetivo "próprio". E não porque fossem eles trabalhadores subcontratados, regidos pelo vínculo a empresas "terceiras"; ao contrário, um significativo número dos empregados era formado por aqueles contratados permanentemente pela "Refinaria"; mas tal contrato se fazia sob outra forma de relação de emprego, da qual decorriam distintas (e mais restritas) obrigações da parte da empresa, inclusive no que concerne ao acesso aos benefícios da sua política de qualificação. De fato, os estudos detalhados sobre perfil e carências da força de trabalho, tanto quanto as novas iniciativas gerenciais visando elevar-lhes o desempenho via políticas de desenvolvimento de recursos humanos, apenas tinham como alvo a população dos assim chamados "trabalhadores próprios", da qual se excluíam mesmo aqueles permanentemente contratados. Ironia desse achado: esse procedimento organizacional, que segmentava e desigualava, tinha lugar naquela empresa pública (a Petrobras) que havia se notabilizado, dos anos 50 aos anos 80, por seu papel de formadora de quadros, para si e para a iniciativa privada. Mas isso era o que se passava na Sede, na cabeça do sistema, no topo da organização. No âmbito de uma unidade de produção, como a "Refinaria", outra parecia ser a concepção de política de quadros que restava às gerências locais, num contexto de tão restrita autonomia para fixar objetivos, definir e implementar políticas e avaliar resultados no que concerne à gestão do seu pessoal de produção.

Terceira. Conquanto se trate de uma unidade local numa empresa de âmbito nacional (a qual opera em regiões brasileiras caracterizadas por diferentes culturas do trabalho, mercados de trabalho e sistemas formadores de mão-de-obra), a enorme burocratização de procedimentos e centralização de decisões na "cabeça" do sistema retirava das gerências de unidades operadoras locais toda a possibilidade de inventiva organizacional, inclusive — e especialmente — no que concerne a políticas de contratação de trabalhadores com o estatuto de "efetivos próprios", à sua remuneração, mobilidade profissional e qualificação. A sede possuía até mesmo o poder de usurpar projetos gerenciais inovadores desenvolvidos em uma unidade, como foi o programa de certificação de operadores, parte de um plano de desenvolvimento de pessoal na área operacional planejado nessa "Refinaria", decidindo por implantá-lo em *outra* unidade regional que não aquela que o concebeu e desenvolveu, como solução aos problemas que enfrentava.

Será que destinos truncados, como esse da "Refinaria", podem ser revertidos quando se abre a "jaula de ferro" dos controles burocráticos rígidos, que prevaleceram até os 90 e foram exercidos sobre as empresas estatais? Aberta a jaula, ou preparando-se para abri-la, e ajustando a empresa aos novos gestores privados, estaria criada a condição necessária e suficiente para a introdução de medidas negociadas de ajuste? Isto é o que passarei a discutir à luz do segundo caso estilizado, apresentado a seguir.

3. ABRINDO A JAULA DE FERRO: LIMITES INSTITUCIONAIS À NOVIDADE TÉCNICO-ORGANIZACIONAL — O CASO DA "PETROQUÍMICA"

O segundo caso estilizado escolhido — a "Petroquímica" — é uma empresa privada, que, no momento do estudo de campo, acabara de ser recentemente desestatizada, após ter vivido uma longa experiência como empresa governamental.[14] A "Petroquímica" é a central de matérias-primas e de utilidades do Pólo Petroquímico de São Paulo, primeiro da petroquímica brasileira, estando situada em Capuava. Foi criada em 1967, objetivando, conforme o seu projeto original, produzir todos os petroquímicos básicos (etileno, propileno, butadieno, benzeno, tolueno etc.) atra-

---

[14] Para uma descrição bem mais detalhada do caso, ver o capítulo que lhe corresponde e que escrevi em Castro *et al.* (1998).

A alquimia organizacional

vés do craqueamento térmico da nafta, em face da escassez do gás natural no Brasil.

A empresa entrou em operação em 1972. Localizá-la em São Paulo permitiu aproximar a planta, tanto do seu principal mercado consumidor, formado pelas empresas de segunda geração, quanto do eixo de refinarias da Petrobras (Revap, em São José dos Campos; Replan, em Paulínia; RPBC, em Cubatão; e Recap, em Capuava), fornecedoras da nafta, matéria-prima produzida a partir da destilação do petróleo e transferida à unidade industrial da "Petroquímica" através dos naftodutos que a interligam a toda a rede regional de refinarias.

Sendo uma empresa produtora de petroquímicos básicos, situa-se no segundo elo da cadeia químico-petroquímica, e possuía uma planta industrial de grande porte, com número elevado de trabalhadores (*vis-à-vis* a média no setor). Localizada no coração industrial do país, recrutava a sua força de trabalho principal não somente entre segmentos de mais elevada escolaridade (o que é comum no setor), mas num mercado regional com ponderável tradição operária e importante diversidade de agências formadoras para o trabalho industrial na química. Em que pese estar no ABC paulista, a maior parte da sua existência transcorreu sem que houvesse enfrentado greves ou ações típicas de um sindicalismo de confronto; as greves foram experiências recentes na sua trajetória.

O objetivo primeiro da descrição do caso é entender como a mudança ocorrida em dois parâmetros — cultura gerencial (de estatal para privada) e condições do mercado (de fortemente protegido para desprotegido) — alterou as estratégias empresariais, e se (e como) essa alteração afetou a política de pessoal, particularmente no que concerne à qualificação, considerada aqui como território central à formação do consentimento. Um segundo objetivo diz respeito a entender como a mudança na identidade dos atores sociais principais — gerências recentemente remetidas à autoridade de acionistas privados, e trabalhadores recentemente instados por um ativismo sindical de tipo confrontacional — pode

192   Estratégias de seletividade ocupacional

ter afetado as condições em que se negocia a política de qualificação e o resultado final desta.[15]

Ao longo de toda a sua existência, a "Petroquímica" cumpriu com o seu papel no sistema de produção de insumos básicos derivados do petróleo: prover um mercado nacional virtualmente cativo, o mercado do Sudeste, coração da produção industrial brasileira. Nunca menos que 95% das suas vendas a ele se destinavam. Nesse sentido, constituiu-se numa planta estratégica para os desígnios da política setorial do governo brasileiro no que concerne ao provimento do mercado nacional. E isto lhe impôs limites às margens de lucro, já não tão significativas — dada a sua condição de produtora de *commodities* num formato empresarial em que a ausência de verticalização penaliza fortemente aqueles que se dedicam aos produtos com menor valor agregado na cadeia, como é o caso das centrais.

Parece claro que, tal como situadas no tecido industrial e tal como vocacionadas pela política industrial, centrais petroquími-

---

[15] Quis o acaso (e certamente a acolhida e boa vontade da direção da empresa) que este tenha sido o segundo estudo intensivo que fiz nessa mesma empresa no lapso de sete anos (Castro e Guimarães, 1991). Isto permite algo raro nas análises da Sociologia do Trabalho: comparando duas descrições pontuais, formuladas em contextos marcadamente distintos (em 1989 e 1996), tornava-se possível procurar entender diacronicamente o que se passara nesse caso, tomando em conta a sua evolução no tempo com respeito aos dois parâmetros que me interessavam (cultura gerencial e condições de mercado). O ano de 1989 (quando ali estivera por primeira vez) foi, de fato, um momento de observação privilegiado; foi o último ano antes que se instabilizassem radicalmente as condições de mercado que operaram desde a partida da planta, em 1972; ao mesmo tempo, a partir de 1990 também se deflagrara, e de modo inelutável, o processo de privatização nesse elo da cadeia (produtores de petroquímicos básicos), o que induzira as empresas estatais, como era o caso da "Petroquímica", a ajustes imprescindíveis a aumentar a atratividade do negócio. Ademais, um estudo de caso, desenvolvido como tese doutoral, também tomou essa mesma empresa como objeto de estudo. Conquanto os temas focalizados fossem diversos, essa diversidade enriquece as interpretações (Rizek, 1994).

A alquimia organizacional

cas — como as brasileiras — notadamente quando especializadas no mercado interno (protegido como foi) acabariam por ser instrumentos de política setorial, mais que negócios rentáveis. E, sendo assim, constituir-se-iam em típicos empreendimentos a serem gerenciados pelo Estado, na tarefa por ele assumida de "inventar burguesias" (Evans, 1981 e 1981a). Aquelas centrais que puderam reconverter-se para o mercado externo e atualizar-se tecnologicamente, aumentando continuidade operacional, reduzindo custos e alcançando otimização, foram capazes de fazer face à ausência de verticalização e à especialização num produto de baixo valor agregado. Privatizaram-se, *de fato*; ao menos no que concerne à definição e gerenciamento dos seus alvos operacionais. Tal foi o caso da "Companhia", que descreverei em seguida. Não foi esta, entretanto, a trajetória daquelas cujo papel institucional tinha limites mais estreitos e responsabilidades mais precisas na sustentação da estratégia de crescimento da indústria de transformação final no Brasil. Esse lugar na política setorial aprisionou a "Petroquímica" na jaula de ferro da sua condição de estatal. Desprender-se dela, mesmo após privatizada, parecia ser o grande desafio gerencial nos anos 90.

Ao longo dos 20 anos em que se manteve como estatal, a "Petroquímica" esteve sujeita aos controles orçamentários e às diretrizes políticas do governo federal. Isto teve impactos significativos sobre a sua trajetória institucional, contendo os seus planos de modernização tecnológica e organizacional. Como apresentarei no item seguinte, tal não se passou com a "Companhia", outra central petroquímica e o mais significativo contra-exemplo de trajetória. Ela abriu seu capital votante, desprendendo-se dos limites da política governamental com a criação da *holding* Norquisa, ente privado. Isto lhe permitiu maiores graus de liberdade, especialmente a partir do momento em que o desenrolar da crise econômica levou o Estado à crise financeira, comprometendo significativamente os planos de investimento das suas estatais.

A "Petroquímica", ao contrário da "Companhia", viu serem seriamente atingidos os seus anseios de crescimento e de modernização tecnológica. Assim, enquanto a Central de Camaçari pôde responder à crise do mercado interno, reorientando parte substancial da sua produção para exportação, a Central de Capuava esteve obrigada a cumprir a diretriz política que a fez surgir: assegurar a viabilidade do mercado regional do Sudeste, coração da indústria brasileira, garantindo, ademais, preferências (muitas vezes injustificáveis) em sua política de preços para as empresas consumidoras de segunda geração.

Por outro lado, as restrições orçamentárias a que esteve sujeita fizeram envelhecer os seus projetos de renovação tecnológica. Tendo sido a primeira a agir junto à SEI (Secretaria Especial de Informática) visando modernizar a sua instrumentação mediante a implantação da tecnologia de sistemas digitais de controle distribuído (SDCD), a "Petroquímica" viu os seus planos de incorporação da automação digital defasarem-se ao longo de quase dez anos. Já a Central de Camaçari, livre dos limites governamentais, avançou celeremente na renovação da sua instrumentação, embora tenha dado início a esse processo com razoável defasagem de tempo *vis-à-vis* as iniciativas da central do Pólo de São Paulo.

Finalmente, a longevidade da "Petroquímica" constitui-se num último agravante adicional. Implantada em 1972, a empresa tinha no desafio da atualização tecnológica uma questão de vida ou morte; de fato, ela foi a primeira das centrais brasileiras a se defrontar com o risco real da obsolescência tecnológica. Por isso mesmo, as mudanças tecnológicas que promoveu nos anos 80 responderam menos aos requerimentos de uma demanda mais exigente ou de uma competição mais acirrada, e mais ao envelhecimento da tecnologia de controle de processo, ameaçada pela ausência de componentes de reposição; basta dizer que a "Petroquímica" foi a única das centrais brasileiras a partir sua produção com instrumentação de tipo pneumática, enquanto as demais fizeram-no com instrumentação eletrônica, ainda que analógica. Os seus equipamentos básicos (fornos e reatores, por exemplo) também refletiam a longevidade da sua trajetória e expressavam,

A alquimia organizacional

até os anos 80, padrões de eficiência e de produtividade dificilmente competitivos.

Por isso mesmo, conquanto sujeita às restrições orçamentárias do governo federal, a "Petroquímica" empenhou-se num programa de melhoria do desempenho desses equipamentos, introduzindo-lhes mudanças que atualizavam a sua performance (como troca de serpentinas dos fornos etc.). Impossibilitada de se beneficiar de empréstimos do BNDES (por ser estatal) e sem condições de captação no mercado (por ter se mantido "em vias de privatização" durante 3 longos anos), a empresa dirigiu toda a sua disponibilidade de caixa na tentativa de implantar quando menos uma primeira fase do seu programa de melhoria.[16] Mal-sucedida nos seus intentos, ao longo de quase 10 anos, a produção da central estacionou na média de 350 toneladas de etileno, o que fazia dela, em meados dos anos 90, a menos importante dentre todas as produtoras de petroquímicos básicos, em que pese estratégica para o mercado interno.

Entre 1989 e 1996, a "Petroquímica" simplificou a sua estrutura organizacional, reduzindo níveis hierárquicos e cargos diretivos sem, entretanto, alterar significativamente o modo pelo qual a estrutura mesma estava concebida. A preparação para a privatização (acelerada em seus efeitos organizacionais a partir de 1993) e a efetivação da mudança de controle acionário em 1994 foram as pedras de toque das principais alterações.

Ao longo do período em que se concentra a observação, 1990-1996, a "Petroquímica" revela-se um ambiente organizacional paradoxal: ao lado de uma impressão de torvelinho institucional, produzida pelas idas e vindas no transcurso do processo

---

[16] Entretanto, a parte substancial dos seus planos de "desgargalamento" (Projeto DBN) e ampliação da capacidade produtiva — que a faria passar das 360 mil toneladas de eteno, a que chegou nos anos 80, para 460 mil, que pretendia alcançar já em 1992 — foi sendo sistematicamente postergada pela política de controle de investimentos do governo federal. De fato, o DBN só veio a ter lugar após a privatização, na parada de 1996.

de privatização, e pela crescente tensão nas relações industriais (em seguida ao acidente fatal ocorrido ao findar-se a parada de manutenção de 1992), sobressai-se a certeza da inviabilidade da atualização tecnológica (que garantiria a sobrevida do negócio em termos de sua competitividade). Mas, destaca-se também a urgência das mudanças organizacionais voltadas para a racionalização de custos, única forma de, sem investimentos novos que a oxigenassem, fazer face aos persistentes prejuízos de balanço e tornar atraente a empresa posta a leilão.

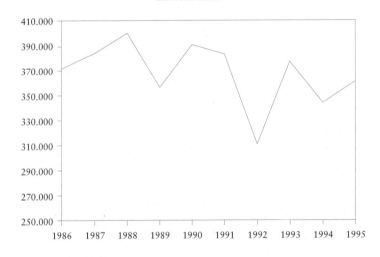

Gráfico 5.2
PRODUÇÃO DE ETILENO NA "PETROQUÍMICA"
1986-1995
Em toneladas

Fonte: Pesquisa direta, 1996.

O início do governo Collor, mesmo sem alterar-lhe a forma institucional pública, arremete fortemente contra o que, naquele momento, se entendia como os "vícios" da gestão estatal, instabilizando os fundamentos que haviam cimentado até então a cultura das relações de trabalho, e transformando a "empresa-mãe"

A alquimia organizacional

em "madrasta" (Rizek, 1994).[17] O esgarçamento extremo do clima organizacional será alcançado após a parada de 1992 quando, no momento da partida, ocorre um acidente com vítima fatal.

Esse episódio dá início a uma terceira fase na vida institucional. Nela, rompe-se um limite via de regra inatingível nas empresas brasileiras: aquele que resguarda a vida intrafabril, "o lado de dentro dos muros da fábrica", como parte de um mundo privado, não devassável pelas regras e tensões da vida social que lhe é externa e nunca sujeito a ajuizamentos outros que não os que emanam da alta direção das empresas. Controle social sobre condições de salubridade e segurança no trabalho; visibilidade de procedimentos e diretrizes operacionais; permeabilidade da rotina industrial à ação da esfera pública, da justiça ou da opinião pública organizada, são situações tabu no modo brasileiro de gerenciamento das empresas. Todos esses limites foram ultrapassados nos anos que se sucederam ao acidente; neles, a empresa esteve sujeita a uma sorte de intensa exposição social, que poucos precedentes encontra na história da relação entre gestão industrial e movimentos sociais no Brasil.

A privatização abre, em 1994, um outro ciclo na história da "Petroquímica". A aquisição de parte das ações por um grupo de funcionários, a chance de implementação dos planos de atualização tecnológica, a renovação de quadros resultante de anos de intenso enxugamento, abriram a possibilidade de que se recriasse, por assim dizer, um *ethos* organizacional, refazendo compromissos em torno de alvos de rentabilidade — agora de interesse dos funcionários-acionistas, e de performance e sobrevida técnica — de interesse dos escalões técnicos e gerências, que viam assim restabelecer-se a velha esperança na finalização do plano de atuali-

---

[17] Isto se segue a um período de 11 anos de gestão, por vários entrevistados denominada como "paternalista", e por outros simbolizada na metáfora da "empresa-mãe", reiteradamente encontrada no discurso de trabalhadores, tal como colhido também por Rizek (1994).

zação tecnológica. Sob esse clima organizacional reencontrei a "Petroquímica", sete anos depois do primeiro estudo de campo.

Qual a trajetória das mudanças na organização da produção e na gestão do trabalho, dado um contexto de escassa transformação tecnológica? Como a estratégia de sobreviver oxigenando o empreendimento de modo puramente defensivo a partir da racionalização de despesas afetou o uso do trabalho? Como o curso das transformações nos anos 90 se viu afetado pela intensa instabilidade institucional na esteira das hesitações quanto à privatização? Como o recrudescimento do ativismo sindical e a inusitada publicização das condições de uso do trabalho na empresa, em decorrência do acidente de 1992, afetaram o curso das relações industriais no plano micro?

A força de trabalho da empresa foi, sem dúvida, um dos alvos mais importantes do esforço de racionalização de custos em que a "Petroquímica." se envolveu nos anos 90. E, nisto, a sua trajetória confirma o que caracterizava a média das ações gerenciais no setor, em resposta ao novo cenário para a químico-petroquímica naquela década, tal como assinalei no capítulo 3. Fica evidente no Gráfico 5.3, um marcado enxugamento de pessoal teve lugar no período, afetando especialmente o pessoal administrativo, mas não deixando de atingir o pessoal de produção, notadamente, dentre esses últimos, após a privatização.

Tal redução de efetivos se deu principalmente através de um programa de demissões voluntárias, posto em ação *ainda antes da privatização*. A funcionalidade desse mecanismo resultava do fato de que se tratava de uma empresa com quadros com idades médias bastante elevadas, dada a longevidade do estabelecimento e a política de estabilização que marcou a gestão pública no período que antecedeu os anos 90. Ademais, benefícios de aposentadoria integral e em regime especial, válidos para servidores públicos e servidores em trabalho considerado penoso, estimulavam o desligamento, especialmente quando o governo federal iniciou medidas visando rever e restringir tais benefícios.

A alquimia organizacional

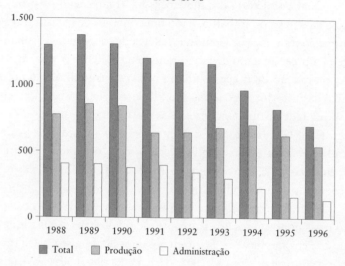

Gráfico 5.3
EVOLUÇÃO DO EFETIVO NA "PETROQUÍMICA"
1988-1996

Fonte: Pesquisa direta, 1996.

Havia, entretanto, um efeito perverso nesse estilo de negociar a racionalização do trabalho. A empresa ficou impossibilitada de controlar e selecionar os quadros que dela se afastavam, com perdas de competência técnica significativa. Um excessivo e perigoso rejuvenescimento de certas áreas, especialmente arriscado nas áreas operacionais, onde se convivia com a redução da duração dos treinamentos, impôs correções ao mecanismo.[18]

Curiosamente, entretanto, a privatização não deu lugar a uma extensiva reestruturação do modelo público de gestão das carreiras. No plano macroinstitucional, surpreendia, na empresa, àquele momento, a total ausência de uma política de carreira que substituísse o antigo modelo Petrobras. Vivia-se um vazio em

---

[18] Alternativa primeira então encetada foi a de recontratar seletivamente aqueles funcionários imprescindíveis.

termos organizacionais, pelo qual as antigas regras deixaram de ter vigência sem que novas tivessem sido postas em seu lugar.

Algumas iniciativas localizadas de reestruturação na gestão dos recursos humanos tinham lugar, circunscritas a áreas determinadas, sem que fossem capazes de contaminar a empresa como um conjunto. Reestruturação, ali, parecia andar em descompasso com políticas de valorização dos recursos humanos via salários, benefícios e carreiras. A mobilização gerencial, antes, parecia fundar-se na crença de que o alcance do DBN, por si mesmo, garantiria a possibilidade de sobrevida do empreendimento e reconstruiria uma comunidade de interesses, soldando um compromisso entre trabalhadores e dirigentes.

A política de recursos humanos talvez tenha sido um dos elementos mais fortemente afetados pelo engessamento da empresa, na jaula de ferro das suas questões institucionais. É surpreendente a ausência de iniciativas nesse campo, que se segue à desarticulação das políticas de benefícios aos trabalhadores, que fez a transição entre a fase da "empresa-mãe" para a fase da "empresa-madrasta", para usar o jargão cunhado por seus trabalhadores.

Se tomarmos os investimentos em treinamento, por exemplo, verifica-se no movimento dos números como o planejamento da qualificação dos recursos humanos esteve ausente, tal o movimento errático que os investimentos revelavam. As estratégias de recrutamento e a relação com a rede formadora local revelavam-se igualmente erráticas.

Até 1989, a exigência mínima de escolaridade admissional da "Petroquímica" era apenas o primeiro grau completo. A seleção era feita através de um treinamento interno dado pela própria empresa tendo em vista a necessidade de recrutamento que se queria atender. Além do primeiro grau, outro traço preferencial era a idade, que variava conforme a necessidade. Como a demanda era muito grande, a empresa passou a fazer apenas divulgação interna e as pessoas eram indicadas pela comunidade de seus empregados. Entretanto, o rigor da seleção se manteve o mesmo. Para os mais antigos,

A alquimia organizacional   201

"a ['Petroquímica'] *era uma mãe, uma empresa que todo mundo estava satisfeito em trabalhar nela e gostava muito. Não só da empresa como as relações com a empresa sempre foram muito boas. O que se buscava era manter esses laços de afetividade. Você tinha aqui filhos de empregados... e todos os concursos normalmente eram feitos assim. Passou a ser uma política da empresa.* [...] *Era anunciado na comunidade e passava por todo o processo: entrevista, seleção, prova. O rigor da seleção se manteve o mesmo. Só a divulgação que era diferente. E se buscava trazer pessoas comprometidas de alguma forma, que tinham um laço afetivo com a empresa, para manter esse tipo de relação"* (Técnico, 1996).

Após 1989, com a implantação de uma quinta turma (exigência constitucional) e o primeiro esforço de atualização tecnológica da planta, a "Petroquímica" começou a recrutar com um outro padrão: passou a selecionar exclusivamente técnicos químicos (2º grau). Além da mudança no requerimento de ingresso, alterou-se a clientela à qual se endereçava o recrutamento, ampliando-a: assim, além da divulgação interna, a empresa também anunciou as vagas disponíveis na imprensa. O resultado foi muito satisfatório, pois constatou-se o que a empresa imaginava: é necessário ter uma base (experiência) para que se possa agregar novos conhecimentos.[19]

---

[19] Em função dessa reorientação do padrão de recrutamento, a "Petroquímica" passou a pensar em reorientar também o plano de carreiras, com a intenção de aproveitar melhor a capacitação das pessoas. Porém, no momento do trabalho de campo, apesar de haver a situação do recrutamento renovado, a carreira continuava à moda antiga. Mais do que isso, não havia, segundo os informantes, pessoas potencialmente capacitadas para trabalhar numa visão mais moderna de carreira. A avaliação de desempenho também não levava em conta o novo padrão de recrutamento (visão do todo); a pessoa seguia

Entretanto, uma novidade chamou a minha atenção durante o levantamento de dados: tratava-se do Procap — Programa de Capacitação Profissional. Sua concepção partia do reconhecimento de que, nos anos 90, rápidas e bruscas transformações haviam atingido até mesmo as mais sólidas empresas químico-petroquímicas, fazendo com que as práticas organizacionais que não priorizavam uma orientação voltada à obtenção de resultados mais efetivos fossem reavaliadas sob o ponto de vista da busca por mais eficácia. Dessa forma, tornava-se necessário que os procedimentos próprios ao desenvolvimento profissional fossem revistos com o propósito de se desenvolver modelos de treinamento que contemplassem uma real capacitação.

No caso da "Petroquímica", um programa de capacitação profissional era a forma de sanar as perdas que a empresa estava sofrendo em termos de desempenho, já que o esvaziamento do pessoal mais antigo (principalmente na área de utilidades) causara reflexos na produção. Isso não significava que tivesse havido perdas na produção, mas o volume era mantido a custos maiores. Começou-se a perceber que o rejuvenescimento implicava uma perda em termos de desempenho, com reflexos na produção.

Qual a novidade do Programa? Numa instituição aparentemente pouco afeita à mudança no gerenciamento dos seus quadros, oriunda de uma cultura de empresa burocrática e centralizadora, tanto quanto a que se descreveu no caso anterior, um programa de capacitação, refinado e cuidadosamente detalhado, parecia delinear-se como ferramenta principal de gestão dos recursos humanos, usando como território para tal o campo do gerenciamento da qualificação.

Todavia, diante de uma ferramenta tão cuidadosamente concebida, seria impossível assegurar os seus impactos inovadores sobre a gestão da qualificação sem o envolvimento organizacional,

---

sendo avaliada a partir da visão pessoal de seu chefe, da avaliação deste sobre a sua capacidade específica.

A alquimia organizacional

notadamente das suas chefias superiores e diretoria. O curso dessa iniciativa — dolorosamente desanimador — reitera o achado acerca dos limites que a organização pode impor à inovação gerencial que nela se desenvolve. No caso da "Petroquímica" esses limites vieram do espaço interno à própria instituição pesquisada, enquanto, no caso da "Refinaria", antes descrito, era a sua total sujeição à política da "Sede" o que fixava as barreiras à criatividade gerencial no que concerne à política de qualificação.

Retomo certas evidências. Quando a "Petroquímica" ainda era estatal, obrigava-se a seguir estritamente a estrutura e normas de gestão da Petrobras, tal qual descrevemos antes com respeito à "Refinaria". Com a privatização, a empresa começou a mudar, adotando novas concepções de administração e estrutura organizacional. Essas mudanças, entretanto, não eram institucionalizadas na empresa.

Mesmo em 1992, quando a "Petroquímica" ainda era estatal, já havia iniciativas de mudança. Elas foram feitas visando à certificação de ISO 9000, mas também por exigência de mercado: *"Era um curso normal [...] toda a configuração do ambiente colaborou para isso"* (Técnico gestor, 1996). A idéia inicial era formar um núcleo que fosse responsável por padronizar os procedimentos dentro da área de produção, inclusive estruturando a capacitação profissional.

Diferentemente da proposta do consultor, o Programa não chegou jamais a institucionalizar-se, o que nutria o risco de que a iniciativa viesse a ser deixada, no dizer local, "em banho-maria". Até porque algumas chefias intermediárias olhavam com desconfiança a elaboração de um banco de dados tão grande e com tão detalhadas informações com respeito ao seu pessoal, que fora gerenciado até ali numa cultura nutrida no paternalismo autoritário, herdeiro do modelo Petrobras; *"O que é que esse pessoal vai fazer com isso aí?"* (Técnico, 1996). Outras chefias dificultavam abertamente o processo (não respondiam o questionário) ou chegavam mesmo a criar conflitos isolados. Finalmente, apesar de ser um programa dito prioritário para a direção da empresa, o Procap sofreu a concorrência de outras ferramentas de gestão e do poder de atração destas sobre os novos gestores que ali chegaram com a privatização — tal foi o caso das iniciativas em termos de reengenharia.

Um aparente paradoxo: gerências desafiadas a lidar com a adversidade (do atraso tecnológico e das restrições governamentais) tornaram-se especialmente competentes em contornar esses obstáculos, seja via melhorias de procedimentos e de desempenho, seja via o desenvolvimento de ferramentas, como o Procap, que viabilizariam uma política de quadros. Curiosamente, entretanto, tal ferramenta era relegada ao rol das inutilidades, incapaz de despertar os novos gestores para a centralidade dos instrumentos institucionais de gerenciamento da qualificação e de formação de consenso ao interior da empresa.

Tal reconhecimento coloca uma pergunta desafiadora: sob que condições as iniciativas inovadoras enraízam-se e ganham estatuto de artefatos institucionais, revelando sua eficácia? Sob que circunstâncias, além de eficazes, podem ser politicamente inclusivas, incorporando nos procedimentos decisórios trabalhadores e, até mesmo, os sindicatos que os representam?

Do que assinalei até aqui, vê-se que os casos 1 e 2 não são exemplos virtuosos nessa direção. Discutirei melhor tais possibilidades à luz dos dois últimos casos estilizados, que apresentarei em seguida.

4. AS CHANCES DE INSTITUCIONALIZAÇÃO NO ENVOLVIMENTO COMPULSÓRIO — O CASO DA "COMPANHIA"[20]

A "Companhia" é a principal produtora brasileira de petroquímicos básicos, com uma capacidade nominal de 910 mil to-

---

[20] Para uma descrição mais detalhada do caso, ver Castro *et al.* (1998) e Castro (1997d).

neladas de eteno. Em dezembro de 1995, operava com 1.126 funcionários, um terço a menos do efetivo em atividade no início da década (em 1990, eram 1.768), muito embora tivesse duplicado a sua capacidade de produção em 1992 (passando de 460 para 910 mil toneladas de eteno), com a partida da mais moderna planta em termos de tecnologia de base e controle energético em operação, naquele momento, no país. Central de matérias-primas e de utilidades, a "Companhia" deu início às suas atividades em 1978, na condição de estatal, única provedora *up-stream* de todas as necessidades em petroquímicos básicos do II Pólo, em Camaçari. A "Companhia" se constituíra como a cabeça de uma cadeia de firmas petroquímicas, formando o principal complexo integrado de produtores do setor no Brasil.

Ela era a principal central de matérias-primas, "coração" do maior dentre os complexos petroquímicos brasileiros integrados (pólos), e mais importante empresa no ramo, dentre todas as que viveram o processo de privatização. Sem embargo, privatização aqui é um fenômeno de longa duração e que não se confunde com a "batida do martelo" num leilão. Nisto, o seu caminho foi bastante especial: originalmente de propriedade estatal, a empresa sofreu, em realidade, um processo de "progressiva privatização", no qual a perda formal do controle acionário pelo Estado nem de longe significou a imediata privatização no estilo de gestão do empreendimento. Não seria demasiado esclarecer que essa empresa se constituiu no principal experimento do modelo privado (tripartite) de gestão pública concebido e protagonizado pela intelectualidade da Petroquisa para o setor no Brasil. Nele se aliavam as virtudes da adesão ao projeto desenvolvimentista para o setor de insumos básicos, sem os vícios da sujeição às regras cerceadoras dos procedimentos de gestão das estatais brasileiras nos anos 70/80.

Se a privatização passa a ser sociologicamente pensada como um processo, esse estudo de caso retrata à perfeição as armadilhas desse decurso. Tais armadilhas parecem radicar no desafio por desprender-se de uma cultura estatal de gestão do negócio e das relações de trabalho, mesmo ali onde já o Estado deixara de ser o acionista majoritário. Entretanto, num modelo de "capitalismo coletivizado" (parafraseando Evans), a parceria do Estado (em especial nas formas da proteção dos mercados de insumos e de produtos) torna-se uma alavanca imprescindível e de primeira hora. Assim sendo, o desafio estava em se manter privada sem, entretanto, perder a inserção privilegiada nessa forma muito particular de existência da esfera pública no Brasil. Caminhando, assim, no fio da navalha, a empresa logrou assegurar os investimentos mínimos necessários a se manter na ponta da renovação tecnológica no setor.

Entretanto, desde cedo conviveu com um ativo movimento sindical, fortemente confrontacional. Envolvida num profundo processo de reestruturação, redefiniu a sua estrutura organizacional e alterou significativamente o modo de gerenciamento do trabalho, sob o impacto de pelo menos três intensas experiências que balizaram o seu passado mais recente e permitem entender a trajetória das relações industriais e das suas políticas de quadros no nível micro. A primeira delas foi a ocorrência, em 1985, de uma greve geral, a primeira a paralisar todo um complexo petroquímico na América Latina e que pôs fim a um longo período de gestão de tipo paternalista (Guimarães, 1998). Por sua posição estratégica na cadeia de produção no complexo, em decorrência do seu caráter de central de matérias-primas, a empresa era o alvo principal da ação paredista do movimento sindical; isto porque a sua paralisação tinha a capacidade de ocasionar a parada técnica de todas as plantas a jusante, mesmo daquelas onde o sindicato carecia de qualquer poder aglutinador. Nessas condições, torna-se clara a centralidade do controle do trabalho organizado, não apenas para as estratégias gerenciais *dessa empresa*, como para as relações sindicais *no complexo* como um conjunto, dada a sua forte integração numa cadeia de múltiplas plantas monoprodutoras.

Uma segunda experiência balizou a trajetória da empresa: a capacidade de liderar as iniciativas de atualização tecnológica nas diversas conjunturas da petroquímica brasileira. Desde a partida das suas primeiras plantas, foi constante a busca de melhorias incrementais no processo, com esforços persistentes de "desgargalamento" com vistas à ampliação de patamares de produtividade e ganhos de especificação de produtos. Nos meados dos anos 80, a empresa passou a se destacar entre as que mais investiam em mudanças na tecnologia de controle de processo, trocando instrumentação analógica por digital em etapas importantes do processo produtivo. Paralelamente, deflagrou um intenso programa de otimização e controle avançado que, por toda a segunda metade dos anos 80, levou-a a intervir na organização da produção e do trabalho. Mais ainda, desenvolveu um ambicioso programa de investimentos, como parte do plano brasileiro de expansão da petroquímica, que a fizera partir uma nova unidade, com tecnologia de base atualizada, duplicando a sua capacidade produtiva no início dos anos 90.

Entretanto, todo esse esforço culminava no exato momento de reestruturação de regras imposto pelo governo Collor. Isto a lançou numa conjuntura em que a capacidade de produção duplicada carecia de mercado consumidor no Brasil (pela retração) e no exterior (pela crise cíclica de oferta). Como se isso não bastasse, a redução das alíquotas de importação da nafta abria o mercado nacional para fornecedores estrangeiros. E se tudo ainda fosse pouco, o governo iniciava o processo de privatização e esvaziava o poder de ordenamento setorial da Petroquisa, até então o grande escudo para as suas estratégias de negócio e inserção política nas malhas da burocracia do Estado.

Nesse contexto — de máxima instabilidade — a empresa sai em busca da certificação, deflagrando um programa de intensa reestruturação organizacional que, ao lado da padronização de procedimentos e profunda reengenharia, requeria o envolvimento dos seus trabalhadores. Entretanto, reestruturar-se (tecnológica e organizacionalmente) num contexto de crise importou (diferentemente do que ocorrera entre 1985 e 1990) em profundos cortes de custos; como parte destes, verificou-se uma intensa racionalização do trabalho, que reduziu à metade os efetivos da empresa no curto espaço de quatro anos. Os sobreviventes encontravam-se diante de um espaço de trabalho redefinido: na forma de divisão do trabalho, na situação contratual (posto que muitos haviam sido terceirizados), na estruturação dos cargos, nas regras de recrutamento e mobilidade, nas estruturas hierárquicas e formas simbólicas de expressão das diferenças de *status* na organização.

Mudado o microambiente institucional, tratava-se de manufaturar novas formas de incorporação dos indivíduos trabalhadores, produzindo o consentimento necessário às metas gerenciais contidas nos programas de qualidade e competitividade. Todavia, as relações sindicais haviam chegado, entre 1989 e 1992, a um dos pontos máximos de esgarçamento: nenhum acordo coletivo havia sido firmado entre 1990 e 1993 pela absoluta dissonância de propósitos entre negociadores sindicais e patronais; mais ainda, a direção corporativa deixara a mesa de negociação intersindical, onde tradicionalmente comparecia, cedendo lugar aos seus gerentes.

Ademais, a trajetória das relações industriais, tal como tecida até ali, não dera lugar a qualquer experimento significativo de negociação da reestruturação na empresa, mais severa porque transcorria nas condições de um intenso ajuste estrutural. Vale dizer, inexistiam canais institucionais pelos quais gerentes e sindicato estabelecessem consenso em torno das importantes alterações em curso nos terrenos de regulação das relações industriais. Diferentemente, por exemplo, do sindicalismo metalúrgico do ABC, nem comissões de fábrica (em nível micro) e nem câmaras setoriais (em nível meso) chegaram a se constituir em espaços institucionais formadores de novas práticas; o antagonismo entre capital e trabalho careceu aqui de qualquer chance de convergência, e a reestruturação decorreu ao arrepio do entendimento entre atores coletivos.

Distante do sindicato, a quem tratava como competidor e antagonista, o seu estilo de gerenciamento (do que cremos seja este caso estilizado um exemplo particularmente eloqüente) tem na incorporação do trabalhador individual, e não do sindicato, a pedra de toque das suas concepções e práticas que definem o mar-

A alquimia organizacional

co regulatório das relações industriais. Isto é o que se pretende documentar com a análise deste terceiro caso.

Certamente o ano de 1990 pode ser considerado um momento de viragem em direção a uma nova política de efetivos, que valoriza enormemente as iniciativas em termos de gerenciamento da qualificação. Mas, o que muda em 1990? A estratégia de negócio, traço essencial ao perfil e cultura gerencial da empresa. Ora, naquele ano a "Companhia" apresentou, por primeira vez em toda a sua história, um resultado negativo, ausência de lucros, "fechando no vermelho". Ela que, até 1990, se submetia à política do CIP — Conselho Interministerial de Preços, sendo uma mera "expectadora do mercado", como diria um dos entrevistados, percebe que a competição se internalizara no seu espaço econômico. As alíquotas de importação, que sempre se localizavam em torno de 35%, passaram a cair vertiginosamente a partir de 1990, alcançando 14% em 1993 e 2% no primeiro semestre de 1994.

Até então, o controle estatal dos preços fizera com que nem o gerenciamento do negócio pudesse se desenrolar com muitos graus de liberdade com relação aos custos. Dito de modo mais direto: o preço do produto refletia o custo arbitrado; e esse — assim mandava a boa prática da proteção estatal — era sempre igual ao custo *do pior produtor na cadeia no Brasil*, via de regra a central de matérias-primas de São Paulo, caso estilizado que descrevi anteriormente. Nesse sentido, a "Companhia" contava sempre com uma enorme margem de manobra na sua estratégia de negócios. No momento em que as alíquotas se reduziram e outros produtores passaram a colocar os seus produtos a preços de custo, havia que internalizar a capacidade de administrar custos, aprofundando vantagens comparativas.

Para tornar ainda mais imperiosa essa pressão, a "Companhia", como toda e qualquer produtora de *commodities*, sabia que a sua chance de liderança no mercado não era definida por inovações em produto, mas por uma liderança operacional que se expressaria em maior confiabilidade operacional, custos competitivos e capacidade de preservação ambiental (igualmente decisiva para a imagem social do produtor petroquímico hoje). Diante desse quadro, os anos 90 desafiaram a "Companhia" a erigir um novo valor na sua estratégia interna de gestão: o valor da estratégia empresarial *internamente compartilhada*.

Essa nova estratégia possuía algumas conseqüências importantes no gerenciamento do trabalho, todas elas ligadas à urgência da nova visão que valorizava o desempenho operacional e a liderança em custos.

Que impactos resultam, por exemplo, da busca contínua de melhoria no desempenho operacional? No ponto de partida dessa busca estava o suposto de que, quando a política tecnológica não se volta para desenvolver produtos, mas garantir a permanente atualização tecnológica, aperfeiçoando-lhe o processo e seu controle, torna-se um valor, que informará as novas práticas gerenciais, a necessidade de permanente avaliação dos impactos da mudança técnica. Esta, sem dúvida, vai mais além da mera incorporação de novidades tecnológicas; ela se torna impossível sem a incorporação do conhecimento e da experiência dos que operam concretamente os processos. Nessa linha, a "Companhia" inaugura um "Programa de Idéias", voltado para maximizar iniciativas de melhoria do processo.

Que impactos, para o gerenciamento do trabalho, resultam, por exemplo, do alvo de liderança em custos? Na busca por expurgar todo custo que não se vincule ao cerne do negócio, a "Companhia" passa a suprimir todo e qualquer trabalho ao qual não seja capaz de agregar tecnologia, subcontratando-o a terceiros. É poderoso o movimento de terceirização que passa a ter lugar, deslocando para fora da gestão direta da "Companhia" funções não apenas classicamente laterais à produção petroquímica (como limpeza, alimentação, segurança patrimonial, vigilância etc.), mas tarefas centrais, como as de manutenção. Várias conseqüências importantes se colocaram, seja para a gestão do trabalho, seja para a gestão das relações sindicais.

A primeira delas foi a redução significativa dos efetivos diretamente contratados. A segunda diz respeito aos problemas ge-

A alquimia organizacional

renciais repostos pelas políticas dos contratantes: a "Companhia" logo se apercebe de que a mera mudança de responsabilidade contratual não eliminava preocupações com a gestão do trabalho, na medida em que os contratantes, via de regra, mantinham políticas de sobreefetivos, tinham baixa capacidade tecnológica e reproduziam antigos problemas de gerenciamento do trabalho em condições de precarização; tudo isso afetava as metas da empresa em termos da sua política de resultados. Finalmente, a terceirização parece ter tido claras conseqüências políticas, complexas e de dupla via: se ela colocava uma importante bandeira de cunho social nas mãos do sindicato, também lhe privava dos quadros que poderiam prover maior número de trabalhadores afiliados em sua base, a legitimá-lo.

Quais foram os novos procedimentos de gestão do pessoal que surgiram na "Companhia" sob o desafio da instabilização das condições operacionais na conjuntura do pós-90? Seis aspectos constituíram-se em carros-chefe das mudanças na gestão dos seus efetivos. Caracterizarei brevemente cada um deles.

Um primeiro aspecto se refere à ênfase no trabalho em grupos. A "Companhia" passou a ser dividida em "equipes". No topo da hierarquia das equipes (e, como tal, no topo da nova estrutura organizacional da empresa) estavam as equipes das unidades de produção, consideradas os "ativos" principais da "Companhia". Cada um dos *"teams"* que encabeçava uma unidade de produção final passou a ter em torno de si um outro *"team"* de apoio, multifuncional, envolvendo desde as funções técnicas (como manutenção, por exemplo) até as antigas funções administrativas (como gerenciamento comercial, por exemplo). Assim, uma equipe arregimentava e integrava desde os seus operadores de campo até os seus economistas, que atualizavam continuamente a chefia da unidade com as informações acerca do mercado comprador e do perfil da concorrência.

> "[...] *antigamente o que se fazia era operar, produzir, não se preocupava com orçamento; havia outros*

órgãos da empresa que se preocupavam com isso, enquanto a gente estava gastando; não existia uma gestão, nenhum sentido de contribuição de recursos; a gente nunca tinha feito um plano de orçamento, tinham outros setores que faziam para nós..." (Chefe de Unidade de Produção da "Companhia").

Desnecessário dizer que os ocupantes das antigas áreas e cargos técnicos necessitavam desenvolver, agora, novas competências, de natureza eminentemente dialógica, para sobreviver num ambiente organizacional em que se tornara decisiva a troca de informações entre escalões e portadores de conhecimentos que antes não interagiam diretamente. Competências técnicas mas, sobretudo, competências atitudinais tornavam-se vitais nessa nova ordem.

"Então, um exemplo disso aí: nós estamos discutindo investimento; investimento para o conjunto da ['Companhia'], *que vai se distribuir através do lucro do ativo. Então, estava para definir uma ordem de prioridades; para mim, é fácil definir prioridades quanto a nossos ativos; agora, como eu posso priorizar com relação a aromáticos? E com relação a utilidades? Temos que chegar a um consenso entre nós, dos diferentes ativos, para chegar a isso, não é? E, para isso, eu tenho que esquecer de pensar só na olefinas e começar a pensar de uma forma mais ampla no âmbito da* ['Companhia']. *O que é que é mais importante num investimento? Será que tem coisa mais importante* [que a minha própria pretensão inicial]? *Tenho que deixar um investimento que eu achava mais importante para trás..."* (Chefe de Unidade de Produção da "Companhia").

O gerenciamento das equipes pretendeu estar fundado nos procedimentos de autocontrole. Exemplo mais banal (mas nem por isso menos chocante para o dia-a-dia autoritário das empresas brasileiras) foi a eliminação do cartão de ponto.

Mas a nova forma de produzir decisões e controlar o cotidiano gerara uma nova institucionalidade ao interior da "Companhia". Uma institucionalidade virtual, considerando que ela existia à margem da estrutura formal da empresa. Assim, os ativos se organizavam em comitês, que se reuniam semanalmente. As unidades de produção, por sua vez, tinham líderes. As grandes decisões, como políticas de investimento, planos de treinamento, supunham a formação de consenso entre os líderes dos diferentes ativos, num fórum de 12 representantes, três para cada um dos quatro ativos principais da "Companhia".

Essa nova estrutura de gerenciamento do cotidiano, que, de um ponto de vista meramente formal, poderia ser considerada uma estrutura "virtual", era dotada de uma eficácia decisória que não somente preenchia espaços de formação de vontade técnico-administrativa na empresa, como competia fortemente com a capacidade de percepção de problemas, de formação de interesses e de encaminhamento de demandas que antes era privativa do sindicato. Ela estava destinada a preencher espaços vazios que, na sua ausência, tenderiam a ser ocupados pela organização sindical.[21]

Um segundo carro-chefe nas mudanças na política de gestão do trabalho diz respeito à redução dos mecanismos cotidianos que marcavam desnecessariamente as diferenças de *status*. Den-

---

[21] Tomamos como exemplo um episódio que antecedeu em alguns meses o início do trabalho de campo e que ainda repercutia quando cheguei à "Companhia". Pouco afeitos a organizar a vida numa conjuntura de inflação controlada, os trabalhadores haviam assumido, após o plano de estabilização econômica, níveis de endividamento que os seus salários não podiam suportar. Instalado um clima de ansiedade entre os mesmos, coube *aos líderes de equipe* reconhecer o problema e negociar com a empresa soluções que antes cairiam na esfera da representação do sindicato: alteração no calendário de pagamento de salários, negociação de antecipações, negociação de empréstimos bancários a juros facilitados etc.

tre essas se destacavam as diferenças de cores dos crachás segundo a hierarquia, diferenças nos restaurantes (desde algum tempo unificados), diferenças nos valores das diárias em serviço etc.

Um terceiro carro-chefe diz respeito mais de perto ao tema das competências. A "Companhia" passou a propugnar pela redução das tarefas "pobres" em conteúdo, destinando-as preferencialmente a trabalhadores terceirizados. Isto chama a atenção para o fato de que, na organização da cadeia produtiva — e, por extensão, das redes interfirmas na químico-petroquímica — dois tipos de clientes (e de estatuto) existem. Por um lado, o cliente cuja relação com a central poderia se denominar "virtuosa": são empresas capital-intensivas, também da cadeia técnica químico-petroquímica, mas de geração intermediária, compradoras da produção básica da nossa empresa-caso. Essas compradoras de segunda geração tendem a reproduzir as práticas de gestão moderna, documentadas no caso da primeira geração (carreiras mais permeáveis a critérios de mobilidade por desempenho, estabilidade dos trabalhadores "sobreviventes" ao ajuste, esforços por valorizar e premiar desempenho e competências adquiridas, estrutura organizacional mais plana com redução de níveis hierárquicos etc.).

Por outro lado, existiria um outro tipo de relação interfirmas, tecida também ao interior do complexo, mas — diferentemente da anterior — operando ao interior da "Companhia". São as suas fornecedoras terceirizadas de serviços, empresas trabalho-intensivas, classificadas em outros setores que não o setor químico (metalúrgico, por exemplo, no caso da manutenção). Aos trabalhadores dessas empresas se destinam as tarefas "pobres" por seu conteúdo de qualificação, ou instáveis pelo caráter episódico da intervenção (como é o caso da manutenção durante as paradas técnicas). A força de trabalho empregada nessas tarefas nem de longe está afeita às características da gestão moderna das empresas químico-petroquímicas. Uma evidência das desigualdades entre os dois contingentes (que por vezes coexistem durante longos períodos nas plantas da empresa) pode ser encontrada nas condições de escolarização: enquanto quase todos os operadores pe-

A alquimia organizacional

troquímicos, por exemplo, possuíam, então, o segundo grau completo, com formação técnica especializada, os trabalhadores "terceirizados" com freqüência não tinham mais que a escolarização primária (Agier, Castro e Guimarães, 1995).

Uma quarta novidade da política de gestão do trabalho diz respeito aos requisitos de qualificação para postos de chefia técnica: passou-se a admitir que o acesso a funções como a de "líder", por exemplo, pudesse resultar do desempenho profissional, e não apenas do mero grau escolar. Essa dissociação entre qualificação e credencial escolar teve resultados inovadores e de alcance destacável (dadas as práticas vigentes no segmento). Ao associar a mobilidade à experiência e ao desempenho profissionais, a "Companhia" passou a admitir que mesmo cargos até então privativos de engenheiros, como as chefias de unidades de processo, pudessem ser dirigidos por trabalhadores sem formação universitária.

Paralelamente, a "Companhia" desencadeou um intenso programa para qualificação de chefias intermediárias na operação ("Projeto Chetur"), voltado para dar-lhes função gerencial, treinamento em relações de trabalho e constituição de um quadro funcional potencial de "chetur's" que pudesse dirigir os grupos de melhoria, ainda em implantação.

Uma quinta inovação refere-se à constituição dos comitês de gestão da produção e ao desenvolvimento de uma política de avaliação comparativa de desempenho. A questão da avaliação pelo desempenho e premiação pelo uso de competências valoradas pela "Companhia" era um dos "calcanhares-de-Aquiles" da reestruturação das empresas brasileiras. Se os prêmios de produção eram acenados pelas empresas, como forma de estimular o compromisso dos trabalhadores, a legislação do trabalho brasileira expunha as empresas ao risco de que as (novas) parcelas variáveis dos salários pudessem ser judicialmente reivindicadas como incorporáveis às partes fixas, negociadas junto aos sindicatos, eliminado assim o artifício da premiação por produtividade. A introdução da legislação governamental de participação dos

216   Estratégias de seletividade ocupacional

trabalhadores nos lucros e resultados das empresas (PLR) foi um primeiro sinal em direção à ruptura de práticas correntes. Da forma como instituída, a chamada PLR permite às empresas constituir comitês de negociação nos quais os sindicatos não tinham que ser parte necessariamente representada. No caso da "Companhia", a avaliação comparativa de desempenho avançara em direção a estabelecer critérios de mensuração e de atribuição de ganhos de produtividade a equipes da empresa, o que se constituía num desafio em termos operacionais, tratando-se de processos contínuos em que o trabalho humano não apenas tem um caráter supervisório (sobre processos automatizados), como se desenvolve em equipe.

Um sexto aspecto da nova política para os recursos humanos diz respeito diretamente à questão do gerenciamento da qualificação. A "Companhia" começava, no momento do trabalho de campo, a implementar um novo plano de carreira, denominado "por competências e habilidades", envolvendo mudanças profundas na nomenclatura, no conteúdo dos cargos e no perfil das carreiras, adequando-as ao novo formato da gestão da empresa. Nesse novo plano de carreira, as chances de mobilidade ocupacional tornavam-se maiores, ultrapassando os antigos limites das lotações dos cargos, uma das maiores fontes de insatisfação entre os empregados (Agier, Castro e Guimarães, 1995; Guimarães, 1992). Tais mudanças estavam estreitamente vinculadas ao processo de busca de certificação ISO, especialmente no que dizia respeito a: (i) socialização de conhecimentos via equalização de processos; (ii) intenso incremento dos treinamentos;[22] (iii) integração dos sistemas de gerenciamento administrativo e industrial; (iv) simplificação administrativa; (v) gerenciamento do processo com vistas à sua otimização gerencial e eliminação de toda sorte de tarefa que não agregasse valor.

---

[22] Em 1996, os treinamentos alcançaram a média de 60 horas por empregado, 50% mais elevada que as 40 horas médias de dois anos antes.

A alquimia organizacional

É interessante ressaltar que todas essas mudanças no campo do gerenciamento do trabalho e das qualificações se fizeram *de modo concomitante* com a desativação do órgão ao qual estavam tradicionalmente afeitas as questões relativas à política de recursos humanos. Na verdade, o aparente paradoxo se resolve quando se tem em conta que surge um novo pólo de gravidade para onde se deslocam as decisões institucionais com respeito à matéria: o Programa de Qualidade. A ele passa a estar deferida a concepção, animação e implementação daquilo que a "Companhia" considerava a porção "nobre" da gestão dos seus recursos humanos — reorganização do trabalho em equipe, política de treinamento, plano de carreira por habilidades e política de incentivos ao desempenho. Todos esses temas passaram a incluir-se no marco do programa de qualidade da empresa. Em torno dele se erigia mais um pilar daquela "nova institucionalidade" à qual fiz referência anteriormente.[23]

A "Companhia" passa a ser cortada, então, do topo à base das suas decisões técnicas, por uma nova estrutura organizacional, aparentemente eficaz na tomada de decisões, conquanto escapasse por completo ao que estava normativamente regulado. Tal estrutura era o esteio do esforço por formar uma nova comunidade de interesses, por fabricar um novo consenso, erigido em base a uma também nova institucionalidade; dela estavam igualmente distantes, no momento do trabalho de campo, tanto a diretoria da empresa (o seu conselho de acionistas sequer acompanhava tais mudanças), quanto o sindicato dos trabalhadores.

Uma rápida vista d'olhos nos seis pontos que formam a espinha dorsal da nova política de gestão do trabalho por certo já deve ter chamado a atenção do leitor para o saliente lugar ocupado pelas políticas voltadas à qualificação na manufatura desse novo

---

[23] É significativo que a "Companhia" tenha delegado a direção desse programa a uma mulher, documentalista, cujo *status* na organização é alçado, na prática, ao nível de uma diretora.

consentimento: dos seis instrumentos de ação, nada menos que cinco diziam diretamente respeito à produção, acompanhamento, premiação e gerenciamento das novas competências que o imaginário gerencial entendia necessárias a soldar a nova realidade das relações sociais na "Companhia".

Onde os limites dessas novidades? Até onde pude acompanhar a trajetória do caso, esses limites estavam na precária formalização dos novos artefatos institucionais que se experimentava, tanto quanto na sistemática exclusão do contendor (o sindicato), o que mantinha sempre sob risco e na defensiva o pólo inovador na organização. Ademais, se bem fosse certo que o sindicato não dispunha de uma efetiva organização no local de trabalho (e disto decorria, em grande medida, a viabilidade desse envolvimento de tipo compulsório), sua força virtual não era desprezível, exprimindo-se tanto no persistente e elevado índice de sindicalização, como na lealdade dos trabalhadores da "Companhia" a boa parte das iniciativas políticas do sindicato.

A plausibilidade dessa interpretação supõe, contudo, a resposta positiva a uma última indagação: será que os horizontes dessas novas formas institucionais poderiam ser distintos sob outra modalidade de gestão? Acredito que sim, com base no que sugere o acompanhamento do caso da "Química", última das situações-tipo de que tratarei neste capítulo.

5. AS CHANCES DA INSTITUCIONALIZAÇÃO NO ENVOLVIMENTO COLETIVAMENTE NEGOCIADO — O CASO DA "QUÍMICA"[24]

O caso da "Química" é exemplar tanto pelas mudanças, quanto pela persistência de determinados aspectos do seu arca-

---

[24] O caso da "Química" foi originalmente coletado por mim e por Álvaro Comin, que se encarregou da redação do primeiro relatório de cam-

bouço institucional e normativo. Trata-se do caso em que esse arcabouço foi, desde sempre, mais flexível, dadas as características da empresa: privada, multinacional, com inúmeras plantas espalhadas pelo país, relativamente menos dependente e, portanto, menos subordinada ao Estado brasileiro.

O processo de abertura comercial afetou-a também, mas de maneira bastante distinta dos demais casos. Conquanto nunca tivesse desfrutado de um monopólio legal sobre seus mercados, a "Química" não desconhecia os efeitos da concorrência, embora tivesse sempre sido hegemônica nos mercados em que atuava. A entrada de novos concorrentes, por outro lado, não anulou o fato de que, pertencendo a um dos maiores grupos mundiais no ramo, estava, desde sempre, de algum modo inserida na acirrada disputa por mercados, motivadora de competitividade. O processo de abertura comercial fez com que a empresa mergulhasse em estratégias de negócios fortemente globalizadas, emuladas por sua matriz. Desse modo, embora houvesse experimentado algumas perdas com a abertura, foi capaz de responder rapidamente ao novo cenário, mantendo-se hegemônica em seus mercados.

Em termos da gestão dos negócios, isso significou uma descentralização bastante profunda no âmbito da planta, passando cada uma de suas principais atividades a se reportar a departamentos corporativos de negócios, não só autônomos, como virtualmente internacionalizados. O modelo de gestão organizacional, por sua vez, viu-se diretamente afetado por essa estratégia, na medida em que cada atividade principal teria de responder por sua performance junto a instâncias que já não se localizavam na planta (e, de certo modo, nem no país): as direções das unidades produtivas. No caso da "Química" eram três as unidades produ-

---

po. Posteriormente, nós o revisamos para inclusão no texto de Guimarães e Comin (2000), de onde extraí a análise que se segue. Agradeço a Álvaro Comin pelo apoio na coleta, pela lucidez da sua análise inicial e pelo intercâmbio de idéias.

tivas, responsáveis por quatro linhas de produtos, os quais poderiam chegar a quinze ou vinte, dependendo do momento. Elas eram dotadas de grande autonomia de gestão organizacional. Daí resultaram três trajetórias de reorganização razoavelmente distintas (com resultados em termos de ganhos de produtividade também desiguais), mas que, apesar disso, procuraram cada qual fazer face a um mesmo conjunto de desafios, uma vez que partilhavam uma herança comum.

Esses desafios estavam concentrados em duas frentes. A primeira delas consistia na necessidade de reduzir drástica e rapidamente os custos fixos da produção, em meio a um cenário inicial (1990-1992) altamente adverso, caracterizado por recessão, inflação, política de juros elevados e câmbio crescentemente defasado, resultados das (desastradas) tentativas do governo Collor de controlar a inflação. Nesse cenário, novos investimentos produtivos, seja em capital fixo, seja em expansão da produção, estavam desde logo descartados. O ajuste possível, tal como vislumbrado pelas direções das três diferentes unidades, foi o mesmo, conquanto executado com sucesso bastante desigual: redução de efetivos.

O segundo desafio repousava precisamente na dificuldade de se construir um novo arranjo regulatório que facultasse a relação entre os atores; isto porque falira o arranjo anterior, baseado na estabilidade de emprego e no confinamento do conflito quase que exclusivamente à questão salarial. Desafiava esse objetivo a própria natureza do período, marcado pela eliminação de postos de trabalho (de empregos, portanto) e pela presença de uma organização sindical que, se não estava organicamente enraizada (já que não fora capaz de implantar comissões de fábrica), contava com uma evidente fidelidade dos empregados. Além disso, a "Química" estava implantada no reduto de um sindicato bastante poderoso, e que não se podia simplesmente ignorar.

Diante desse duplo desafio, é evidente que o primeiro seria preponderante; e assim foi. Ao longo dos anos 90, foram eliminados cerca de 50% dos empregos existentes em 1989, enquanto que mantido praticamente intacto o volume de produção.

A alquimia organizacional

Tal como nos demais exemplos, vê-se também aqui que as políticas de qualidade e de qualificação foram os canais inicialmente buscados para a fabricação de alguma outra forma de regulação, condizente com as novas necessidades. Opção seguramente impulsionada pela enorme proeminência que passavam a assumir os engenheiros, agora os responsáveis por praticamente toda a política de gestão de pessoal (inclusive a de admissão e demissão). A rápida substituição da geração de operadores que estavam na planta havia 15, 20 anos (e cuja "cultura" já não se podia mudar, segundo todos os depoimentos colhidos) foi justificada em nome da qualidade, que se passou a buscar através do incremento educacional dos trabalhadores, possível apenas com a absorção de jovens ("os mais velhos já não querem aprender").

Tudo indica que, até pelo menos 1994, esses esforços não foram capazes sequer de amenizar o clima extremamente conflagrado que caracterizava a história dessa fábrica. As dificuldades do grupo multinacional com aquela que era tida como uma de suas mais importantes plantas levou-o a iniciativas mais ousadas. Em 1995, um novo superintendente foi deslocado para a direção, com o propósito explícito de apaziguar as relações trabalhistas e sindicais. A descentralização da gestão entre as unidades foi aprofundada, buscando-se estreitar o contato entre os gestores e os operadores. Uma espécie de "reforma branca" na estrutura de carreiras, já iniciada aos poucos, foi acelerada, visando à redução dos níveis hierárquicos, à redistribuição de tarefas e à homogeneização, em termos de *status* ao menos, do corpo de operadores que, em sua maioria, passou a ostentar o título (e o salário) mais elevado da carreira.[25]

---

[25] Utilizo a expressão "reforma branca" (concordando com Comin *apud* Castro *et al.*, 1998) porque, a despeito de se haver processado uma reforma de fato na estrutura de carreiras, formalmente ela se manteve intacta, conservando a mesma nomenclatura, à diferença do que ocorreu no caso da "Companhia", antes relatado.

A necessidade de prosseguir com os planos de "enxugamento", entretanto, não favorecia a constituição de um clima organizacional mais pacífico. Teve início, então, o que se poderia qualificar de uma nova "filosofia de enxugamento" (na qual, como se verá, a questão da qualificação passou a ter papel decisivo). As demissões "à moda antiga", ou seja, determinadas unilateralmente pelas gerências e seguindo exclusivamente o *script* da CLT (aviso prévio de um mês e indenização proporcional ao FGTS), geravam enorme insatisfação interna; a tradição de baixa rotatividade da empresa, bem ou mal, buscava gerar um compromisso de "pertencimento à casa" por parte dos trabalhadores, freqüentemente aludido como suporte da convivência no período anterior (anos 80). E, além disso, fornecia farta munição ao sindicato para promover campanhas hostis à empresa.

A nova "filosofia de enxugamento", na prática, consistiu na introdução de paliativos ao processo de desligamento: pagamento de verbas rescisórias além do previsto em lei, manutenção de determinados benefícios, como seguro-saúde, por alguns meses após a demissão, consultoria de *outplacing* (em geral para os níveis gerenciais), financiamento para aquisição de equipamento necessário para o desempenho de atividades autônomas (eventualmente para a própria "Química"), cursos de inglês e informática. Boa parte desses arranjos, contudo, ocorriam *ad hoc*, caso a caso, sendo negociados ou sugeridos ao funcionário de acordo com sua situação e perfil individuais. Tem-se aí um elemento bastante revelador das novas estratégias buscadas pela empresa: note-se que tais políticas de apoio aos desligados escapavam de normatizações explícitas, evitavam as negociações coletivas (onde o sindicato certamente buscaria se introduzir) e não consolidavam acordos formais ou mesmo tácitos que impusessem jurisprudências ao futuro.

Na estratégia da empresa, contudo, o espaço para a "ação coletiva" não era anulado, mas sim reinventado, agora sim, dotado de formalidade, de uma quase institucionalidade. Esse espaço era (significativamente, em face da hipótese aqui assumida sobre o papel das políticas de gestão da qualificação) o "Programa de Qualificação para a Empregabilidade" (PQE). O programa teve origem nos escalões corporativos da empresa (em sua matriz brasileira) e não foi originalmente concebido para essa unidade. Pelo contrário, segundo os depoimentos, temia-se que o programa fracassasse, justamente pelo caráter historicamente conflituoso das relações trabalhistas e sindicais na planta.

Prevaleceu, contudo, a avaliação inversa, sustentada pela nova direção da "Química" e por alguns dos quadros de RH da matriz brasileira, responsáveis pela elaboração original do projeto. O apaziguamento nas relações trabalhistas na planta deveria ser buscado através de mecanismos de envolvimento, seja dos trabalhadores, seja do sindicato, capazes de comprometê-los de alguma forma com as mudanças gerenciais em curso. O PQE, claramente, foi assumido como um expediente orientado para essa finalidade.

Essa interpretação é sustentada pelos próprios depoimentos colhidos junto a quadros da empresa, responsáveis pela implementação do Programa (e, curiosamente, apenas parcialmente pelos sindicalistas), que reafirmaram sempre que "o processo", ou seja, a formação de um novo espaço de interlocução, era mais importante que seus "resultados", o eventual aprimoramento profissional dos trabalhadores.

Tal como no caso da "Petroquímica", o ponto de partida do Programa foi a realização de uma ampla pesquisa entre os funcionários da planta, abrangendo todas as áreas e níveis hierárquicos, focando o conjunto de suas qualificações educacionais e técnicas, além de habilidades informais não necessariamente relacionadas ao desempenho de suas funções na empresa (conhecimentos de música, línguas, artesanato etc.).[26]

---

[26] A pesquisa foi realizada por um grupo de pesquisadores da PUC/Cogeae. Consistiu na aplicação de um questionário-padrão entre todos os funcionários (com retorno de mais de 90%), entrevistas em profundidade com uma amostra de trabalhadores e discussões em grupo focais. Por ra-

Pouco antes da realização da pesquisa, um comitê paritário foi constituído. Ele era formado por 2 representantes da empresa (um da área de Relações Industriais e outro da Gerência de Qualidade), 2 funcionários (indicados através de "consultas informais"[27]) e 2 representantes do sindicato. Uma campanha de esclarecimento e divulgação precedeu a realização da pesquisa. O comitê pouca influência teve na concepção da pesquisa. Sua participação, de fato, deveria ter início nos trabalhos de interpretação de seus resultados e na programação da continuidade do programa. Uma vez concluída a coleta de informações sobre o perfil dos trabalhadores e suas expectativas, o comitê passaria a ter funções mais dinâmicas. Interpretar os resultados da pesquisa e socializá-los foi sua tarefa no segundo semestre de 1997.

Dada a própria concepção do projeto, esse processo de socialização deveria servir para mobilizar e envolver os funcionários, mais do que simplesmente para divulgar resultados. Com esse objetivo, procedeu-se à criação de 15 grupos de 30 pessoas (o que perfazia quase 100% do efetivo total de 450 empregados), de onde foram escolhidos 4 trabalhadores para participar das discussões sobre os resultados, atuando depois como multiplicadores junto aos colegas. Pretendia-se, com isso, que as conclusões dessa primeira fase dos trabalhos ganhassem legitimidade, ao serem filtradas e apresentadas pelos próprios funcionários, efeito que talvez não se verificasse se o vetor de comunicação fossem os dirigentes da empresa ou mesmo os pesquisadores contratados externamente. No momento em que nossa equipe finalizou o trabalho de campo (início do segundo semestre de 1997), esses grupos co-

---

zões de sigilo, para não identificar a empresa, tal relatório não está sendo aqui citado.

[27] Quanto ao caráter informal da escolha/indicação há consenso nos depoimentos. A direção da empresa qualifica esses funcionários de "representantes", considerando o processo de escolha satisfatoriamente democrático; já os sindicalistas os consideram "indicados", uma vez que não houve um processo eleitoral formal.

A alquimia organizacional

meçavam a operar, aparentemente com significativa adesão dos trabalhadores.

Não é casual que o PQE tenha inspiração em experiências de retreinamento profissional de trabalhadores, levadas a cabo de forma pactuada entre sindicatos e empresas norte-americanos. O propósito de envolver o sindicato nesse arranjo é parte vital da iniciativa, dada a penetração deste na planta; por outra parte, a maneira ambígua como o mesmo se engajou é bastante expressiva. Ele não hesitou em indicar os dois nomes requisitados pela empresa para compor o comitê paritário; mas, ao que tudo indica, pouca energia investiu em participar do Programa. Segundo os próprios representantes entrevistados, o sindicato não podia deixar de participar da iniciativa, porque, em primeiro lugar, uma atitude de simples rechaço poderia ser traduzida, perante os funcionários da empresa, como falta de interesse por uma temática que claramente se constituía em um problema vital para todos; isto reafirma a importância da qualificação como terreno para negociação do consentimento, ao menos naquela conjuntura. Em segundo lugar, alegavam que o sindicato jamais deveria deixar de ocupar os espaços de alguma forma abertos à sua influência pelas políticas da empresa, no tocante ao pessoal. Além do mais, se o Programa de fato pudesse render algum tipo de benefício para os empregados, era necessário explorar a possibilidade.

Por outro lado, enorme desconfiança caracterizava a avaliação que os representantes sindicais fizeram do Programa, o que em parte justificava seu empenho relativamente tímido em participar do comitê gestor. Para eles, a "Química" só tomava uma iniciativa dessas porque esperava auferir ganhos, que provavelmente seriam derivados da maior qualificação dos trabalhadores e sua conseqüente disponibilidade para exercer um número maior de funções, substituindo, ao fim e ao cabo, os seus próprios companheiros. Isso não deveria desmerecer a importância, evidente para os trabalhadores individuais, de adquirir novas qualificações; mas estes não deveriam perder de vista que era o interesse da empresa (e não o dos empregados) a motivação do Programa. Note-

226 Estratégias de seletividade ocupacional

se que, com isto, os sindicalistas viam no Programa, direta ou indiretamente, virtualidades que nem sequer seus implementadores pretendiam. Para os dirigentes sindicais, o Programa resultaria de uma necessidade concreta da empresa de requalificar técnica e profissionalmente seus funcionários, visando à polivalência, à redução de quadros e aos conseqüentes ganhos de produtividade e competitividade. Mas o PQE não foi concebido como um vetor de requalificação e aperfeiçoamento técnico operacional dos trabalhadores, e sim para difundir uma nova cultura organizacional, baseada no consenso e não mais no conflito.[28] A filiação do sindicato à CUT (com tudo o que aí está implicado) e a tradição de conflitos com a empresa também se interpuseram entre os sindicalistas e a participação no Programa.[29]

A título de conclusão, é possível caracterizar a experiência do PQE como um expediente razoavelmente eficiente de recomposição do ambiente organizacional, pela via do consenso, em pleno movimento de enxugamento de efetivos. Através dele, a empresa procurou criar novas formas institucionais de entendimento, desvinculadas das formas mais tradicionais de representação

---

[28] De certo modo, a desconfiança dos sindicalistas "errou o alvo" por superestimar as intenções do programa.

[29] Ilustra essa afirmação um episódio ocorrido no segundo semestre de 1996, quando tinha início o trabalho de interpretação da pesquisa. Durante a campanha para a sucessão da direção sindical na região, os sindicalistas enfrentaram uma oposição oriunda da própria Central, mas de inclinação mais radical, que se utilizou da participação do sindicato no PQE da "Química" como peça de campanha, sublinhando o caráter duvidoso do comportamento do sindicato que se punha a "colaborar" com a empresa. Temerosos das repercussões políticas de sua participação, os representantes sindicais optaram por se afastar temporariamente das reuniões do comitê até que se verificassem as eleições. De modo que, até o momento em que nossa pesquisa acompanhou os trabalhos do PQE na empresa, a participação sindical vinha sendo quase ocasional, mas de toda forma o simples fato de existir uma representação sindical, especialmente por não ser este um sindicato de tradição "colaboracionista", tendia a conferir grande legitimidade ao programa.

A alquimia organizacional

de interesses, "roubando" assim ao sindicato a iniciativa nesse terreno, sem excluí-lo, contudo. Pelo contrário, comprometia trabalhadores e sindicato com sua agenda (o enxugamento e o aumento da produtividade), apresentando-a sob a forma de um desafio comum (a qualificação para a empregabilidade) e irrechaçável. Jogava para esses (trabalhadores e sindicato) parte da responsabilidade pela construção de compromissos coletivos com o processo de reestruturação, sem assumir qualquer contrapartida *a priori* que não a de aceitar a sua participação.

A eficiência do PQE em termos dos objetivos poderia ser mensurada por um resultado em nada desprezível: o fato de que durante a implementação do Programa nenhum conflito coletivo tenha ocorrido na empresa, após quase uma década de greves anuais.[30] A "Química" sustentou um clima de distensão interna nas relações com seus funcionários, ao mesmo tempo que realizava importantes mudanças organizacionais, enxugava e principalmente reciclava seus efetivos, substituindo a velha geração de operadores, muito comprometida com a antiga cultura organizacional da empresa — e não casualmente também com o sindicato —, por um novo coletivo que a empresa esperava viesse a constituir campo fértil para a nova "filosofia gerencial", que se queria consolidar.

6. AS BASES PARA O CONSENTIMENTO: REFLETINDO CONCLUSIVAMENTE SOBRE OS CASOS

Observando esses quatro casos-tipo, vale indagar: quais deles evidenciaram as novas formas institucionais de pactuação (re-

---

[30] É certo que outros fatores concorriam para esse clima de "paz". Os altos índices de desemprego, somados à queda abrupta nas taxas de inflação, muito possivelmente foram intervenientes de grande importância a

correntemente situadas no terreno das políticas de qualificação), que ilustram o novo tipo de regime fabril, cujas linhas gerais sistematizei no capítulo 3?

Organizarei as minhas observações em duas dimensões: a natureza e o alcance das mudanças e as formas de pactuação que delas resultaram.

Uma primeira observação refere-se ao fato de que, independentemente do ponto de localização na cadeia produtiva, todas as empresas manifestaram passar por um processo intenso de transformações nas suas práticas de emprego e de uso do trabalho. Essas transformações apontavam, *grosso modo*, na direção dos elementos que resumidamente alinhei no capítulo 3. Sem embargo, mostraram-se variáveis a intensidade dessas transformações, a longevidade dos processos de mudança, bem como a eficácia e abrangência das alterações almejadas pelo discurso gerencial. Tal variação se expressa através de quais características? A primeira delas é a diferenciada exposição à competição, especialmente à competição no mercado internacional. Foram justamente as duas empresas que dispunham de espaços cativos no mercado nacional (a "Refinaria" e a "Petroquímica") aquelas que mais lentamente incorporaram mudanças nas suas estratégias gerenciais e, particularmente, na sua política de pessoal. Certamente, há que ter em conta o efeito de uma outra variável que as distinguia: estas eram as empresas mais fortemente sujeitas aos ditames da política governamental de investimentos (no momento da pesquisa de campo, uma delas ainda era estatal e a outra apenas muito recentemente havia sido privatizada).

Segunda observação (e ainda mantendo-me no mesmo campo de reflexão): a lentidão na incorporação das mudanças parece responder à estreiteza dos graus de liberdade abertos, em cada situação, pela condição institucional. Tanto num caso quanto nou-

---

explicar a redução no ímpeto grevista daquele sindicato, tanto quanto do sindicalismo brasileiro como um todo.

tro (vale dizer, tanto na "Refinaria" quanto na "Petroquímica") encontramos evidências de que cada uma dessas organizações internalizava os desafios que a emergência do novo regime fabril lhes impunha, e se empenhava no sentido de encontrar soluções próprias e inovadoras para a gestão do seu pessoal. No caso da "Refinaria" muito cedo ali se desenvolveu um grupo dirigido a pensar um programa de reestruturação de carreiras e, especialmente, de certificação de operadores, o qual não apenas ampliaria o escopo das competências e habilidades dos seus quadros operacionais, como lhe permitiria um gerenciamento flexível do uso do trabalho e um sistema de remuneração variável numa carreira, sem os "gargalos" tradicionais, num setor de elevada estabilização da força de trabalho principal.

No caso da "Petroquímica", a inventiva gerencial foi ainda mais longe: ela mobilizou todo o coletivo fabril num amplo processo de mapeamento de competências com vistas à montagem de um "Programa de Capacitação Profissional". Qual a novidade desse Programa? Mais que um mero rol de treinamentos a oferecer, tratou-se de repensar os conteúdos dos trabalhos em todas as atividades e carreiras: qual o perfil de habilidades próprio a cada uma das funções, qual o perfil de habilidades próprio a cada um dos trabalhadores que as ocupavam, onde se localizavam as defasagens por suprir e como preenchê-las. Novamente, onde a novidade? Na forma como o Programa foi sendo executado em suas várias etapas, a saber: os diagnósticos de perfis eram fruto de consulta universal, a chefias e a subordinados; nestas, uns e outros avaliavam os conhecimentos, habilidades e atitudes de cada trabalhador e, caso as avaliações discrepassem, decidiam, num processo almejadamente dialógico — de convencimento recíproco —, o ponto exato da "matriz de habilidades" onde cada trabalhador deveria ser localizado.

Significativamente, tanto no caso da "Refinaria", como no caso da "Petroquímica", ambos os projetos institucionais foram de eficácia duvidosa: o programa de certificação de operadores vivia de delonga em delonga; o programa de capacitação jamais passou da sua parte diagnóstica, desmoralizando o esforço coletivamente mobilizador daqueles que o conceberam. Onde os limites de um procedimento aparentemente tão virtuoso? Por que intenção não se traduziu em eficácia? Acredito que esses limites tenham uma dupla origem. Por um lado, a ausência de autonomia institucional para responder ao contexto mais amplo com soluções e políticas próprias, que mobilizassem os recursos intra-institucionais. Por outro, o paternalismo (ao qual pleonasticamente acrescentei o qualificativo de autoritário) que marcava as relações entre gerências e trabalhadores.

É eloqüente que, no caso da "Refinaria", o plano de certificação de operadores tenha sido reconhecido pela "Sede" como uma iniciativa gerencial inovadora. Não obstante, a refinaria que o concebeu não foi aquela autorizada a testá-lo. A escolhida foi uma outra refinaria que, aos olhos da burocracia central da Petrobras, parecia mais afeita a pô-lo em prática com eficácia. Igualmente sugestivo era o destino do programa de capacitação desenvolvido pela "Petroquímica": sua forma inovadora de conceber carreiras e qualificação desafiava o congelamento em que a alta burocracia estatal mantivera a sua política institucional de quadros; o "modelo Petrobras" deveria ser seguido pela "Petroquímica" (e ele não comportava flexibilidades na definição e administração das carreiras), mesmo quando a própria Petrobras já dava mostras de seu esgotamento, alterando denominações e atribuições de cargos.

Mas, na raiz dessa incapacidade de transformar intenções em realidade, creio que possa estar um outro determinante que advém não do tipo de propriedade de capital, mas do modelo de gestão. Tanto na "Refinaria" quanto na "Petroquímica" as estratégias da alta gerência pareciam desprezar o efetivo envolvimento, seja dos chãos-de-fábrica, seja dos profissionais de nível superior, que não fosssem engenheiros. Mais que nas outras empresas observadas, essas organizações pareciam erigir-se sobre um valor: o da soberania da autoridade do grupo profissional dos engenheiros. A contraface desse valor era, naturalmente, a forma

A alquimia organizacional

paternalista com que a hierarquia era assumida, na ausência de regras externas à autoridade soberana dos engenheiros, único grupo social capaz de perscrutar o ambiente externo, conceber políticas e validá-las.

Duas evidências podem corroborar essa interpretação: tanto na "Refinaria" quanto na "Petroquímica" (e, nesse sentido, diferentemente das duas outras empresas estudadas) o ingresso na chamada "era da qualidade" não fez emergir, na estrutura de poder da empresa, novos grupos profissionais, com habilidades estratégicas a um só tempo específicas e distintas do grupo dos engenheiros. Vale dizer, reproduziam-se, em ambas as empresas, as antigas assimetrias entre os grupos de profissionais universitários. Uma segunda evidência vem do modo como a nova conjuntura afetou critérios de ocupação dos postos de mando mais tradicionais (por exemplo, as chefias de unidades). Mais uma vez, nem a "Petroquímica" e nem a "Refinaria" apresentam evidência (como há para, pelo menos, um dos outros casos) de que a experiência profissional e o tempo e a confiança "da casa" pudessem ser critérios para elevar trabalhadores de nível médio a postos antes privativos de profissionais engenheiros, como chefias de unidades de produção. Acredito, por isso mesmo, que, num e noutro caso, o paternalismo com que as chefias eram exercidas solapava as chances de um efetivo enraizamento institucional de inovações no âmbito da gestão do trabalho e da qualificação.

Diferentemente desses dois, foram estudados outros casos, em que mudanças na gestão do trabalho e da qualificação parecem ter tido mais amplo alcance e, pelo menos num deles, chegado a dar lugar a formas institucionais novas e desafiadoras, não apenas por criarem âmbitos de pactuação que extrapolam as instâncias tradicionais da organização, enriquecendo-a, como pelo fato de que esses âmbitos se baseiam no reconhecimento do antagonista (o sindicato) como interlocutor legítimo. Que parece especificar esses casos, particularizando-os frente aos anteriormente referidos? Como podem eles ajudar a elucidar os fundamentos e as chances dessas novas instituições e suas virtualidades para negociar as condições de trabalho dos "sobreviventes"? Arrisco antecipar que, sem desconsiderar os efeitos de contingências do ambiente (como mercado em que competem, propriedade do capital ou localização), são as características da cultura organizacional (voltada para a obtenção do envolvimento dos trabalhadores, tanto num quanto noutro caso) o principal determinante da eficácia dessas políticas. Mas envolvimento não é uma noção unívoca. Ao contrário, à luz dos dois últimos casos descritos neste capítulo, pode-se ilustrar uma modalidade distinta de estratégia de envolvimento.

No caso da "Companhia", denominei tal estratégia de "envolvimento individual compulsório", porque baseada em dois pilares. Em primeiro lugar, tratava-se de buscar o compromisso ativo do indivíduo trabalhador com os alvos gerenciais, deixando sempre claro que esse compromisso se tecia num jogo de tipo "soma zero" com o sindicato. Em segundo lugar, e em decorrência da característica anterior, o envolvimento não perdia um certo laivo de compulsoriedade, posto que o "despotismo do mercado" (expresso no risco permanente da demissão pela perda de confiança da "Companhia") era a "espada de Damocles" a pesar sobre aqueles a quem se queria atrair.

No caso da "Química", a estratégia caracterizava-se por um "envolvimento coletivamente negociado". E, por isto mesmo, na medida em que se projetava num acordo com o antagonista, numa convergência de interesses, suas chances (e diria mais, necessidades) de institucionalização se tornavam maiores. Ali, ao contrário do caso da "Companhia", o despotismo de mercado reaparecia com sinal trocado: era na busca da preservação, seja do emprego na "Química", seja das condições de empregabilidade fora dela (na contingência de uma demissão, por todos indesejada), que se erigia o discurso gerencial que forjava o compromisso em torno de um programa paritário, sugestivamente centrado no lema "Qualificação para a Empregabilidade".

Deslindados os mecanismos pelos quais o ajuste transcorreu nas quatro situações-tipo; desvelados padrões de racionalização

A alquimia organizacional

233

do trabalho; estabelecida a importância do terreno das políticas gerenciais de qualificação profissional no enraizamento do novo regime fabril que emerge no pós-90, penso haver avançado no conhecimento sobre o ajuste, os seus sobreviventes e as formas pelas quais foram negociar as novas condições da inclusão nos ambientes reestruturados de trabalho.

Entretanto, uma parcela significativa dos trabalhadores da químico-petroquímica empreendeu um percurso que, longe de se caracterizar pela sobrevivência, foi marcado pelo desligamento do mundo do trabalho, registrado e protegido, da moderna indústria químico-petroquímica. Que destinos ocupacionais lhes foram reservados? Assim como inquiri sobre os capitais de sobrevivência nos ambientes reestruturados, que ativos sustentaram os esforços de reinserção no trabalho? Quem logrou sucesso nessas tentativas? Variaram os destinos ocupacionais e percursos de reinserção segundo os mercados regionais de trabalho? Este será o objeto da terceira e última parte deste livro.

Parte 3

OS DESTINOS DOS TRABALHADORES DESLIGADOS

6.
O DESTINO DOS DEMITIDOS: A CONTRIBUIÇÃO DAS ANÁLISES LONGITUDINAIS AO ESTUDO DAS MUDANÇAS NO TRABALHO NO BRASIL[1]

Ao longo dos capítulos precedentes, que formaram a segunda parte deste livro, procurei refletir sobre os impactos do processo de reestruturação da indústria sobre os ambientes produtivos, e sobre as formas de inclusão daqueles trabalhadores que permaneceram nos mercados internos às firmas. Tomei como referência uma cadeia produtiva — a da químico-petroquímica — em que foi amplo o espectro de mudanças ocorridas, envolvendo reestruturação patrimonial, tecnológica e organizacional. Além de amplas, as mudanças se concentraram no curto lapso de cinco anos (a primeira parte dos anos 90), momento em que se instabilizaram as condições de competição, tanto no mercado nacional quanto no mercado internacional. Nessa cadeia produtiva, o uso do trabalho havia sido, até o final dos anos 80, orientado por estratégias de gestão que valorizavam a continuidade dos vínculos (o

---

[1] Este capítulo reúne e sistematiza reflexões que desenvolvi sob o estímulo de três diferentes e instigantes oportunidades de discussão acadêmica. Em primeiro lugar, em 7-8/12/1998, como expositora convidada do Workshop "Conceitos Empregados na Educação Profissional — Módulo 1: Mercado de Trabalho e Formação Profissional", promovido pelo NETE — Núcleo de Estudos sobre Trabalho e Educação da Universidade Federal de Minas Gerais; para aquela ocasião, preparei uma comunicação intitulada "Mercado de trabalho industrial, seletividade e qualificação: contribuição das análises longitudinais" (Castro, 1998a). Em segundo lugar, na oportunidade da preparação da comunicação intitulada "Mobilidade ocupacional e carreiras profissionais: aspectos metodológicos e desdobramentos sociológicos das análises longitudinais do mercado de trabalho" (Guimarães e

O destino dos demitidos 237

"casamento com as plantas", no dizer dos trabalhadores), as formas de gestão em equipe, de uma força de trabalho com altos níveis de escolarização (vistas as médias nacionais) e cuja adesão aos alvos gerenciais — num processo de elevado risco, alto custo e forte automatização de procedimentos — se sustentava em políticas de salários e benefícios bastante avançadas em face do usual nas indústrias brasileiras até os anos 90.

Viu-se como o ajuste macroeconômico e a reestruturação microorganizacional impuseram mudanças importantes em todas as firmas-tipo que foram estudadas. Conquanto o alcance, o ritmo e a forma de negociação variassem, caso a caso, conforme a posição na cadeia e o complexo onde se localizavam as firmas, é fato, entretanto, que em todas as empresas os impactos, notadamente no que concerne à contração no emprego, foram ponderáveis.

Diante da magnitude das conseqüências, uma primeira indagação — que busquei responder anteriormente — referiu-se à forma como as organizações se ajustaram ao novo contexto (capítulo 3), os impactos desse ajuste sobre o volume do emprego (capítulo 4), e sobre as políticas voltadas à produção do consentimento dos trabalhadores "sobreviventes" com respeito às novas condições da organização da produção e do uso do seu trabalho (capítulo 5).

Entretanto, dada a magnitude da contração no emprego, uma

Comin, 1999), apresentada, pelo co-autor Álvaro Comin, em evento promovido pelo GT "Trabalho e Sociedade", na oportunidade do XXIII Encontro Anual da Anpocs (Caxambu, 19-23/10/1999). Finalmente, mais recentemente, voltei a sistematizar minha reflexão sobre o tema, por ocasião da preparação da conferência "Lidando com o tempo nas análises em Sociologia do Trabalho: mera variável de controle ou uma variável endógena ao modelo de explicação", proferida em 28/7/2002, na Universidade Federal de Minas Gerais, como aula inaugural do Curso de Metodologia Quantitativa em Ciências Sociais, promovido pelo Departamento de Sociologia da UFMG e pela Fundação Ford. Agradeço a Paulo Henrique da Silva, Marcelo K. Faria, Fernando Fix, Marcus Farbelow e Patrícia Stefani pelo apoio que me deram, em diferentes momentos, na preparação dos dados que uso na segunda parte deste capítulo.

quantidade ponderável de trabalhadores foi tornada redundante em face das metas gerenciais de racionalização do trabalho e de operação das plantas industriais nos novos ambientes produtivos. Conquanto ilustrado, no capítulo 4, com dados selecionados para a cadeia químico-petroquímica, tal processo atingiu em cheio a indústria brasileira como um conjunto. De fato, durante os anos 90, o nível de emprego caiu sistematicamente. Ao longo da década, a confluência entre crescimento da produção, da produtividade e da competitividade industriais conviveu com a sistemática perda no volume do emprego industrial, que pareceu imune aos movimentos cíclicos, sequer respondendo de modo importante aos breves momentos de retomada de crescimento econômico.

Tal tendência restabeleceu a importância dos estudos sociológicos sobre a dinâmica dos mercados de trabalho, que passaram a ser requeridos como aliados analíticos importantes das abordagens voltadas para caracterizar as transformações que tinham lugar do lado de dentro dos muros das fábricas. Mais ainda, o destino dos trabalhadores que não haviam conseguido se manter ocupados nos seus postos tornou-se alvo de crescente interesse. Uma vez demitidos, num contexto de contração significativa e duradoura da oferta de trabalho nos seus setores de origem, que se passava com os mesmos? Quem lograva reinserir-se no mercado de trabalho? Em que posições?

Essa agenda de indagações, além de renovar as problemáticas abordadas, impeliu a necessidade de renovar as metodologias para a sua abordagem. Isto porque a necessidade de desvelar as trajetórias ocupacionais dos demitidos impunha a urgência de repensar os estilos de análise da Sociologia no que concernia aos estudos do mercado de trabalho. As análises transversais sobre a inserção de contingentes de trabalhadores, observados num único momento de tempo, mesmo quando replicadas em sucessivas amostras independentes, formando séries temporais, não pareciam robustas o suficiente para dar a resposta adequada ao tipo de indagação que se colocava. Uma inovação metodológica se requeria. Mediante o desenvolvimento de bases longitudinais e a utili-

O destino dos demitidos

zação de técnicas mais robustas para a análise desse tipo de dados, novos resultados de pesquisa puderam ser produzidos.

É disto que trata o presente capítulo. Seu partido é eminentemente metodológico. Ele visa apresentar essas inovações, explorando por que se fizeram necessárias, como se expressaram em novas bases de dados e procedimentos de análise. Para fazê-lo, organizo o texto em duas partes. A primeira argumenta em favor da importância das análises quantitativas de tipo longitudinal para o entendimento não apenas da dinâmica do mercado de trabalho, mas para melhor elucidar aspectos da natureza da reestruturação industrial em curso. De não muito longa tradição entre nós, esse tipo de estudo traz desafios metodológicos, mas aporta também um potencial analítico extremamente promissor. A segunda parte do capítulo ilustrará, com dados para o Brasil, a utilidade dessa ferramenta de trabalho, suas modalidades e as vantagens e limites que a elas se associam. Para tanto, tomarei como referente empírico as trajetórias de mobilidade no mercado dos empregos formalmente registrados, entre 1989 e 1997, da coorte dos trabalhadores desligados da indústria brasileira no ano de 1989. Eles foram escolhidos por exemplificarem o longo percurso das incursões desse grupo de demitidos na busca de emprego formalmente registrado, num lapso de oito significativos anos, nos quais eram intensos o ajuste macroeconômico e a reestruturação microorganizacional. Assim fazendo, defenderei o valor heurístico das análises de tipo longitudinal.

O argumento que aqui inicio terá continuidade nos dois capítulos subseqüentes. Neles, retomarei a análise do setor da indústria que é objeto privilegiado de interesse, de modo a verificar o que se passou com os que foram desligados no curso da reestruturação da cadeia químico-petroquímica. No capítulo 7, indagarei sobre os efeitos do tipo de mercado regional de trabalho sobre as chances do retorno ao trabalho na químico-petroquímica, ou quando menos do retorno a algum outro emprego formalmente registrado. Terão sido diversas essas chances para os que perderam seus empregos na Bahia, frente aos demitidos em

240   Os destinos dos trabalhadores desligados

São Paulo? Quais os percursos típicos em um e outro caso? Procurarei ainda comparar com o que se passou com o destino dos demitidos em outra cadeia produtiva estratégica na indústria brasileira, a automobilística, de modo a indagar sobre eventuais especificidades em mercados setoriais de trabalho. No capítulo 8, verificarei se características do perfil do trabalhador demitido interferem nas suas chances de reinserção. Para tanto, tomarei em separado os destinos de homens e de mulheres, demitidos da químico-petroquímica, e os analisarei, tendo em vista o que se passa na Bahia e em São Paulo.

1. O TEMPO COMO ELEMENTO ENDÓGENO AO DESENHO DE ESTUDOS SOBRE O MERCADO DE TRABALHO

Por que colher informações de tipo longitudinal quando se analisa aspectos relativos à inserção ocupacional dos indivíduos? Que diferentes tipos de desenho metodológico estão disponíveis em se tratando de análises de séries temporais de eventos? Que exemplos de possíveis hipóteses podem ser formulados quando se estuda a realidade do mercado de trabalho da perspectiva das trajetórias ocupacionais dos seus trabalhadores? Qual a vantagem, enfim, que resulta de tornar o tempo um elemento endógeno à construção das análises? Para responder a esse cardápio de questões, vale a pena começar retomando a trajetória da experiência interpretativa no tema.

Ao longo dos dez últimos anos, o *mainstream* da Sociologia do Trabalho, no Brasil, focalizou as transformações a que se costuma tratar como o "processo de reestruturação industrial" num triplo registro:[2]

---

[2] No capítulo 1 detalhei cuidadosamente esse percurso e as abordagens dele resultantes.

(i) Um primeiro, voltado para caracterizar *os ambientes de trabalho* reestruturados, vale dizer, as novas condições sócio-organizacionais da gestão do trabalho, dando continuidade ao diálogo, intenso e produtivo, das chamadas "análises do processo de trabalho" com os estudos microorganizacionais desenvolvidos nos campos da engenharia da produção e da gestão organizacional;

(ii) Um segundo, voltado para caracterizar *os trabalhadores* que lograram sobreviver nesses novos ambientes, indagando sobre os seus capitais de inclusão mas, igualmente, visando aprofundar o estudo das suas percepções subjetivas das mudanças em curso, da re-significação desses processos para os sujeitos individuais que os vivenciaram. Isto se fez num diálogo intenso e igualmente produtivo com a Antropologia do Trabalho, a Psicopatologia, a Sociologia da Educação, dentre outros;

(iii) Um terceiro, voltado para caracterizar *as negociações dos interesses dos atores*, no contexto das novas regras do jogo no trabalho. Sindicatos e negociações coletivas — desafiados por novos escopos temáticos, espaços institucionais e formas regulatórias — caracterizaram-se como focos por excelência de um debate que, num forte diálogo com a Ciência Política e com a Teoria Econômica, buscava enfrentar a espinhosa questão do lugar dos antigos atores sociais nos novos contextos sócio-organizacionais. Ao fazê-lo, via-se desafiado pela necessidade de resposta à indagação sobre novos condutos da regulação social e, nesse sentido, sobre a centralidade mesma do trabalho no arranjo societal que ora se constrói.

O que havia de comum entre esses três registros? A urgência em explicar as formas emergentes e, por isto mesmo, em teorizar sobre os novos ambientes, suas instituições e agentes. Ao fazê-lo, a reflexão despreocupou-se quanto ao estudo dos destinos dos trabalhadores tornados redundantes nesses processos de reestruturação organizacional.

Tal juízo nem de longe quer asseverar que a Sociologia do Trabalho, no Brasil, tenha se furtado a construir a crítica das novas possibilidades abertas por tal reestruturação. Ao contrário (e como desenvolvi no capítulo 1), são salientes as análises sobre os limites das novidades organizacionais e sobre a convivência entre herança sócio-institucional e novos paradigmas produtivos; elas se encarregaram de matizar as hipóteses sobre transposição mecânica de novos modelos gerenciais, sobre virtuosidades gerais e inescapáveis do uso do trabalho nas condições da chamada "produção flexível", sobre o fim do trabalho como uma das categorias fundantes na nova ordem social. Essa crítica destacou os aspectos predatórios associados ao uso da força de trabalho dos trabalhadores "sobreviventes", sublinhando a intensificação da atividade laboral a que se sujeitavam nas novas condições. Entretanto, muito pouca inversão intelectual foi dirigida à análise dos destinos ocupacionais daqueles indivíduos colhidos pelo movimento de enxugamento persistente de postos, no trabalho industrial, tão bem documentado na literatura acadêmica brasileira, notadamente pelos estudos da economia do trabalho.

É exatamente sobre esse processo que a análise de trajetórias ocupacionais permite que passemos a nos debruçar, refletindo não tanto sobre os seus determinantes, estruturais ou conjunturais, mas sobre suas conseqüências em termos:

(i) dos destinos ocupacionais dos trabalhadores demitidos;

(ii) dos efeitos que a análise agregada de tais destinos individuais permite inferir com respeito à organização do mercado de trabalho, notadamente para o movimento de trânsito entre situações ocupacionais, que nossa literatura tratou até aqui como trânsito entre trabalho formal e informal, da qual decorreu a atualização dos estudos sobre as formas do informal;

(iii) dos novos enfoques que a análise longitudinal de percursos individuais pode descortinar com respeito a alguns temas caros à Sociologia do Trabalho, como sejam: os estudos de mercados setoriais de trabalho; as análises dos mercados internos de recrutamento e das carreiras profissionais; a análise das alternativas para a negociação de interesses coletivos em condições de trânsito ocupacional intenso; o estudo da construção de identidades entre trabalhadores sujeitos a trajetórias ocupacionais caracterizadas por sua elevada instabilidade.

Por certo, coloco-me no campo dos estudos sociológicos sobre a reestruturação industrial. Entretanto, proponho-me agora a focalizá-lo (a partir deste capítulo e ao longo da terceira parte deste livro) sob um ângulo especial, a saber, o do estudo das vicissitudes daqueles trabalhadores que *não* lograram sobreviver nos postos de qualidade nos ambientes reestruturados.

Qual o principal desafio teórico que essa abordagem coloca? Eu o resumiria num outro conjunto de indagações: é possível agregar conhecimento relevante sobre a natureza dos efeitos sociais de um processo se o analisamos da perspectiva daqueles que dele foram, permanente ou transitoriamente, desligados? Ou seja, vale a pena pensar o nexo entre reestruturação industrial e trabalho, deixando, ainda que momentaneamente, a perspectiva do *core* da força de trabalho e tomando o partido analítico de atentar para aqueles que são considerados (relativa, ou mesmo momentaneamente) redundantes? Pode a observação analítica sobre o que foi posto à margem iluminar o conhecimento sobre o leito por onde flui um processo de mudança?

Assumo, aqui, o partido analítico de que a investigação sobre padrões de mobilidade entre situações ocupacionais de trabalhadores tornados (relativa ou momentaneamente) redundantes pode nos ajudar a entender os resultados da reestruturação industrial sobre a organização atual do mercado de trabalho e os desafios à construção de identidades, abertos para esses mesmos trabalhadores.

Qual a vantagem desse outro partido analítico e o que se agrega ao partido que tomei no desenvolvimento do argumento na segunda parte deste livro? Ele é também um caminho promissor para recuperar-se, aprofundando, o elo entre as tradições dos estudos do *processo* de trabalho e as análises dos *mercados* de trabalho. De fato, o campo da Sociologia parece haver descuidado dos estudos sobre a dinâmica macrossocial dos mercados de trabalho, na razão direta do afinco com que se dedicou à análise microorganizacional dos processos de trabalho.[3] O próprio avanço nessa última linha de investigação nos coloca hoje frente à necessidade de recuperarmos os elos entre mudanças na organização e gestão do trabalho e seus nexos com a organização dos mercados *externos* de trabalho. Se mais não fosse, dada a pujança com que as novas formas de contratação e uso do trabalho (terceirização, externalização etc.), que acompanham a chamada produção flexível, desafiam a centralidade dos mercados internos de trabalho, até aqui decisivos para a compreensão das formas de recrutamento e encarreiramento que regulavam a gestão do *core* da força de trabalho (Doeringer e Piore, 1971; Piore e Sabel, 1984; Osterman, 1988).

Vou um pouco mais longe e arrisco afirmar que o esforço por recuperar o elo entre análises dos processos e dos mercados de trabalho muito teria a ganhar se buscássemos investigá-lo a partir de estudos empíricos do tipo *quantitativo* sobre trajetórias de mobilidade de trabalhadores demitidos nos processos de reestruturação industrial. Ao dizê-lo, não quero sugerir que não haja lugar para análises qualitativas desse tema. Ao contrário, elas são centrais para elucidar aspectos sociologicamente chaves como a experiência subjetiva do desemprego, as percepções individuais das redes sociais de sobrevivência e proteção ou de localização e reinserção ocupacional. Ou seja, as análises longitudinais de tipo qualitativo iluminam os *mecanismos* através dos quais a ação dos sujeitos constitui os processos que, num ponto de vista quantitativo e agregado, podemos descrever em seus impactos na ma-

---

[3] Novamente, maiores detalhes se encontram no capítulo 1, e foram por mim desenvolvidos também em Cardoso, Caruso e Castro (1997).

O destino dos demitidos

crodinâmica do mercado de trabalho. Por isto mesmo, as análises qualitativas são instrumentos inescapáveis no esclarecimento do assunto.

Por que reivindico, também, um lugar para análises de tipo quantitativo? Porque elas se constituem, como pretendo ilustrar neste e nos capítulos subseqüentes, em instrumentos capazes de produzir primeiras conclusões de valor inestimável para a caracterização do uso do trabalho em sua forma atual, na medida em que permitem resumir e tipologizar grandes massas de eventos de desligamento e de reinserção ocupacional. Ao resumirem massas significativas de eventos de mobilidade individual, expressando-as sinteticamente em um número muitas vezes menor de percursos típicos (porque recorrentes), elas facultam identificar grupos de indivíduos cujas diferentes experiências de trânsito ocupacional podem vir a ser, em seguida, objeto de análise qualitativa, que focalizaria os significados construídos no curso dessas experiências.

Ao se tornar uma ferramenta de identificação de tipos de experiência de mobilidade, a análise permite, igualmente, identificar as características comuns a grupos de indivíduos que perfazem essas trajetórias típicas ou, dito de outro modo, que experimentam diferentes tipos de mobilidade no mercado de trabalho. Assim sendo, a análise quantitativa nos permite apontar para conclusões — preliminares por certo, mas nem de longe irrelevantes —, sobre as novas formas de desigualdade e de segregação na operação do mercado de trabalho (fundadas em quais diferenciais: sexo? idade? escolaridade?), bem assim sobre os capitais individuais de inclusão ou exclusão que operam em segmentos particulares do mercado de trabalho, em subespaços regionais circunscritos, ou em conjunturas específicas.

Nesse sentido, a análise quantitativa de trajetórias de mobilidade pode lançar luz sobre velhas e novas desigualdades sociais operantes no mercado de trabalho, em consonância com as estratégias gerenciais de recrutamento dos seus trabalhadores preferenciais ou de desligamento daqueles que se considera redundantes. Pode, por isto mesmo, acenar para modelos de determinação de chances de inclusão (ou exclusão) dos postos de qualidade em contextos de intensa reestruturação.

Mas, enquanto análises *longitudinais*, os estudos acerca das trajetórias de indivíduos no mercado de trabalho têm uma outra virtude, a saber, a de tornar o tempo uma variável endógena aos modelos de explicação. Nem de longe se pretende, com isto, reivindicar para essas análises o privilégio analítico da precedência no uso da dimensão temporal. O que se quer dizer apenas é que o tempo, nesse tipo de análise, está longe de ser um mero elemento de contextualização, tal como acontece nos desenhos de tipo transversal, onde uma dada configuração estrutural é flagrada e descrita (ao modo de uma fotografia, de maneira estática) num único marco temporal. O estudo de tipo longitudinal faz da variação no tempo, ela mesma, o elemento central da análise: o que interessa caracterizar (descritiva e analiticamente) é o *percurso* no mercado, ou seja, é a configuração de um movimento, são os trajetos *entre* os lugares ocupacionais, antes que a sua cristalização em formas transversalmente documentadas.

Essa abordagem, ademais, reconcilia a Sociologia do Trabalho com uma outra tradição densa, na qual as análises sobre a estrutura ocupacional eram centrais à formulação interpretativa. Refiro-me aos estudos sobre a mobilidade ocupacional, com os quais a Sociologia do Trabalho, no Brasil, deixara de dialogar havia muito. Em que pesem vários dos nossos primeiros grandes estudos sobre trabalho e desenvolvimento estivessem insertos em programas de pesquisa voltados para a análise dos padrões de mobilidade em contextos de transição para a modernidade (como os clássicos de Lopes, 1965 e 1967), a rigor, desde a primeira geração de estudiosos brasileiros do trabalho (nos 50-60), e particularmente desde que se consolidou o predomínio dos estudos do processo de trabalho (no final dos 70), perdeu-se o elo com as análises sobre mobilidade ocupacional.

De fato, na tradição da Sociologia, os estudos de mobilidade ocupacional tiveram o seu grande apelo, em meados do século XX, nos anos áureos das análises funcionalistas da estratificação

O destino dos demitidos

social. Uma das indagações fundadoras do interesse sociológico de então se remetia à descrição e análise das diferenças sociais entre os indivíduos, manifestas na desigual distribuição de prestígio e poder. Como expressar tais diferenças e, naturalmente, como explicá-las era algo que desafiava os intérpretes. Para fazê-lo, no jargão sociológico de então (Ossowski, 1965), tanto se poderia lançar mão de modelos discretos, descontínuos, de tipo antagônico (como o modelo da teoria de classes, em Marx), como se poderia utilizar modelos contínuos, incrementais (como os modelos de estratificação, desenvolvidos no corpo teórico do funcionalismo).

Para estes, o *status* social (isto é, as diferenças de posição social relativa que distinguiriam entre si os indivíduos ou grupos sociais) poderia se fundar em uma multiplicidade de determinantes. Dentre eles, a ocupação se constituía num indicador de valor estratégico. A situação ocupacional — com o prestígio social a ela associado — mostrava-se, então, uma das mais poderosas medidas de posição nas hierarquias de *status* social. Por isso mesmo, a mobilidade ocupacional interessava sobremaneira a esses teóricos, na medida em que se configurava em um dos caminhos mais eficazes para a aquisição de *status*. Dito de outro modo, a mobilidade ocupacional importava por ser a avenida, por excelência, da mobilidade social (Bendix e Lipset, 1966; Lipset e Bendix, 1963; Blau e Duncan, 1967).

Este parece ter sido o registro principal sob o qual o interesse pelo tema chegou até nós.[4] As análises da mobilidade ocupacional foram, também aqui, um indicador poderoso nos estudos da mobilidade social. E não por acaso esse tema repercutia tanto entre nós. As hipóteses sobre a mobilidade social estiveram na raiz de algumas das mais importantes explicações para os processos de modernização, para usarmos o jargão acadêmico de então. Isto

---

[4] Destacam-se, dentre os clássicos dos anos 60, os estudos de Hutchinson *et al.* (1960) e Hutchinson (1962), Moreira (1960), Kahl (1962) e Gouveia (1965).

porque as análises sociológicas acerca dos processos de mudança estrutural deflagrados nos países do Terceiro Mundo tinham um dos seus focos principais nas transformações das hierarquias sociais, expressas em mudanças na estrutura ocupacional e conseqüente emergência de novos grupos sociais; ou, dito mais exata e diretamente, no aparecimento, nesses países então denominados "tradicionais", dos grupos sociais que forjaram os arranjos societais típicos aos países ditos modernos, ou de desenvolvimento capitalista originário (Hagen, 1962; Eisenstadt, 1966; McClelland, 1971; Parsons, 1952; Germani, 1974).

As análises da mobilidade social, sustentadas nos estudos da mobilidade ocupacional, foram precursoras, na Sociologia brasileira, das indagações de tipo longitudinal. Assim, os estudos dos anos 50 e 60 foram insistentes em suas preocupações acerca dos caminhos da mobilidade intergeracional, tratados, via de regra, à luz dos percursos ocupacionais e escolares de pais e filhos; através deles, buscava-se antever, nos percursos ascendentes, a permeabilidade da estrutura social à mudança, pela via da mobilidade no seu sistema de estratificação (Hutchinson *et al.*, 1960; Hutchinson, 1962; Gouveia, 1965).

O mercado de trabalho estava longe de ser um território de interesse analítico que lhes importasse em si mesmo. Ele provia, antes, os indicadores empíricos para um fenômeno de outra natureza — o da estratificação (aí contidas as indagações sobre mobilidade social) — este, sim, central às teorias sociológicas do desenvolvimento. Não sem razão, aqueles que hoje consideramos como os pais fundadores da moderna Sociologia do Trabalho no Brasil circunscreviam os seus próprios escritos e avanços analíticos ao campo de estudos do desenvolvimento e da modernização, antes que ao campo de uma Sociologia do Trabalho.

Curiosamente, os estudos sociológicos do mercado de trabalho, ao se consolidarem, relegaram o foco longitudinal que tanto atraíra as teorias da estratificação (e da mobilidade). Centraram-se na análise da estrutura do emprego e nas comparações entre diferentes descrições de tipo *cross-section*, como forma de

O destino dos demitidos 249

bem refletir sobre as mudanças no mercado de trabalho correlatas à urbanização e industrialização crescentes (Bazzanella, 1956 e 1960; Costa Pinto e Bazzanella, 1969; Lopes, 1968; Madeira e Singer, 1975; Faria, 1976).

As análises, de inspiração marxista,[5] sobre a assim chamada "marginalidade social" talvez tenham sido o grande divisor de águas nesse momento. Para elas, o desafio empírico situava-se no bem retratar a inserção ocupacional dos indivíduos, de modo a mostrar que a internacionalização das economias, para usarmos o jargão atual, consolidava um circuito de reprodução capitalista hegemonizado pelo capital monopólico (intensivo em capital e poupador de trabalho), que cindia o mercado de trabalho em dois segmentos — um competitivo e outro oligopolizado —, onde prevaleceriam distintas regras de recrutamento, padrões de qualificação e perfis de trabalhadores.

É curioso observar que o enfoque das teorias da marginalidade trouxe consigo, de precursor, a idéia da "redundância",[6] que reapareceria posteriormente, com vigor, em certas tendências de interpretação do emprego em contextos de intensa reestruturação em países capitalistas centrais (DiPrete e Nonnemaker, 1996; Elias, 1990, 1994, 1997 e 1997a).

Mas o suposto da redundância, que já se continha nas idéias de "massa marginal" de Nun (1969) ou de "marginalidade" de Quijano (1970), estava aprisionado a uma lógica dualista. Por tal razão, a construção da prova empírica, longe de privilegiar evidências de tipo longitudinal, sustentava-se no contraste dos dois setores (ou segmentos, circuitos, como quer que os chamem), *num mesmo momento de tempo*, de modo a melhor evidenciar a descontinuidade entre os seus *modus operandi*.

---

[5] Ou "histórico-estruturais", como por vezes elas mesmo se denominavam.

[6] Numa releitura da noção marxiana de superpopulação relativa (vide Nun, 1969).

A crítica à razão dualista se nutriu (ainda permanecendo no âmbito da construção da prova) do esforço por evidenciar como a reprodução das formas não-capitalistas era parte constitutiva das necessidades do desenvolvimento do capital, para usarmos o linguajar do momento; ou, como a produção não-capitalista era funcional (para usarmos um outro jargão e evidenciarmos a lógica de argumentação) à reprodução do capital (Oliveira, 1998). Ora, tal argumento também prescindia de percursos; ele requeria documentar, em cortes privilegiados de tempo — e, neles, buscando recuperar totalidades —, os nexos específicos entre as partes e a reprodução do conjunto para, assim, rejeitar o dualismo que se continha nas teorias da marginalidade (Kowarick, 1975; Berlinck, 1975; Fausto Neto, 1982; Bilac, 1978).

Curiosamente, esses estudos foram os que mais fartamente documentaram a instabilidade da inserção ocupacional dos indivíduos, sem contudo fazer desse achado a alavanca para análises longitudinais do mercado de trabalho. Arriscaria a hipótese de que a substância do argumento de corte marxista, uma vez vestida por uma lógica de tipo funcional (com a qual se pretendia reagir ao dualismo das teorias da marginalidade), levava a que se valorizassem os achados capazes de documentar a funcionalidade (ou o papel) das formas não-capitalistas no desenvolvimento do capitalismo periférico: era o predomínio do elo parte—todo, típico das teorizações holistas e estruturais. O argumento se ancorava em hipóteses de tipo funcional, mesmo quando recusava as teorias funcionalistas de explicação das nossas sociedades, voltando os olhos para o marxismo.[7]

O estudo das trajetórias de mobilidade dos trabalhadores viria a ressurgir como uma necessidade das análises qualitativas, especialmente aquelas encetadas pela Antropologia Urbana e do

---

[7] Nunca é demais lembrar que a crítica às teorias funcionalistas da modernização e do desenvolvimento foi um dos principais passaportes de acesso a legitimar o ingresso (de resto, pujante) do marxismo na academia latino-americana.

O destino dos demitidos

Trabalho, em que o elo conceitual entre percursos ocupacionais e mobilidade social tem uma outra embocadura teórica, o estudo das identidades e da subjetividade no trabalho. Para chegar a ela, uma ferramenta metodológica se destacou pelo seu uso insistente, o recurso à análise de histórias de vida (Leite Lopes, 1988; Agier e Guimarães, 1990; Lobo, 1991; Agier, 1995; Agier e Castro, 1995; Guimarães, 1998; Cabanes, 2002; Lima e Ferreira, 1996).

Mas um estudo precursor surgiu na literatura brasileira; ele se voltara para entender o impacto diferenciado da crise dos 80 sobre as desigualdades de gênero, destacando os diferentes padrões de sobrevivência no mercado formal expressos por homens e mulheres.[8] Ao fazê-lo, aprofundou o debate, no campo do feminismo, tanto sobre as hipóteses marxistas relativas ao lugar econômico da mulher (tida como candidata privilegiada a encarnar a condição de exército de reserva), como sobre a complexidade dos destinos de gênero em contextos de crise de oferta do emprego. Hirata e Humphrey (1989) foram os autores desse estudo pioneiro acerca das trajetórias, no mercado paulista, de homens e mulheres demitidos na crise dos 80. Com esse trabalho relançavam as sementes para futuras análises sociológicas no tema.

A outra raiz se encontra nos estudos dos economistas do trabalho, já nos anos 90. Eles documentaram, de modo desafiador, alguns importantes correlatos, no mercado de trabalho, do movimento de reestruturação das empresas: aumento do tempo médio de procura do trabalho, trânsito formal—informal, enxugamento sistemático de postos no mercado industrial de trabalho, movimento de relocalização setorial da força de trabalho em direção ao comércio e serviços (Montagner e Brandão, 1996; Dedecca, 1999; Pochmann, 1999; Amadeo *et al.*, 1993). Esses dados

---

[8] A crise do início dos 80 já servira de referente empírico para que, num estudo bastante inovador, Spindel (1987b) mostrasse que, naquele momento, eram os homens os primeiros a serem descartados nos postos de trabalho, e não as mulheres, como a teorização em voga esperaria.

apontavam a urgência dos estudos sobre mobilidade ocupacional e reinserção de trabalhadores no contexto de ajuste macroeconômico e reestruturação microorganizacional.

A disponibilidade dos dados originários dos registros administrativos do Ministério do Trabalho, formadores do sistema de informações Rais-Caged (Relação Anual de Informações Sociais e Cadastro Geral de Admitidos e Demitidos), permitiu que as análises sobre o emprego formalmente registrado ganhassem em precisão e atualidade. Ao lado delas, os inquéritos amostrais domiciliares mensais do emprego (notadamente, a Pesquisa Mensal de Emprego — PME e a Pesquisa de Emprego e Desemprego — PED), independentemente das suas diferenças de metodologia, abriram de tal maneira o horizonte para análises de tipo *repeated cross-section*, que o salto ao tratamento longitudinal de trajetórias tornava-se cada vez mais instigante.

Desafiados pela necessidade de entender os efeitos daquela intensa contração no emprego industrial, documentada nas análises de séries temporais de tipo transversal, e pretendendo verificar a validade das hipóteses sobre o pretenso papel "mata-borrão" dos serviços, estudos pioneiros se dedicaram a investigar o processo de migração entre setores de atividade no mercado de trabalho, não apenas inferindo-o a partir da análise transversal das mudanças na estrutura do emprego, mas pela observação direta dos processos de mobilidade manifestos na análise longitudinal de trajetórias de trabalhadores individuais demitidos.[9] Enfim, o tempo passava a ser um elemento constitutivo da construção empírica da prova, um elemento endógeno ao desenho de pesquisa (Caruso e Pero, 1996 e 1997).

Qual o grande passo logrado por esses primeiros estudos? O de haver restabelecido a importância de um enfoque de análise, o do estudo das trajetórias ocupacionais dos indivíduos enquanto uma ferramenta de alto valor heurístico para o entendimento

---

[9] A iniciativa veio, mais uma vez, do campo da economia do trabalho.

O destino dos demitidos

das transformações no mercado de trabalho. Primeiras evidências nesse sentido foram coligidas por Caruso (1996). Seus resultados mostraram que trajetórias pregressas determinavam fortemente trajetórias futuras, donde se podia inferir que políticas voltadas à formação profissional e à empregabilidade (focos centrais no debate dos anos 90) supunham o conhecimento dos processos sociais de construção e reprodução de trajetórias ocupacionais no mercado de trabalho.[10] A continuidade das pesquisas, nessa linha pioneira de estudos, foi consolidando os achados (Caruso e Pero, 1996; Caruso, Pero e Lima, 1997; Pero, 1997; Lima, 1997).

Mas se os economistas do trabalho restabeleceram a atualidade de um desenho operacional de pesquisa, a sua forma de indagar — concentrando o interesse nos elos entre trajetórias ocupacionais e chances e condições de reinserção (chances e condições de empregabilidade) — provia apenas o ponto de partida para a reflexão sociológica sobre o mercado de trabalho. Cabia, então, aos sociólogos do trabalho tirar, desse desenho, maiores conseqüências com respeito às suas próprias hipóteses e ao tipo de teorização que distingue a sua abordagem disciplinar (Cardoso, Caruso e Castro, 1997; Cardoso, 1998; Castro, 1998; Cardoso, 2000; Cardoso, Comin e Guimarães, 2000).

Voltando os olhos para a literatura internacional nesse campo de estudos, verifica-se que um arsenal respeitável de hipóteses sobre os nexos entre reestruturação e desemprego se depreende de análises longitudinais de trajetórias ocupacionais de trabalhadores. Alinho, unicamente, três delas, pela importância que têm para a experiência do desemprego entre trabalhadores brasileiros, tal como se verá nos capítulos sucessivos.

Primeira delas, e a mais preocupante de todas: nem sempre o desemprego conduz a uma nova inserção; ou seja, a longa du-

---

[10] Foram essas evidências que nos estimularam a propor um primeiro projeto, em que uma metodologia de análise pudesse vir a ser testada (Cardoso, Caruso e Castro, 1997).

ração parece ser um elemento constitutivo da forma atual do desemprego. Desse modo, os impactos de longo termo da desocupação — como desqualificação, mobilidade salarial descendente, inatividade prolongada, dentre outros — parecem reduzir significativamente as chances da reinserção ocupacional.

Segunda. No que diz respeito ao trabalho feminino, se é certo que as curvas de ocupação de mulheres passaram a assumir uma nova feição, reduzindo-se o tempo de estadia fora do mercado de trabalho durante o período reprodutivo, é igualmente verdadeiro, nesse novo contexto, que quanto menor o tempo de permanência fora do mercado quando iniciada a carreira reprodutiva ou, mais exatamente, quanto mais rápido o retorno ao mercado em ocupações de tempo integral, maiores as chances de manutenção das posições ocupacionais prévias à saída da força de trabalho. Por outro lado, análises combinadas de trajetórias de marido e mulher sugerem um efeito perverso de partilha de características, levando à maior incidência de baixas taxas de emprego justamente entre mulheres de trabalhadores desempregados.

Finalmente, um dos efeitos cumulativos do desemprego seria o de induzir a maiores índices de *turn-over* na base da distribuição de rendimentos.

Achados como estes levavam a refletir sobre alguns campos de interesse centrais à Sociologia do Trabalho. Assim, que dizer, por exemplo, da construção da própria experiência do trabalho, quando tecida num trânsito tão intenso e socialmente generalizado entre ocupação e desocupação e, mais ainda, quando marcada pela percepção subjetiva da experiência da redundância.[11] Sabemos, hoje, através dos dados relativos a trajetórias de demi-

---

[11] Viu-se anteriormente (capítulo 4) que políticas gerenciais (e mesmo sindicais, em alguns segmentos, cf. Cardoso, Comin e Campos, 1997) preservavam trabalhadores de maior experiência e tempo de empresa, preferindo fazer rotar os de menor tempo de vínculo, ao lado de elevarem significativamente os requisitos de escolaridade dos recém-recrutados.

tidos,[12] que não apenas é significativo o encolhimento de postos, mas que este se faz com um resultado predatório em termos de preservação do capital de qualificação acumulado pelos trabalhadores na experiência prévia no processo de trabalho. A saída do emprego, sem o restabelecimento de um outro vínculo de trabalho protegido e formalmente registrado, parece pôr em risco, para uma ampla gama de indivíduos, identidades sociais e formas de sociabilidade construídas em experiências pregressas de trabalho e que estiveram na raiz das ações coletivas tal como até aqui manifestas e analisadas. Como repensar a natureza da reestruturação industrial e suas conseqüências, tendo em conta esse tipo de efeitos sobre grupos sociais que foram significativos na trajetória recente das relações de trabalho no Brasil?

Na parte subseqüente, procurarei ilustrar, com dados relativos aos desligados da indústria brasileira, a relevância de passarmos de metodologias de análise de tipo transversal a abordagens longitudinais, focalizando trajetórias ocupacionais agregadas.

2. POR QUE PENSAR EM TERMOS LONGITUDINAIS PARA ENTENDER AS TRANSIÇÕES OCUPACIONAIS NO BRASIL DOS ANOS 90?

A conjunção entre crescimento da produção, da produtividade e da competitividade industriais, por um lado, e queda sistemática do emprego industrial, por outro, tornou-se um dos principais desafios interpretativos para a Sociologia do Trabalho Industrial no Brasil, a partir dos anos 90. Ela não apenas restabeleceu a importância dos estudos sobre o desemprego industrial, como lhes conferiu um novo enfoque.[13]

---

[12] De que trataremos em detalhe nos capítulos seguintes.

[13] Detalhes podem ser encontrados no capítulo 1.

Será possível acreditar que análises desenhadas, teórica e metodologicamente, de modo a focalizar a dinâmica longitudinal poderiam agregar informação importante *vis-à-vis* aquelas que almejam descrever estoques de força de trabalho, comparando seus perfis em distintos momentos de tempo, a partir de modelos transversais (de tipo *cross-section*)?

Três desenhos de análise serão sistematizados a seguir, para ilustrar, por um lado, as vantagens analíticas dos desenhos de tipo longitudinal em face dos de tipo transversal, e, por outro, as várias modalidades de desenhos longitudinais.

Desenhos transversais são importantes ferramentas — e disto dei mostra, anteriormente, no capítulo 4 — para documentar transformações ao longo do tempo. Observando o que se passa com o movimento do emprego industrial face ao da produtividade (e tomando como base 100 o ano de 1990), vemos (cf. Gráfico 6.1) o quanto se amplia, ao longo do período, a defasagem entre ambos os indicadores.

Conforme os dados do IBGE, em sucessivas amostras domiciliares independentes, verifica-se que o volume do emprego industrial caiu, ao longo da década de 90, não importando o momento do ciclo. Essa informação — ao revelar como, em cada momento selecionado, se configura o emprego industrial — chama a atenção para a existência de um problema: com o passar do tempo, a contração no emprego tem feito minguar os que "sobrevivem" nos ambientes produtivos reestruturados. Podemos, a partir daí, inferir que cresçam (em número) os trabalhadores tornados redundantes em face do processo de reestruturação das plantas industriais brasileiras?

Haveria, para tal, que conhecer o destino que coube aos trabalhadores desligados no processo de "enxugamento" de pessoal promovido pelas empresas industriais; isto é, que destino lhes coube no mercado de trabalho, após a perda do emprego. Para fazê-lo, um outro tipo de abordagem seria necessária: *os mesmos indivíduos* deveriam ter os seus movimentos no mercado de trabalho acompanhados ao longo do tempo. Isto porque a base de

O destino dos demitidos

dados que informou a construção do Gráfico 6.1, tanto quanto as fontes ordinariamente manejadas, documentam instantâneos da estrutura do mercado de trabalho, por meio de levantamentos pontuais efetuados junto a amostras diferentes e independentes. Conquanto representativas do estado do mercado de trabalho industrial em cada ponto do tempo, por serem amostras extraídas independentemente umas das outras, elas não permitem seguir, ao longo do tempo, o que se passa com os que têm (ou tiveram) um emprego e o perderam, já que são diferentes.

Gráfico 6.1
PRODUTIVIDADE E EMPREGO
NA INDÚSTRIA BRASILEIRA

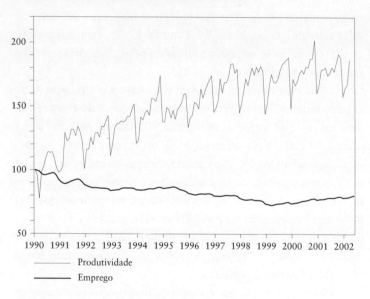

Fonte: IBGE. Série de dados de produtividade
ajustada para controle de efeitos de sazonalidade.

Para responder à pergunta que aqui interessa, a descrição do estado de diferentes estoques de trabalhadores em momentos também diferentes do tempo deve ceder lugar a painéis longitudinais que acompanhem *um mesmo* estoque de indivíduos, verificando como o passar do tempo é um elemento constitutivo da sua forma de inserção no mercado de trabalho industrial.

Isso remete a um segundo tipo de desenho, que tipifica um segundo modo de incorporar o tempo à análise. O da análise longitudinal prospectiva, ou seja, aquela que dá ao pesquisador a possibilidade de acompanhar, com as mesmas variáveis de descrição, um mesmo conjunto de unidades, num dado lapso de tempo. No caso brasileiro, recentemente passou-se a ter a oportunidade de fazê-lo, através do painel denominado Rais-Migra, porque voltado a acompanhar eventos de migração ocupacional no mercado de trabalho.

A Rais-Migra se constituiu a partir de duas outras bases, colhidas (ambas) na forma de registros administrativos junto às empresas; trata-se dos cadastros anuais da Rais[14] e dos levantamentos mensais da Lei nº 4.923/65,[15] do Ministério do Traba-

---

[14] Tal como explicitara anteriormente (capítulo 4), a Rais (Relação Anual de Informações Sociais) é um registro administrativo, instituído pelo Decreto 76.900/75, o qual determina que todas as empresas formalmente registradas devem declarar ao Ministério do Trabalho e Emprego as relações contratuais de emprego que estabeleceram durante o ano. Essa declaração deve ser feita uma vez por ano, entre janeiro e abril, e contém informações relativas às relações de emprego formalizadas em qualquer período ao longo do ano anterior. Dessa forma, a Rais busca ser um censo anual do emprego formal. São disponibilizados dois tipos de informações, que constituem os dois módulos em que se estrutura o instrumento de coleta da Rais. Um referente ao estabelecimento (código identificador, razão social, localidade, atividade econômica, natureza jurídica e número de empregados em 31/12 do ano base e agência de depósito do FGTS); outro referente ao empregado (e que reúne características de perfil do trabalhador, tais como escolaridade, idade, sexo; ao lado de características do vínculo ocupacional, tais como, natureza do vínculo, tempo no emprego, ocupação, salário, desligamento, causa de rescisão, entre outras).

[15] Tal como também explicitara anteriormente (capítulo 4), o Caged (Cadastro Geral de Empregados e Desempregados) é um outro registro administrativo, instituído pela Lei nº 4.923/65, que obriga as empresas a de-

lho e Emprego.[16] Combinadas, através de tabulações especiais, elas permitiram a construção de painéis longitudinais sobre o comportamento das empresas e dos seus empregados. E como? É certo que cada uma das bases, Rais e Caged, se tomadas isoladamente, não seria mais que uma construção transversal (ou, como também chamadas, de tipo *cross-section*). Mesmo quando tratadas de maneira contígua elas não facultariam, com seus sucessivos estoques transversais, mais que uma análise de tipo *repeated cross-section*. Entretanto, se intercomunicadas — e isto é possível dado que se dispõe de uma variável de interface, o número de inscrição do trabalhador no sistema de seguridade social, o seu número do PIS — essas bases transversais se tornam verdadeiros painéis, podendo ser transformadas numa potente base longitudinal que atende aos requisitos de desenhos de tipo prospectivo.[17] Isto

---

clarar, junto às Delegacias Regionais do Ministério do Trabalho e Emprego, os movimentos de admissão e demissão de trabalhadores que tenham efetuado. Ademais de registrar os montantes de trabalhadores admitidos e/ou desligados, o Caged, do mesmo modo que a Rais, permite estabelecer um perfil da empresa e do trabalhador referidos.

[16] Sendo registros administrativos, têm a vantagem da cobertura que resulta da compulsoriedade, mas o limite de que não podem estar sujeitos a critérios científicos de coleta. Esse limite, conquanto não possa ser sanado no âmbito de um projeto acadêmico, certamente necessita ser tomado em conta na análise dos dados para que se exerça, sobre esse aspecto, a necessária vigilância metodológica, expressa na crítica de qualidade e argüição sobre os limites dos dados em uso.

[17] A arquitetura dessa nova base Rais-Migra foi concebida graças ao apoio da Finep a projeto originalmente desenvolvido, em 1994-1995, no CIET/Senai sob a coordenação de Luís Caruso denominado "Trajetórias Inter-Setoriais Ocupacionais dos Trabalhadores Desligados da Indústria" (ver Pero, 1997). Uma tentativa de experimentação para uso dessa base, visando analisar seletividade no mercado de trabalho e tentando superar os seus limites, foi efetuada no quadro do projeto "Trajetórias Ocupacionais e Empregabilidade da Força de Trabalho: Por uma Metodologia para Acompanhamento de Trajetórias de Trabalhadores Industriais na Nova Ordem

porque pode-se passar a acompanhar, com as mesmas variáveis de descrição, um mesmo conjunto de unidades (indivíduos ou firmas, conforme se deseje), num dado lapso de tempo.[18]

Tomando, então, os painéis da Rais-Migra, que se pode dizer sobre o efeito da contração do emprego industrial sobre as trajetórias dos trabalhadores desligados? O Gráfico 6.2 nos permite uma primeira abordagem. Nele se expressa o resultado do acompanhamento, ano a ano, do que ocorre com cada um dos que, tendo estado empregados na indústria brasileira no ano de 1989, perderam os seus empregos, e foram sucessivamente buscados, entre 1989 e 1997, de modo a verificar-se os seus eventos de reinserção no mundo dos empregos registrados.

Primeira novidade. Os indivíduos selecionados são acompanhados *em suas coortes*. Qual o evento comum que os define como formando uma coorte? Eles são trabalhadores que, tendo ti-

---

Produtiva", apoiado pela Ford/Anpocs, que coordenei, tendo sido executado conjuntamente com Adalberto Cardoso e Luís Caruso. Posteriormente, o Ministério do Trabalho e Emprego e a Datamec encarregaram-se de ampliar a produção e uso desses painéis longitudinais, recobrindo a mobilidade pela descrição de todos os vínculos assumidos por todos os trabalhadores formalmente registrados, estivessem eles na indústria ou fora dela.

[18] A base de dados Rais-Migra foi, então, composta por um único arquivo físico, onde cada registro representava um trabalhador desligado no ano-base, com informações sobre sua situação geográfica, setorial e ocupacional na data de desligamento e ao final de cada ano de sua trajetória. Assim, a base foi constituída de fotografias tiradas em 31 de dezembro de cada ano, de forma que se tornou possível fazer comparações entre movimentos distintos da trajetória entre o ano-base e dezembro do último ano para o qual se dispunha de informações processadas. Caso o trabalhador não estivesse empregado em 31 de dezembro, seriam aproveitadas as informações do último vínculo no ano. A técnica para a identificação das trajetórias foi a de definição de um painel composto por trabalhadores que foram desligados em um determinado ano e que eram acompanhados nos anos subseqüentes, configurando assim uma trajetória. Posteriormente a essa construção experimental, a base longitudinal foi expandida de modo a contemplar os eventos referentes a todos os trabalhadores registrados, e não apenas os demitidos.

do um emprego na indústria, em 1989, viveram a experiência comum de perderem esse emprego, e tiveram que competir por novas posições no mercado,[19] ao longo dos sucessivos anos, até 1997, lapso de tempo para o qual pude (até o momento da preparação deste livro) dispor de informações longitudinalizadas. Assim, em vez de, a cada ano, simplesmente estimar o estoque de todos os que estiveram ocupados na indústria (tal como o fiz por meio do Gráfico 6.1), posso agora verificar o que se passa, em cada um dos anos subseqüentes, com a coorte de trabalhadores que foram demitidos no ano de 1989.

E por que selecionei o ano de 1989? Por duas razões. Por ser o ano que antecede a confluência de mudanças (macroeconômicas e microorganizacionais) que formaram o contexto de crise, ajuste e reestruturação produtiva que viveu a indústria brasileira; os demitidos em 1989 tornam-se, por isto mesmo, exemplares daqueles trabalhadores que tiveram que viver a experiência de buscar um novo trabalho quando instabilizavam-se as condições de competição no mercado de trabalho pela mudança nas estratégias das empresas. Ao lado disto, como a base Rais-Migra apenas permite gerar informações retroativas ao ano de 1989,[20] essa é a coorte de mais longa experiência de vínculos empregatícios que pode ser construída; acompanhando os seus eventos de emprego registrado, pode-se somar nada menos que oito anos de tentativas no mercado formal de trabalho, o que é muito em termos da intensidade das transições ocupacionais no Brasil.

---

[19] No mercado dos empregos formalmente registrados, que é o que se capta com o sistema de registros administrativos do Ministério do Trabalho.

[20] Ao menos, até o momento em que preparei a presente análise. Isto porque, tal como concebido em sua arquitetura experimental, anos atrás, o desenho da base (e a remissão ao ano de 1989 como inicial) tinha a intenção de prover informações que permitissem acompanhar os movimentos de demissão e reinserção justamente no curso do processo de reestruturação produtiva, de modo a gerar insumos para as políticas de emprego e de qualificação.

Gráfico 6.2
SITUAÇÃO (ATÉ 1997) DA COORTE DE DEMITIDOS
EM 1989 DA INDÚSTRIA BRASILEIRA
(Amostra aleatória de 5% dos casos — N = 140.146)
Destino: setores de reingresso 1989 a 1997

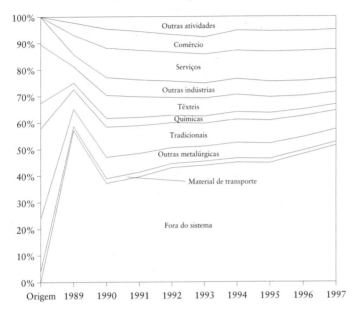

Fonte: Ministério do Trabalho e Emprego, Rais-Migra, 1989-1997.
Processamento próprio.

Gráfico 6.2 chama a atenção para um resultado que impressiona. Observada a situação dessa coorte, ano a ano, entre 1989 (quando esses trabalhadores foram demitidos) e 1997 (último ano para o qual disponho de informações), uma situação se revela como sendo aquela que reúne, ano a ano, a maior parte dos trabalhadores que compunham essa coorte: a situação daqueles indivíduos cujos números de registro não eram encontrados na base do Ministério do Trabalho e Emprego. Vale dizer, o grupo de tamanho mais significativo era composto, *em todos os anos*, daqueles trabalhadores que *não* estavam registrados como empregados, em *qualquer* setor de atividade, em qualquer dos estabelecimentos formalmente registrados no país. Observe-se que, da maneira como organizadas as informações apresentadas no Gráfico 6.2, há uma origem comum (todos haviam estado ocupados na indústria, em diferentes ramos de atividades, reclassificados de modo a atender aos interesses do estudo); o destino, contudo, pode ser o mais variado possível, dado que a base acompanha os eventos de reinserção no mercado dos empregos registrados, não importa o setor de atividade ou o local do país. Por essa razão, esse grande grupo de indivíduos que se encontram sem emprego formalmente registrado é denominado, no Gráfico 6.2, "fora do sistema" (seus números de PIS "desapareceram" da base de registros administrativos do sistema Rais).[21]

Para que se possa ter uma visão mais precisa da ordem de grandeza numérica desses contingentes, apresento a Tabela 6.1.

A análise por coortes nos permite, desse modo, elucidar alguns aspectos importantes. Ao mais saliente dentre eles já me referi: a dificuldade de refazer um vínculo formalmente registrado de trabalho, mesmo fora da indústria; ela afeta pelo menos 37% dos casos (em 1990) e, no máximo, 57% deles (no ano inicial, 1989). Mas, há alguns outros que podem ser ressaltados. É significativo, por exemplo, o movimento de migração intersetorial que distancia o trabalhador da sua experiência anterior de trabalho — com passagem da indústria, seja para o comércio, seja para os serviços; e tal movimento se torna tanto mais relevante quanto mais decorre o tempo.[22] Bem assim, destaca-se outra tendên-

---

[21] Tendo em conta o imenso número de casos, em razão de estar tratando com todos os trabalhadores demitidos da indústria brasileira em 1989 (e dados os limites dos recursos de *hardware*), extraí uma amostra aleatória de 5% dos casos, de modo a ter condições de realizar os procedimentos de análise estatística. Isto, ainda assim, produziu o avantajado "n" de 140.146 casos componentes da coorte de demitidos nesse ano.

[22] Só numa rápida comparação, esse contingente abarcava 16% da coorte em dezembro de 1989 e 30% em dezembro de 1996 (ou 23% no final de 1997).

cia: vencido o impacto da perda do emprego, o trabalhador muitas vezes se reinsere numa outra ocupação registrada (e o número dos que estavam "fora do sistema" em 1990 torna-se substancialmente menor que em dezembro de 1989); entretanto, a partir daí, mostra-se crescente o número de indivíduos dessa coorte que, a cada ano, novamente se encontra fora dos registros do sistema Rais (encontra-se sem emprego formalmente registrado). Ou seja, estar "fora do sistema" não apenas é o estado dominante na coorte, mas é uma situação que manifesta tendência a crescer, mesmo depois que se logra restabelecer um novo vínculo, sugerindo que, uma vez perdido o emprego, maior o risco de um novo episódio de desemprego.

Tabela 6.1
DISTRIBUIÇÃO POR SETORES SELECIONADOS
DA ATIVIDADE PRODUTIVA (ENTRE 1989 E 1997)
DA COORTE DE DEMITIDOS EM 1989
DA INDÚSTRIA BRASILEIRA
(Amostra aleatória de 5% dos casos — N = 140.146)

	Origem	1989	1990	1991	1992	1993	1994	1995	1996	1997
Fora do sistema	0	80.150	52.158	55.636	60.395	61.559	63.136	62.856	67.497	72.092
Material de transporte	5.607	2.029	2.579	2.430	2.134	2.153	2.250	2.236	1.943	1.806
Outras metalúrgicas	28.065	9.132	11.235	9.870	8.380	7.902	8.153	8.065	7.035	6.732
Tradicionais	47.390	10.495	15.920	14.609	13.130	12.080	12.309	12.214	11.142	9.906
Químicas	13.540	3.426	4.576	4.355	3.967	3.862	4.010	3.905	3.521	3.233
Têxteis	30.859	8.625	12.206	10.935	9.432	9.515	9.104	8.374	7.183	6.454
Outras indústrias	14.685	6.302	9.354	8.905	8.597	7.899	8.329	8.186	7.822	7.251
Serviços	0	10.296	15.485	15.582	15.255	15.236	14.991	15.843	15.940	15.326
Comércio	0	6.482	10.175	10.050	9.391	9.192	10.638	10.837	10.501	10.492
Outras atividades	0	3.209	6.458	7.774	9.465	10.748	7.226	7.630	7.562	6.854
Total	140.146	140.146	140.146	140.146	140.146	140.146	140.146	140.146	140.146	140.146

Fonte: Ministério do Trabalho e Emprego, Rais-Migra, 1989-1997.
Processamento próprio.

O destino dos demitidos

Entretanto, da forma como apresentei até aqui os dados do painel longitudinal, não posso verificar a validez dessa hipótese. Isto porque, embora tenha avançado ao passar da análise de amostras distintas, observadas em pontos de tempo, para acompanhar uma mesma coorte ao longo do tempo, tal acompanhamento ainda se fez com uma metodologia que apenas acumula sucessivas observações transversais. Ou seja, no painel longitudinal redefiniu-se apenas a base de casos observados, mas ainda se manteve a mesma lógica que presidia a análise dos dados e que informou a montagem do Gráfico 6.1; ela ainda resulta de repetidas descrições transversais (*"repeated cross-sections"*). Por isso mesmo, a minha abordagem continua sendo insuficiente para responder indagações sobre os percursos individuais; as histórias ocupacionais dos indivíduos e suas trajetórias no mercado dos empregos formalmente registrados seguem ainda desconhecidas, dado o desenho da análise.

Um outro tipo de aproveitamento analítico dos dados longitudinais de tipo prospectivo, como os da Rais-Migra, deve ser empreendido, de modo a recompor-se as trajetórias ocupacionais dos indivíduos. Só assim será possível verificar hipóteses seja sobre o impacto da perda do emprego fruto da reestruturação das firmas sobre os seus percursos individuais, seja sobre a existência de convergências (isto é, destinos recorrentes) que permitam identificar trajetórias ocupacionais agregadas. Para responder a esse novo tipo de indagação, não basta ter um novo tipo de base de dados (construída sobre coortes, primeira novidade que assinalei anteriormente). Há que agregar uma outra inovação, que afeta a maneira de abordagem aos dados: há que ser possível reconhecer trajetórias agregadas, a partir da recuperação das trajetórias de cada um dos indivíduos da coorte. Ou seja, há que tratar verdadeiramente o tempo como um elemento endógeno à análise, e não apenas como mais uma dentre as variáveis de controle. O padrão formado pela variação no tempo dos eventos de reinserção no mercado de trabalho formalmente registrado — o percurso — é que se torna, ele mesmo, o objeto da análise.

Para identificar os padrões de trajetórias, utilizei a análise fatorial de correspondência. Ela permite estabelecer e analisar a matriz resultante do entrecruze entre o total de casos (no exemplo, são 140.146 indivíduos na amostra), pelo total de pontos no tempo a observar, que indicam o máximo de eventos possíveis (9, posto que, dada a arquitetura da base Rais-Migra, posso retratar um evento em cada um dos nove anos compreendidos entre 1989 e 1997, inclusive) que podem se dar em cada um dos possíveis setores de destino (no caso classificados em 10, dados os interesses de observação do projeto que desenvolvi).[23] Isto produziu uma imensa matriz de partida para a identificação dos fatores, no caso da ordem de 9 x 10 x 140.146. De modo a saber se há seqüências equivalentes de eventos, o modelo compara cada uma das seqüências que configuram os percursos individuais, procurando identificar recorrências nas trajetórias; descobertos tais padrões, as trajetórias individuais podem ser classificadas segundo essas recorrências, de modo a se chegar a identificar padrões recorrentes, ou trajetórias agregadas. Os fatores extraídos são utilizados numa análise de *cluster* que permite gerar as classes de trajetórias que são descritas por cada um desses subgrupos de indivíduos. Finalmente, num último passo da análise, é possível ainda inquirir sobre as características de perfil dos indivíduos que perfazem cada uma das classes de trajetórias identificadas.

Assim, quando se toma o tempo como um elemento endógeno à análise, e inquirimos sobre padrões recorrentes de trajetórias, que se pode dizer sobre a diversidade dos destinos partilhados por esses indivíduos? A resposta está na Tabela 6.2. Nela os casos apa-

---

[23] A classificação de setores respondeu a um interesse mais geral (de um projeto mais amplo) voltado para entender os efeitos da reestruturação das firmas sobre as trajetórias dos trabalhadores em três cadeias industriais distintas: da química, da automobilística e da têxtil. Por isso, aparecem desagregados segmentos que melhor revelam o movimento dessas/nessas cadeias, enquanto permanecem agrupados o comércio, os serviços e outras atividades econômicas diversas.

recem classificados não pela situação episódica em que se encontrava cada indivíduo da coorte em cada ano observado (como na Tabela 6.1), mas pela recorrência num mesmo tipo de percurso, num mesmo padrão de mobilidade, no conjunto dos casos.

Tabela 6.2

DISTRIBUIÇÃO POR SETORES SELECIONADOS DA ATIVIDADE PRODUTIVA (ENTRE 1989 E 1997) DA COORTE DE DEMITIDOS EM 1989 DA INDÚSTRIA BRASILEIRA
(Amostra aleatória de 5% dos casos — N = 140.146)

Classes	Freqüência	% Simples	Acumulado
Fora do sistema	57.896	41,3	41,3
Serviços	16.241	11,6	52,9
Tradicionais	13.103	9,3	62,2
Comércio	12.114	8,6	70,9
Têxteis	10.039	7,2	78,1
Outras indústrias	9.836	7,0	85,1
Outras metalúrgicas	9.400	6,7	91,8
Outras atividades	7.056	5,0	96,8
Químicas	4.461	3,2	100,0
Total	140.146	100,0	

Fonte: Ministério do Trabalho e Emprego, Rais-Migra, 1989-1997. Processamento próprio.

Vê-se, então, que há percursos típicos, expressão de trajetórias ocupacionais que revelam padrões de mobilidade no mercado dos empregos registrados, e que são vividos por subgrupos dos indivíduos da coorte. Dentre esses percursos destacarei quatro para ilustrar os ganhos interpretativos desse tipo de metodologia de abordagem; eles foram os escolhidos, seja pelo seu peso no total de casos (juntos, os 4 reúnem quase 70% dos casos), seja pela sua relevância analítica.

Eles tipificam três padrões de trajetórias, a saber: as trajetórias *de exclusão* do mundo dos empregos protegidos (a "classe dos fora do sistema", com 41% dos casos); as trajetórias *de recon-*

versão, seja para os serviços (11,6%), seja para o comércio (8,6%); e as trajetórias *de preservação*, com retorno à indústria (mesmo sendo a indústria tradicional, com 9,3% dos casos). Retomo, em seguida, cada trajetória agregada, mostrando como se distribuem os casos.

A trajetória de exclusão do circuito dos empregos formalmente registrados é aquela que se constitui no padrão quantitativamente dominante. Observe-se que, de acordo com a metodologia adotada, não se trata de indivíduos que episodicamente estivessem sem contrato de trabalho, mas indivíduos recorrentemente sujeitos a essa circunstância (o que transparece na dominância da situação no corpo do Gráfico 6.3). Quatro em cada dez trabalhadores da coorte dos demitidos pela indústria brasileira em 1989, ao longo dos nove anos de observação, têm nesse o seu destino dominante. No Gráfico 6.3 vê-se, ainda, como os quase 58 mil trabalhadores da amostra que formam esse grupo, em quase 80% dos momentos observados, "desaparecem" dos registros do sistema Rais. Vale dizer, eles subsistem desenvolvendo atividades que os privam do contrato formal de trabalho (onde quer que se encontrem, geográfica ou ocupacionalmente). Privados do contrato, privam-se igualmente de todos os direitos e formas de proteção (mesmo exíguos, no caso brasileiro) que a ele se associam, inclusive das formas de defesa desses direitos, isto é, não lhes é facultado sequer o direito à representação sindical.

O segundo padrão de trajetória agregada agrupa um número muito menor de casos (cerca de 11% deles) e manifesta uma configuração algo diversa do primeiro. A reinserção nos serviços vai se tornando uma tendência dominante no percurso ocupacional à medida que transcorre o tempo; antes dela, eventos de reinserção em outros setores (e em especial em outros setores industriais) mostraram-se viáveis. Não seria descabido cogitar que parte desse movimento de reinserção nos serviços não signifique *de fato* transição ocupacional, ou migração intersetorial efetiva (com seus efeitos de perda de capital de qualificação), posto que ele pode esconder apenas o movimento de terceirização, que atin-

O destino dos demitidos

Gráfico 6.3
A TRAJETÓRIA DE EXCLUSÃO DO MUNDO
DOS EMPREGOS PROTEGIDOS — COORTE DE DEMITIDOS
EM 1989 DA INDÚSTRIA BRASILEIRA
(Amostra aleatória de 5% dos casos)
Classe 5 — Fora do sistema (41,3%) — N = 57.896

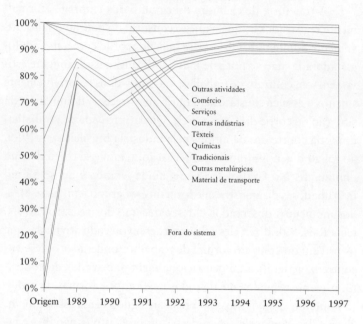

Fonte: Ministério do Trabalho e Emprego, Rais-Migra, 1989-1997.
Processamento próprio.

giu em cheio a indústria brasileira no período. Sem alterar a atividade ocupacional, esse movimento priva trabalhadores de direitos, reconvertendo uma relação de emprego diretamente contratado em emprego subcontratado através de prestadoras de serviços ("mudando a cor do macacão", para usar os dizeres dos próprios trabalhadores). Tal como concebido esse painel longitudinal, apenas posso cogitá-lo sem chance de dimensionar o peso desse efeito. Para o sistema Rais, o trabalhador terceirizado é computado tal qual o trabalhador que tivesse efetivamente migra-

Gráfico 6.4
A TRAJETÓRIA DE RECONVERSÃO PARA
OS SERVIÇOS — COORTE DE DEMITIDOS EM 1989
DA INDÚSTRIA BRASILEIRA
(Amostra aleatória de 5% dos casos)
Classe 1 — Serviços (11,6%) — N = 16.241

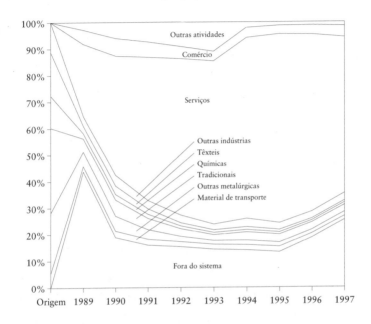

Fonte: Ministério do Trabalho e Emprego, Rais-Migra, 1989-1997.
Processamento próprio.

do intersetorialmente, posto que é a classificação da empresa empregadora aquela que dá o tom da sua inserção setorial.

O Gráfico 6.5 figura um outro padrão recorrente de trajetória. À primeira vista este poderia ser considerado um percurso virtuoso, posto que leva o trabalhador de volta a um outro emprego na indústria. Mas, observe-se, trata-se de um emprego na indústria tradicional (e ele pode ter saído de segmentos da indústria moderna). Mas note-se também que este é um percurso feito, na grande maioria dos casos, por indivíduos que, antes do

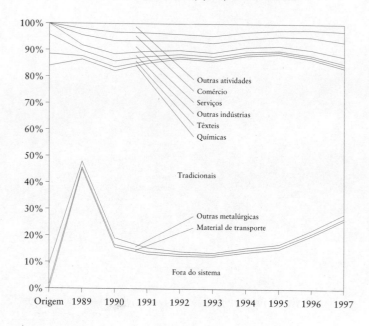

Gráfico 6.5
A TRAJETÓRIA DE RETORNO À INDÚSTRIA
TRADICIONAL — COORTE DE DEMITIDOS EM 1989
DA INDÚSTRIA BRASILEIRA
(Amostra aleatória de 5% dos casos)
Classe 6 — Tradicionais (9,3%) — N = 13.103

Fonte: Ministério do Trabalho e Emprego, Rais-Migra, 1989-1997.
Processamento próprio.

desligamento, haviam estado empregados na indústria tradicional. Nesse sentido, a denominei uma trajetória de preservação. Observe-se que o caráter pouco sistêmico da reestruturação produtiva na indústria tradicional, expresso na heterogeneidade de padrões de produtividade ao longo do tecido produtivo, aumenta as chances de que subsistam oportunidades de trabalho em outros espaços naquele segmento. Mas, haveria que indagar: que se preserva nesse caso? É possível que não se deprede o capital de qualificação, expresso em experiência e identidade profissionais.

Gráfico 6.6
A TRAJETÓRIA DE RECONVERSÃO PARA
O COMÉRCIO — COORTE DE DEMITIDOS EM 1989
DA INDÚSTRIA BRASILEIRA
(Amostra aleatória de 5% dos casos)
Classe 2 — Comércio (8,6%) — N = 12.114

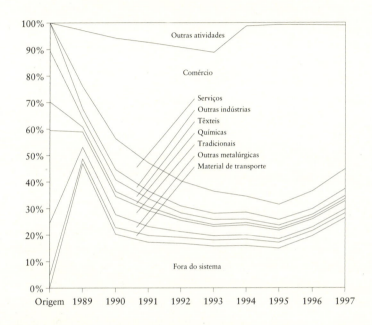

Fonte: Ministério do Trabalho e Emprego, Rais-Migra, 1989-1997.
Processamento próprio.

Entretanto, os dados autorizam supor (ainda que neste capítulo não vá explorá-lo) que tais eventos de entrada e saída de empregos formalmente registrados terminam por importar em perdas salariais que não são desprezíveis, no bojo de estratégias gerenciais de rotação como mecanismo de controle de custos.

Contudo, a base de dados Rais-Migra limita-se a capturar os eventos ocupacionais que têm lugar no circuito das oportunidades de trabalho sujeitas ao contrato e à formalização e, por isto mesmo, amparadas pelo direito. Nesse sentido, não há meios de saber o que ocorre com um trabalhador que, em determinado momento, "desaparece" dos registros do painel prospectivo. Pode-se supor que permaneça desempregado, ou que tenha passado à inatividade, ou mesmo que tenha continuado ocupado, ainda que em vínculos não registrados, ou qualquer combinação dessas possibilidades. Sendo assim, não se pode elaborar uma trajetória contínua da história de vida ocupacional de um indivíduo, de modo a examinar de maneira completa os impactos da perda do emprego formalmente registrado.

Isto é problemático, por certo. Mas alguns atenuantes jogam a favor de se seguir tratando com os dados dos painéis longitudinais prospectivos da Rais-Migra, mesmo sabendo dos seus limites. Primeiro atenuante: trato um tipo de setor — a indústria — onde a formalização das relações de trabalho tende a ser alta, notadamente na cadeia produtiva que observo neste trabalho, a químico-petroquímica; assim, não é irrelevante estudar os percursos ocupacionais dos desligados dessa cadeia no mercado dos empregos registrados, posto que a maioria dos casos de ocupados nessa cadeia estabelecia vínculos formais de trabalho. Segundo atenuante: é analiticamente muito importante pesquisar quem consegue sobreviver no mundo dos empregos onde se preserva o mínimo de requisitos de cidadania ao trabalhador. E este é o mundo dos empregos formalmente registrados. Não é cientificamente irrelevante, ou analiticamente ocioso, inquirir quem são aqueles que, em seus percursos (mesmo sujeitos a perdas salariais ou de capital de qualificação), logram manter-se ocupados nesse mundo onde (alguns) direitos estão estatuídos e podem ser ao menos (coletiva ou individualmente) argüidos.

Mas nem todos se mantêm nesse circuito. E tampouco é irrelevante seguir indagando o que acontece com quem dele se desliga, ao perder um emprego. Para contornar esse limite, um terceiro tipo de análise pode ser tentado. Trata-se da análise longitudinal de tipo *retrospectivo*. Esta, para se viabilizar, requer inquéritos especificamente desenhados, posto que recompõe o percurso ocupacional ancorando-se no recurso à memória do trabalhador, que restabelece os eventos da sua biografia. Só *surveys* de tipo retrospectivo podem suprir as lacunas de informação deixadas pela análise prospectiva, construída a partir de registros administrativos como os que formam a base Rais-Migra.

Quais as vantagens de um estudo retrospectivo? Em primeiro lugar, ele pode colher trajetórias completas, itinerários que abarcam passagens pelos circuitos diversos do mercado de trabalho, mesmo aqueles onde estão as ocupações para as quais não há registros formais compulsórios. Ademais, itinerários completos podem recobrir com maior precisão momentos de emprego *e* de desemprego, tanto quanto os momentos de passagem à inatividade. Ao fazer isto, pode-se descrever com muito maior precisão as mudanças que caracterizam um percurso quando varia o tempo. Com isto, ganha-se em precisão também na construção de trajetórias típicas.

Em segundo lugar, um estudo longitudinal de tipo retrospectivo permite associar a descrição de itinerários a outras mudanças de estado ou condição do indivíduo (ou grupos de indivíduos-tipo) pesquisado; pode-se, assim, avançar em direção a hipóteses mais seguras sobre os determinantes da mudança. Por isto mesmo, ele dá pistas para formulações sobre *mecanismos* de inclusão ou exclusão no mercado de postos de qualidade, de ampliação ou redução de chances de emprego. Fontes de informação ocupacional e de recrutamento, redes acionadas na busca de uma nova ocupação, formas de mobilização do grupo familiar para fazer face aos momentos de desemprego, todas estas são dimensões que podem ser avançadas no estudo longitudinal e em profundidade de cada um dos eventos da história ocupacional do indivíduo pesquisado.

Qual a grande desvantagem de um inquérito longitudinal de tipo retrospectivo? A confiabilidade da informação obtida se sustenta exclusivamente na memória do respondente.[24] E, sabe-

---

[24] Em Coutrot e Dubar (1992), análises de dados para a França suge-

O destino dos demitidos

se por estudos anteriores (Coutrot e Dubar, 1992) que, quanto mais longa, rica em eventos, fragmentada e instável a história ocupacional individual, maior a chance de imprecisão da informação obtida pelo recurso à memória do respondente.[25]

Nos capítulos subseqüentes explorarei, em maior detalhe analítico, as potencialidades e limites das modalidades de análise longitudinal para entendermos os elos entre estratégias de reestruturação das firmas e trajetórias dos trabalhadores que foram desligados no curso desse processo de mudança.

Nos capítulos 7 e 8 retomarei os painéis prospectivos da Rais-Migra, que apresentei neste capítulo 6, de modo a utilizá-los para entender melhor os efeitos das mudanças na cadeia produtiva que vim estudando até aqui — a químico-petroquímica. No capítulo 7, explorarei como variam os padrões de trajetórias individuais se comparados em cadeias, complexos e mercados regionais de trabalho distintos. Variam as chances se comparados

---

rem que os problemas de confiabilidade (ligados à superestimação dos lapsos de estabilidade, por exemplo) são tanto maiores quanto maior a mobilidade do trabalhador ou mais longo o tempo de sua permanência em situações de precariedade.

[25] O instrumento de coleta típico de um *survey* longitudinal tem o formato de um "calendário" retrospectivo de eventos de emprego e desemprego. Ele permite, ao lado de recompor a cronologia desses eventos, aliar a cada ponto dessa cronologia informações sobre situação residencial de ego, composição do seu grupo familiar, condição de escolaridade de ego, além de dados relativos à caracterização da ocupação (setor, natureza da atividade etc.), forma de obtenção dessa ocupação (redes de informação e de obtenção do trabalho), requerimentos de acesso, posição de ingresso e mobilidade, treinamento recebido, salário, momento e razões de desligamento, formas de sobrevivência quando do desligamento, formas de obtenção de um novo trabalho. Ele costuma ser estruturado de forma tal que algumas questões balizadoras (especialmente aquelas relativas a situação residencial, escolaridade e composição do grupo familiar/residencial) servem de instrumentos para corrigir eventuais falhas ou vieses de memória (Elias, 1994, 1997, 1997a).

complexos situados em mercados regionais distintos, mas contidos numa mesma cadeia produtiva (no caso, comparados os demitidos da químico-petroquímica na Bahia e em São Paulo, pólos cuja reestruturação tratei na primeira parte)? E se comparadas cadeias produtivas distintas (no caso contrastando a químico-petroquímica e automobilística)? No capítulo 8, explorarei essas variações tomando em conta características do perfil do trabalhador desligado, e focalizando diferenciais por sexo, numa mesma cadeia e em complexos (e mercados regionais de trabalho) distintos; analisarei destinos ocupacionais de homens e mulheres demitidos, na químico-petroquímica baiana e paulista.

Finalmente, no capítulo 9, reunirei achados e limites desses estilos de abordagem, de modo a concluir, sistematizando sobre os novos desafios analíticos por eles deixados no que concerne aos estudos do trabalho e do emprego.

7.
REESTRUTURAÇÃO SISTÊMICA
E MOBILIDADE PREDATÓRIA:
DESTINOS DE TRABALHADORES EM
ESPAÇOS SOCIAIS SOB INTENSA MUDANÇA[1]

É notável a intensidade das transformações que tiveram lugar na Bahia, no curso da vida de uma única geração. Nesse curto lapso de tempo (curto, por certo, se pensarmos a temporalidade das mudanças estruturais) alteraram-se a sua organização econômica, a sua estrutura de classes e as chances dos percursos sociais dos indivíduos, notadamente daqueles que viviam em Salvador.

A Bahia chega ao apagar das luzes da década dos 40, do século XX, sob o signo da estagnação.[2] Entretanto, os anos 50 finalizaram-se sob a mística da redenção e da mudança, a serem promovidas pelo compromisso entre nacionalismo e petróleo (o "ouro negro" que era "nosso"). Com ela, aportaram no cotidiano e no imaginário — com os seus lugares de classe e os seus sím-

---

[1] Este capítulo aproveita, em grande medida, texto que preparei para exposição que proferi na mesa-redonda "Metamorfoses do Trabalho em Salvador", durante o 3º Ciclo de Palestras do Programa "Quem Faz Salvador", promoção da Pró-Reitoria de Extensão da Universidade Federal da Bahia, Salvador, 11/6/2001, e publicado em Guimarães (2002a). Nele, retomo parte do material empírico e alguns dos argumentos e interpretações que desenvolvi mais extensamente em outra oportunidade (Cardoso, Comin e Guimarães, 2000). Agradeço a Paulo Henrique da Silva, Marcelo K. Faria, Marcus Farbelow e Luiz Fernando Zerbinatti pelo apoio que deles recebi, em diferentes momentos, na preparação dos dados.

[2] O que permitiu a Tavares (1966) tratar como tempos de "involução industrial" baiana a realidade do longo período que abarcaria toda a primeira metade do século passado.

bolos de consumo e *status* até então tão bem definidos —, tanto as novas figuras da ordem econômica moderna (a grande produção fabril, a grande indústria mecanizada, tipificadas na novidade de uma refinaria), quanto as representações de si que davam contornos aos novos atores sociais (os "petroleiros" e suas insólitas atitudes para com o consumo e o dinheiro; os engenheiros e técnicos e a introdução de uma nova classe média, de quadros diretivos e gerenciais, lubrificando o cotidiano da pacata vida urbana de Salvador; o sindicalismo do petróleo e sua capacidade de negociar interesses em nome da sociedade local).[3]

O salto à petroquímica pareceu pavimentar essa rota, apontando para o que poderia ser um caminho cumulativo de vantagens e diferenciais, que faria da Bahia cada vez mais "Leste", como gostavam de se reconhecer os baianos, nos idos dos 60, e cada vez menos "Nordeste". O imaginário se povoava de aspirações, coletivas e individuais, fundadas na consolidação de um projeto de modernidade, que parecia ter na industrialização e no crescimento metropolitano as suas traduções mais visíveis e almejadas. E tamanha foi a crença depositada nesse horizonte que, mesmo quando o chamado "milagre brasileiro" dava mostras de encontrar seus limites, os baianos, animados, findavam os anos 70 comemorando a "partida" das primeiras plantas daquele que seria o maior complexo petroquímico do país ou, para usar os termos de comparação correntes à época, da América Latina.

Assim, mesmo nos meados dos anos 80, seguia sendo densa de significados sociais a inclusão nesse mundo moderno, tanto quanto permanecia sendo um símbolo de distinção, para um jovem local, ser reconhecido como "trabalhador do Pólo". Esse estatuto tornara-se um alvo de mobilidade para os que provinham dos meios sociais mais pobres e que viam na escola e no trabalho os recursos a serem empunhados nos almejados trajetos de ascen-

---

[3] Figuras e mudanças tão bem descritas (em que pesem as diferenças de conclusões extraídas) por Guimarães, 1982, e por Oliveira, 1987.

são (Agier, Castro e Guimarães, 1995). E com razão, posto que ali se encontravam: as empresas tecnologicamente mais avançadas; o trabalho tecnicamente qualificado dos operadores de processos automatizados de transformação; as condições contratuais extraordinárias *vis-à-vis* o que vigia entre os antigos operários da região; além de um sindicalismo ativo — e altivo, portador dos códigos de uma identidade operária e de um orgulho de classe que nos faziam lembrar os textos (e tempos) heróicos dos nossos clássicos da formação da classe operária.

Mas o mundo do trabalho seguiu uma rota de transformações persistentes que acabaram por mostrar, nos anos 90, resultados sociais pífios se comparados às aspirações dos atores políticos que deles se vangloriavam no final dos 70. Um intenso processo de reestruturação técnica, organizacional e patrimonial toma de assalto o país e reorienta a rota da indústria moderna local, a do petróleo e petroquímica, em direção a ajustes que cortaram na carne emprego e benefícios, subvertendo regras de negociação de interesses, e mesmo de direitos constituídos (Castro *et al.*, 1998; Almeida, 1999; Azevedo, 2000). Os empregos escassearam, absoluta e relativamente, num movimento depredador dos postos protegidos de trabalho que se mostrava, então, imune aos ciclos. E, mesmo quando alguma reanimação de atividade se fazia evidente, nem de longe se testemunhou a recuperação do ritmo de crescimento dos postos de trabalho que pudesse trazer de volta os grandes contingentes que a recessão expulsara do mundo daqueles que alguma vez estiveram incluídos nas regras (mesmo mínimas) da cidadania no trabalho. Arrisquei chamar esse processo pelo qualificativo de "reestruturação sistêmica", seguindo outros colegas (Fleury, 1990; Cardoso, Caruso e Castro, 1997; Cardoso, 2000); em seguida, retornarei ao tema para argumentar melhor as razões da escolha desse conceito.

Neste capítulo, argumentarei em favor de uma hipótese, qual seja: os contextos em que tal reestruturação sistêmica parece mais claramente configurada produzem padrões de transição ocupacional (ou trajetórias ocupacionais) caracterizados por um tipo de mobilidade que denominarei "predatória", por alusão ao significado dos seus resultados para os trabalhadores que perfazem tais cursos: expulsão dos mercados protegidos de trabalho (onde vige uma mínima tintura de cidadania operária), perda do capital de qualificação acumulado ao longo da trajetória profissional, com conseqüências negativas e seguras sobre benefícios e direitos adquiridos.

Mas por que tanta urgência em desvendar modelos de transição no mercado de trabalho? Porque, em países como o Brasil, vivemos numa realidade em que é a recorrência no desemprego, mais que o trânsito entre postos de trabalho ou o desemprego de longa duração, o que parece caracterizar, hoje, o destino dos nossos trabalhadores.[4]

Penso ser possível tomar a indústria do petróleo e petroquímica da Bahia como um exemplo desse padrão de reestruturação sistêmica, conducente a um tipo de mobilidade predatória. Exemplo tanto mais eloqüente quanto mais se tenha em conta a importância — não apenas econômica, mas social e simbólica —, seja da moderna indústria químico-petroquímica, seja daqueles que por ela foram empregados.

A abordagem do assunto, tal como se desenvolverá em seguida, é parcial. Não se tratará aqui da dinâmica do mercado de trabalho baiano como um conjunto, e nem da recorrência do desemprego em seu sentido forte e completo.[5] Tomo um contingen-

---

[4] Nossa realidade difere dos países capitalistas de primeira industrialização, notadamente daqueles que forjaram pactos sociais conducentes a regimes inclusivos e eficientes de *welfare* público, nos quais é o trânsito entre postos de trabalho, entremeado por experiências de desemprego, hoje, de longa duração, o que desafia intérpretes e políticas públicas.

[5] Para o que há, de resto, excelentes análises dos economistas do trabalho dedicados ao assunto, como, dentre outros, Almeida (1999 e 2000), Azevedo (1997 e 2000), Azevedo e Menezes (1996), Carrera-Fernandez e Menezes (s/d), Fagundes (1992), Menezes e Carrera-Fernandez (1998), Menezes, Barreto e Carrera-Fernandez (s/d).

te determinado de trabalhadores — relativamente pequeno, mas analiticamente significante. Eles estão (ou estiveram) empregados na cadeia produtiva da indústria químico-petroquímica, estudada na parte anterior deste livro, em um dos seus pólos mais importantes no Brasil. Ademais, constituem um grupo socialmente significativo no universo simbólico da sociedade local, na medida em que ocupavam posições que foram alvos de mobilidade social — a dos chamados "trabalhadores do Pólo" (Agier, Castro e Guimarães, 1995). Neste capítulo, refletirei sobre o destino ocupacional que coube a esses trabalhadores quando o mundo da modernidade baiana passa a se transformar, radicalizando os seus traços, sob o acicate da globalização, da crise e de ajustes econômicos sucessivos.

1. A REESTRUTURAÇÃO SISTÊMICA

Por que qualificar de "sistêmica" a reestruturação que transcorre nos anos 90, e que importância isto pode ter para as tendências relativas à contratação e uso do trabalho e aos destinos ocupacionais dos indivíduos trabalhadores?

Quando, em textos anteriores (como em Cardoso, Caruso e Castro, 1997, ou Cardoso, Comin e Guimarães, 2000), referi o caráter sistêmico da reestruturação que transcorre nos anos 90, como forma de distingui-la das mudanças que tiveram lugar nos 80, quis aludir a um movimento de transformação que ultrapassaria os chamados "chãos-de-fábrica" das empresas líderes, produzindo diretrizes novas no que se refere a diferentes âmbitos da política de produção (na engenharia dos processos, dos recursos, na gestão financeira e de marketing, na gestão do trabalho), no mais das vezes iluminados pela visão soberana dos programas de qualidade e produtividade. Mas ainda, quis igualmente aludir ao fato de que esse movimento de transformação ultrapassaria as próprias empresas líderes de cadeias produtivas, disseminando mudanças no seio de outras firmas integrantes de uma mesma rede de produtores e distribuidores. Nesse sentido, o qualificativo de "sistêmico" responde à necessidade de diferenciar esse movimento de transformação daquele outro, mais circunscrito e conservador, que tipificou os anos 80, mesmo em sua segunda metade.[6] Por isto mesmo, a mudança ocorrida nos 90 importou em intensa reestruturação a um só tempo tecnológica *e* organizacional, que atingiu não somente a gestão da planta *mas também* os padrões de conformação do tecido industrial, por moldar novas formas de relação interfirmas. Em decorrência, importou, ademais, em nova forma de relacionamento entre os atores sociais desses processos: trabalhadores, sindicatos, gerências e Estado.

Desde logo, cabe sublinhar que, ao lançar mão do qualificativo "sistêmico", não quero aqui assumir uma hipótese de convergência, que ingenuamente afirme a tendência à equalização pura e simples de padrões de produção e de gestão. Reconheço estar em curso um processo de difusão de um novo paradigma de produção e de gerenciamento de recursos de diversa natureza — humanos, dentre eles —, que faz emergir aquilo que, em outro texto, denominei uma nova cultura normativa do trabalho (Castro, 1997).[7] Entretanto, nem de longe quero sugerir que tais modelos normativos — que alimentam as culturas técnica e gerencial (pública e privada) — sejam uniformes e tenham adquirido a virtualidade de dirimir quaisquer diferenças.[8] É certo que os resultados

---

[6] Em outros textos, tive a oportunidade de analisar de modo mais minudente a natureza da reestruturação que tipificou os anos 80 (Castro, 1993, 1994, 1995). Nos capítulos 3, 4 e 5, ilustrei como ela transcorreu na cadeia químico-petroquímica brasileira. No capítulo 6, procurei sistematizar reflexões anteriores sobre os desafios interpretativos e as novas ferramentas teórico-metodológicas requeridas para bem caracterizarmos essas novas realidades empíricas em seu impacto no mercado de trabalho (Cardoso, Caruso e Castro, 1997; Cardoso, Comin e Guimarães, 2000).

[7] No caso da químico-petroquímica, essa nova cultura normativa do trabalho foi detalhadamente tratada nos capítulos 3, 4 e 5 anteriores.

[8] Se os valores que povoam o imaginário e o discurso empresarial

dos estudos feitos no Brasil sobre as relações interfirmas são eloqüentes ao documentar como os novos paradigmas de produção transformam os diversos elos das cadeias produtivas, e, nestes, o perfil e atividades dos distintos grupos de trabalhadores — mas o fazem de modo desigual, diferenciando-os, em novas bases, antes que equalizando-os (Leite, 1997; Leite e Rizek, 1998; Abreu *et al.*, 1998).

No que respeita aos trabalhadores e suas trajetórias, já no capítulo anterior, avancei o argumento de que tal movimento impõe novos cursos possíveis aos seus destinos empregatícios. Tais cursos, entretanto, expressam-se de modo seletivo, desigual, entre os vários grupos de indivíduos, segundo circunstâncias também diversas; dentre elas estão o setor do qual se desligaram, o mercado de trabalho no qual competem, os atributos de que são possuidores.

Sem embargo, acredito possível hipotetizar que, quanto mais sistêmicas essas transformações, menores as chances de reinserção dos trabalhadores demitidos, porque menos heterogêneos se tornam as unidades fabris e os tecidos produtivos em que elas se inserem, sendo mais integradas as cadeias.

A indústria químico-petroquímica foi tomada aqui como um exemplo ilustrativo dessa modalidade sistêmica de reestruturação, notadamente na forma como ela atingiu o complexo localizado na Bahia. Retomo rapidamente argumentos nesse sentido, desenvolvidos ao longo da segunda parte deste livro.

Tal como ali indicado em detalhe, os anos 90 foram período de intensa reestruturação, técnica e organizacional. As mudanças que já se prenunciavam nos 80, mas que até então pareciam ter uma face de simples atualização tecnológica, sendo, por isto mesmo, apenas potencialmente disruptivas (SDCD e correlatos),

---

podem apontar nessa direção, não estou aqui supondo que os mesmos se tornem realidade tal como imaginados pelos atores que deles foram porta-vozes.

tornaram-se, nos anos 90, prenhes de conseqüências.[9] Nessa nova fase, a introdução das tecnologias digitalizadas no âmbito do controle de processo, que tinha ficado, até os 80, restrita às empresas de primeira geração — centrais (estatais) de matérias-primas —, tendeu a se difundir entre as várias gerações (intermediária e final) que compunham a cadeia produtiva. Mais ainda: a adoção das novas tecnologias passou a ter conseqüências organizacionais importantes, que maximizaram o seu potencial de economia de trabalho vivo (potencial este que se mantivera praticamente inexplorado ao longo da segunda metade dos anos 80, em quase todos os casos). Um elevadíssimo enxugamento de efetivos passa a ter lugar nos anos 90, fundado em políticas de pessoal articuladas a programas de qualidade, no bojo das quais reduziu-se, de modo intenso e rápido, o emprego direto (com crescimento igualmente intenso e rápido do trabalho terceirizado). Esse enxugamento atinge o coração do setor, os seus dois maiores pólos nacionais, de São Paulo e Bahia, devastando postos de trabalho.

Obviamente, uma redução de efetivos como a que ali teve lugar, e da qual tratei no capítulo 4, não poderia ocorrer sem que se houvessem alterado radicalmente os próprios ambientes de tra-

---

[9] É significativo como, no final dos anos 80, descrevi a natureza das mudanças tecnológicas então em curso, chamando a atenção para o reduzidíssimo impacto que as mesmas produziam, do ponto de vista organizacional e, em especial, em termos do enxugamento dos efetivos, nas plantas petroquímicas analisadas (em Camaçari/Bahia, em Santo André/São Paulo e em Triunfo/Rio Grande do Sul). Isto é, mesmo variando a idade das plantas e sua tecnologia de base, a natureza do mercado para o qual se voltavam e a forma de gestão patrimonial, observei que a introdução da automação digital, àquela época, parecia conter virtualidades transformadoras poderosas, mas que ainda eram escassamente manejadas entre nós (e disto a literatura internacional nos dava fartos contra-exemplos). A atualização tecnológica das plantas seguia sendo um desafio gerencial que parecia voltado para melhorar a especificação de produtos e para a economia de fatores (notadamente para melhor equacionar o balanço energético das plantas), antes que para reduzir efetivos e/ou reorganizar gestão do trabalho (ver Castro e Guimarães, 1991).

balho. De fato, intensas transformações, particularmente nos anos 90, modificaram (e, por primeira vez, de modo significativo) os padrões de uso do trabalho e a natureza do regime fabril na indústria químico-petroquímica brasileira. É certo que, nas indústrias de fluxo, e particularmente na petroquímica, o modelo de gestão dominante sempre estivera distante — e muito — da média da indústria moderna (tanto aqui, quanto em outros países). Ele se sustentava numa modalidade de gestão do trabalho operacional caracterizada: primeiro, pela elevada estabilização dos efetivos (contrariamente aos altíssimos índices de rotatividade existentes no Brasil); segundo, por um padrão de escolarização média bastante superior ao ordinário (segundo grau completo, com formação técnica); e, terceiro, por uma política de remuneração que aliava salários em média mais elevados a benefícios extra-salariais não desprezíveis. E não sem razão: o trabalho dos operadores de processo dependia essencialmente do compromisso ativo dos trabalhadores com a produção; isto porque ele estava voltado para supervisionar e ajustar processos automatizados de transformação, num ambiente industrial de produção em fluxo e turnos contínuos, sob condições de alto risco e sem possibilidades de aplicar qualquer método de retrabalho em face das eventuais perdas de produção. Formas de gestão — que na automobilística brasileira (apenas para tomar o contra-exemplo exemplo que privilegiarei neste capítulo) vieram de braços com as políticas de qualidade e competitividade — já acompanhavam o segmento químico-petroquímico desde berço e marcavam a sua especificidade, aqui e alhures.

Que fazem, então, os anos 90, no caso brasileiro? Eles ampliam e atualizam essas características, lançando mão de todas as virtualidades poupadoras de trabalho abertas pelas novas tecnologias e aproximando-nos dos padrões de uso do trabalho já experimentados fora do Brasil. Qual a condição de possibilidade para tal? O uso extensivo das tecnologias digitais de controle de processo (nas salas de controle e nas áreas operacionais) e dos modelos de otimização de procedimentos. Eles passam a reger, soberanos, as novas condições de gestão do trabalho — tanto intra-

Reestruturação sistêmica e mobilidade predatória

firmas (explorando todas as suas potencialidades racionalizadoras e integrando de modo muito mais estreito decisões de escritório e "chão-de-fábrica"), como entrefirmas (estendendo para todas as "gerações" de produtores as chances de reestruturação organizacional abertas pelas novas formas digitalizadas de controle de processo). Novas condutas operacionais; maior interface e imbrincamento entre tarefas de operação, laboratório e de manutenção; ampliação da automatização de tarefas de campo, tudo isto termina por alterar a política de pessoal, tanto no sentido do tamanho dos efetivos, quanto com respeito ao conteúdo das ocupações, e à nomenclatura ou concepção das carreiras. Os programas de qualidade e as novas formas de confrontar o poderio sindical nas plantas redesenham as políticas de salários e de benefícios, buscando maior envolvimento dos trabalhadores com os novos alvos gerenciais e, nesse sentido, afetam significativamente o escopo e espaço de relacionamento com os sindicatos.

Essas tendências passam a se exprimir de maneira cada vez mais sistêmica. Isto é, difunde-se um padrão geral no seio da empresa, integrando distintos setores de sua política: desenvolvimento de produtos e controle de processos, engenharia dos mesmos e da execução, na forma de sistemas internos de clientes e fornecedores, gestão do trabalho, da qualidade, marketing. Os carros-chefe que passaram a dar direção e ritmo a essas mudanças foram os segmentos de política comercial e de política de qualidade. E não sem razão, com a abertura comercial e a redefinição do modelo de atuação estatal (num setor cujo coração — petróleo e petroquímica básica — era regido pela batuta da tecnoburocracia governamental) alteraram-se regras fundamentais do jogo competitivo, dando aos setores comercial e de gestão da qualidade uma centralidade nunca antes experimentada no que concerne ao comando das políticas de empresa.

Mas esse padrão tendeu a se difundir não apenas inter mas também entre empresas, ao longo da cadeia tecnicamente articulada dos produtores petroquímicos, mudando de forma significativa a natureza da relação entre as firmas. Com efeito, ao avançar, ele ultrapassa o antigo modelo, que dominara até os anos 80, de dependência compulsória entre gerações, a qual era propagada, a jusante na cadeia, apenas com base no elo técnico do fornecimento do insumo a ser processado. A abertura comercial e, posteriormente, a reestruturação patrimonial serão fatores decisivos para consolidar um novo tipo de relação interfirmas. Isto porque, à diferença da cadeia automotiva, para seguir usando o contra-exemplo anterior, na químico-petroquímica a intensificação das mudanças esteve ligada direta e imediatamente a alterações na forma de regulação do setor, tal como expus no capítulo 3.

Na Bahia, como dito anteriormente, desenvolvera-se o experimento ideal do modelo de gestão planejada, que deu lugar à maior concentração petroquímica no Brasil: o chamado "modelo tripartite". Sua reestruturação foi, também ali, expressa da forma mais radical, em seus efeitos, tal como indiquei no capítulo 4. A maior homogeneidade do complexo químico-petroquímico baiano, o menor número de empresas, a menor associação com uma malha local de outras plantas de transformação industrial, além da maior sujeição às incertezas do mercado competitivo internacional, podem ser fatores que explicam o caráter mais sistêmico das transformações e, por isto mesmo, acredito, o maior vigor do seu impacto sobre as oportunidades ocupacionais no que concerne aos empregos diretos, formalmente registrados pela empresa, e protegidos pelas normas do direito e pela política sindical.

2. REESTRUTURAÇÃO SISTÊMICA E MOBILIDADE PREDATÓRIA? PADRÕES DE TRAJETÓRIA INTERSETORIAL DE DEMITIDOS NA INDÚSTRIA QUÍMICO-PETROQUÍMICA DA BAHIA

Em contextos como esse, de intensa mudança nos parâmetros da produção, o que permite que alguns trabalhadores permaneçam em seus empregos? O que explica, ao contrário, que alguns sejam expulsos do circuito dos empregos formalmente registrados? E onde buscar as causas das migrações para outros segmentos? Há padrões recorrentes de trajetórias ocupacionais ou, ao contrário, os destinos empregatícios dos indivíduos são erráticos e aleatórios? Os painéis longitudinais da Rais-Migra, apresentados no capítulo anterior, serão aqui retomados de modo a lançar alguma luz sobre o movimento de indivíduos no mercado de trabalho ao longo do tempo, com o que se pode buscar respostas para algumas dessas indagações.

Mercados, como um âmbito de relações sociais institucionalizadas, têm uma relativa previsibilidade, que resulta do seu padrão de estruturação. Essa previsibilidade, no caso dos mercados de trabalho, é que restringe as opções dos indivíduos em termos de oportunidades de emprego e renda. Nesse sentido, se os cursos ocupacionais podem ser pensados como resultando de uma sucessão de escolhas individuais, é cabível admitir que tais escolhas são estruturalmente orientadas; por isto, pode-se esperar que indivíduos compartilhem destinos empregatícios no tempo. Sobretudo, é possível esperar, como visto no capítulo anterior, que a diversidade de determinantes resulte em trajetórias ocupacionais que, embora heterogêneas, são compartilhadas por grupos inteiros de pessoas.

Para melhor analisar esse leque de possibilidades alternativas, fixei algumas condições que tornariam comparáveis os indivíduos, a partir de alguns fatores que estruturam as suas trajetórias. O principal deles resulta, como indiquei no capítulo anterior (ao apresentar a metodologia que aqui se adotará), da abordagem dos casos segundo coortes. Isto permite circunscrever as comparações a grupos de indivíduos que tiveram em comum algumas experiências de partida, tais como:

(i) tinham sido, todos eles, ocupantes de postos formais, protegidos, no mercado de trabalho, e tinham estado empregados no setor químico-petroquímico baiano;

(ii) num mesmo ano, no caso o ano de 1989, todos eles viveram uma experiência comum: a perda dos seus empregos;

(iii) viram-se, todos, obrigados a voltar a competir, num mesmo mercado regional de trabalho, por uma nova ocupação registrada, no exato momento (a partir de 1989, quando foram desligados, e até 1997, último ano para o qual dispus de dados para observar suas incursões no mercado dos empregos formalmente registrados) em que se intensificam as transformações nas estratégias das empresas no seu setor de origem; transformações estas que, como sugerido, moviam as políticas gerenciais em direção a um padrão sistêmico de reestruturação industrial, com efeitos devastadores sobre os postos de trabalho.

Isso posto, posso retomar, de modo mais precisamente formulado, as indagações analíticas que estruturarão este capítulo, a saber: Quais foram os destinos empregatícios dessa coorte de indivíduos, que tem em comum a vivência de uma mesma experiência, qual seja, a de terem sido demitidos, de um mesmo setor, num mesmo ano? Ou seja, observados durante sucessivos anos, *quem*, *quando* e *onde* logra retornar ao trabalho registrado no setor onde desenvolveu o seu capital de qualificação?

Observando os trabalhadores da indústria químico-petroquímica baiana, verifica-se que ali os efeitos da reestruturação sobre os destinos dos trabalhadores desligados foram especialmente devastadores. Ainda mais devastadores do que aquilo que descrevi, no capítulo anterior, para a indústria brasileira como um conjunto. O Gráfico 7.1 registra, através de sucessivos cortes transversais, ano a ano, entre 1989 e 1997, a situação de cada indivíduo membro da coorte em termos de sua localização no mercado formal de trabalho.

No caso da indústria químico-petroquímica da Bahia, chama a atenção o peso sensivelmente maior do contingente que permanece, ano após ano, fora dos registros do sistema Rais, vale dizer, daqueles que se vêem privados de um outro vínculo formalmente registrado de trabalho. Eles são em número superior ao da média da indústria brasileira. Para o Brasil, em média, cerca de

Gráfico 7.1
OS DEMITIDOS DA QUÍMICA MODERNA BAIANA
EM 1989 E SEUS SETORES DE INGRESSO
(ENTRE 1989 E 1997)

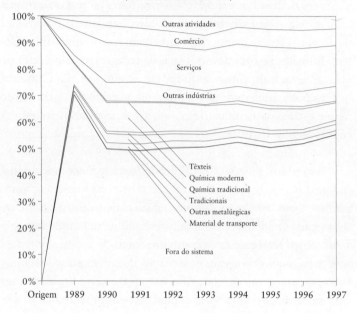

Fonte: Ministério do Trabalho e Emprego, Rais-Migra, 1989-1997.
Processamento próprio.

40% dos demitidos estavam, a cada ano, sem um novo emprego registrado (no mínimo 37% e no máximo 57%). Na Bahia, essa média era pelo menos dez pontos percentuais mais alta; aqueles sem emprego formal constituíam pelo menos a metade dos que haviam sido originalmente desligados.

Mas, tal como fiz no capítulo anterior, pode-se dar um outro passo, analiticamente mais refinado. Além de acompanhar, ano a ano, entre 1989 e 1997, o que acontece com os trabalhadores da coorte dos demitidos em 1989, verificando (através da busca do seu número de registro no PIS) onde os mesmos se encontram localizados no mercado de trabalho, é possível ir mais adiante. A análise das suas trajetórias agregadas percorridas por esses trabalhadores permite formular algumas hipóteses acerca dos destinos empregatícios dessa coorte de demitidos. Isto é, posso indagar: no percurso que fazem, esses indivíduos apresentam similitudes nos seus trajetos de mobilidade no mercado de trabalho? É possível identificar alguns tipos de destinos recorrentes, que agrupam indivíduos? Que destinos são esses, isto é, para onde se movem ocupacionalmente esses grupos de indivíduos? E, sobretudo, quem são os indivíduos que perfazem tais percursos? Tomarei a seguir cada uma dessas indagações, apresentando os resultados encontrados para os trabalhadores da moderna indústria químico-petroquímica baiana.

Em primeiro lugar, três tipos de destinos podem ser destacados, a partir das três classes de trajetórias agregadas estatisticamente geradas. E não é insignificante o fato de que essas classes (ou tipos) sejam somente em número de 3. Quando observei as trajetórias agregadas dos trabalhadores do mesmo grupo de indústrias, no mesmo período, mas dessa vez para o Estado de São Paulo, verifiquei que, ali, os destinos ocupacionais recorrentes configuravam um leque de possibilidades sensivelmente maior; eles eram 9 (Guimarães, 2001).

Entretanto, qualquer que seja o mercado regional de trabalho examinado, uma similitude se apresenta. Na Bahia (como em São Paulo ou mesmo no Brasil como um conjunto), a mais ponderável dentre as possibilidades de destino para os que perderam seus empregos na indústria químico-petroquímica é a *exclusão* do mercado formal de trabalho. Na Bahia, quase a metade dos empregados desligados da químico-petroquímica tem esse como destino comum (contra 40% no caso da indústria brasileira como um todo).

As trajetórias de exclusão, nesse mesmo momento (1989-1997), eram relativamente menos significativas na indústria automobilística paulista, por exemplo (embora também nela configurassem a alternativa majoritária); ali, a reestruturação que ocorria no período se caracterizava por estar sendo bem menos sistêmica, preservando importante heterogeneidade interna ao tecido produtivo. Isto facultava que um trabalhador demitido por uma montadora pudesse ser absorvido por uma planta de autopeças ou por uma outra indústria metalúrgica, mantendo-se na mesma cadeia produtiva e provavelmente em postos de trabalho que preservavam seu capital de qualificação, muito embora com perdas salariais.[10]

Uma parcela muito reduzida logra reingressar no setor químico moderno, configurando um segundo percurso possível. Esta é uma *trajetória de preservação* que poderia ser qualificada como virtuosa, na medida em que assegura a reinserção do demitido no mesmo mundo das oportunidades ocupacionais mais disputadas: ele volta ao setor moderno da química baiana, preservando, assim, o seu capital de qualificação acumulado. Entretanto, ela é vivida, em média, pela imensa minoria dos indivíduos: apenas 1 em cada 10 trabalhadores desligados alcança esse feito, na coorte dos demitidos, em 1989, pela indústria químico-petroquímica baiana.

Finalmente, ao lado das trajetórias de exclusão e das trajetórias de preservação, uma terceira classe de trajetória reúne todo o contingente restante. São indivíduos que logram voltar ao mercado dos empregos formalmente registrados, mas experimentam processos de mobilidade intersetorial que, muito provavelmente, os realocam em atividades ocupacionais distintas, depredando o capital de qualificação que acumularam na sua experiência anterior de trabalho. Eles se distribuem entre múltiplas possibilidades de emprego, com dominância ligeira dos que se reinserem nos serviços. São, muito provavelmente, *trajetórias de reconversão* profissional.[11] Eles são cerca de 4 em cada 10 trabalhadores.

---

[10] Vide Cardoso, 2000, para detalhes; ou Cardoso, Comin e Guimarães, 2000, para uma análise mais breve, mas comparativa.

[11] Mas vale relativizar essa categorização, tomando-a *cum grano salis*. Isto porque nada impede que a migração entre setores possa preservar o

Os Gráficos 7.2, 7.3 e 7.4 ilustram como se configura cada uma dessas três trajetórias: a de exclusão (que engloba cerca de 46% dos demitidos), a de reconversão (44% deles) e a de preservação (abrangendo os 10% restantes). Elas serão apresentadas e comentadas a seguir na ordem da sua importância numérica, após o que caracterizarei o perfil dos indivíduos que as perfazem.

Os Gráficos 7.2 e 7.3 apresentam as trajetórias numericamente mais significativas. Juntas elas totalizam cerca de 90% dos casos, correspondendo (i) àqueles cujo destino dominante foi o da expulsão do mercado dos empregos formalmente registrados e protegidos (Classe 1, representada no Gráfico 7.2) e (ii) àqueles que lograram reinserir-se em diferentes setores (Classe 2, Gráfico 7.3). No caso dessa última classe, é visível (se bem observado o Gráfico 7.3) que os maiores setores de acolhida desses trabalhadores industriais têm em comum o fato de estarem, todos eles, *fora* da atividade manufatureira; eles são os serviços, ligeiramente predominantes, o comércio e outras atividades.

Se o peso numérico dos casos envolvidos aproxima esses dois tipos de trajetórias agregadas, há algo que os diferencia. Quando se observa a distribuição dos casos individuais por cada um dos tipos, vê-se que, no caso da Classe 1 (Gráfico 7.2), há um só e único destino de confluência — o da exclusão do mundo onde as relações de trabalho podem ser formalmente pactuadas, mediante a expulsão do mercado formal de trabalho. Já no caso das trajetórias agregadas na Classe 2 (Gráfico 7.3), os indivíduos se distribuem por um leque de possibilidades, a indicar que em comum

---

tipo de ocupação desempenhada. Bem assim, dada a intensa terceirização, é também possível acreditar que a mudança na natureza do contrato (para uma terceirizada) importe numa reclassificação (para fins da Rais) em um novo setor, mesmo se a atividade se preserve íntegra (o trabalhador "apenas troca a cor do macacão", para lembrar o jargão dos sujeitos desse processo, na medida em que continua a fazer o mesmo trabalho, muitas vezes até no mesmo local, apenas pago por um outro patrão).

Gráfico 7.2
PERCURSOS OCUPACIONAIS DOS DEMITIDOS
DA QUÍMICA MODERNA BAIANA (1989-1997)
Classe 1 — Trajetórias de exclusão (45,9%)

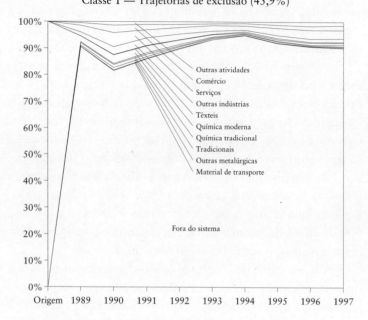

Fonte: Ministério do Trabalho e Emprego, Rais-Migra, 1989-1997.
Processamento próprio.

está apenas a sua saída (sem volta) da indústria química moderna. Para onde vão? Tudo o que se pode afirmar é que são os mais diferentes os espaços de sua absorção.

Já no Gráfico 7.4, que apresenta o terceiro destino possível dos demitidos, novamente encontra-se a clara dominância de uma única possibilidade — a reinserção na própria indústria química moderna.

Esta é, sem dúvida, a trajetória virtuosa. Virtuosa porque, muito provavelmente, a reinserção deva preservar o capital de qualificação acumulado pelo trabalhador quando do seu vínculo anterior, vez que ele consegue se manter no mesmo circuito do mercado de trabalho onde estivera antes de ser demitido.

Gráfico 7.3
PERCURSOS OCUPACIONAIS DOS DEMITIDOS
DA QUÍMICA MODERNA BAIANA (1989-1997)
Classe 2 — Trajetórias de reconversão (43,8%)

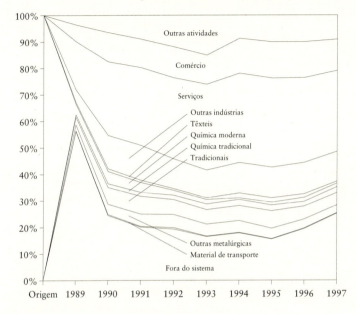

Fonte: Ministério do Trabalho e Emprego, Rais-Migra, 1989-1997.
Processamento próprio.

Certamente, não é possível dizer se, ao retornar, o trabalhador preserva também o nível salarial que tinha no emprego anterior. Provavelmente não. Sabe-se, por um *survey* realizado com uma amostra de trabalhadores demitidos do Pólo de Camaçari em 1994, que aqueles que voltaram a se recolocar no mercado como assalariados tiveram perdas salariais estatisticamente documentadas (Menezes, Barreto e Carrera-Fernandez, s/d), não importando o setor de reinserção. Mas sabe-se também que a mobilidade intersetorial tende a produzir perdas nos rendimentos que são tanto mais significativas quanto maior a distinção entre setor de origem e setor de destino (Amadeo e Pero, 2000). Assim, poder-se-ia arriscar a hipótese de que, havendo perda salarial, ela tende

Gráfico 7.4
PERCURSOS OCUPACIONAIS DOS DEMITIDOS
DA QUÍMICA MODERNA BAIANA (1989-1997)
Classe 3 — Trajetórias de preservação (10,3% dos casos)

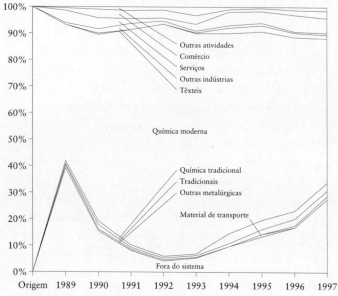

Fonte: Ministério do Trabalho e Emprego, Rais-Migra, 1989-1997.
Processamento próprio.

a ser menor entre os que perfazem as trajetórias virtuosas de preservação (Classe 3) que entre aqueles obrigados a algum tipo de reconversão (Classe 2).

Mas um outro aspecto chama a atenção: a relativa insignificância numérica desses destinos virtuosos, que atingem apenas 10% dos casos dos demitidos. Destaque-se que tal insignificância é ainda maior no caso da indústria químico-petroquímica que no caso da automobilística, conforme estudado em outro texto (Cardoso, Comin e Guimarães, 2000). E, acredito, não por acaso. Na moderna química baiana, a homogeneidade intra-setorial é mais nítida, dado o caráter mais sistêmico das mudanças ao interior da cadeia produtiva das empresas, de primeira a terceira geração, do Pólo de Camaçari. Por isso mesmo, uma vez demitido, a chance de reinclusão em outra firma da cadeia se torna extremamente reduzida, exatamente porque as transformações que se operaram ali onde a demissão se verificou também têm lugar nas demais firmas do complexo articulado em cadeia.

Uma última indagação resta por explorar: quem são os trabalhadores que perfazem essas três classes de trajetórias?

Para tanto, apresento algumas observações sobre características desses três grupos de indivíduos. Analiso suas especificidades com respeito a quatro diferentes variáveis de descrição: duas relativas a atributos individuais (grau de instrução e idade) e duas relativas ao vínculo de trabalho (tempo de emprego e tamanho do estabelecimento). Poder-se-ia reorganizá-las, para fins analíticos, em duas dimensões:

a) qual o capital de qualificação do indivíduo, mensurado pela sua qualificação formal (medida pelo seu grau de instrução) e pela sua senioridade (medida pela sua idade e pelo seu tempo de duração do vínculo rompido);

b) qual o tipo de empresa de onde provém, considerado a partir da variável tamanho do estabelecimento, *proxy* para a complexidade do mesmo.

Como as quatro variáveis se referem à situação do trabalhador no momento do desligamento, o que posso aqui ilustrar são unicamente as chances de se chegar a um ou outro destino ocupacional tendo em vista as características de partida do trabalhador.

Assim, conforme o que aparece no Gráfico 7.5, pode-se sugerir que as chances de trajetórias predatórias (exclusão ou reconversão) são maiores para aqueles com menor capital escolar — e observe-se que este é um setor com elevado requerimento de escolaridade de ingresso, muito maior que a média do mercado local. No pólo oposto do argumento, a trajetória virtuosa de reinserção na química moderna é mais plausível para os que têm mais elevado capital escolar (70% deles possuem *ao menos* o segundo grau completo).

Reestruturação sistêmica e mobilidade predatória

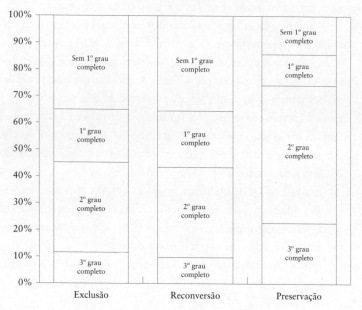

Gráfico 7.5
GRAU DE INSTRUÇÃO SEGUNDO
O TIPO DE TRAJETÓRIA AGREGADA (1989-1997)
DOS DEMITIDOS DA
QUÍMICA MODERNA BAIANA EM 1989

Fonte: Ministério do Trabalho e Emprego, Rais-Migra, 1989-1997.
Processamento próprio.

A idade (Gráfico 7.6) e o tempo de vínculo (Gráfico 7.7), se pensados como indicadores de senioridade, parecem funcionar em termos bastante convergentes. A expulsão atinge trabalhadores de média idade, no auge da sua capacidade produtiva; o mesmo parece ocorrer para a reinserção, isto é, com mobilidade intersetorial.

Já as trajetórias virtuosas, de reinserção na química, valorizam a experiência, expressa seja no tempo de vínculo, seja na idade biológica, de modo mais nítido até naquele que nesta. Esse parece ser, também aqui, um capital importante de inclusão.

Mas, se é certo, entretanto, que os jovens estão mais signifi-

Gráfico 7.6
FAIXA ETÁRIA SEGUNDO
O TIPO DE TRAJETÓRIA AGREGADA (1989-1997)
DOS DEMITIDOS DA
QUÍMICA MODERNA BAIANA EM 1989

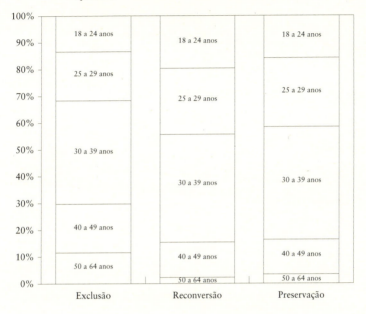

Fonte: Ministério do Trabalho e Emprego, Rais-Migra, 1989-1997.
Processamento próprio:

cativamente representados nos percursos de retorno ao formal, seja através de trajetórias de reconversão, seja através de trajetórias de preservação (Gráfico 7.6), parece igualmente claro que há um núcleo duro da força de trabalho, mais experiente, que ainda se preserva. Ele se compõe dos trabalhadores:
a) de mais idade: aqueles com 40 anos e mais chegam a corresponder a quase 20% dos que se reintegram na química moderna; se considerados os de 30 anos e mais, eles formam 60% dos que perfazem essa trajetória virtuosa;
b) os de maior experiência: os trabalhadores com 25 anos ou mais de tempo de duração do último vínculo constituem na-

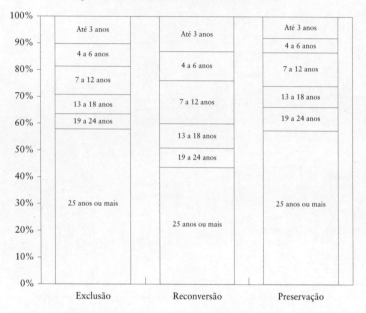

Gráfico 7.7
TEMPO DE VÍNCULO SEGUNDO
O TIPO DE TRAJETÓRIA AGREGADA (1989-1997)
DOS DEMITIDOS DA
QUÍMICA MODERNA BAIANA EM 1989

Fonte: Ministério do Trabalho e Emprego, Rais-Migra, 1989-1997.
Processamento próprio.

da menos que 57% do grupo dos demitidos que perfazem as trajetórias virtuosas, que preservam seu capital de qualificação, reintegrando-se às empresas químicas modernas.

Quando se observa o tipo de estabelecimento de origem (Gráfico 7.8), parece claro que os trabalhadores oriundos de pequenas empresas são aqueles que se encontram sob maior risco, o que confirma aquilo que observei no capítulo 4, com base em dados transversais. Menos que 1 em cada 10 dentre os readmitidos pela indústria química moderna provinham de pequenas empresas desse mesmo ramo; ou seja, sua chance era quase nula. Mas, ao con-

Gráfico 7.8
TAMANHO DO ESTABELECIMENTO SEGUNDO
O TIPO DE TRAJETÓRIA AGREGADA (1989-1997)
DOS DEMITIDOS DA
QUÍMICA MODERNA BAIANA EM 1989

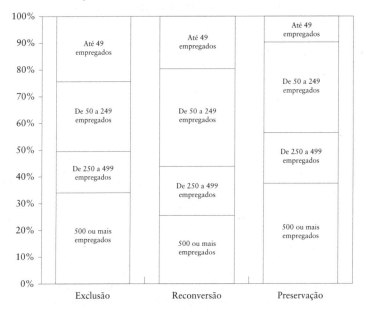

Fonte: Ministério do Trabalho e Emprego, Rais-Migra, 1989-1997.
Processamento próprio.

trário, quase 6 em cada 10 provinham de empresas com mais que 250 empregados; e quase 4 em cada 10 haviam estado ocupados anteriormente em empresas com mais que 500 trabalhadores. Isto parece sugerir que as trajetórias virtuosas de reinserção atingem preferencialmente aqueles que, mesmo tendo estado ocupados no setor químico moderno, provinham das plantas de grande porte. De maneira complementar, quanto mais precária a trajetória, mais ponderável é o peso dos que provêm das pequenas empresas reestruturadas da química moderna.

A análise até aqui desenvolvida comprova a hipótese central que a orientou: a perda do emprego numa indústria químico-petroquímica é garantia de exclusão *do setor* para a maioria dos trabalhadores que por ele passaram em 1989. As demissões refletem, no nível mais agregado, os movimentos de reestruturação sistêmica em curso na cadeia. O destino da grande maioria que perde seu emprego nessas indústrias é a exclusão do mercado formal de trabalho ao longo do tempo; e, embora não tendo como verificá-lo com a base de dados aqui tratada, parece plausível acreditar que o horizonte destes seja o desemprego. E isso é verdadeiro mesmo para o trabalhador típico da indústria moderna: ainda relativamente jovem, estabilizado no posto de trabalho e com elevada escolaridade.

A análise da indústria químico-petroquímica sugere, ademais, a correção da hipótese que liga a natureza da reestruturação (i.e, sua maior ou menor sistemicidade, intrafirma e intracadeia) ao seu efeito, mais ou menos devastador, sobre as chances de reinserção dos demitidos. Nesse caso, ali onde reestruturação mais sistêmica se combina com tecido produtivo com menor diversificação e mercado de trabalho estruturado ao redor do trabalho dominantemente informal, caso da química baiana, é justamente onde o caráter devastador desse processo parece especialmente evidente, e a perda de capital de qualificação, por parte dos trabalhadores em mobilidade, revela-se significativa.

Ao perder o emprego, o indivíduo tem grandes chances de perder a identidade de trabalhador com direitos, algo que só o vínculo formal de trabalho faculta. Este, como se sabe, era e ainda é o passaporte para o mundo, por assim dizer, mais estável de direitos no Brasil (Viana, 1976; Santos, 1979; Noronha, 2001). Ele garante representação sindical e assegura que as relações de trabalho serão regidas por convenções coletivas, não apenas por contratos individuais entre patrão e empregado; tem na CLT e, em muitos casos, na Constituição Federal o escudo protetor contra arbitrariedades do empregador; minimamente, garante férias, 13º salário e um pecúlio na forma do FGTS. Em suma, o vínculo formal de trabalho traz o trabalhador à superfície da cena social, possibilitando que ele se torne protagonista de seu próprio destino, dando-lhe visibilidade pública e conferindo estabilidade à sua relação com o Estado via acesso regulado à legalidade imperante, a algo que poderia ser nomeado "mínimos civilizatórios" em termos de remuneração e direitos (Cardoso, Comin e Guimarães, 2000).

A perda do emprego representa, para parte significativa dos trabalhadores, a exclusão pura e simples desse mundo estruturado dos direitos do trabalho e a inclusão, por contrapartida, no outro mundo do trabalho, aquele informalmente regulado, invisível do ponto de vista do Estado e suas instituições, e provavelmente ainda mais predatório em relação à força de trabalho.

8.
LABORIOSAS, MAS REDUNDANTES: DIFERENCIAIS DE GÊNERO NAS TRANSIÇÕES OCUPACIONAIS[1]

A par do intenso processo de transformação no que concerne à *demanda* de força de trabalho, expresso nas mudanças verificadas nas estratégias empresariais de gestão de pessoal, outras alterações, também significativas, vêm se verificando no âmbito da *oferta* de força de trabalho. Nos anos recentes, elas são particularmente importantes no que concerne ao trabalho das mulheres.

Isto porque, se divisão social e intersetorial do trabalho estão em redefinição, também a divisão *sexual* do trabalho evidencia novos contornos. Um intenso ingresso feminino no mercado de trabalho se destaca. Ele é correlato a: (i) mudanças importantes no comportamento demográfico,[2] (ii) ganhos significativos de

---

[1] Este capítulo foi inicialmente desenvolvido na forma de comunicação para discussão no Seminário "Las Transformaciones del Trabajo. Género, Flexibilización e Inserción Laboral Femenina", promoção do CEM — Centro de Estudios de la Mujer, Santiago, 24-26/11/1999. Tal comunicação foi posteriormente publicada em espanhol como Guimarães (2001a). Uma versão revista foi também publicada em português (Guimarães, 2001) e, bastante modificada, posteriormente em francês (Guimarães, 2002). Agradeço a Paulo Henrique da Silva, Fernando Fix, Marcelo K. Faria e Luiz Fernando Zerbinatti pelo apoio na preparação dos dados. Agradeço igualmente aos comentários e sugestões, tanto dos colegas latino-americanos, no Seminário do CEM, quanto dos *referees* da *Travail, Genre et Sociétés*, revista francesa do grupo MAGE — Marche du Travail et Genre. A forma em que o argumento se apresenta neste capítulo tem especialmente a versão francesa como ponto de partida, embora consideravelmente revista.

[2] O movimento de queda da fecundidade, que se prenunciara nos 60 e

escolaridade feminina,[3] (iii) transformações na esfera valorativa, que atualizam e redefinem papéis sociais de gênero.[4]

Diante disto, uma indagação se impõe: como, num tal contexto, se redefinem as oportunidades para ingresso, qualificação, mobilidade e remuneração de grupos de trabalhadores cujos "capitais sociais de inclusão", para dizê-lo de algum modo, distinguem-se de modo significativo, (i) seja por características aquisitivas e ligadas ao desempenho (como escolarização, experiência de trabalho, entre outras), (ii) seja por características adscritas, que exprimem formas de valorização social de atributos, que acompanham compulsoriamente os indivíduos (como condição de sexo,

---

se intensificara a partir dos 70, continuou em seu declínio nos anos 80 e primeira metade dos 90; assim, a taxa que alcançara 4,4 no início da década passada reduziu-se substancialmente, chegando a 2,5 em 1995. Essa tendência, aliada a um movimento de redução da mortalidade e envelhecimento da população, bem como ao aumento do número de domicílios chefiados por mulheres (21% em 1995, contra 15% em 1980), configura um novo perfil sociodemográfico dos grupos familiares no Brasil, com claros efeitos sobre o ingresso de mulheres ao mercado de trabalho (Bruschini, 1998).

[3] Se é certo que tem crescido a escolaridade da população como um todo, paulatinamente e em todo o país, é igualmente verdadeiro que são as mulheres as que se mostram mais escolarizadas. Assim, conforme dados de 1999 da Pesquisa Nacional por Amostra Domiciliar (PNAD), na indústria de transformação, mulheres brancas tinham, em média, 8 anos de estudo, contra 7 dos homens brancos, 6 das mulheres negras e 5 dos homens negros; com exceção dos homens negros, todos ganharam cerca de um ano de escolaridade entre 1989 e 1999.

[4] Tais transformações — especialmente no que afetam as chances de convivência entre papéis familiares e profissionais — são decisivas para o entendimento das decisões individuais de ingresso no mercado, por parte das mulheres; mais além das oportunidades abertas pela demanda de força de trabalho e pela adequação das suas qualificações, elas são um elemento decisivo. Bem assim, essa esfera valorativa é igualmente determinante para o entendimento dos diferenciais de remuneração e das oportunidades de mobilidade e de acesso, pelas mulheres, a posições ocupacionais de prestígio e de poder.

étnico-racial ou de idade, entre outros), (iii) seja pela combinação de ambos os tipos de características (aquisitivas ou adscritas).

No capítulo anterior abordei essa questão, embora complementarmente, discutindo, para o caso da químico-petroquímica baiana, que perfis se associavam a diferentes tipos de trajetórias (de expulsão, de reconversão ou de preservação), vividas por grupos de trabalhadores como destinos recorrentes, naquele complexo industrial. Os resultados apresentados fazem eco, e avançam algumas novas hipóteses, na linha de outros achados também recentemente encontrados.

Relembro, dentre os principais, aqueles que apontaram para o fato de que as estratégias empresariais de reestruturação fabril têm produzido movimentos de migração ocupacional que são importantes tanto pelo que revelam de mobilidade da força de trabalho da indústria em direção aos serviços (Caruso e Pero, 1996; Pero, 1997; Caruso, Pero e Lima, 1997a), como pelo que documentam sobre os intensos processos de saída de trabalhadores, de duração considerável e quem sabe definitiva, que batem em retirada não somente da indústria, mas do mercado dos empregos formalmente registrados (Castro, 1998; Cardoso, 2000). Tais movimentos revelam-se de uma intensidade que varia conforme a conjuntura, mas também conforme o setor *e* os atributos dos trabalhadores desligados. Entretanto, pouca atenção tem sido dada até aqui, pela literatura, aos diferenciais de sexo que podem configurar distintos padrões de mobilidade setorial. Este será o alvo do argumento no presente capítulo.

No capítulo anterior, explorei o efeito, sobre os tipos de trajetórias ocupacionais, exercido por determinantes que advêm *da natureza do processo de reestruturação* vivido pelo setor de atividade ou *do tipo de estrutura do mercado regional de trabalho* onde se compete por um novo emprego. Tomei o caso da químico-petroquímica baiana como um exemplo radical de padrão sistêmico de reestruturação (intra-empresa e entre-empresas) num mercado pouco estruturado, fortemente heterogêneo e marcado pelo elevado desemprego, persistente informalidade e crise das oportunidades de emprego formalmente registrado. No presente capítulo, quero explorar o efeito *dos atributos dos trabalhadores* sobre os padrões de trajetória ocupacional manifestos pelos indivíduos desligados da indústria, no curso desses recentes processos de reestruturação.

Os termos da análise e a forma de abordagem seguem os mesmos. Apenas farei variar o foco, que aqui se voltará para as desigualdades entre ativos individuais, notadamente no que concerne ao gênero.

Persiste de pé a hipótese geral que orienta a reflexão, a saber: quanto mais sistêmica a reestruturação industrial num dado setor, menores as chances de reconversão ocupacional (por migração para empregos similares no mesmo setor) dos trabalhadores dele desligados. No caso do argumento a desenvolver no presente capítulo, agrego-lhe apenas um juízo complementar: hipotetizo que, nessas condições, maiores devem ser as dificuldades dos grupos sociais mais vulneráveis, porque sujeitos a condições desiguais (e por vezes discriminatórias) de competição, com vistas a preservar-se em postos de trabalho de qualidade.

O meu argumento se desenvolverá em duas partes principais. Na primeira, sistematizarei achados da literatura brasileira mais atual sobre as mudanças no âmbito da oferta de força de trabalho, especialmente aquelas que se expressam na crescente presença e no novo perfil das mulheres que ingressam na atividade econômica, bem como nas novas condições de sua incorporação à população economicamente ativa. Destaco um, dentre esses traços, pela sua importância para o argumento que aqui se desenvolverá: as novas tendências do desemprego de mulheres. Tal tendência desperta o interesse para um fenômeno que, entre as mulheres, também se intensificou nos anos 90: o trânsito entre situações ocupacionais.

Por isto mesmo, na segunda parte, observarei o que se passa no lado da demanda de trabalho, analisando dados dos painéis longitudinais retrospectivos Rais-Migra. Por meio desses dados, acompanho os eventos de mobilidade da mesma coorte de trabalhadores industriais demitidos no ano de 1989. Qual a diferença com relação ao que fiz nos dois capítulos anteriores? Aqui esses indivíduos terão as suas trajetórias analisadas de modo a separar, e comparar, trajetórias que perfazem os homens e trajetórias que perfazem as mulheres dessa mesma coorte — no conjunto da indústria, e na químico-petroquímica, paulista e baiana.

Com base nas informações sobre os nove anos de mobilidade intersetorial no circuito dos empregos formalmente registrados dessa coorte de demitidos(as) da indústria brasileira em 1989, procurarei argumentar em favor da importância de estudar os diferenciais de gênero para bem entender-se o fenômeno da mobilidade entre situações de trabalho a que estão sujeitos os trabalhadores da indústria brasileira.

Para tanto, procurarei discutir como os diferenciais de gênero se manifestam:

(a) em setores da indústria sujeitos a distintos padrões e a variada intensidade no processo de reestruturação, mas que podem ser também caracterizados por sua diversa permeabilidade com respeito ao trabalho de mulheres; para tanto, compararei aos ramos automotriz (mais heterogêneo no que concerne à disseminação dos novos padrões de produção ao interior da cadeia e mais permeável, ao menos em seu segmento de autopeças, ao uso do trabalho feminino) e químico-petroquímico (caracterizado pela maior convergência no processo de reestruturação dos diferentes elos da cadeia produtiva e menos permeável ao trabalho de mulheres);

(b) em mercados regionais de trabalho com variada estruturação; para tanto serão comparados os estados brasileiros de São Paulo (coração industrial e localizado no Sudeste) e Bahia (que se situa no Nordeste e é um dos campeões em taxas urbanas de informalidade).

O cardápio de indagações é absolutamente similar ao que moveu o argumento até aqui, apenas desafiando-as com um olhar mais agudo sobre o peso explicativo de atributos individuais,

Laboriosas, mas redundantes

exemplificados, no caso, pela condição de sexo. Há variantes no destino dos trabalhadores, por um lado, e trabalhadoras, por outro, que perderam seus empregos, na indústria brasileira, no alvorecer do processo de reestruturação dos anos 90? Esses percursos se diferenciam conforme o setor (sua mixidade e a natureza da reestruturação)? Diferenciam-se conforme o tipo de mercado regional de trabalho (mais ou menos formalizado) onde a busca de emprego se faz?

1. RETOMANDO ALGUNS PONTOS DE PARTIDA: OS ANOS 90 E AS NOVIDADES NA DINÂMICA DO TRABALHO FEMININO NO BRASIL

Importante literatura brasileira tem frisado a existência de novas tendências no emprego de mulheres no Brasil, a partir de cuidadosas análises dos diferentes inquéritos domiciliares levados a cabo (Abreu, Jorge e Sorj, 1994; Bruschini, 1998 e 1998a; Lavinas, 1997; Lavinas, 1998 e 1998a, dentre outros). Tais tendências, que já começavam a se delinear no final dos anos 70, consolidaram-se entre os anos 80 e os 90. Dentre elas, destacarei algumas por seu particular interesse para a posterior descrição sobre as condições do emprego de mulheres na indústria brasileira.

Em primeiro lugar, sobressai-se o aumento persistente da taxa de atividade feminina. Entre 1985 e 1995, ela se amplia de 36,9% para 53,4%, enquanto a taxa masculina pouco se altera, passando de 76% para 78,3%. Como resultado, as mulheres elevam em 63% a sua participação na População Economicamente Ativa (PEA), crescimento este que significa, em termos absolutos, o afluxo ao mercado de trabalho de nada menos que 12 milhões de novas mulheres em um período de apenas 10 anos (Bruschini, 1998), com um incremento anual da participação feminina na população ocupada da ordem de 3,8% (Lavinas, 1997). Desta sorte, em termos relativos, as mulheres eram 40,4% da força de trabalho brasileira no momento que fixei para análise, os meados dos anos 90 (Bruschini, 1998).

Crescimento dessa monta dificilmente se faria sem que dele resultasse uma importante mudança no perfil daquela que participava do mercado de trabalho. De fato, até os anos 70 a mulher brasileira que disputava posições no mundo do trabalho era majoritariamente jovem, solteira e sem filhos. Desde meados dos 90 ela passou a ser mais velha, casada e mãe. Vale dizer, o aumento na taxa de participação feminina foi sustentado pela entrada ao mercado de trabalho das mulheres em idades mais elevadas[5] ou, por outra, pelo fato de que, ingressando mais jovens no mercado, dele não se retiravam ao iniciar a sua carreira reprodutiva. Como resultado, as curvas de participação feminina e masculina, segundo idades, tornam-se bem mais assemelhadas em seu formato nos anos 90 que nos 80 (Lavinas, 1997: 44).

Uma outra novidade se refere ao fato de que, embora persistisse, para a grande maioria das mulheres, a alocação preferencial em certas atividades ditas "femininas" (serviços pessoais, administração pública, saúde, ensino privado), também se verificavam ligeiras e sugestivas mudanças. Por um lado, consolidava-se a feminização de certas atividades, como nos serviços comunitários. Por outro lado, eram bem-sucedidas algumas incursões de mulheres em redutos de emprego de homens, como é o caso dos serviços de reparação (ramo em que dobrara a presença feminina entre 1985 e 1995), ou dos serviços industriais de utilidade pública (em que passaram de 14% para 21% dos ocupados) ou ainda dos serviços auxiliares, onde as mulheres também dobraram a sua participação (Lavinas, 1997).

No âmbito das ocupações e grupos ocupacionais, alguns sinais reveladores também se colocavam. Bruschini (1998) obser-

---

[5] Observando dados para 1995, Bruschini (1998a) sublinhara que as maiores taxas de atividade (66%) eram observadas entre mulheres de 30 e 39 anos.

Laboriosas, mas redundantes

vou que, entre 1985 e 1995, aumentara a participação feminina em todos os grupos ocupacionais, com a novidade de que, na administração, era importante o afluxo de mulheres a posições de chefia. E mesmo na indústria — e em setores tradicionais, como a têxtil — a redução no número de ocupadas andava de braços com um crescimento importante, da ordem de 62% (embora sobre uma base numérica pouco significativa), das mulheres mestres, contramestres e técnicas. Nos serviços, crescera também o número de mulheres na posição de proprietárias de estabelecimentos.

Boa parte dessas mudanças — como o crescimento das taxas de atividade e o novo perfil etário da mulher participante na força de trabalho, ou mesmo as transformações no padrão de mixidade nos setores e ocupações — expressava tendências que se verificavam de modo mais generalizado em outros países. Todavia, o novo cenário macroeconômico e microorganizacional da atividade produtiva no Brasil no pós-90 (abertura da economia, estabilização monetária, mudanças no papel produtivo e regulador do Estado, reestruturação organizacional nas empresas e cadeias produtivas, dentre outros) conferiu uma faceta específica tanto à intensidade com que essas novidades passaram a se exprimir no Brasil, como à sua natureza, combinando-se com as antigas desigualdades que diferenciavam oportunidades entre grupos sociais de sexo. Senão, vejamos.

Autoras são convergentes em afirmar o ônus particularmente elevado que pagaram as mulheres no processo de intensa reorganização e fechamento de oportunidades ocupacionais. Isto mostrou-se especialmente claro na indústria, onde o peso das mulheres retrocedeu de 12%, em 1985, para 8%, em 1995, num movimento de crescimento negativo do emprego industrial feminino da ordem de 2,51% ao ano, contra a média de crescimento do emprego no setor, também negativa, mas bastante menor, de 1,85% ao ano (Lavinas, 1997). Mas essa tendência não se restringia a segmentos, como a indústria, majoritariamente masculinos; também na administração pública (serviços de saúde e educação, onde 8 em cada 10 trabalhadores são mulheres) e nos serviços de comunicação as taxas de crescimento do emprego total, entre 1990 e 1995, superaram as taxas de crescimento do emprego feminino.

Lavinas (1997) sugeriu a hipótese de que, em face da retração de oportunidades ocupacionais, em condições de crescimento das taxas de atividade, não somente ampliavam-se as taxas de desemprego (do que tratarei em seguida), como aumentava a competição entre sexos pela obtenção do emprego. Com isto, alteraram-se os padrões e processos que definiam a mixidade da força de trabalho empregada. Para a autora, "quando se contrai a oferta de emprego em atividades altamente segregadas por sexo, a resposta à entrada do sexo oposto não é sempre de maior abertura à mixidade" (pp. 49-50).

No caso brasileiro, observou-se durante a conjuntura de retração, que marcou a primeira metade dos anos 90, (i) um movimento de fechamento de oportunidades ocupacionais em espaços tradicionalmente masculinos (foi o caso, por exemplo, da indústria de construção civil, ou mesmo, como vimos, da indústria em geral), que se combinara com (ii) um movimento de migração ocupacional de trabalhadores masculinos para atividades antes predominantemente femininas (como, por exemplo, com respeito aos serviços públicos de saúde e de educação).

Redução de oportunidades ocupacionais em situação de crescimento persistente das taxas de atividades remete para uma segunda indagação importante: como a tendência ao incremento nas taxas de desemprego[6] afetou as tendências da desocupação entre homens e mulheres? A literatura tem apontado que o recente (e persistente) crescimento de desemprego feminino, descolado do padrão masculino, resulta da aceleração da desocupação no setor de serviços, justamente aquele que não somente fora tradicio-

---

[6] Em especial, como no pós-1996, quando serviços e comércio deixaram de desempenhar o papel de produtores *líquidos* de postos de trabalho, compensando o encolhimento persistente de postos na indústria (Camargo, 1998).

Laboriosas, mas redundantes

nalmente mais permeável ao trabalho de mulheres, como, na conjuntura de ajuste e reestruturação dos 90, se tornara o grande produtor de postos de trabalho.

Ao que parece, a falta de trabalho tornara-se um problema particularmente grave para as mulheres brasileiras incluídas na população economicamente ativa. Mais ainda. É certo que o desemprego feminino sempre apresentou taxas mais elevadas que o desemprego masculino; entretanto, a partir dos anos 90 a desocupação tornou-se muito mais forte entre as mulheres, cujas taxas de desemprego se dissociaram do padrão até então compartilhado (embora com magnitudes diferentes) entre homens e mulheres.

Para Lavinas (1998), esse aumento recente do desemprego feminino articulava-se a pelo menos três outros fenômenos importantes. Em primeiro lugar, as mulheres apresentam uma dinâmica de ingresso no mercado de trabalho diferente dos homens. Isto porque ainda era expressivo o contingente de mulheres fora da PEA; de fato, em 1995, a autora registrava que apenas metade das mulheres entre 25 e 65 anos trabalhava ou procurava trabalho nas áreas metropolitanas brasileiras; entre os homens, tal proporção era de 5 em cada 6 (85%). Em segundo lugar, era maior a sazonalidade do desemprego das mulheres *vis-à-vis* o desemprego dos homens. De fato, a maior exposição feminina a postos de trabalho precários foi fartamente documentada. Bruschini (1998) chamou a atenção para o fato de que nada menos que 40% da força de trabalho feminina brasileira estava, em 1993, em posições ocupacionais que sugeriam a existência de trabalho precário; conforme dados para esse ano, 17% delas eram domésticas (contra 0,8% dos homens), 13% não percebiam qualquer remuneração e 10% trabalhavam para consumo próprio. Em terceiro lugar, a heterogeneidade da condição social diferenciava as mulheres, fazendo com que os riscos do desemprego fossem maiores para as mais pobres (e, via de regra, negras) e menos escolarizadas dentre elas.

Nesse quadro conjuntural — mais instável e desprotegido —, o que se passava com o desemprego industrial? Ou, dito de outra maneira, o que ocorria com os diferenciais entre homens e mulheres nos seus destinos quando demitidos, e nas suas chances de reinserção num novo emprego formalmente registrado?

2. O DESTINO DOS DEMITIDOS, A REDUNDÂNCIA E AS CHANCES DE INSERÇÃO: DIFERENCIAIS ENTRE HOMENS E MULHERES

Que dizer sobre os destinos ocupacionais dos trabalhadores e das trabalhadoras industriais que se viram expostos à saída — por curto ou longo tempo — do circuito dos empregos formalmente registrados, num contexto de intenso ajuste macroeconômico e de reestruturação microorganizacional? Há diferenciais entre homens e mulheres quanto a seus percursos de mobilidade, uma vez rompido o vínculo formal de trabalho?[7]

Os Gráficos 8.1 e 8.2 permitem acompanhar, ano a ano, a situação ocupacional dos trabalhadores (homens e mulheres, respectivamente), em termos de sua mobilidade intersetorial. Esse primeiro grupo de informações fotografa *transversalmente* a situação de cada um desses trabalhadores industriais demitidos, desde o ano do seu desligamento (1989) até o último ano da série disponível (1997).

Já as Tabelas 8.1 e 8.2 (também respectivamente para homens e mulheres) identificam, tipologizando, as trajetórias ocupacionais dessa mesma coorte de trabalhadores. Nessas tabelas, como indicado nos dois capítulos antecedentes, trato de descobrir os padrões dominantes nas trajetórias, usando uma análise

---

[7] Para facultar o processamento, dada a grande massa de dados, amostras aleatórias foram extraídas e sobre elas farei os comentários na parte subseqüente do capítulo. Dada a menor presença de mulheres na indústria, as frações amostrais foram distintas, sendo 5% para os homens e 15% para as mulheres.

Laboriosas, mas redundantes

Gráfico 8.1
PERCURSO OCUPACIONAL DOS HOMENS
DEMITIDOS DA INDÚSTRIA BRASILEIRA EM 1989
(Amostra de 5%)
Destino: setores de reingresso 1989 a 1997

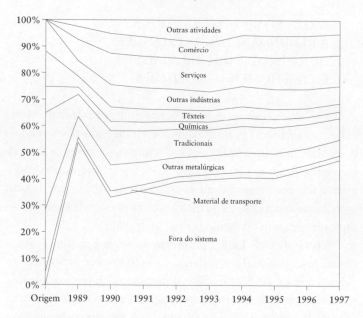

Fonte: Ministério do Trabalho e Emprego, Rais-Migra, 1989-1997.
Processamento próprio.

verdadeiramente longitudinal; nelas estão reagrupados aqueles indivíduos que apresentaram *seqüências equivalentes de percursos*, configurando o que antes denominei trajetórias ocupacionais agregadas.[8]

Que sugerem esses resultados? Algumas similitudes, mas outras tantas diferenças.

---

[8] Sobre os procedimentos estatísticos para identificação das trajetórias agregadas, ver capítulo 6.

Gráfico 8.2
PERCURSO OCUPACIONAL DAS MULHERES
DEMITIDAS DA INDÚSTRIA BRASILEIRA EM 1989
(Amostra de 15%)
Destino: setores de reingresso 1989 a 1997

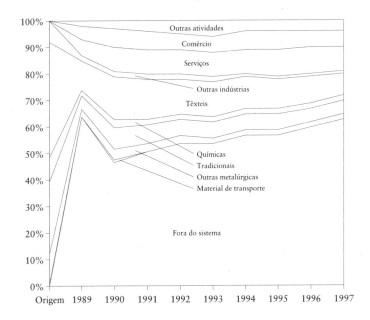

Fonte: Ministério do Trabalho e Emprego, Rais-Migra, 1989-1997.
Processamento próprio.

A principal dentre as similitudes diz respeito à importância indubitável de um mesmo destino, comum a homens e mulheres: a expulsão do circuito dos empregos formalmente registrados. Rastreados durante nove anos sucessivos (entre 1989 e 1997), de modo transversal, verifica-se — e os Gráficos 8.1 e 8.2 assim o documentam — que, em cada momento observado transversalmente, a expressiva maioria dos homens e das mulheres demitidos em 1989 encontrava-se fora do trabalho formal. Entretanto, elas também indicam que o risco da expulsão, conquanto comum a ambos, era nitidamente maior para as mulheres que pa-

Laboriosas, mas redundantes

ra os homens; assim, enquanto os homens apresentavam, quando muito, 50% dos seus casos "fora do sistema Rais", para as mulheres ter a metade da coorte fora do sistema era o mínimo que se verificava.

Tabela 8.1
TRAJETÓRIAS AGREGADAS DOS HOMENS
DEMITIDOS DA INDÚSTRIA BRASILEIRA EM 1989
Período 1989-1997 (Amostra de 5%)

Classes	Freqüência	% Simples	% Acumulado
Fora do sistema	36.450	36,8	36,8
Serviços	11.895	12,0	48,9
Tradicionais	10.230	10,3	59,2
Comércio	8.661	8,8	68,0
Outras indústrias	8.406	8,5	76,5
Outras metalúrgicas	7.557	7,6	84,1
Outras atividades	5.565	5,6	89,7
Têxteis	4.468	4,5	94,2
Químicas	3.293	3,3	97,6
Material de transporte	2.399	2,4	100,0
Total	98.924	100,0	

Fonte: Ministério do Trabalho e Emprego, Rais-Migra, 1989-1997.
Processamento próprio.

Nas Tabelas 8.1 e 8.2 apresentam-se os dados reprocessados de modo longitudinal. Em cada linha estão classes de trajetórias agregadas; cada classe reúne aquele grupo de indivíduos que, ao longo de todo o período, apresentou uma seqüência equivalente de eventos. Observando os resultados, novamente se destaca, como a mais importante trajetória agregada, aquela do grupo que se poderia nomear como "trabalhadores redundantes": indivíduos que têm em comum o fato de que os seus números de identificação jamais voltaram a aparecer na base de dados, o que equivale a dizer que os mesmos jamais lograram restabelecer um novo vínculo de trabalho formalmente registrado, com todos os direitos legais a ele associados e com a âncora da sustentação política em organizações sindicais. E a que proporção dos trabalhadores coube um tal destino? Coube, em média, a nada menos que 36,8% dos homens e 48,3% das mulheres. Ou seja, cerca de 4 em cada 10 homens e 5 em cada 10 mulheres parecem ter sido definitivamente expulsos do circuito mais protegido do mercado de trabalho, onde se concentram os melhores empregos.

Tabela 8.2
TRAJETÓRIAS AGREGADAS DAS MULHERES
DEMITIDAS DA INDÚSTRIA BRASILEIRA EM 1989
Período 1989-1997 (Amostra de 15%)

Classes	Freqüência	% Simples	Acumulado
Fora do sistema	59.761	48,3	48,3
Têxteis	15.873	12,8	61,2
Serviços	8.678	7,0	68,2
Comércio	8.273	6,7	74,9
Tradicionais	8.010	6,5	81,4
Serviços e outras atividades	7.755	6,3	87,7
Outras atividades	4.582	3,7	91,4
Outras metalúrgicas	3.737	3,0	94,4
Outras indústrias	3.495	2,8	97,2
Químicas	3.450	2,8	100,0
Total	123.614	100,0	

Fonte: Ministério do Trabalho e Emprego, Rais-Migra, 1989-1997.
Processamento próprio.

Mas, seguindo com a observação das trajetórias agregadas apresentadas nas Tabelas 8.1 e 8.2, e fixando a atenção naqueles(as) que lograram retornar ao trabalho formalmente registrado, vê-se que há uma segunda importante diferença: o leque de alternativas de reinserção parece maior para homens do que para mulheres. Apenas dois destinos (expulsão e reemprego na indús-

Laboriosas, mas redundantes

tria têxtil) acumulam perto de $2/3$ dos casos no que concerne às trajetórias agregadas de trabalhadoras. Já para os homens, são necessários quatro tipos de trajetórias agregadas (expulsão, reemprego nos serviços, nas indústrias tradicionais e no comércio) para se ultrapassar os $2/3$ dos casos.

Uma terceira diferença também se nota com respeito ao setor de destino daqueles que perfazem trajetórias de retorno ao trabalho registrado: para as mulheres, a chance de reinserção se reparte entre os setores não-industriais e aqueles que preservaram maior heterogeneidade entre as suas empresas no que concerne ao modo de organizar a produção e o trabalho. Tal é o caso da indústria têxtil e das chamadas "industriais tradicionais"; nelas, inexistindo um padrão sistêmico de reestruturação, o indivíduo demitido por uma dada firma pode ter a chance de emprego numa empresa tecnológica ou organizacionalmente ainda não reestruturada. O seu capital de qualificação pode ser reaproveitado ali onde as novas formas de gerenciar produção e trabalho ainda não plasmaram a empresa para a qual migrou.

Para argumentar melhor em favor dessa hipótese, empreendi o passo subseqüente, qual seja, o de contrastar setores. Tomo dois deles como situações-tipo, para poder indagar: o que acontece quando observamos as trajetórias intersetoriais de homens e mulheres demitidos em setores sujeitos a padrões de reestruturação distintos, mas que são também caracterizados por graus de mixidade variáveis? Comparações cotejaram os setores automotriz (Tabelas 8.3 e 8.4) e químico-petroquímico (Tabelas 8.5 e 8.6); o primeiro, menos sistêmico em sua reestruturação e mais permeável às mulheres (notadamente no que respeita aos fabricantes de autopartes); o segundo, mais integrado e convergente (intra e entre firmas) no que concerne ao seu processo de reestruturação, conquanto configurando um típico ambiente ocupacional masculino. Os resultados apontam para alguns outros aspectos de interesse.

Inicialmente, reitera-se a evidência de que, quanto mais homogêneo o tecido industrial e, nesse sentido, mais sistêmica a reestruturação, menores as chances de reinserção dos trabalhadores demitidos. Deliberadamente tomei os dados da automotriz e da petroquímica em dois mercados regionais distintos — como São Paulo (com elevada formalização das relações de trabalho), para a automotriz, e Bahia (com elevada informalidade), para a petroquímica. Saltam aos olhos as diferenças.

A primeira delas é que a redundância (expressa na trajetória agregada de não-retorno ao mercado protegido) é muito maior ali onde o setor que se reestrutura expressa um padrão sistêmico e homogeneizador das várias firmas integradas em cadeia (como a petroquímica) e onde, ademais, o tecido produtivo é menos complexo (caso da Bahia). Ao contrário, a redundância é menor ali onde o tecido é mais diversificado (caso de São Paulo) e a natureza da reestruturação menos sistêmica, admitindo, por isto mesmo, maior diversidade de padrão de produção entre firmas (como na automotriz, no que respeita à diferença entre montadoras e autopeças). Considerando o conjunto dos trabalhadores (homens *e* mulheres) demitidos em 1989, vê-se que os redundantes têm peso maior na Bahia (onde alcançam 46% dos casos) do que em São Paulo (39%). Entretanto, em ambos os mercados regionais, são exatamente as mulheres as que expressam os índices mais elevados de saída permanente do circuito do mercado dos empregos registrados (52% em São Paulo e 50% na Bahia).

Entretanto, a desagregação da análise por setores e subespaços regionais revela um segundo resultado também interessante. As trajetórias de reinserção são sensivelmente menos diversificadas no caso da moderna indústria petroquímica na Bahia (Tabelas 8.5 e 8.6) que no da indústria automobilística paulista (Tabelas 8.3 e 8.4). Enquanto na primeira apenas três trajetos recorrentes puderam ser reconhecidos como típicos (expulsão, reconversão para o setor serviços, ou reemprego na mesma indústria química), no caso paulista tais possibilidades se ampliam significativamente, havendo nada menos que nove percursos típicos de mobilidade intersetorial, dado o leque maior de chances de inserção (recobrindo quatro outros ramos de indústrias, além do co-

Laboriosas, mas redundantes

mércio). É justamente essa maior diversificação da atividade produtiva que maximiza as oportunidades de reinserção.

Entretanto — e esta poderia ser uma terceira observação comparativa — mesmo para o contingente dos trabalhadores em que subsistem chances de continuidade no mercado de empregos formalmente registrados, esta se faz — para a imensa maioria deles — com perda de qualificação prévia, dada a mobilidade intersetorial para fora da indústria, em direção ao comércio ou aos serviços. Somente um grupo nitidamente minoritário logra reempregar-se no setor onde exercia atividade antes da demissão; assim, por exemplo, apenas 11 em cada 100 homens e 4 em cada 100 mulheres permanecem no setor de material de transporte em São Paulo.

Tabela 8.3
TRAJETÓRIAS AGREGADAS DOS HOMENS
DEMITIDOS DA INDÚSTRIA AUTOMOBILÍSTICA
DE SÃO PAULO EM 1989
Período 1989-1997

Classes	Freqüência	% Simples	% Acumulado
Fora do sistema	23.825	37,3	37,3
Outras atividades	2.340	3,7	41,0
Tradicionais	2.670	4,2	45,2
Outras indústrias	3.916	6,1	51,3
Serviços	8.397	13,2	64,5
Comércio	5.226	8,2	72,7
Químicas	2.819	4,4	77,1
Outras metalúrgicas	7.513	11,8	88,9
Material de transporte	7.098	11,1	100,0
Total	63.804	100,0	

Fonte: Ministério do Trabalho e Emprego, Rais-Migra, 1989-1997.
Processamento próprio.

Tabela 8.4

TRAJETÓRIAS AGREGADAS DAS MULHERES
DEMITIDAS DA INDÚSTRIA AUTOMOBILÍSTICA
DE SÃO PAULO EM 1989
Período 1989-1997

Classes	Freqüência	% Simples	% Acumulado
Outras metalúrgicas	610	6,4	6,4
Tradicionais	289	3,0	9,4
Serviços	1.298	13,6	23,0
Comércio	646	6,8	29,8
Têxteis	321	3,4	33,2
Fora do sistema	4.964	52,2	85,4
Químicas	419	4,4	89,8
Outras atividades	493	5,2	95,0
Material de transporte	476	5,0	100,0
Total	9.516	100,0	

Fonte: Ministério do Trabalho e Emprego, Rais-Migra, 1989-1997.
Processamento próprio.

Uma quarta e última observação diz respeito ao impacto dos padrões de mixidade do setor sobre as chances de reinserção das mulheres. Vale dizer: naqueles ramos em que as oportunidades ocupacionais são marcadamente monopolizadas por homens — como é o caso da petroquímica baiana — o que ocorre com as chances de reinserção de mulheres demitidas? Dito de outro modo, a seletividade de gênero segue operando como um discriminante das oportunidades ocupacionais no reingresso? Tudo leva a crer que sim: não apenas as mulheres demitidas nesse segmento são mais fortemente levadas à expulsão do mercado de empregos formalmente registrados (50% delas jamais restabelecem um vínculo contratual de trabalho, contra 46% dos homens), como são bem menos aquinhoadas com a possibilidade de retorno àquele setor de onde foram demitidas (apenas 8 em cada 100, contra 11 em cada 100, no caso dos homens). Ademais, se observada a seqüência da trajetória dessas mulheres, o

Laboriosas, mas redundantes

passar do tempo revela uma tendência crescente a uma nova expulsão (i.e., à ruptura do novo vínculo firmado), muito mais acentuada que entre os homens (que logram reinserir-se no setor químico).

Tabela 8.5
TRAJETÓRIAS AGREGADAS DOS HOMENS DEMITIDOS
DA INDÚSTRIA PETROQUÍMICA NA BAHIA EM 1989
Período 1989-1997

Classes	Freqüência	% Simples	% Acumulado
Fora do sistema	1.679	46,0	46,0
Serviços	1.580	43,3	89,3
Química moderna	389	10,7	100,0
Total	3.648	100,0	

Fonte: Ministério do Trabalho e Emprego, Rais-Migra, 1989-1997.
Processamento próprio.

Contemplando os dados até aqui apresentados, alguns aspectos se destacam e podem ser relevantes para uma reflexão conclusiva sobre esses achados.

No Brasil, tanto quanto nos países integrados a um circuito econômico globalizado, é impossível dissociar as transformações no âmbito da organização do trabalho (inovação tecnológica e organização da empresa) daquelas que se localizam no âmbito do mercado de trabalho. Assim, a flexibilidade numérica anda de braços com um novo estatuto do emprego que, no nosso caso, torna patente que já deixamos para trás o momento (anos 60-70) em que a intensa rotação de trabalhadores era, antes de mais nada, um mecanismo depressor de salários e desestabilizador da militância sindical, mas que mantinha os elos (embora instabilizados momentaneamente, porque rotando entre empresas) entre trabalhador qualificado e setor de atividade. Longe estamos disto. A redundância parece ter se configurado como o destino dominan-

Os destinos dos trabalhadores desligados

te, nos 90, a perseguir aqueles que rompem seus vínculos de trabalho. Essa redundância vilipendia trajetórias, depreda o capital de qualificação acumulado nos percursos ocupacionais, e solapa as identidades profissionais e de classe.

Tabela 8.6
TRAJETÓRIAS AGREGADAS DAS MULHERES DEMITIDAS
DA INDÚSTRIA PETROQUÍMICA NA BAHIA EM 1989
Período 1989-1997

Classes	Freqüência	% Simples	Acumulado
Fora do sistema	275	50,2	50,2
Serviços	231	42,1	92,3
Química moderna	42	7,7	100,0
Total	548	100,0	

Fonte: Ministério do Trabalho e Emprego, Rais-Migra, 1989-1997.
Processamento próprio.

Todavia, contrariamente à experiência dos países em cujo passado erigiu-se um modelo de Estado de bem-estar, em realidades como a brasileira, a redundância não se torna apenas parceira do desemprego de longa duração (uma impossibilidade real quando faltam a rede de proteção social e os sistemas de *welfare*). Seus correlatos principais são o ingresso no trabalho precário e a recorrência do desemprego. Dessa forma, mais que um desemprego de longa duração, trata-se, antes, de uma tendência de longa duração à recorrência do desemprego.

Essa nova configuração coincide, no caso brasileiro, com um momento de crescimento das taxas de atividade, aí compreendidas mudanças na forma de conciliar carreira reprodutiva e inserção no mercado de trabalho (tendências que se exprimiram com anterioridade nos países da Europa Ocidental, por exemplo). No Brasil, entretanto, o afluxo feminino coincide com a conjuntura de intensificação da reestruturação e de abertura/ajuste, de modo

Laboriosas, mas redundantes

a instaurar novas desigualdades no que concerne ao risco do desemprego, que passa a ser maior entre as mulheres.

Entretanto, tanto quanto no caso europeu, a literatura brasileira aponta para tendências novas, que parecem sugerir a necessidade de perseguir, no estudo das trajetórias de mulheres, os efeitos da clivagem que sabemos existir entre mulheres brancas com elevada escolarização e mulheres negras com baixa formação escolar.[9] Estas tendências já haviam sido anotadas pelos estudos com base em dados domiciliares, seja no que concerne à estrutura ocupacional (Bruschini e Lombardi, 2000; Guimarães e Consoni, 2000; Guimarães, 2002), seja no que tange à estrutura de rendimentos (Lavinas, 1998a; Biderman e Guimarães, 2002).

Os percursos e destinos ocupacionais desses dois grupos de mulheres devem ser, por certo, distintos. Para as primeiras, a reconversão em direção a outros setores (como serviços ou comércio) contribui a dilapidar um capital de qualificação acumulado na experiência anterior, mas pode mantê-las no circuito mais protegido do mercado de trabalho. São as segundas as que, majoritariamente, engrossarão o grupo das trabalhadoras redundantes, privadas do direito ao contrato de trabalho e expulsas permanentemente da indústria; na melhor das hipóteses, persistem no mundo dos empregos formais, mas agora aderidas a empresas tecnológica e organizacionalmente defasadas e sob o risco, cada vez mais próximo, de uma nova demissão.

---

[9] Infelizmente, até o período analisado, a informação administrativa da Rais-Migra não incluía o quesito "cor". Apesar da sua inclusão na Rais 2000, ainda não se permitiu a divulgação, dada a baixa qualidade da informação coletada. Assim sendo, os painéis prospectivos Rais-Migra (e, por isto, a análise neste e nos dois capítulos antecedentes) resultaram cegos às importantes diferenças de cor nas formas de inclusão e mobilidade no trabalho. Em outras oportunidades — e com outras fontes — explorei tais diferenças (Guimarães e Consoni, 2000; Guimarães, 2001, 2001b; Guimarães, 2002; Biderman e Guimarães, 2002).

Entretanto, as indagações que restam abertas ao final deste capítulo demandam outros procedimentos de análise e novas metodologias, seja para explorar o destino dos redundantes e testar hipóteses sobre trânsito ocupacional e recorrência do desemprego, seja para testar hipóteses sobre outros determinantes de desigualdades no mercado de trabalho, que diferenciem internamente os grupos de sexo e expliquem a diversidade das suas trajetórias (como a cor). Painéis longitudinais prospectivos, conquanto robustos para suportar alguns argumentos como os que até aqui desenvolvi, carecem ser completados com abordagens longitudinais de tipo retrospectivo em que, por meio de levantamentos colhidos junto a indivíduos selecionados, biografias ocupacionais completas podem ser recompostas, de sorte que as trajetórias descrevam com maior precisão o conjunto dos movimentos (entre ocupação e desemprego, entre ocupação e inatividade, entre desemprego e inatividade, ou entre diferentes tipos de ocupação — registradas ou não). Tais abordagens são particularmente importantes ali onde as transições ocupacionais se fazem mais intensas dada, em especial, a fragilidade do sistema de proteção e das formas de institucionalização do desemprego. Esses e outros aspectos conclusivos, que nos desafiam com vistas a uma teorização da ocupação e do desemprego em contextos institucionais como o brasileiro, serão objeto de reflexão no último capítulo, que se segue.

9.
DO TRABALHO AO DESEMPREGO: CONTEXTOS SOCIETAIS, CONSTRUÇÕES NORMATIVAS E EXPERIÊNCIAS SUBJETIVAS[1]

A reflexão que até aqui desenvolvi deixou-nos diante de um novo desafio interpretativo, qual seja, o de entender os elos entre os fenômenos do emprego e do desemprego em contextos de intensa flexibilização do trabalho e de reconstrução institucional e normativa dos padrões de proteção ao trabalhador. Para tanto, e buscando finalizar conclusivamente, retomo o fio teórico com que abri o livro. Desenvolverei a minha argumentação em três direções.

Primeira. Procurarei rastrear o movimento de re-significação que se opera em torno à noção de "desemprego", perseguindo, com a literatura recente da Sociologia, a constituição (e legitimação social) da nova figura do "desempregado de longa duração".

Segunda. Compararei os desenvolvimentos teóricos (voltados a entender este fenômeno) com os esforços empreendidos pela Sociologia Brasileira do Trabalho no sentido de interpretar a problemática do desemprego, a partir da análise dos elos desse fenô-

---

[1] Este capítulo é uma versão ligeiramente revista da comunicação que apresentei ao XXV Encontro Anual da Anpocs — Associação Nacional de Pós-Graduação e Pesquisa em Ciências Sociais, Caxambu, 16-20/10/2001, na oportunidade do Seminário Temático "Trabalhadores, Sindicatos e Nova Questão Social", Sessão "Teorias e Configurações da Classe Trabalhadora Hoje". Agradeço os estimulantes comentários ali recebidos. Ele é também fortemente devedor do clima de troca intelectual que caracteriza a equipe da pesquisa em que estou agora envolvida, e que dá continuidade, aceitando os desafios, à reflexão aqui apresentada (Demazière *et al.*, 2000).

meno com a natureza da organização social e com os padrões de desigualdade vigentes em nosso país.

Terceira. Argumentarei em favor do valor heurístico de construirmos comparações contextualizadas, refletindo — à luz de achados recentes relativos à fluidez entre fronteiras ocupacionais e ao trânsito entre situações no mercado de trabalho em outros países — sobre a vigência interpretativa de hipóteses desenvolvidas pela Sociologia do Desemprego (na Europa e, mais especialmente, na França), tendo em mente a realidade do trabalho e das transições ocupacionais em países como o Brasil.

1. DA SOCIOLOGIA DO TRABALHO À SOCIOLOGIA DO EMPREGO? MUDANÇAS ESTRUTURAIS E RE-SIGNIFICAÇÃO DE CONCEITOS

A intensa reestruturação produtiva que, a partir dos anos 80, se generalizou pelos países industrialmente mais avançados tem sido estudada sobretudo pelos seus efeitos de reconfiguração tecnológica e organizacional de ambientes produtivos, notadamente da indústria de transformação. Cuidadosas análises debruçaram-se sobre o cotidiano da organização e gestão, tanto da produção quanto do trabalho, ali identificando mudanças que apontariam para novos paradigmas de produção.

A literatura produzida pela Sociologia do Trabalho desde cedo chamou a nossa atenção para alterações: (i) das práticas de emprego, com impactos sobre o tamanho dos efetivos (administrativos e operacionais), dando lugar a novas formas contratuais que segmentavam mercados internos e externos de trabalho; (ii) do conteúdo dos postos e da divisão de tarefas na operação direta dos processos produtivos; (iii) da divisão do trabalho na empresa, e da estrutura ocupacional dela resultante; (iv) das relações de hierarquia e de autoridade, vale dizer, das novas formas de divisão e circulação do poder nas organizações, com especial interesse para os mecanismos de produção de consentimento em contextos sob intensa mudança e predação de antigos direitos.

Como esses estudos tinham nos locais de trabalho as suas unidades privilegiadas de observação, os seus resultados trataram, em especial, dos impactos das mudanças sobre os trabalhadores que poderiam ser chamados "sobreviventes" aos processos de reestruturação. Nessa medida, a preocupação esteve dirigida para as formas de contratação e uso do trabalho que emergiam nos ambientes produtivos em processo de reestruturação. Como, então, partir dessa reflexão para formular perguntas sobre os horizontes ocupacionais daqueles que *não* estão incluídos, ou que até foram recentemente excluídos desses ambientes de trabalho?

Duas vias de reflexão foram trilhadas pelos intérpretes. Perseguirei cada uma delas, de modo a chamar atenção não apenas para resultados empíricos mas, e em especial, para estilos de análise.

A primeira via procurou elaborar cuidadosas descrições sobre os trabalhadores "sobreviventes". A partir delas, inferências foram construídas, seja no sentido de caracterizar as novas práticas de emprego, seja no sentido de refletir sobre as chances de reinserção (ou, as "condições de empregabilidade", para usar o jargão) dos que se encontravam fora dos postos de qualidade no mercado de trabalho. Suposto nem sempre explícito dessa primeira via: em condições de ampla oferta de trabalho — e cabendo ao empresário o exercício soberano da seleção —, era plausível acreditar que as características da mão-de-obra empregada expressassem, antes que nada, os requerimentos das políticas patronais de recrutamento e seleção, os quais (exatamente pela oferta quase ilimitada de trabalho) tinham a virtualidade de independizar-se dos eventuais constrangimentos postos pelo perfil dos indivíduos em busca de trabalho.

Uma segunda via procurou analisar as características dos próprios desempregados. Volume e formas do desemprego, ao lado do perfil dos trabalhadores desocupados, seriam bons indicadores para localizar e descrever aqueles grupos sociais com menores chances de inclusão. Por que chegar até eles se já se dis-

Do trabalho ao desemprego

poria, com a primeira via, de uma boa aproximação aos requerimentos empresariais? Porque só assim seria possível dimensionar o hiato entre características pretendidas pelos empregadores e "ativos" de qualidades efetivamente possuídos pelos que demandavam trabalho. Sem isso, ademais, seria impossível formular políticas — governamentais, sindicais e empresariais — com vistas à empregabilidade.

Qual o elo que articula essas duas vias de análise? O reconhecimento de que, no contexto atual de reestruturação produtiva e de intensificada internacionalização das estratégias de negócios das empresas, duas tendências repercutiriam sobre as oportunidades de emprego. Uma tendência à convergência (e, nesse sentido, à homogeneização) e uma tendência à hibridação (e, nesse sentido, à diversidade de formas locais). Assim, por um lado (e sob o signo da globalização produtiva e financeira), manifestar-se-ia um movimento de crescente convergência entre estruturas normativas e institucionais, nacionais e supranacionais, que estruturaria a oferta de bens e serviços;[2] a ele se somaria tendência similar à convergência também no que tange aos modelos normativos de cultura do trabalho (os já famosos "novos paradigmas de produção" e suas *best practices*). Entretanto, e por outro lado, seria igualmente possível reconhecer um movimento em sentido contrário, uma contratendência, que promoveria a hibridação. Isto porque as normas e instituições que se difundem num contexto globalizado interagem com as especificidades, nacionais e setoriais, características dos contextos sociais por onde essa difusão se verifica, e onde o seu enraizamento se fará necessário. Como essas tendências se expressam quando o foco da análise se coloca nos padrões atuais de emprego e de desemprego?

Observando pela ótica da tendência à convergência, ganha corpo a hipótese da difusão (irresistível) de um novo padrão de

---

[2] Perceptível, por exemplo, nas regulações do comércio, dos direitos de propriedade.

contratação e uso do trabalho: o chamado padrão flexível. Como, neste contexto, se expressaria o elo entre emprego e desemprego? O padrão fordista clássico — fundado nas negociações coletivas, no peso dos sindicatos e num sistema de proteção social — teria se tornado inadequado às estratégias empresariais contemporâneas, movidas pelo intuito de intensa racionalização (da produção e do trabalho), num contexto de acerba competição e de inusitada exposição a padrões internacionalizados de produção e consumo. "Focalização" e "desverticalização" andariam de braços com o crescimento da "subcontratação" e da "externalização" do trabalho. Desse modo, o esforço produtivo passaria a ser o resultado da ação de firmas em redes, nas quais a grande empresa ("enxuta" e "focalizada") estaria agora estreitamente imbricada a um número seleto de fornecedores qualificados.[3]

Quais, então, os efeitos no emprego? Alterar-se-ia a distribuição *dos postos de trabalho* entre setores e entre empresas, conforme o seu tamanho. Um deslizamento intersetorial levaria a um aumento do emprego nos serviços.[4] Uma outra sorte de recomposição faria com que o peso relativo do emprego nas pequenas e médias empresas ganhasse proeminência. Mas, além dessa redistribuição dos postos de trabalho, verificar-se-ia uma importante alteração *nas relações sociais de trabalho*: o deslizamento do emprego das grandes para as pequenas e médias empresas viria acompanhado de uma retração das formas de contratação em tempo integral e protegida (pelos resultados de negociações coletivas e

---

[3] Deliberadamente, expressei o argumento, nesse parágrafo, através de uma coleção típica de categorias oriundas do jargão que se tornou corrente. Quis, com isto, chamar a atenção para o fato de que tal convergência não seria apenas uma tendência da realidade, mas se inscrevia nos esquemas interpretativos, produzindo um léxico e uma gramática próprios (porque desenvolvidos para retratar o que se acreditava seriam as novas tendências do trabalho reestruturado em contextos de globalização).

[4] Muitas vezes sem correspondente aumento de produtividade (o que, nos termos atuais, tende a importar em redução do rendimento do trabalho).

Do trabalho ao desemprego

pelo *welfare* público) de um avanço nas formas chamadas "atípicas" de emprego,[5] ao lado de um aumento no trabalho por conta própria. Esse efeito de precarização das relações de trabalho só se tornara possível, nos países centrais, mediante reformas tanto do sistema de *welfare* quanto do sistema regulador da contratação do trabalho, flexibilizando-os. Esta última, por sua vez, nutriu-se do fato de que a contração dos mercados internos de trabalho tomou de assalto, a um só tempo, os trabalhadores assalariados (regidos por relações estáveis e protegidas de trabalho) *e* os seus sindicatos, reduzindo as suas chances de resistir às mudanças e, nesse sentido, alimentando-as. Isto significa uma terceira ordem de efeitos: aqueles que atingiram o próprio *sistema de relações industriais* (nutrindo, por essa via, as chances futuras de ampliação da flexibilização das relações sociais de trabalho).

Esse conjunto de observações talvez possa ser resumido em duas grandes (e dramáticas) tendências. Em termos quantitativos, ingressávamos numa era em que o crescimento da produção passaria a se dar sem um aumento proporcional do emprego; com isto, tenderia a crescer aquela parcela do desemprego aberto que pode ser entendida como desemprego estrutural.[6] Em termos qualitativos, polarizavam-se os postos de trabalho em "bons" e "maus" empregos. De imediato, uma indagação se colocava: quem eram os trabalhadores beneficiados pelos assim chamados "bons" empregos? Vale dizer, que caracterizaria aqueles trabalhadores que haviam logrado sobreviver à reestruturação flexibilizante, mantendo-se nos postos de trabalho de maior qualidade?

---

[5] Como o emprego por tempo determinado, ou o emprego de tempo parcial.

[6] Dedecca (1996) refere o alerta da OCDE, formulado em 1995, no sentido de que, "mesmo que prossiga a expansão econômica, a taxa de desemprego [aberto] na zona da OCDE poderá se manter elevada — próxima a 7% no ano 2000. *Taxa que será ainda superior à registrada antes da última recessão*" (p. 18; grifos meus).

À luz da perspectiva da convergência, uma resposta tornou-se recorrente: os novos contextos produtivos diferenciavam fortemente os trabalhadores por seus níveis de capital humano, fazendo com que as chances de sobrevivência fossem tanto maiores quanto maior e mais ampla fosse a qualificação individual. Nesse sentido, uma primeira forma de equacionamento da questão sugeria que, quanto maior fosse a escolarização do trabalhador, maior seria a sua chance de reconversão profissional; maior, portanto, a sua "treinabilidade" e, logo, maior o seu grau de mobilidade profissional defensiva (intra-empresa ou entre-empresas) em face da reestruturação produtiva. Maiores seriam, então, as suas chances de empregabilidade (Alves e Soares, 1997).

Mas, tal como destacaram alguns autores nessa linha de abordagem (como Amadeo *et al.*, 1993), a flexibilidade ligava-se tanto à qualificação geral, quanto à qualificação específica dos trabalhadores. Isto porque, por um lado, os trabalhadores com mais capital humano geral acumulado eram os que estavam em situação de vantagem comparativa em momentos de ajuste e reestruturação. Eles percebiam e interpretavam melhor as mudanças econômicas, tendo maior capacidade de aprender novas técnicas a custos mais baixos; eram mais produtivos; além de terem a preferência em situações de retreinamento. Disso se concluiria que aqueles que dispusessem maior capital humano geral acumulado tenderiam a ter também maior capital humano específico acumulado. Mas, por outro lado, esses eram também os que, nos momentos de reestruturação produtiva, mais rapidamente perdiam capital humano específico acumulado. Assim, ainda que o custo de reaquisição fosse mais baixo, a perda de qualificação do tipo *firm specific* era mais acelerada nos contextos reestruturados. Logo, para se entender as chances de sobrevivência, a variável-chave parecia ser, então, a quantidade de capital humano específico em relação ao capital humano geral acumulado por cada trabalhador: dessa equação resultava o custo do ajuste para cada um dos tipos de trabalhador (Amadeo *et al.*, 1993).

Por outro lado, observando-se a questão pelo ângulo dos que

não sobreviveram nos contextos reestruturados, verificava-se, de imediato, a ampliação do *volume* do desemprego, fazendo deste um problema de ordem estrutural, mesmo nas economias avançadas. Entretanto, mais que isto, alteraram-se as *formas* do desemprego e o *perfil* dos desempregados. Tais alterações, contudo, não apontavam numa única direção; ao contrário, na forma como ocorriam em diferentes países, elas sugeriam que as tendências à convergência, antes assinaladas, longe de unívocas, encontravam-se constrangidas por importantes limites societais (Benoit-Guilbot e Gallie, 1992).

Observando essas mesmas tendências, mas sem as lentes da convergência, autores passaram a explorar tais limites. Eles seriam, dentre outros: os distintos tipos de práticas de emprego adotadas e o maior ou menor peso do Estado nas políticas de emprego; as diversidades de amplitude e de formato (público ou privado) dos sistemas de *welfare* que se desenvolveram nos diferentes países; a variada natureza do sistema de relações industriais e as conseqüências que deles resultam para as negociações salariais e das relações profissionais; além de determinantes de ordem cultural mais ampla, que conformam aquilo que D'Iribarne (1990) apontou como "os códigos de legitimidade" e suas concepções implícitas sobre os direitos individuais.[7] Todos esses fatores sobredeterminam as estratégias de competição das empre-

---

[7] Os sistemas nacionais de seguro-desemprego são fartos em exemplos desses códigos específicos de legitimidade, na medida em que lhes cabe definir em que condições os trabalhadores recebem os benefícios previstos e por quanto tempo. Maruani e Reynaud (1993) apontam um exemplo eloqüente: em diversos países, prevalece um tipo de código de legitimidade que produz o entendimento de que a mulher casada deverá fazer jus a um valor de seguro menor que a mulher solteira (tal norma estaria vigente em países como a Alemanha, a Inglaterra e a Holanda, por exemplo). Este é, muito provavelmente, um não-desprezível fator de elevação do trânsito à inatividade entre mulheres casadas, expostas a situações de espera prolongada de trabalho, e que resulta do modelo vigente de representação coletiva das relações sociais de gênero. Voltarei a esse tema em seguida.

sas, as suas políticas de recursos humanos, bem como a forma de inserção econômica dos diferentes países no novo cenário competitivo internacional.

Tendo isto em mente, pelo menos três situações-tipo poderiam ser trazidas à discussão a título de estímulo a pensarmos fontes de explicação para diferenças intersocietais e formas específicas de hibridação entre global e nacional (Demazière, 1995). A abordagem de tais situações-tipo nos permite lançar luz sobre os modos pelos quais as sociedades nacionais, por suas características específicas, reagem ao desafio que a reestruturação produtiva coloca para os seus sistemas de emprego. Uma primeira situação-tipo poderia ser a do Japão. Ali, as taxas de desemprego mantiveram-se, por longo tempo, relativamente baixas[8] graças a duas principais válvulas de escape. Por um lado, a intensidade da subutilização do trabalho não se fazia transparente na forma de desemprego aberto, dado o trânsito para a inatividade daqueles que eram desempregados; isto foi particularmente claro para o contingente das mulheres, indicando, uma vez mais, o peso das especificidades culturais concernentes às relações sociais de gênero na sociedade japonesa. Por outro lado, a porção "sobrevivente" teria sido preservada nos "bons" postos de trabalho ao sujeitar-se a uma intensa flexibilidade salarial.[9] Tal flexibilidade se sustentara nas especificidades socioculturais do chamado "sistema japonês de emprego vitalício" e na forma de responsabilidade "na cadeia", e não apenas intrafirma, no que concerne à alocação de trabalhadores em postos de trabalho; com isto, uma sorte de mobilidade predatória em direção aos elos mais distantes da cadeia assegurava a manutenção dos níveis de ocupação, flexibilizando

---

[8] Sua elevação constante levou-as ao patamar de 5% em 2001, percentual extraordinário para a média japonesa onde, mesmo quando apresentava taxas em alta, elas eram inferiores a 3% da população economicamente ativa.

[9] Notadamente via o mecanismo dos prêmios de produção.

e deteriorando as condições contratuais e de trabalho para parcela significativa dos trabalhadores (Hirata, 1992; Hirata e Zarifian, 1994).

Os Estados Unidos talvez pudessem tipificar uma segunda situação social no que concerne aos efeitos da reestruturação sobre o desemprego. Ali, uma organização extremamente flexível do mercado de trabalho permitiu ampliar o número de postos ofertados e conter a elevação da taxa de desemprego (que, ainda assim, ultrapassou os 6% desde o início dos anos 90).[10] Seria essa uma solução generalizável ou se trataria de mais uma equação social particular? Análises de dados comparativos que tomavam em conta a realidade dos países da OCDE (Demazière, 1995 e Dedecca, 1996) sugeriram que as experiências de desregulamentação, fundadas na criação de empregos precários e de baixa remuneração, não estariam sendo capazes de fazer face ao crescimento do desemprego. Os experimentos de flexibilização levados a efeito em algumas economias avançadas, como a do Canadá[11] e a da Inglaterra, haviam acabado por conduzir à elevação das taxas de inatividade forçada encontradas entre homens no auge da sua idade ativa, isto é, entre 35 e 44 anos.[12]

Finalmente, uma terceira situação poderia ser tomada de empréstimo à realidade de casos como a França, Alemanha e Itália, países cujas economias se caracterizavam pela reduzida capa-

---

[10] A flexibilidade no mercado de trabalho se ancoraria em características tais como: facilidade nos procedimentos de demissão, seguro-desemprego de valor pouco atraente, salário mínimo bastante reduzido, dentre outras, todas elas apontando para um contexto social que aliava práticas de emprego (tradicionalmente desreguladas) à importância crescente de um *welfare* privado (ancorado nas políticas de benefícios diretamente outorgadas pelas empresas).

[11] Cuja taxa de desemprego teria dobrado nas décadas de 70 e 80, alcançando 9% em 1990.

[12] Estas alcançavam 6%, equivalendo ao dobro do caso francês, por exemplo (Demazière, 1995).

cidade de criação de empregos e que sofreram o impacto do rápido crescimento das taxas de desemprego. Nesses casos, diante de um sistema de *welfare* público ainda fortemente atuante,[13] não somente cresce a subutilização do trabalho, mas esta assume uma nova feição — a do chamado "desemprego de longa duração". A novidade do fenômeno era notável e a própria forma de categorizá-lo evidenciava um paradoxo: o desemprego deixava de ser codificado como a privação involuntária e ocasional do trabalho (e, como tal, juridicamente reconhecido e estatisticamente mensurado) e passava a adquirir um caráter de extraordinária permanência.

E por que a permanência no desemprego parecia tão extraordinária aos olhos da literatura que interpretava a realidade dos países capitalistas de desenvolvimento originário? Porque, tal como conceituado até então, o desemprego evidenciava dois componentes fortes do código de legitimidade instalado em nossas sociedades. Primeiro, por ser ocasional, a privação do trabalho eximia aquele a ela sujeito da pecha social de "preguiçoso" (de "ocioso", de "fraco", "ineficiente" nos seus intentos de obter ocupação). Segundo, por ser involuntária, a privação do trabalho era "sofrida" pelo indivíduo que, desse modo, se diferenciava do trabalhador "indisciplinado", "instável" e "irresponsável" que era, por isso mesmo, o agente último da sua própria exclusão, na medida em que lhe faltavam (outra vez) os valores da cultura normativa do trabalho assalariado.[14] Sendo assim, o re-

---

[13] Expresso nas normas mais rígidas que cercam as demissões, em salários mínimos relativamente elevados e em valores de seguro-desemprego que permitem condições mínimas de subsistência.

[14] De fato, a única forma de desemprego de longa duração moralmente aceita era aquela dos indivíduos tornados fisicamente incapazes para o trabalho, seja por doenças (decorrentes ou não do exercício profissional), seja por acidentes (decorrentes ou não da atividade de trabalho). Apenas a estes se estendia, até o fim dos "anos dourados", o benefício da seguridade social; os demais eram computados como inativos, e não como desempre-

conhecimento social da legitimidade da situação de desemprego — definida como fenômeno transitório e involuntário — não punha em risco qualquer dos componentes normativos centrais à ética do trabalho como valor (Demazière, 1995a).[15]

Ora, a invenção de uma nova categoria social — a dos "desempregados de longa duração" — aliada à força que esse fenômeno assumiu exatamente naquelas sociedades capitalistas com maior tradição de regulação e proteção ao trabalho é reveladora da novidade: a ruptura do nexo entre emprego e desemprego. Rompido esse nexo, a subutilização do trabalho deixava de assumir a forma clássica e única do desemprego aberto e passava, como se viu nas situações-tipo anteriormente referidas, a se expressar em múltiplas formas, tais como: o trânsito à inatividade de indivíduos no auge da sua vida ativa, as formas precárias e/ou atípicas dos chamados "postos de baixa qualidade", além do desemprego de longa duração.

O que parece estar em jogo quando se toma em conta essa multiplicidade de formas de subutilização do trabalho? Uma terceira ordem de características. A de que o desemprego não apenas aumenta o seu *volume* e diversifica a sua *forma*, mas atinge desigualmente os indivíduos segundo as suas características de sexo, idade, categoria socioprofissional e escolaridade, variáveis tão caras à análise sociológica e sociodemográfica das desigualdades. Ou seja, o desemprego, além de involuntário, como queria o nosso modelo clássico de cultura normativa do trabalho, é hoje fortemente *seletivo*, posto que as chances de emprego estão desigualmente distribuídas entre os diferentes grupos sociais.

---

gados. Não é de espantar que essa concepção tenha vigorado durante o mesmo tempo em que a relação de emprego era representada, nessas mesmas sociedades, pela forma-padrão do assalariamento estável e protegido.

[15] Para uma análise da introdução, no nosso sistema de representações coletivas, da categoria "desemprego", ver Salais, Bavarez e Reynaud (1986) e Topalov (1994).

Essa seletividade se tornara particularmente transparente na modalidade do "desemprego de longa duração", tal como a mesma se exprimiu a partir dos anos 80 nos países de capitalismo mais avançado. Ali, os *handicaps* que se tornaram moralmente legítimos, e que justificavam as dificuldades de acesso do trabalhador ao posto de trabalho, já não eram tão-somente aqueles de ordem física, como no século XIX; *eles passaram a ser também handicaps de natureza social.* Assim, no caso francês, por exemplo, dados colhidos entre 1983 e 1989,[16] momento-chave à expansão do desemprego de longa duração, permitiram identificar um conjunto de fatores sociais de risco, que alteravam as chances individuais de empregabilidade. "A combinação mais favorável reúne os traços seguintes: sexo masculino, jovem, diplomado e com pouco tempo de desemprego (68% de chances de retorno ao emprego), e a mais desfavorável é aquela representada pelos desempregados idosos, não-diplomados, do sexo feminino e passivos na sua busca de emprego (7% de chances de retorno ao emprego depois de dois anos)" (Demazière, 1995: 55).

Mas um outro traço passou a caracterizar a organização contemporânea do mercado de trabalho. A saída da condição de desemprego não se fazia mais pela obtenção de uma ocupação estável, num posto de trabalho de boa qualidade. Ao contrário, as evidências empíricas reunidas a partir de tendências dos países capitalistas mais avançados sugeriam que não apenas "ocorrem, ao mesmo tempo, uma tendência ao aumento do fluxo de entrada e uma redução no de saída das pessoas da condição de desemprego" (Dedecca, 1996: 14), mas — mesmo os que logram sair — apresentam uma tendência à fragilização dos vínculos *subseqüentes* de trabalho, que os fazia candidatos potenciais a novas situações de desemprego. Desaparecera, assim, a idéia da saída defi-

---

[16] Provenientes das pesquisas sobre emprego conduzidas pelo INSEE (Institut National de la Statistique et des Études Économiques).

Do trabalho ao desemprego

nitiva (ou, quando menos, duradoura) do desemprego pela via da aquisição de um novo emprego.

Estávamos diante de uma forte evidência da dissolução do vínculo, tido até então como "natural", entre emprego e desemprego. E, assim sendo, o tempo de permanência no desemprego passava a ser uma medida sensível, isto é, uma boa antecipação, das dificuldades futuras de (re)inserção profissional. "Tudo se passa como se o desemprego contribuísse a redistribuir os empregos" (Demazière, 1995: 52), na medida em que a degradação das condições contratuais revelava-se uma característica comum a uma parte significativa dos desempregados que se reinseriam.[17]

Pois bem, se essa linha de argumentação mostrara-se sólida em sua capacidade de interpretar realidades em que a proteção

---

[17] Faço um intervalo nessa linha principal da minha argumentação apenas para uma reflexão em paralelo, que me parece interessante. Essa resignificação (estrutural e simbólica) do fenômeno do desemprego é intelectualmente percebida de modo distinto em diferentes comunidades acadêmicas, que a recebem e processam. Na França, por exemplo, manifesta-se uma polarização entre uma "Sociologia do Trabalho" e uma "Sociologia do Emprego" (que reconstroem suas raízes, linhagem e lealdades de modo sistemático; ver, por exemplo, Maruani, Demazière em suas reflexões recentes). Já no Brasil, a Sociologia do Trabalho pouco a pouco passa a aproximar o ponto de vista dos estudos dos locais de trabalho (dominante na nossa tradição de análises do processo de trabalho e mobilizações sociais, que nasceu no final dos anos 70, deu a tônica nos 80 e se manteve ainda forte na primeira parte dos 90) e o ponto de vista dos estudos sociológicos sobre os mercados de trabalho (importantes nos 60-70, sob a égide das análises acerca do desenvolvimento, modernização e marginalidade ocupacional, mas eclipsados do *mainstream* da Sociologia nos 80, momento em que coube aos economistas do trabalho manter viva tal tradição de estudos). O compromisso parece estar sendo tecido em torno de uma nova agenda temática, da qual destacaria apenas alguns pontos: as análises sobre estratégias de reestruturação das firmas e seu nexo com destinos ocupacionais dos trabalhadores; os estudos sobre reespacialização das firmas (*greenfields*, estratégias de negócios em cadeias globalizadas) e impactos sobre mercados regionais de trabalho; as análises sobre privatização e estratégias de gestão de desligamento e mobilidade de trabalhadores demitidos no mercado de trabalho.

social ao desemprego fora eficiente, que dizer do alcance desse movimento do desemprego em realidades em que eram frágeis os regimes de *welfare*? Ou — para tomarmos de empréstimo as idéias de Esping-Andersen (1990 e 1999) e de Gallie (2001) —, que se passou naqueles contextos em que eram pouco eficazes os "sistemas de regulação pública voltados a assegurar a proteção aos indivíduos e à manutenção da coesão social via intervenção (por medidas legais e distributivas) nas esferas econômicas, doméstica e comunitária" (Gallie, 2001: 2)? Voltarei a esse aspecto institucional mais adiante; por ora vou me deter ainda, um pouco mais, na questão da seletividade em si mesma e em suas conseqüências para nossa agenda de pesquisa.

Se concordarmos com o que foi exposto até aqui, a própria idéia tradicional de empregabilidade careceria ser enriquecida.[18] A probabilidade de obtenção do emprego passa a depender não apenas das medidas sociológicas clássicas de posição, que documentam o perfil de características do desempregado que se habilita no mercado de trabalho (como sexo, idade, escolaridade etc.). Ela passa a requerer uma análise longitudinal, o conhecimento das trajetórias ocupacionais empreendidas, posto que as chances da (re)inserção profissional resultarão, em grande medida, das experiências anteriores de emprego *e* de desemprego. Mais ainda, as estratégias de busca do emprego têm nas redes sociais constituídas, seja nas experiências de trabalho, seja nos momentos de

---

[18] Nesse ponto, apelo ao leitor no sentido de que procuremos (ao menos momentaneamente) despir nosso olhar interpretativo das conotações conjunturais e do debate político que esse conceito despertou entre nós, no Brasil dos anos 90, para refletir sobre a pertinência e valor heurístico daquela formulação original do conceito (cf. Ledrut, 1966) como sendo "a probabilidade, mais ou menos elevada, de que uma pessoa, à procura de emprego, logre obtê-lo". Por vezes, embora difícil, esse é um útil exercício, especialmente num ramo disciplinar como o da Sociologia do Trabalho cuja agenda de reflexão é tão profundamente devedora da (e emula tão fortemente com a) pauta dos agentes sociais do assim chamado "mundo do trabalho".

Do trabalho ao desemprego

desemprego, a partir notadamente do grupo familiar, um outro importante fator de explicação do êxito na obtenção de um novo posto de trabalho.

Tudo isso nos leva a concluir que a empregabilidade, mais que mera capacidade individual, deveria ser apreendida como uma construção social (Demazière, 1995, 1995a; Outin, 1990). Vale dizer, a chance de uma ação individual bem-sucedida na busca do emprego tem os seus graus de liberdade definidos para além da vontade e da conduta individuais. Isto porque — nos novos contextos produtivos, instabilizados por processos de acirrada competição entre empresas e de intensa reestruturação organizacional — a trajetória ocupacional do trabalhador depende: seja da apreciação conjuntural e socialmente variável dos atributos individuais que o caracterizam; seja da sua "qualificação social", de um capital (social) acumulado para, por meio de redes eficazes, localizar e obter colocação num posto de trabalho; seja de fatores estruturais absolutamente externos e não-manobráveis por sua ação, como são as estratégias locacionais e de investimento das firmas (DiPrete *et al.*, 1997). Dessa forma, a empregabilidade passa a ser o resultado da interação entre estratégias, individuais e coletivas, *tanto* dos que buscam o trabalho assalariado, *quanto* daqueles que os empregarão (Outin, 1990).[19]

Não sem razão a literatura internacional fundada em estudos comparativos (ver, por exemplo, Gallie e Paugam, 2000; Gallie, 2001) chama a atenção para o fato de que variam significativamente entre países os perfis dos grupos sociais mais vulneráveis ao desemprego.

---

[19] E, com isto, tento chamar a nossa responsabilidade para alimentarmos, no Brasil, um debate acadêmico em torno de um conceito que tem trajetória não desprezível no campo dos estudos do trabalho, mas que assomou recentemente a cena do debate brasileiro marcado pela polarização ao redor dos argumentos que sustentaram as políticas públicas de qualificação e emprego na segunda metade dos anos 90.

2. POR UMA AGENDA DE NOVOS TEMAS PARA UMA SOCIOLOGIA DO DESEMPREGO: AS DIMENSÕES NORMATIVO-INSTITUCIONAL E BIOGRÁFICO-SUBJETIVA[20]

Em que pese certa convergência entre os estudiosos no que concerne ao valor heurístico das comparações no processo de desvendar especificidades e/ou determinantes sociais do desemprego, é fato, entretanto, que análises sociológicas de cunho comparativo internacional ainda são raras nesse tema; no mais das vezes, os estudos limitam-se a construir séries estatísticas, baseadas em cálculos consistentes com normas internacionais de mensuração (oriundas, via de regra, das definições operacionais da OIT). Qualquer que seja o seu grau de sofisticação, tais análises estão implicitamente fundadas na idéia — muito desconfortável para nós, os sociólogos — de que o desemprego designa a mesma coisa nos distintos países a que se reportam as estatísticas.[21]

Ora, pelo posto até aqui, uma análise sociológica do desemprego não poderia deixar de estar atenta para o fato de que a significação do desemprego varia nos espaços nacionais. Afinal, esse ponto de partida é o cerne da nossa abordagem disciplinar! Sabemos que os mecanismos de acesso a uma atividade profissional ou à obtenção de recursos materiais não são uniformes; ao contrário, eles variam em função dos contextos nacionais e das características biográficas (sexo, idade, etnia). Bem assim que os

---

[20] Nesse item, minha reflexão é fortemente devedora da forma de problematização que venho recentemente desenvolvendo com outros colegas, e cuja primeira formulação conjunta se encontra disponível em Demazière *et al.*, 2000.

[21] Apenas muito recentemente os estudos têm avançado questionamentos a essa suposta similitude, pondo-a em cheque mesmo quando considerados apenas países relativamente similares em termos da natureza do seu desenvolvimento capitalista (a exemplo de Gallie e Paugam, 2000).

Do trabalho ao desemprego

sistemas de seguro-desemprego e, além disso, os dispositivos de redistribuição de recursos dirigidos aos que estão em busca de trabalho são operacionalizados de formas distintas, apoiando-se em critérios de elegibilidade igualmente diversos e socialmente determinados. Do mesmo modo, é também variável o tipo de apoio institucional que cada sociedade oferece aos seus desempregados na procura de emprego (agências governamentais de emprego, políticas de luta contra o desemprego, pequenos anúncios, coletividades locais, redes informais etc.).

Mesmo tomando em conta uma única sociedade, em diferentes momentos do tempo, tais formas variam igualmente. Observe-se o caso do Brasil. Na conjuntura recessiva do início dos anos 80, embora o fenômeno do desemprego tivesse adquirido uma grande visibilidade social, a forma de intervenção de agências estatais, ou os mecanismos do sistema público, eram muito menos desenvolvidos e atuantes que o foram nos anos 90. A par disso, os sindicatos mostraram uma atuação importante em defesa dos "seus" desempregados, a sugerir tanto que, naquele momento, a chance de retorno a um outro emprego no mesmo setor parecia estar no horizonte (tão logo amainasse a crise), como que os sindicatos detinham uma legitimidade social suficiente para arrecadar recursos (transitórios que fossem) para os fundos de suporte aos "seus" desempregados. No campo político, os movimentos de desempregados eram agentes centrais da demanda por um sistema de regulação pública mais eficaz, sendo assim indicativos de que a condição de desempregado não era um estigma que desonrasse, podendo ser assumida como um sinal diacrítico, portador de uma identidade, mesmo sendo esta construída a partir de um estatuto transitório. Naquelas condições do início dos anos 80, o trabalhador a par de "desempregado" se mantinha, por exemplo, como "metalúrgico"; ou seja, sua origem ocupacional seguia sendo provedora de auto-reconhecimento e de reconhecimento pelos outros (notadamente pelo seu sindicato). Isto se tornava possível dada a vigência da crença nas chances do retorno ao "setor de origem"; esta tinha sua possibilidade marcada pela modalidade de gestão do trabalho em base ao *turn-over* dos trabalhadores. Tal construção subjetiva, tanto quanto seu correlato institucional, perderam sentido nos anos de crise da década seguinte (os anos 90) no Brasil.

Ou seja, a variação na significação do desemprego — que até aqui procurei ilustrar, ainda que rapidamente — se expressa tanto no plano normativo, das instituições que intervêm — de maneira variável — junto às populações designadas como desempregadas, quanto no plano subjetivo, das experiências vividas pelas pessoas colhidas pela situação de desemprego.

Com isto, estou chamando a atenção para o fato de que uma Sociologia do Desemprego deve ter a responsabilidade de analisar, conciliando, duas dimensões que são caras (porque constitutivas) da nossa tradição disciplinar. Por um lado, a construção institucional e normativa do fenômeno; por outro, a sua significação subjetiva, tecida ao longo dos percursos no mercado de trabalho e re-significada pela interpretação subjetiva das biografias individuais. Nesse sentido — e percebido em seu sentido sociológico forte — ser desempregado significa ser *institucionalmente* reconhecido, contabilizado e considerado como tal; mas, ao mesmo tempo, importa em *subjetivamente* definir-se, reivindicar-se e considerar-se como tal.

Por isso mesmo, os estudos comparativos tornam-se, então, um bom método para descrever e compreender as formas (e as transformações) assumidas pelo desemprego em distintos contextos societais (D'Iribarne, 1990). A despeito da existência de convenções de mensuração, base das estatísticas que apóiam as nossas habituais comparações internacionais, um olhar sociológico sobre o fenômeno não deve perder de vista que as fronteiras entre o desemprego, a atividade e a inatividade são relativas, na medida em que esses resultam de construções sociais, próprias a cada realidade. Daí por que há que reter as formas institucionais, os sistemas de regras, as dinâmicas normativas, que, diferindo de país a país, pesam de maneira específica sobre os contornos do emprego e do desemprego; mas que pesam também sobre as formas da

Do trabalho ao desemprego

atividade, sobre as categorizações que os indivíduos fazem de sua situação, sobre os seus percursos biográficos, sobre os universos e os valores profissionais. As comparações entre sociedades (ou entre momentos de tempo, numa mesma sociedade) permitem elucidar as lógicas institucionais em jogo e seu papel configurador — do desemprego, do emprego e da inatividade.

Nesse campo, há ainda muitos caminhos por investigar numa possível agenda para uma Sociologia do Desemprego. O primeiro consiste na identificação dos atores institucionais que participam da regulação do emprego e a análise de sua legitimidade, tendo em conta os diferentes tipos de instituições que intervêm nesse processo: o Estado, naturalmente (embora não apenas ele); instituições públicas não estatais (como sindicatos ou centrais sindicais) e seus parceiros sociais (ONGs, por exemplo); mas também a família (fundamental na estruturação dos papéis, divisão de responsabilidades no provimento da sobrevivência e ordenamento de estratégias para os seus membros em face do mercado de trabalho); bem como o conjunto das redes de ajuda mútua (fundadas, seja na consangüinidade, como as redes familiares; ou em outros tipos de identificação comunal — permanente, como origem regional ou étnica, ou transitória, como a vizinhança ou o culto).

Entretanto, sendo que o desemprego é uma construção subjetiva, muitas vezes a variação encontrada nas estatísticas do desemprego (se as comparamos em contextos sociais diversos) resulta de que, para serem socialmente reconhecidos (e contabilizados) como desempregados, é necessário que os indivíduos se auto-reconheçam também como tal, e acorram às instâncias de suporte institucional ao desemprego. Para entender se, quando e como tal auto-identificação se produz é imprescindível a análise das experiências biográficas, o estudo dos percursos profissionais dos desempregados, bem como do sentido subjetivo atribuído à condição do desemprego pelos indivíduos que a vivenciam.

Essas diferentes dimensões da experiência do desemprego estão, por sua vez, inscritas em quadros normativos, culturalmen-

350　　　Os destinos dos trabalhadores desligados

te diversos e que são imprescindíveis de serem resgatados quando se pretende construir uma Sociologia das manifestações do desemprego.

3. PENSANDO COMPARATIVAMENTE: O BRASIL À LUZ DE OUTRAS REALIDADES

Em países como o Brasil, a questão do desemprego se coloca de maneira particularmente crítica. Ora, nesse tipo de contexto, nem a estruturação do mercado de trabalho generalizou a relação salarial estável como a forma dominante de uso do trabalho, nem a produção em massa se sustentou num movimento de extensão da cidadania e de proteção social na forma de um *welfare* público, socialmente eficaz na proteção do trabalho. Como bem analisou Silva (1990), as especificidades do nosso mercado de trabalho e das relações industriais, aliadas ao autoritarismo da relação Estado—sindicatos, fizeram com que, no Brasil, a organização da produção rígida de massa viesse a se impor livre das contrapartidas sociais que a legitimaram; diferentemente daquilo que historicamente se verificou no que Boyer denominou "fordismo genuíno".

Lá, tais contrapartidas soldaram o compromisso entre política social do Estado, interesses da empresa e demandas do trabalhador. O princípio do *"five dollars a day"* tornou-se a expressão mais conhecida desse compromisso: o maior acesso ao consumo era apenas face externa da cidadania alcançada no âmbito da produção. Aqui, pelo contrário, nem o movimento sindical chegou a se constituir num interlocutor legítimo para negociar as condições de uso e remuneração do trabalho, nem o trabalhador alcançou a sua centralidade como consumidor, sobre a qual se assentaria a produção em massa.

Ademais, as relações de trabalho caracterizavam-se pela elevada instabilidade no emprego, por escalas salariais com grande diferenciação de níveis, pela maior rigidez na definição dos postos

Do trabalho ao desemprego

de trabalho, além da ausência de tradição de trabalho organizado em equipes. Bem assim, em nossa sociedade, a cultura política jamais favoreceu a estabilidade das regras de negociação salarial, a inviolabilidade dos acordos trabalhistas ou a legitimidade da ação reivindicativa dos trabalhadores. O alto nível de desemprego e a ausência de tradição de intervenção negociada dos trabalhadores na introdução de novas tecnologias compuseram um modelo de sistema de relações industriais em tudo contrastante com o que prevalecera nos países onde se originaram os paradigmas pós-fordistas de organização do trabalho (Ferreira *et al.*, 1991).

Alie-se a tudo isto a ausência de um sentido universalista e republicano nas ações sociais do Estado, o que levou à constituição de um arremedo de *welfare* público (se comparado ao caso francês, por exemplo), sem o correspondente desenvolvimento compensatório de um *welfare* privado (se tomado em mente a experiência japonesa). Este tornou-se aqui perfeitamente desnecessário, substituído por um paternalismo autoritário, erigido num contexto em que ainda era o velho despotismo de mercado a base para a produção do consentimento.

Diante disto, a vaga da reestruturação produtiva nos encontra às voltas com problemas sociais que afetam tanto os "sobreviventes" desse processo, quanto os que dele parecem estar sendo "excluídos". Diferentemente dos países capitalistas centrais, onde podiam ser muito facilmente estabelecidos os limites (simbólicos e materiais) entre o desemprego e o pauperismo, tendo um e outro políticas e instâncias institucionais bem diversas a atendê-los, no caso brasileiro, faziam falta as políticas seja com vistas à empregabilidade, seja com vistas à assistência social.[22]

---

[22] Acompanhar a história de vida dos conceitos pode ser uma forma de perceber a maneira de deslindar os problemas. Assim, não deixa de ser significativo que só muito recentemente a noção de "empregabilidade" tenha sido erigida à posição central no discurso que informa as políticas sociais; ora, de há muito ela estava disponível no cardápio da burocracia estrangeira, fazendo parte do universo discursivo das agências internacionais

Entretanto, mesmo no que diz respeito ao pequeno contingente dos possíveis "sobreviventes", destaca-se, de imediato, o grave déficit de educação geral, expresso na baixa escolaridade da população brasileira (como um conjunto e dos trabalhadores em particular) e na quase destruição a que foi submetida a rede escolar pública brasileira.[23]

E como esse "fordismo à brasileira" marcou as características do nosso sistema de formação profissional? Diferentemente da quase totalidade das experiências nacionais, aqui o sistema de formação profissional desenvolveu-se com completa autonomia *vis-à-vis* o sistema educacional. Mas, contrariamente a outras realidades tomadas como virtuosas, como é o caso, por exemplo, do modelo alemão, essa autonomia se fazia presente também frente ao próprio Estado e aos sindicatos de trabalhadores. Distante do Estado, pela compreensão corrente de que a sua fonte de recursos (encargos sobre a folha de salários) é de natureza essencialmente "privada", tampouco o sistema de formação profissional esteve próximo das representações de trabalhadores que, até muito recentemente, não entendiam que a questão da qualificação pudesse ser parte da sua agenda política (Fogaça e Salm, 1993).

Esse quadro se completa com a falta de um forte envolvimento empresarial com a formação profissional e o treinamento. De fato, os baixos níveis de investimento em capital humano marcaram o crescimento capitalista brasileiro (Carvalho, 1992a). Ao que tudo indica, o grande número de fatores institucionais que vieram regulando o mercado de trabalho no Brasil (CLT, FGTS,

---

(vide a Comunidade Econômica Européia); com muito mais razão, sua presença teria cabimento num discurso governamental em realidade como a brasileira, de intenso trânsito ocupacional. Quanto às políticas de assistência, é notória a dívida social acumulada e escapa aos objetivos deste texto fazer a análise da mesma.

[23] Para uma análise de dados relativos à população ocupada na indústria, ver Carvalho, 1992a.

seguro-desemprego, regras de reajuste salarial) acabou por produzir um sistema que não incentivou os trabalhadores a investir em seus empregos e nem as firmas a investir no treinamento e qualificação dos seus empregados. Os dados de Amadeo *et al.* (1993) sugerem que ou os custos de demissão no Brasil foram historicamente muito baixos, ou os incentivos do FGTS muito fortes de forma a contrabalançar esses mesmos custos. Nisto residem, talvez, as razões do pouco investimento empresarial no treinamento e qualificação da força de trabalho. Assim, em face da alta probabilidade de perda desse investimento, somente dispêndios específicos e indispensáveis eram realizados. Desse modo, quanto menos qualificado fosse o trabalhador, menor a sua oportunidade dentro da firma e menor o seu salário. Para a firma, a estratégia ótima passou a ser aquela que buscava retirar o máximo do empregado enquanto ainda o tivesse como contratado, evitando comprometer-se com o seu futuro. Disto resultaram tanto o pouco investimento em capital humano (especialmente quando se trata de trabalhadores menos qualificados), quanto a elevada rotatividade da força de trabalho entre empregos.

Quão mais clara essa imagem sobre o caso brasileiro se nos afigurará se a compararmos a outras experiências de construção institucional do emprego e do desemprego?

Assumi, até aqui, que a inscrição da análise em perspectivas comparativas seria uma estratégia produtiva para bem descrever os processos de conformação do desemprego, e por conseqüência operacionalizar nossa problemática de pesquisa. Desenvolvi a comparação entre cadeias produtivas; dentro delas, complexos; dentro deles, firmas. O desenvolvimento da análise me remeteu ao reconhecimento de que, da forma como institucionalizado o mercado de trabalho e as formas de proteção (o nosso regime de *welfare*), o movimento de reestruturação das firmas deixava um legado de enorme desorganização nas trajetórias ocupacionais dos trabalhadores que a elas haviam pertencido. Ao tempo em que rompiam seus elos com os antigos empregadores, rompia-se igualmente o elo com o mundo do trabalho registrado e minimamente protegido. E, não importa como e onde observássemos, esta se mostrava a tendência dominante — a desafiar mercados internos de trabalho, carreiras profissionais, identidades coletivas, políticas públicas e estratégias individuais pelas quais se amealhava algum capital de qualificação.

A intensificação do trânsito no mercado de trabalho, a perda dos elos com um destino profissional anterior levavam a que os estudos de trajetórias de trabalhadores segundo os seus setores/cadeias de origem virtualmente perdessem sentido; ou, quando menos, perdiam sentido para aquela parcela formada pelos trabalhadores cujo destino confluente era o mais visível — eles perdiam os elos com o seu passado, e estavam agora lançados a um mercado de trabalho, em percursos que provavelmente teriam como a sua principal marca o risco da recorrência duradoura do desemprego; havia que matizar, entre nós, o peso da figura do desemprego de longa duração (que supõe um sistema de *welfare* que ancore o desempregado e redes sociais que o protejam, retendo-o nessa situação e com tal identidade).

Em condições de recorrência do desemprego, e estando o trabalhador sujeito a movimentos de inserção e reinserção, é no mercado de trabalho que se trata de buscar o entendimento das suas possibilidades de mobilidade; o seu passado profissional pouco explica do seu futuro ocupacional. As instituições do mercado de trabalho, e notadamente aquelas que regulam, institucionalizando, o desemprego, tornam-se focos de primeira hora para novas interpretações.

Nesse sentido, as comparações intranacionais, entre cadeias, perdem o estatuto de caminhos de abordagem de elevado poder discriminador, cedendo-o às contrastações entre contextos societais, voltadas a identificar as formas de institucionalização normativa e as conseqüências destas para os sujeitos. Que dizer, então, do caso brasileiro, se sobre ele refletimos tendo em mente duas realidades bastante distintas por terem sido constituídas sobre regimes de *welfare* (público, numa; privado, noutra) sustentados em outra estrutura normativa, como o caso da França e do Ja-

Do trabalho ao desemprego

pão?[24] E por que comparar o Brasil exatamente com esses dois outros países? Vamos por passos.

À primeira vista trata-se de três contextos nacionais muito distantes, tanto pela situação do desemprego como que pelas características de sua economia. Ademais, cada um se distingue pelo nível de desemprego específico (desemprego medido conforme convencionado pelas normas de comparação internacional, da OIT). Assim, a França apresentava (no momento em que formulávamos nossas idéias iniciais para um estudo comparativo) a taxa de desemprego mais elevada (10,9% em 1998); o Japão, a mais fraca, embora aumentando de modo persistente (4,5% em 1998); o Brasil, uma curiosa situação intermediária (7,6% em 1998).

Ademais, cada país teve uma trajetória socioeconômica singular: passagem de uma economia agrária e rural a uma industrialização e urbanização rápidas no curso da segunda metade do século XX, para o Brasil; terceirização de uma economia industrial muito antiga, no caso francês; desenvolvimento econômico sem precedentes depois dos anos 50, no caso do Japão. Diferenças tão consideráveis obrigavam-nos a examinar de maneira mais precisa as condições de uma comparação entre os três países escolhidos. Isso conduziu a sublinhar os traços comuns, tanto quanto as particularidades.

A despeito das grandes diferenças que caracterizaram o Brasil, a França e o Japão nos planos econômico, social e cultural, os três se inscrevem em um contexto de globalização das trocas, de desregulamentação fragilizadora das autoridades públicas, de padronização das normas de gestão, da produção e do emprego. Assim, conquanto tendo histórias muito contrastadas, esses países estão inscritos em um processo de internacionalização, carac-

---

[24] Na reflexão que compõe essa parte final novamente recupero argumentos e hipóteses do projeto que ora desenvolvo, "Desemprego: abordagem institucional e biográfica — Uma comparação Brasil, França, Japão" (Demazière *et al.*, 2000).

terístico do período contemporâneo. Mais precisamente, eles conhecem um fenômeno comum, mas de amplitude e de temporalidade variáveis: uma ameaça às normas de emprego, com o rápido desenvolvimento de modalidades ditas "atípicas" de emprego, se tomamos como referência a norma de assalariamento.

Esse processo, entretanto, se traduz de maneira diferente em cada um dos contextos nacionais. No Brasil, observou-se a intensificação da mobilidade entre formas de ocupação com diferentes estatutos (empregos registrados e não-registrados, trabalhos regulares e "bicos" etc.), mas também um trânsito intenso entre condições de atividade, isto é, entre desemprego e inatividade, ou entre ocupação e inatividade. Na França, viu-se o crescimento de formas particulares de emprego concernentes tanto à duração e estabilidade do contrato de trabalho como ao tempo de trabalho. Já no Japão, houve o recuo do modelo do chamado "emprego vitalício", característico da grande empresa, e aparição de formas de emprego precárias ou atípicas ao lado da difusão de empregos não-titulares de um estatuto formal, freqüentemente em tempo parcial e desprovidos de qualquer proteção social.

As transformações das formas de emprego e por conseqüência do desemprego, em suas traduções específicas, afetaram seja os modos institucionais de regulação da relação salarial, seja as trajetórias profissionais. É por isso que, para pensar sociologicamente o processo em curso, vale centrar o foco do interesse analítico na articulação de sistemas institucionais, que definem normativamente a gestão do emprego e do desemprego, bem como nos percursos biográficos que se desenvolvem nesses contextos em mutação. Ou seja, cada um dos países poderia ser caracterizado por uma convenção, por uma norma social própria que definiria (institucionalizando e criando um quadro de referência para a experiência subjetiva) seja o que seriam a atividade ou a inatividade, seja o que seriam o emprego ou o desemprego.

No Brasil, a institucionalização do desemprego foi, ao mesmo tempo, fraca e recente: a debilidade da proteção social, das ajudas públicas aos desempregados, e o seguro-desemprego con-

Do trabalho ao desemprego

duziram a uma importante subdeclaração das situações de privação de emprego. Daí resultou uma nebulosidade significativa sobre as fronteiras entre os estatutos sociais (emprego, desemprego e inatividade), que se manifesta, inclusive, publicamente nas questões polêmicas em torno dos números do desemprego.[25] As condições de emprego são aqui muito heterogêneas, indo desde espaços ocupacionais fortemente enquadrados por normas jurídicas e por uma proteção social até outros onde uma economia informal, submersa, ou que nome se queira dar, aparece como particularmente desenvolvida e diversificada. Em um contexto de forte diminuição dos empregos formalmente registrados e protegidos, notável sobretudo no setor industrial no decurso dos anos 90, as atividades ocupacionais não registradas (como a dos assalariados sem registro em carteira e dos trabalhadores por conta própria) asseguraram o essencial da flexibilidade do emprego (represen-

---

[25] Outra vez, o recurso à história das disputas pela construção dos conceitos e das medidas é eloqüente. A polêmica em torno da medida do desemprego, no Brasil, não sem razão surge no bojo de uma ampla crise de crescimento e de emprego, a do início dos anos 80, e de crise de legitimidade política dos governos militares — fôra ampla a vitória oposicionista nas eleições de 1982. Nesse exato momento, o índice oficial, produzido pelo IBGE com base na norma OIT, passou a ser desafiado por uma outra forma de medida, testada numa pesquisa sindical sobre condições de vida em São Paulo. Dela gerou-se, a partir de 1984, um segundo grande inquérito estatístico, hoje com 17 anos contínuos de mensuração: a PED — Pesquisa de Emprego e Desemprego. Concebida e conduzida em parceria por uma instituição intersindical (o Dieese) e por um órgão de governo local (governo, então oposicionista, de Franco Montoro), a Fundação Seade, organismo ligado à Secretaria de Planejamento do Estado de São Paulo. O índice do Seade, baseado em metodologia distinta, introduz duas outras formas de desemprego, além do clássico desemprego aberto: o desemprego oculto pelo trabalho precário e o desemprego oculto pelo desalento. Só para exemplificar, segundo essa mensuração alternativa, a taxa de desemprego, em 1998 (ano tomado como referência posto que era o último para o qual tínhamos informação quando, em 1999, iniciamos a refletir com vistas à comparação internacional), não seria de 7,6%, mas de 18,3%.

tando mais da metade dos empregos), alimentando ao mesmo tempo o crescimento das atividades de serviços e dos "bicos".

Assim, sendo o assalariamento da população ativa "limitado" (Lautier, 1987), a desestabilização das condições de emprego provocou uma aceleração das transições entre o trabalho formalmente registrado e as atividades não registradas e protegidas. As estratégias defensivas que foram desenvolvidas passaram a se apoiar na combinação desses dois tipos de situação, seja para um mesmo indivíduo (acumulação, alternância), seja no seio do grupo familiar. Assim, a maioria das mulheres ativas trabalha em ocupações precárias ou informais, que são igualmente ocupadas em grande parte pelos ativos mais jovens. É evidente que tais mecanismos sociais de distribuição de formas de emprego têm efeitos estruturantes sobre as reações subjetivas ao desemprego e, mais globalmente, sobre a trajetória e atividades profissionais. *A construção social do desemprego está marcada, aqui, pela ruptura da equivalência entre a privação do emprego e o desemprego.* Ademais, onde a fronteira entre o desemprego e o emprego se faz tão mais permeável, ganham força outras categorias de identificação subjetiva e política (desabrigados, "sem-teto", "sem-terra", por exemplo), sendo tanto mais utilizadas quanto mais eficazes (que o desemprego) se mostrem para negociar a proteção social. Não sem razão os fortes movimentos de desempregados do início dos 80 cederam lugar a movimentos sociais onde *outras* identidades coletivas formam a argamassa que liga os interesses individuais; e mesmo que a maioria dos "sem-teto" possa ser também "sem-emprego", não é a identidade subjetiva de "desempregado", coletivamente partilhada, aquela que está na base da sua ação coletiva.

Na França, ao revés, temos o exemplo de um contexto societal em que o desemprego é fortemente institucionalizado. Ali, as instituições públicas de recolocação cobrem o território nacional com uma malha fina, de há muito constituída. Por isto mesmo, podemos entender que a taxa de desemprego aberto na região de Paris (cerca de 11%) fosse mais alta que a de São Paulo (cerca de 8%). E não sem razão; ali, as pessoas privadas de emprego tendem — animadas pela forma como se institucionaliza o sistema de proteção social e de emprego — a se declarar como desempregados, inscrevendo-se (tão logo rompe-se o vínculo de trabalho) junto à ANPE (Agence Nationale pour l'Emploi). Só assim farão jus ao ingresso na malha fina do sistema de *welfare*.[26]

Mas, no caso francês, o desemprego se banaliza, à medida mesma que se pluralizam as formas de vivenciá-lo. Mas, sobretudo — e essa é a característica sociologicamente mais saliente —, o desemprego aparece cada vez menos sob a forma de uma ruptura abrupta no meio de uma carreira profissional contínua. E, nesse sentido — e este é outro achado teoricamente importante —, as formas (ou configurações institucionais) do desemprego dependem e expressam as formas (ou configurações institucionais) do emprego. Ora, na França, essas últimas diferenciaram-se bastante no curso dos últimos anos, abrindo-se o leque das chamadas "formas particulares ou atípicas de empregos", todas excepcionais frente à norma salarial. Essa excepcionalidade se exprime em dois planos. No que concerne à duração e à estabilidade do contrato de trabalho, institucionalizam-se os Contratos de Duração Determinada (CDD), os contratos temporários, os estágios. No que concerne à duração da jornada de trabalho, via o trabalho em tempo parcial. Em meados dos anos 90, no mercado de trabalho francês, cerca de 2,5 milhões de contratos (num total de 22 milhões) eram indivíduos ocupados em regime de tem-

---

[26] É certo (e pesquisas empíricas o demonstraram) que os indivíduos em posições sociais mais fragilizadas ou aqueles mais pauperizados tendem a fazê-lo em menor proporção. É certo também que o prolongamento da duração do desemprego pode conduzir ao desalento (que implica a suspensão da procura ativa de trabalho — elemento central de definição da figura do desemprego) e, com isto, pode acarretar a interrupção dos benefícios e a desqualificação para o sistema institucional de proteção. Mas não são esses os motores principais que dão sentido à conduta da "clientela" *vis-à-vis* o sistema francês de institucionalização do desemprego. Por isto mesmo, estima-se que mais de 80% dos desempregados inscrevem-se na ANPE.

Os destinos dos trabalhadores desligados

po parcial. Os jovens, ingressantes no mercado de trabalho, eram os mais absorvidos pelos empregos sob contratos precários; já as mulheres eram as candidatas primeiras aos cargos em tempo parcial (85% desses empregos em 1998).

Entretanto, as taxas de atividade das mulheres permaneciam muito elevadas, e conviviam com uma composição por gerações no acesso ao trabalho assalariado (Gaullier, 1999), tal que o ingresso na vida ativa se faz cada vez mais tardio e marcado pelo desemprego (ou por situações intermediárias, de transição cada vez mais freqüente, entre o desemprego e o emprego). Já a interrupção da vida profissional é cada vez mais precoce (desemprego de trabalhadores idosos, mas também uma política de aposentadoria antecipada e de dispensa de procura de trabalho para os empregados mais idosos). Assim, as variáveis de gênero e de geração aparecem como particularmente importantes: seja para a análise das trajetórias profissionais e das relações subjetivas *vis-à-vis* os diferentes tipos de estatutos sociais, seja para entendimento das políticas institucionais de gestão do desemprego e da mão-de-obra.

No Japão, o desemprego é sem dúvida menos institucionalizado, mas por razões muito diferentes das que podem ser consideradas como características do caso brasileiro. É certo que os níveis de desemprego foram sensivelmente mais reduzidos até muito recentemente. Ademais — e esta é uma diferença notável —, a gestão do emprego estivera deferida às empresas (normalmente grandes empresas), mais do que ao Estado. Só recentemente é que as grandes empresas passam a demitir em maior escala, revertendo a política prévia de reter a mão-de-obra excedente, administrando sua alocação nas redes de firmas cooperantes.

Não sem razão, portanto, para os trabalhadores cultural e subjetivamente construídos sob o signo do sistema de "emprego vitalício" — e que são quase exclusivamente os homens —, a experiência do desemprego esteve (e ainda está) marcada pela vergonha social, pelo sofrimento subjetivo da humilhação. Por isto mesmo, a inscrição nas agências de emprego é percebida como

Do trabalho ao desemprego

desonrosa. O desemprego não apenas é estruturalmente menor, mas a sua "subenumeração" (se quisermos reduzir o assunto à sua dimensão estatística) seria incompreensível fora de um quadro cultural que afasta o indivíduo do novo sistema de proteção em processo de constituir-se. Por certo, os empregos atípicos também ali se multiplicam (22% da população assalariada em 1998) e também sob formas diversas: o contrato temporário (*arubaito*), também ali concentrado entre os jovens; o emprego não-titular (*shokutaku*) que atinge os ativos mais idosos; e, por fim, o chamado "*part-timer*" (de resto, muito mal denominado, pois ele implica freqüentemente uma duração de trabalho comparável ao tempo integral mas sem os benefícios de seguridade social), que abrange 95% das mulheres ocupadas, em grande parte retomando uma atividade depois de ter criado os filhos.[27] Ademais, para as categorias de mão-de-obra que não detêm um emprego registrado, as fronteiras entre o desemprego e o emprego, e mesmo entre atividade e inatividade, são mais descontínuas e incertas; isto porque, no Japão (à diferença da França) as interrupções de emprego não são sistematicamente categorizadas e reconhecidas como desemprego, especialmente quando elas não dão direito a uma indenização. Uma das razões freqüentemente evocadas para explicar o fraco nível de desemprego durante os períodos de crise é que as mulheres, tendo perdido o seu emprego precário, não se lançariam à procura de um novo emprego (Freyssinet, 1984). Ali, as

---

[27] Num país onde as curvas em "S" ainda são um bom modelo para representar o movimento das taxas de participação feminina. Para estudo cuidadoso e rico em detalhes, ver Sugita (2002). Na França (como na Europa em média) elas tendem a aproximar-se das curvas de atividade masculina (no caso francês isto é evidente; ver Maruani, 2000), e mesmo no Brasil o crescimento recente e impactante das taxas de atividade das mulheres (ver Bruschini, 1998; Lavinas, 1998) vem de par com uma mudança no perfil daquela que está no mercado: em vez de jovem, solteira e sem filhos, são as de mais idade, casadas e com filhos as que sustentam o crescimento das taxas de atividade (Guimarães, 2001).

normas de atividade e os comportamentos em relação ao desemprego e ao emprego são muito diferenciados em função do gênero, mas também da posição no ciclo de vida (Sugita, 2002).

Essas observações, ainda provisórias e iniciais, já nos mostram o interesse em entender melhor o Brasil e suas construções institucionais e normativas, pela lente das diferenças (e/ou especificidades) na forma de manifestar-se, definir-se e viver-se o desemprego *vis-à-vis* outros países.

É certo que alguns poderiam seguir satisfeitos, lidando com as maneiras habituais de medir e tratar analiticamente o assunto. Por certo, àqueles *policy makers* (que se satisfazem com as formas assentes na tecnocracia da ação pública) pode parecer suficiente não apenas medir (e a medida lhes parecerá de univocidade indiscutível) como reter, numa definição normativo-institucional indisputável, aqueles dois *clusters* que, por certo, são os que mais assomam à visão mais ligeira: de um lado, emprego estabilizado e, de outro, o desemprego institucionalizado. E, com efeito, por muito tempo, as nossas diretrizes de política pública não tiveram olhos mais que para esses dois agregados. É certo que esse fôra o espelho de um modelo civilizatório que tinha na relação salarial o seu *core* e que postulava — por fortes razões intelectuais, políticas, mas também morais — que a universalização dessa norma era uma expressão da modernidade e, por isto mesmo, um norte construtor da ação política, da intervenção governamental, e do refinamento acadêmico. Daí porque havia que pensar, sim, entre os dois pólos, tipificados (cada um deles) em uma única forma de expressão.

Mas, uma outra maneira de lidar com o assunto também existe — mais sensível, eu diria —, mas que tem instaurado a disputa no campo do "bem medir", argüindo que, na estrutura dos mercados de trabalho em sociedades de industrialização tardia (para dizê-lo de algum modo), *o outro do emprego estabilizado não pode ser apenas o desemprego institucionalizado.* Por isto mesmo, propugnam por que se reconheça um leque de formas de desemprego mais amplo que o simples desemprego aberto, visto que este último é o outro *apenas da relação salarial clássica*. A contrastação com a realidade das chamadas economias periféricas alertaria, então, para a existência, nesses países, de distintos padrões de estruturação do mercado de trabalho e da relação de emprego e, nesse sentido, para distintas formas do desemprego. O desafio para a inteligência analítica e para a política pública passa a ser não somente o chamado (e paradoxal, como vimos) "desemprego de longa duração", mas o fenômeno novo da "recorrência do desemprego". Essa forma de reagir ao problema chama, assim, a atenção para a necessidade de que o inteligir e o agir não tenham em mente apenas aqueles dois *clusters* de situações concretas — o do emprego estável e o do desemprego institucionalizado —, mas que se debrucem sobre uma zona ampla, que se estende entre esses dois pólos, quantificando-a e fazendo dela um (senão "o") endereço legítimo para políticas públicas.

O que desejei trazer à baila, ao finalizar esse percurso interpretativo, é que essa zona ampla e cinzenta — que desafia o nosso ideal de modernidade, de universalismo e de inclusão — carece ser bem medida, mas carece também ser bem teorizada (até para que a medida não perca a especificidade, na busca obsessiva por traduzir-se em quantidades, novamente "jogando fora a criança com a água do banho"). E, para tanto, essa zona cinzenta e ampla está longe de ser apenas uma forma de "brasilianização" (para tomar um dos possíveis adjetivos em voga e aquele que mais de perto nos toca), termo que alude, para ser provocativa, à transposição de um modelo de certa forma espúrio em face dos sistemas sociais de forte tradição regulatória, protecionista e republicana. Ao contrário, a recorrência do desemprego (enquanto forma) pode ser produzida, conforme sugerido acima, em distintos contextos societais, a partir de fatores também diversos. Tampouco se resolverá reeditando, creio eu, os termos do velho debate sobre a marginalidade, que tanto furor fez entre latino-americanos e brasileiros, no sentido de indicar a forma como a inserção das nossas sociedades no capitalismo cindia o universo social e criava dois circuitos de reprodução, marginalizando.

Longe disto, acredito que essa zona cinzenta (que pode ser quantificada, com mais precisão, introduzindo-se novas categorias e formas de desemprego e/ou de emprego) tem uma origem, um fundamento, uma representação normativa, uma construção institucional e uma introjeção subjetiva que carecem ser buscadas em cada caso — e não podem ser tomadas como epifenômenos de uma certa "globalização", ou "mundialização", como quer que se queira. E isto porque, apesar das recorrências (que nos levam a colocar o ônus da explicação no plano global), os fenômenos, quando bem entendidos em suas dimensões normativa, institucional e subjetiva, não apenas variam entre países (e seria acaciano parar por aqui), mas só adquirem sentido, só podem ser explicados — só podem ser efetivamente compreendidos em toda a sua extensão —, se tomados, contrastivamente, isto é, tendo em conta as especificidades dos seus quadros societais.

Estarei com isso desafiando o estatuto interpretativo de uma economia do trabalho? Nem de longe. Apenas busco, com esse tipo de reflexão e argumento, avançar numa Sociologia do Desemprego, pela qual (creio) urge propugnar e sobre a qual o acúmulo de reflexão comparativa, temática, teórica e metodológica se faz urgente. Esse pode ser o novo horizonte para seguirmos avançando na interpretação do fenômeno sobre o qual tratei de refletir ao longo deste livro.

Do trabalho ao desemprego

BIBLIOGRAFIA

ABRAMO, Laís (1986). *O resgate da dignidade*. Dissertação de Mestrado, São Paulo, USP. Trabalho posteriormente publicado como ABRAMO, Laís (1999). *O resgate da dignidade: greve metalúrgica e subjetividade operária*. Campinas/São Paulo: Editora da Unicamp/Imprensa Oficial do Estado.

_____ (1988). "A subjetividade do trabalhador frente à automação", *in* Ricardo Neder *et al.*, *Automação e movimento sindical no Brasil*. São Paulo: Hucitec, pp. 133-176.

_____ (1990). "Novas tecnologias, difusão setorial, emprego e trabalho no Brasil: um balanço", *BIB — Boletim Informativo e Bibliográfico de Ciências Sociais*, nº 30, Rio de Janeiro, Vértice/Anpocs.

ABRAMO, Laís; ABREU, Alice Rangel de Paiva (1998). "Gênero e trabalho na Sociologia latino-americana: uma introdução", *in* Laís Abramo e Alice Rangel de Paiva (orgs.), *Gênero e trabalho na Sociologia latino-americana*. São Paulo/Rio de Janeiro: Alast, pp. 9-20.

_____ (2000). "Produção flexível e novas institucionalidades na América Latina", *in* Alice Rangel de Paiva Abreu (org.), *Produção flexível e novas institucionalidades na América Latina*. Rio de Janeiro: Editora da UFRJ, pp. 7-26.

ABREU, Alice Rangel de Paiva (1985). "Processo de trabalho e ciências sociais: a contribuição do GT 'Processo de Trabalho e Reivindicações Sociais'". Textos para Discussão do Mestrado em Ciências Sociais, Rio de Janeiro, IFCS/UFRJ.

_____ (1986). *O avesso da moda: trabalho a domicílio na indústria de confecção*. São Paulo: Hucitec.

_____ (1994). "Especialização flexível e gênero: debates atuais", *São Paulo em Perspectiva*, v. 8, nº 1, São Paulo, Fundação Seade, jan.-mar.

_____ (org.) (2000). *Produção flexível e novas institucionalidades na América Latina*. Rio de Janeiro: Editora da UFRJ.

ABREU, Alice Rangel de Paiva; GITAHY, Leda; RAMALHO, José Ricardo; RUAS, Roberto (1998). *Reestruturação produtiva, trabalho e educação: os efeitos sociais do processo de "terceirização" em três regiões do país*. Relatório Final do Projeto, Programa de Pesquisa em Ciência e Tecnologia, Qualificação e Produção, Cedes/Finep/PCDT-CNPq, Rio de Janeiro.

_____ (2000). "Produção flexível e relações inter-firmas: a indústria de auto-peças em três regiões do Brasil", *in* Alice Rangel de Paiva Abreu (org.), *Produção flexível e novas institucionalidades na América Latina*. Rio de Janeiro: Editora da UFRJ, pp. 27-73.

ABREU, Alice Rangel de Paiva; JORGE, Angela; SORJ, Bila (1994). "Desigualdade de gênero e raça: o informal no Brasil em 1990", *Estudos Feministas*, n° especial, 2° semestre.

ABREU, Alice Rangel de Paiva; SILVA, M. G. R.; CAPPELLIN, Paola (1978). "A força de trabalho feminina na América Latina". Rio de Janeiro: Iuperj, mimeo.

ABREU, Alice Rangel de Paiva; SORJ, Bila; RAMALHO, José Ricardo (1998). "Os impactos sociais da terceirização industrial no Rio de Janeiro: um estudo de caso no setor de telecomunicações", *in* Nadya Araujo Castro e Claudio Dedecca (orgs.), *A ocupação na América Latina: tempos mais duros*. São Paulo/Rio de Janeiro: Alast (Série II Congresso Latino-Americano de Sociologia do Trabalho), pp. 155-188.

ACERO, Liliana (1981). "Control y resistência de los trabajadores en la cotidianeidad textil de Brasil". 2° Seminário Internacional "Crisis, Nuevas Tecnologias y Processo de Trabajo", México, UNAM, mimeo.

ADDIS, Caren (2000). "Evitando as armadilhas do enraizamento: o programa de capacitação de fornecedores do Sebrae", *in* Alice Rangel de Paiva Abreu (org.), *Produção flexível e novas institucionalidades na América Latina*. Rio de Janeiro: Editora da UFRJ, pp. 291-307.

AGIER, Michel (1995). "Mobilidades: algumas formas recentes de diferenciação social", *in* Michel Agier, Naydia Araujo Castro e Antonio Sérgio Guimarães, *Imagens e identidades do trabalho*. São Paulo: Hucitec, 1995, pp. 75-112.

AGIER, Michel; CASTRO, Nadya Araujo (1995). "Projeto operário, projetos de operários", *in* Michel Agier, Nadya Araujo Castro e Antonio Sérgio Guimarães, *Imagens e identidades do trabalho*. São Paulo: Hucitec, 1995, pp. 113-148.

AGIER, Michel; CASTRO, Nadya Araujo; GUIMARÃES, Antonio Sérgio (1995). *Imagens e identidades do trabalho*. São Paulo: Hucitec.

AGIER, Michel; GUIMARÃES, Antonio Sérgio (1990). "Técnicos e peões: a identidade ambígua", *in* Michel Agier, Nadya Araujo Castro e Antonio Sérgio Guimarães, *Imagens e identidades do trabalho*. São Paulo: Hucitec, 1995, pp. 39-74.

AGUIAR, Neuma (1984). *Mulheres na força de trabalho na América Latina: análises qualitativas*. Petrópolis: Vozes.

ALMEIDA, Maria Hermínia Tavares de (1978). "Desarrollo capitalista y acción sindical", *Revista Mexicana de Sociologia*, ano XI, v. XL.

_____ (1981). "Tendências recentes da negociação coletiva no Brasil", *Dados*, v. 24, n° 2.

_____ (1982). "Novas demandas, novos direitos". São Paulo: Cebrap, mimeo.

_____ (1988). "Difícil caminho: sindicatos e política na construção da democracia", *in* Fábio Wanderley Reis e Guillermo O'Donnel (orgs.), *A democracia no Brasil: dilemas e perspectivas*. São Paulo: Vértice.

ALMEIDA, Paulo Henrique (1999). "Salvador: dinâmica da economia soteropolitana pela ótica da ocupação". Relatório Final apresentado à Seplan/Prefeitura Municipal de Salvador/Universidade Federal da Bahia/Faculdade de Ciências Econômicas, julho.

_____ (2000). "A micro-empresa e a informalidade em Salvador". Relatório Final apresentado à Seplan/Prefeitura Municipal de Salvador/Universidade Federal da Bahia/Faculdade de Ciências Econômicas.

ALVES, Edgard Luiz G.; SOARES, Fábio V. (1997). "Ocupação e escolaridade: tendências recentes na Grande São Paulo", *São Paulo em Perspectiva*, v. 11, n° 1, jan.-mar.

ALVIM, Maria Rosilene (1985). *Constituição da família e trabalho industrial: um estudo sobre trabalhadores têxteis numa fábrica com vila operária*. Tese de Doutoramento, Rio de Janeiro, UFRJ.

AMADEO, Edward (1995). "Encargos trabalhistas, emprego e informalidade no Brasil", ILDES-FES (16), agosto.

AMADEO, Edward; BARROS, Ricardo Paes de; CAMARGO, José Marcio; MENDONÇA, Rosane; PERO, Valéria; URANI, André (1993). "Human resources in the adjustment process", *Textos para Discussão*, n° 317, IPEA, outubro.

Bibliografia

AMADEO, Edward; CAMARGO, José Marcio; GONZAGA, Gustavo; BARROS, Ricardo Paes de; MENDONÇA, Rosane (1994). "A natureza e o funcionamento do mercado de trabalho brasileiro desde 1980", *Textos para Discussão*, n° 353, IPEA, outubro.

AMADEO, Edward; PERO, Valéria (2000). "Adjustment, stabilization and the structure of employment in Brazil", *The Journal of Development Studies*, v. 36, n° 4.

ANTUNES, Ricardo (1986). *A rebeldia do trabalho*. São Paulo: Ensaio/Editora da Unicamp.

_____ (1997). *Adeus ao trabalho? Ensaio sobre as metamorfoses e a centralidade do mundo do trabalho*. São Paulo: Cortez.

_____ (1999). *Os sentidos do trabalho: ensaio sobre a afirmação e a negação do trabalho*. São Paulo: Boitempo.

ARBIX, Glauco (1996). *Uma aposta no futuro*. São Paulo: Scritta.

_____ (1997). "A câmara banida", *in* Glauco Arbix e Mauro Zilbovicius (orgs.), *De JK a FHC: a reinvenção dos carros*. São Paulo: Scritta, pp. 449-470.

ARBIX, Glauco; ZILBOVICIUS, Mauro (orgs.) (1997). *De JK a FHC: a reinvenção dos carros*. São Paulo: Scritta.

AZEREDO, Beatriz (1998). *Políticas públicas de emprego: a experiência brasileira*. São Paulo: ABET (Coleção Teses & Pesquisas, v. 1).

AZEVEDO, José Sérgio Gabrielli de (1997). "Relações entre rendimentos e qualificação: explorando os dados da PED/RMS". *Revista Econômica do Nordeste*, v. 28, n° especial.

_____ (2000). "O perfil das ocupações na região metropolitana de Salvador". Salvador, Universidade Federal da Bahia/Faculdade de Ciências Econômicas, junho, v. 1.

AZEVEDO, José Sérgio Gabrielli; MENEZES, Wilson (1996). "Mudanças nos mercados de trabalho de algumas regiões metropolitanas: desemprego e informalidade", *Força de Trabalho e Emprego*, Salvador, Secretaria do Trabalho, n° 1/2/3, jan.-abr./maio-ago./set.-dez.

BARRETO, Ranieri Muricy (1999). *A reinserção dos demitidos do pólo petroquímico de Camaçari na economia*. Dissertação de Mestrado em Economia, Salvador, Universidade Federal da Bahia.

BARROS, Ricardo Paes de; MENDONÇA, Rosane (1995). "Pobreza, estrutura familiar e trabalho", *Textos para Discussão,* n° 366, Rio de Janeiro, IPEA.

_____ (1996). "Flexibilidade do mercado de trabalho brasileiro: uma avaliação empírica", *in* José Marcio Camargo (org.), *Flexibilidade do mercado de trabalho no Brasil*. Rio de Janeiro: Fundação Getúlio Vargas, pp. 157-201.

BARROS, Ricardo Paes de; CRUZ, Luiz Eduardo M.; FOGUEL, Miguel N.; MENDONÇA, Rosane (1997). "Uma avaliação empírica do grau de flexibilidade alocativa do mercado de trabalho brasileiro", *Texto para Discussão*, n° 499, Rio de Janeiro, IPEA.

BASTIN, Nicole (1987). "De la gestion déliberée du paradoxe", *Grand Angle sur L'Emploi*, n° 2, 1987.

BAUMANN, Renato (1996). *O Brasil e a economia global*. Rio de Janeiro: Campus.

_____ (org.) (1999). *Brasil: uma década em transição*. Rio de Janeiro: Campus.

BAZZANELLA, Waldemiro (1956). "Estratificação e mobilidade social no Brasil: fontes bibliográficas". Rio de Janeiro: Centro Brasileiro de Pesquisas Educacionais.

_____ (1960). "Problemas de urbanização na América Latina: fontes bibliográficas". Rio de Janeiro: Centro Brasileiro de Pesquisas Educacionais.

BENDIX, Reinhard (1956). *Work and authority in industry: ideologies of management in the course of industrialization*. Nova York: John Wiley and Sons.

BENDIX, Reinhard; LIPSET, Seymour Martin (1966). *Class, status and power*. Nova York: The Free Press.

BENOIT-GUILBOT, Odile; GALLIE, Duncan (orgs.) (1992). *Les chômeurs de longue durée*. Arles: Actes Sud.

BERLINCK, Manoel T. (1975). *Marginalidade social e relações de classe em São Paulo*. Petrópolis: Vozes.

BICALHO, Nair (1983). *Construtores de Brasília*. Petrópolis: Vozes.

BIDERMAN, Ciro; GUIMARÃES, Nadya Araujo (2002). "Desigualdades, discriminação e políticas públicas: uma análise a partir de setores selecionados da atividade produtiva no Brasil". Comunicação apresentada à sessão dedicada ao tema "Flexibilidade, Segmentação e Eqüidade", do II International Conference Cebrap/ILAS, São Paulo, março.

BILAC, Elisabeth Dória (1978). *Famílias de trabalhadores: estratégias de sobrevivência. A organização da vida familiar em uma cidade paulista*. São Paulo: Edições Símbolo.

Bibliografia

BLASS, Leila (1986). *Imprimindo a própria história: movimento dos trabalhadores gráficos de São Paulo no final dos anos 20*. São Paulo: Loyola.

_____ (1989). "A greve: uma festa", *Ciências Sociais Hoje 1989*, São Paulo, Anpocs/Vértice.

_____ (1992). *Estamos em greve*. São Paulo: Hucitec/Sindicato dos Bancários de São Paulo.

BLAU, Peter; DUNCAN, O. Dudley (1967). *The American occupational structure*. Nova York: Wiley.

BLAY, Eva (1978). *Trabalho domesticado: a mulher na indústria paulista*. São Paulo: Ática.

BLAUNER, Robert (1964). *Alienation and freedom*. Chicago: University of Chicago Press.

BOITO JR., Armando (1991). *O sindicalismo de Estado no Brasil*. São Paulo: Hucitec.

_____ (1999). *Política neoliberal e sindicalismo no Brasil*. São Paulo: Xamã.

BONDUKI, Nabil (1987). *Construindo territórios da utopia*. Dissertação de Mestrado, São Paulo, USP.

BOYER, Robert (1986). *La flexibilité du travail en Europe*. Paris: La Découverte.

BRAVERMAN, Harry (1974). *Labor and monopoly capital: the degradation of work in the twentieth century*. Nova York: Monthly Review Press.

BRESCIANI, Luís Paulo (1991). *Tecnologia, organização do trabalho e ação sindical: da resistência à contratação*. Dissertação de Mestrado, São Paulo, Escola Politécnica da USP.

_____ (1995). "Resistência e influência: tecnologia, trabalho e ação sindical no Brasil", *in* Nadya Araujo Castro (org.), *A máquina e o equilibrista: inovações na indústria automobilística brasileira*. Rio de Janeiro: Paz e Terra, pp. 361-387.

_____ (1997). "Na zona do agrião: a nova agenda da negociação coletiva, *in* Glauco Arbix e Mauro Zilbovicius (orgs.), *De JK a FHC: a reinvenção dos carros*. São Paulo: Scritta, pp. 257-284.

BRUSCHINI, Cristina (1978). "Sexualização das ocupações: o caso brasileiro". Comunicação apresentada ao Seminário "A Mulher na Força de Trabalho na América Latina", Rio de Janeiro.

_____ (1995). "Desigualdades de gênero no mercado de trabalho brasileiro: o trabalho da mulher nos anos 80", *in* OIT/ABET, *O trabalho no Brasil no limiar do século XXI*. São Paulo: LTR Editores.

_____ (1998). "Gênero e trabalho feminino no Brasil: novas conquistas ou persistência da discriminação? Brasil, 1985 a 1995". Comunicação apresentada no Seminário "Trabalho e Gênero: Mudanças, Persistências e Desafios", Campinas, ABEP/NEPO, 14-15/4.

_____ (1998a). "Trabalho das mulheres no Brasil: continuidades e mudanças no período 1985-1995", *Textos FCC*, nº 17/98, São Paulo, Fundação Carlos Chagas.

BRUSCHINI, Cristina; LOMBARDI, Maria Rosa (1996). "O trabalho da mulher brasileira nos primeiros anos da década de noventa". Comunicação apresentada ao X Encontro Nacional de Estudos Populacionais, GT "População e Trabalho", 7-11/10.

_____ (2000). "Trabalho feminino no Brasil no final do século: ocupações tradicionais e novas conquistas". Comunicação apresentada ao Seminário Temático "Organização, Trabalho e Gênero", Unicamp, 30/11-1/12.

BRUSCO, Sebastiano (1982). "The Emilian model: productive descentralisation and social integration", *Cambridge Economic Journal*, v. 6, nº 2.

BURAWOY, Michael (1982). *Manufacturing consent*. Chicago: University of Chicago Press.

_____ (1985). *The politics of production*. London: Verso.

CABANES, Robert (2002). *Travail, famille, mondialisation: récits de la vie ouvrière, São Paulo, Brésil*. Paris: IRD/Karthala.

CACCIA-BAVA, Silvio (1983). *Práticas cotidianas e movimentos sociais*. Dissertação de Mestrado, São Paulo, USP.

_____ (1988). "A luta nos bairros e a luta sindical", *in* Lúcio Kowarick (org.), *As lutas sociais e a cidade*. Rio de Janeiro: Paz e Terra, pp. 287-314.

CACCIAMALI, Maria Cristina (1997). "Flexibilidade e micro e pequenas empresas", *São Paulo em Perspectiva*, v. 11, nº 1, jan.-mar. ("Flexibilidade, empregabilidade e direitos"), pp. 82-88.

CAILLAUX, Elisa (1994). "Cor e mobilidade social no Brasil", *Estudos Afro-Asiáticos*, nº 26, Rio de Janeiro, CEAA, pp. 53-66.

CAMARGO, José Marcio (org.) (1996). *Flexibilidade do mercado de trabalho no Brasil*. Rio de Janeiro: Editora da FGV.

Bibliografia

_____ (1998). "Produtividade e preços relativos: o mercado de trabalho no período pós-estabilização". Rio de Janeiro: Senai-DN-CIET.

CARDOSO, Adalberto M. (1992). "O pragmatismo impossível: origens da Força Sindical", *Novos Estudos Cebrap*, n° 32, março, pp. 165-182.

_____ (1995). *Nas teias da modernidade: pragmatismo sindical e democratização no Brasil*. Tese de Doutoramento, São Paulo, USP.

_____ (1995a). "Globalização e relações industriais na indústria automobilística brasileira: um estudo de caso", *Avances de Investigación*, n° 2, outubro. Posteriormente publicado em DOMBOIS, Rainer; PRIES, Ludger (orgs.) (1997). *As relações industriais no processo de transformação da América Latina: o caso brasileiro*. Relatório Final do Projeto Comparativo Internacional "Transformação Econômica e Trabalho na América Latina", Bremen, Universität Bremen, Universidad Nacional de Colombia, Cebrap, Universidad Autónoma Metropolitana, El Colegio de Puebla.

_____ (1998). "Trabalhar, verbo transitivo". Relatório parcial de pesquisa, Projeto Ford/Anpocs/Cebrap/Iuperj/CIET. Rio de Janeiro: Iuperj. Versão revista e bastante mais alentada foi posteriormente publicada como CARDOSO, Adalberto M. (2000). *Trabalhar, verbo transitivo: destinos profissionais dos deserdados da indústria automobilística*. Rio de Janeiro: Editora da FGV.

_____ (1999). *Trabalhadores, sindicatos e a coqueluche neo-liberal: a era Vargas acabou?* Rio de Janeiro: Editora da FGV.

_____ (1999a). "Rompendo o círculo de ferro: impactos do acordo das montadoras nas relações de trabalho no setor automotivo brasileiro", *in* Francisco de Oliveira e Álvaro Comin (orgs.), *Os cavaleiros do antiapocalipse: trabalho e política na indústria automobilística*. São Paulo: Cebrap/Editora Entrelinhas, pp. 25-48.

_____ (1999b). *Índice de qualidade do emprego formal*. Rio de Janeiro: Iuperj. Versão revista foi posteriormente publicada como CARDOSO (2000).

_____ (1999c). *Probabilidades de saída e retorno ao setor formal*. Rio de Janeiro: Iuperj. Versão revista foi posteriormente publicada como CARDOSO (2000).

_____ (2000). *Trabalhar, verbo transitivo: destinos profissionais dos deserdados da indústria automobilística*. Rio de Janeiro: Editora da FGV.

CARDOSO Adalberto M.; CARUSO, Luís Antonio; CASTRO, Nadya Araujo (1997). "Trajetórias ocupacionais, desemprego e empregabilidade: há algo de novo na agenda dos estudos sociais do trabalho no Brasil?", *Contemporaneidade e Educação*, ano 2, n° 1, maio, pp. 7-23.

CARDOSO, Adalberto M.; COMIN, Álvaro (1993). "Câmaras setoriais, modernização produtiva e democratização nas relações de trabalho no Brasil: a experiência do setor automobilístico", *in* Nadya Araujo Castro (org.), *A máquina e o equilibrista: inovações na indústria automobilística brasileira*. Rio de Janeiro: Paz e Terra, pp. 387-427.

CARDOSO, Adalberto M.; COMIN, Álvaro; CAMPOS, André (1997). "As bases sociais do sindicalismo metalúrgico", *in* Glauco Arbix e Mauro Zilbovicius (orgs.), *De JK a FHC: a reinvenção dos carros*. São Paulo: Scritta, pp. 413-448.

CARDOSO, Adalberto M.; COMIN, Álvaro; GUIMARÃES, Nadya Araujo (2000). "Os deserdados da indústria: reestruturação produtiva e trajetórias intersetoriais de trabalhadores demitidos na indústria brasileira". Comunicação apresentada ao III Congresso da Asociación Latinoamericana de Estudios del Trabajo, Buenos Aires, 17-20/5.

_____ (2001). "Os deserdados da indústria: reestruturação produtiva e trajetórias intersetoriais de trabalhadores demitidos da indústria brasileira", *Revista Latinoamericana de Estudios del Trabajo*, n° 13, ano 7, Buenos Aires, Alast, pp. 17-52.

CARDOSO, Fernando Henrique (1962). "Proletariado no Brasil: situação e comportamento social", *Revista Brasiliense*, n° 41, maio-jun., pp. 98-122.

_____ (1964). *Empresário industrial e desenvolvimento econômico*. São Paulo: Difusão Européia do Livro.

CARDOSO, Fernando Henrique; FALETTO, Enzo (1970). *Dependência e desenvolvimento na América Latina: ensaio de interpretação sociológica*. Rio de Janeiro: Zahar Editores.

CARLEIAL, Liana (1997). "Reestruturação industrial, relação entre firmas e mercado de trabalho: evidências na indústria eletroeletrônica na região metropolitana de Curitiba", *in* Liana Carleial e Rogério Valle (orgs.), *Reestruturação produtiva e mercado de trabalho no Brasil*. São Paulo: Hucitec/ABET, pp. 296-333.

CARLEIAL, Liana; VALLE, Rogério (1997). *Reestruturação produtiva e mercado de trabalho no Brasil*. São Paulo: Hucitec/ABET.

CARRERA-FERNANDEZ, José; MENEZES, Wilson (s/d). "Discriminação interna aos mercados formal e informal de trabalho da região metropolitana de Salvador", s.p.i.

CARRION, Rosinha M. (1998). *Reestruturação produtiva, processo de trabalho e qualificação dos operadores na indústria petroquímica do Rio Grande do Sul*. Tese de doutoramento, Porto Alegre, UFRGS, Programa de Pós-Graduação em Administração.

CARUSO, Luís Antonio; PERO, Valéria (1995). *Trajetórias intersetoriais dos trabalhadores desligados da indústria*. Rio de Janeiro: Senai/DN-CIET.

_____ (1996). *Trajetórias intersetoriais e reconversão profissional dos trabalhadores desligados da indústria*. Rio de Janeiro: Senai/DN-CIET.

_____ (1997). "Empregabilidade e reconversão profissional: trabalhadores desligados da indústria", *São Paulo em Perspectiva*, v. 11, n° 1, jan.-mar. ("Flexibilidade, empregabilidade e direitos"), pp. 70-81.

CARUSO, Luís Antonio; PERO, Valéria; LIMA, Maria Ilca de Souza (1997). "Segundo relatório de pesquisa". Projeto Finep/CIET "Trajetórias Intersetoriais e Ocupacionais dos Trabalhadores Desligados da Indústria". Rio de Janeiro. CIET/Senai.

_____ (1997a). *Desemprego industrial e trajetórias intersetoriais*. Rio de Janeiro: Senai/DN-CIET.

CARVALHO NETO, Antonio Moreira de; CARVALHO, Ricardo Augusto Alves de (orgs.) (1998). *Sindicalismo e negociação coletiva nos anos 90*. Belo Horizonte: IRT-PUC.

CARVALHO, Ruy de Quadros (1987). *Tecnologia e trabalho industrial*. Porto Alegre: L&PM.

_____ (1989). *Labour and information technology in newly industrialised countries: the case of Brazilian industry*. Comunicação apresentada ao Seminário "Development and Change in the Labour Process in Third World and Advanced Capitalist Countries", Institute of Social Studies.

_____ (1992). "Projeto de primeiro mundo com conhecimento e trabalho de terceiro?", *Textos para Discussão*, n° 12, Campinas, Unicamp.

_____ (1992a). "Projeto de primeiro mundo com conhecimento e trabalho do terceiro?". Comunicação apresentada ao GT "Processo de Trabalho e Reivindicações Sociais", Encontro Anual da Anpocs, Caxambu, outubro.

_____ (1993). *Programmable automation and employment practices in Brazilian industry*. Tese de Doutoramento, Brighton, IDS/University of Sussex.

CARVALHO, Ruy de Quadros; SCHMITZ, Hubert (1988). "Fordism is alive in Brasil", *IDS Bulletin*, v. 20, n° 4.

CARVALHO, Ruy de Quadros; RABELO, Flávio; ALMEIDA, L. T.; COSTA, Maria Conceição da (1988). "Microeletrônica, capacitação tecnológica, competitividade e trabalho na indústria petroquímica brasileira", *in Padrões tecnológicos e políticas de gestão: processos de trabalho na indústria brasileira*. São Paulo: DPCT-Unicamp/FFLCH-USP.

CASTRO, Edna (s/d). "Diferenciação sexual, itinerários profissionais e construção do cotidiano". Pará: UFPa/NAEA.

CASTRO, Mary Garcia (1988). *Gender, family and work*. Tese de Doutoramento, Gainesville, University of Florida.

CASTRO, Mary Garcia; LAVINAS, Lena (1992). "Do feminismo ao gênero: a construção de um objeto", *in* Albertina de Oliveira Costa e Cristina Bruschini (orgs.). *Uma questão de gênero*. Rio de Janeiro/São Paulo: Rosa dos Ventos/Fundação Carlos Chagas.

CASTRO, Nadya Araujo (1993). "Modernização e trabalho no complexo automotivo brasileiro: reestruturação industrial ou japanização de ocasião?", *Novos Estudos Cebrap*, n° 37, novembro, pp. 155-189.

_____ (1994). "Trabalho e reorganização industrial num contexto de crise e reestruturação produtiva", *São Paulo em Perspectiva*, São Paulo, Fundação Seade, v. 8, n° 1, jan.-mar., pp. 116-132.

_____ (1995). *A máquina e o equilibrista: inovações na indústria automobilística brasileira*. Rio de Janeiro: Paz e Terra.

_____ (1995a). "Modernização e trabalho no complexo automotivo brasileiro", *in* Nadya Araujo Castro (org.), *A máquina e o equilibrista: inovações na indústria automobilística brasileira*. Rio de Janeiro: Paz e Terra, pp. 15-52.

_____ (1997). "Reestruturação produtiva, novas institucionalidades e negociação da flexibilidade", *São Paulo em Perspectiva*, v. 11, n° 1, jan.-mar. ("Flexibilidade, empregabilidade e direitos"), pp. 3-9.

_____ (1997a). "Relações entre empresas e demandas de competências na indústria de processo: qualificação e reestruturação das relações industriais na petroquímica brasileira", *in* Rainer Dombois e Ludger Pries (orgs.), *As relações industriais no processo de transformação da Amé-*

Bibliografia   377

rica Latina: o caso brasileiro. Relatório Final do Projeto Comparativo Internacional "Transformação Econômica e Trabalho na América Latina", Bremen, Universität Bremen, Universidad Nacional de Colombia, Cebrap, Universidad Autónoma Metropolitana, El Colegio de Puebla, v. II, pp. 793-827.

_____ (1997b). "Relações entre empresas e demandas de competências na indústria de processo". Comunicação apresentada ao XX Congresso Internacional da Latin American Studies Association, São Paulo, mimeo.

_____ (1997c). "Qualificação, qualidade e classificações", *Educação e Sociedade*, nº 45, Campinas, Cedes.

_____ (1997d). "Qualificação e reestruturação das relações industriais: uma nova moeda-de-troca?", *Educação e Sociedade*, ano XVIII, nº 61 (número especial "Tecnologia, trabalho e educação"), Campinas, Cedes, dezembro, pp. 36-63.

_____ (1998). "Bringing time back into: longitudinal analysis and new hypothesis on workers mobility under adjustment conditions". Comunicação apresentada à ISA — International Sociological Association, Montreal, maio.

_____ (1998a). "Mercado de trabalho industrial, seletividade e qualificação: contribuição das análises longitudinais". Comunicação apresentada ao Workshop "Conceitos Empregados na Educação Profissional — Módulo 1: Mercado de Trabalho e Formação Profissional", promovido pelo NETE — Núcleo de Estudos sobre Trabalho e Educação, Belo Horizonte, Universidade Federal de Minas Gerais, 7-8/12.

CASTRO, Nadya Araujo *et al.* (1998). *Qualificação, mercados e processos de trabalho: estudo comparativo no complexo químico brasileiro.* Relatório Final de Pesquisa apresentado ao Projeto Finep/Cedes/Cebrap/UFBa, São Paulo, agosto.

CASTRO, Nadya Araujo; COMIN, Álvaro (1998). "As novas esferas de regulação do trabalho e o dilema sindical", *São Paulo em Perspectiva*, São Paulo, Fundação Seade, v. 12, nº 1, jan.-mar., pp. 45-52.

_____ (1998a). "A alquimia organizacional: qualificação e construção do consentimento", *Tempo Social*, v. 10, nº 2, outubro, São Paulo, Departamento de Sociologia da USP, pp. 113-144.

CASTRO, Nadya Araujo; DEDECCA, Claudio (1998). "Flexibilidade e precarização: tempos mais duros", *in* Nadya Araujo Castro e Claudio Dedecca (orgs.), *A ocupação na América Latina: tempos mais duros.*

São Paulo/Rio de Janeiro: Alast (Série II Congresso Latino-Americano de Sociologia do Trabalho), pp. 9-18.

CASTRO, Nadya Araujo; GUIMARÃES, Antonio Sérgio Alfredo (1990). "Trabalho, sindicalismo e reconversão industrial no Brasil nos anos 90", *Lua Nova*, nº 22, São Paulo, Cedec.

_____ (1991). "Competitividade, tecnologia e organização do trabalho: a petroquímica brasileira nos anos 90", *in* Márcia de Paula Leite e Roque Aparecido da Silva (orgs.), *Modernização tecnológica, relações de trabalho e práticas de resistência*. São Paulo: Iglu/Ildes/Labor, 1991, pp. 43-68.

_____ (1992). "Trabalhadores afluentes, indústrias recentes (revisitando a tese da aristocracia operária)", *Dados*, v. 35, nº 2, Rio de Janeiro, Iuperj, pp. 173-192.

_____ (1993). "Desigualdades raciais no mercado e nos locais de trabalho", *Estudos Afro-Asiáticos*, v. 24. Rio de Janeiro, CEAA, p. 23-61.

CASTRO, Nadya Araujo; LEITE, Márcia de Paula (1994). "A Sociologia do Trabalho Industrial no Brasil: desafios e interpretações", *BIB — Boletim Informativo e Bibliográfico*, nº 37, Rio de Janeiro, Anpocs/Dumará, 1º semestre, pp. 39-60.

CASTRO, Nadya Araujo; VALLE, Rogério (1998). "As mulheres no trabalho industrial no Brasil dos anos 90: possibilidades, restrições e políticas". Relatório de Consultoria "Programa Integrado para Promover e Melhorar a Participação da Mulher na Indústria na Região do Mercosul e do Chile", UNIDO — United Nations Industrial Development Organization, outubro, 87 pp.

CHUDNOVSKY, Daniel; LÓPEZ, Andrés (1995). "Auge y ocaso del capitalismo asistido: desarrollo y reestructuración de la industria petroquimica en Argentina, Brasil y Mexico". Conferência Cepal-CIID/UNU-INTECH "Productividad, Cambio Tecnológico y Sistemas Inovativos en América Latina en los Años Noventa", Chile.

COMIN, Álvaro Augusto (1995). *A estrutura sindical corporativa: um obstáculo à consolidação das centrais sindicais no Brasil*. Dissertação de Mestrado em Sociologia, São Paulo, USP.

COMIN, Álvaro Augusto; HIRATA, Beatriz Veloso (1996). "A composição do emprego no setor químico no Estado de São Paulo: uma primeira síntese à luz dos dados da Rais e da lei 4923/65". Documento de Trabalho, Projeto Cedes-Cebrap, São Paulo.

Bibliografia

COSTA PINTO, Luiz Aguiar; BAZZANELLA, Waldemiro (1969). *Processos e implicações do desenvolvimento*. Rio de Janeiro: Zahar.

COUTROT, Laurence; DUBAR, Claude (1992). *Cheminements professionels et mobilités sociales*. Paris: La Documentation Française.

CRIVELLARI, Helena (1998). *A um passo do futuro: micro-eletrônica e trabalho na indústria petroquímica*. Dissertação de Mestrado em Administração Pública, Universidade Federal da Bahia.

D'IRIBARNE, Philippe (1990). *Le chômage paradoxal*. Paris: Presses Universitaires de France.

DEDECCA, Claudio (1996). "Desregulação e desemprego no capitalismo avançado", *São Paulo em Perspectiva*, v. 10, n° 1, jan.-mar., pp. 13-20.

_____ (1999). *Racionalização econômica e trabalho no capitalismo avançado*. Campinas: Universidade de Campinas/Instituto de Economia (Coleção Teses).

DEDECCA, Claudio; BRANDÃO, Sandra (1993). "Crise, transformações estruturais e mercado de trabalho", *in* Bernard Appy *et al.*, *Crise brasileira: anos 80 e governo Collor*. São Paulo: CGIL/CUT/Desep, pp. 307-350.

DEDECCA, Claudio; BRANDÃO, Sandra; MONTAGNER, Paula (1993). "Recessão e reestruturação econômica: as novas condições de funcionamento do mercado de trabalho na década de 90". Campinas: Instituto de Economia da Unicamp.

DEDECCA, Claudio; MONTAGNER, Paula (1993). "Flexibilidade produtiva e das relações de trabalho: considerações sobre o caso brasileiro". *Textos para Discussão*, n° 29, Campinas, Instituto de Economia da Unicamp, outubro.

DEMAZIÈRE, Didier (1995). *La sociologie du chômage*. Paris: Éditions La Découverte.

_____ (1995a). *Le chômage de longue durée*. Paris: Presses Universitaires de France.

DEMAZIÈRE, Didier; DUBAR, Claude (1997). *Analyser les entretiens biographiques: l'exemple de récits d'insertion*. Paris: Natan.

DEMAZIÈRE, Didier; GUIMARÃES, Nadya Araujo; HIRATA, Helena; PIGNONI, Maria Teresa; SUGITA, Kurumi (2000). "Chômage: approches institutionel et biographique — Une comparaison Brésil, France, Japon". Projet de Recherche, Paris, mimeo.

DEJOURS, Christophe (1987). *A loucura do trabalho: estudo de psicopatologia do trabalho*. 2ª ed. São Paulo: Cortez/Oboré.

DIAS, Everardo (1962). *História das lutas sociais no Brasil*. São Paulo: Edaglit.

DIEESE — Departamento Intersindical de Estatísticas e Estudos Sócio-Econômicos (1994). *Trabalho e reestruturação produtiva: 10 anos de "Linha de Produção"*. São Paulo: Dieese.

DINIZ, Eli (1993). "Articulação dos atores na implementação da política industrial — A experiência das câmaras setoriais: retrocesso ou avanço na transição para um novo modelo?", *in* Luciano Coutinho (org.), *Estudo da competitividade da indústria brasileira*. Campinas/Rio de Janeiro: IE-Unicamp/IEI-UFRJ.

DIPRETE, Thomas T.; NONNEMAKER, K. Lynn (1996). *Structural change, labor market turbulence and labor market outcomes*. Duke University.

DIPRETE, Thomas T.; GRAAF, Paul; LUIJKX, Ruud; TAHLIN, Michael; BLOSSFELD, Hans-Peter (1997). "Collectivist vs. individualist mobility regimes? How welfare state and labor market structure condition the mobility effects of structural change in four countries". Abril, mimeo.

DOERINGER, Peter; PIORE, Michael (1971). *Internal labour markets and manpower analysis*. Lexington, Mass.

DOMBOIS, Rainer; PRIES, Ludger (orgs.) (1997). *As relações industriais no processo de transformação da América Latina: o caso brasileiro*. Relatório Final do Projeto Comparativo Internacional "Transformação Econômica e Trabalho na América Latina", Bremen, Universität Bremen, Universidad Nacional de Colombia, Cebrap, Universidad Autónoma Metropolitana, El Colegio de Puebla, 2 vols.

DUNLOP, John T. (1958). *Industrial relations systems*. Nova York: Henry Holt and Co.

DUPAS, Gilberto (1999). *Economia global e exclusão social: pobreza, emprego, estado e futuro do capitalismo*. Rio de Janeiro: Paz e Terra.

EISENSTADT, Samuel (1966). *Modernization, protest and change*. New Jersey: Englewood-Cliffs.

ELIAS, Peter (1990). *Methodological, statistical and practical issues arising from the collection and analysis of work history information by survey techniques*. Madrid: International Sociological Association.

_____ (1994). "Occupational change in a working-life perspective: internal and external views", *in* Roger Penn, Michael Rose e Jill Rubery (orgs.), *Skill and occupational change*. Oxford: Oxford University Press, 1994, pp. 75-105.

_____ (1997). "Restructuring, reskilling and redundancy: a study of the dynamics of the UK labour market, 1990-95". Coventry, University of Warwick, Institute for Employment Research, abril.

_____ (1997a). "Who forgot they were unemployed?". Coventry: University of Warwick, mimeo.

ESPING-ANDERSEN, Gosta (1990). *The three worlds of Welfare capitalism*. Cambridge: Polity Press.

_____ (1999). *Social foundation of postindustrial economies*. Oxford: Oxford University Press.

EVANS, Peter (1981). "Colletivized capitalism: integrated petrochemical complexes and capital accumulation in Brazil", *in* Thomas C. Bruneau e Philippe Faucher (orgs.), *Authoritarian capitalism: Brazil's contemporary economic and political development*. Boulder: Westview Press.

_____ (1981a). "Reinventing the bourgeoisie: state enterpreneurship and class formation in dependent capitalism". Providence, RI: Brown University, mimeo.

FAGUNDES, Maria Emilia Marques (1992). *Informalidade na região metropolitana de Salvador: um estudo exploratório*. Dissertação de Mestrado em Economia, Salvador, Universidade Federal da Bahia.

FARIA, Hamilton (1986). *A experiência operária nos anos de resistência: a oposição sindical metalúrgica de São Paulo e a dinâmica do movimento operário*. Dissertação de Mestrado, São Paulo, PUC-SP.

FARIA, Maria da Graça Druck (1995). *Terceirização: (des)fordizando a fábrica: um estudo do complexo petroquímico da Bahia*. Tese de Doutoramento, Campinas, Unicamp.

FARIA, Vilmar E. (1976). *Occupational marginality, employment and poverty in urban Brazil*. PhD Dissertation, Harvard University, Cambridge, Mass.

_____ (2000). *Pobreza e política social*. São Paulo: Fundação Konrad Adenauer.

FARTES, Vera Lúcia Bueno (2000). *A aquisição da qualificação: a multidimensionalidade de um processo contínuo*. Tese de Doutoramento em Educação, Salvador, UFBa.

FAUSTO NETO, Ana Maria Quiroga (1982). *Família operária e reprodução da força de trabalho*. Rio de Janeiro: Vozes.

FERREIRA, Cândido; HIRATA, Helena; MARX, Roberto; SALERNO, Mario (1991). "Alternativas sueca, italiana e japonesa ao paradigma fordista: elementos para uma discussão sobre o caso brasileiro". Anais do Seminário "Modelos de Organização Industrial, Política Industrial e Trabalho", São Paulo, ABET, abril, pp. 194-228.

_____ (1992). "Alternativas sueca, italiana e japonesa ao paradigma fordista: elementos para uma discussão do caso brasileiro", in *Gestão da qualidade, tecnologia e participação*, Cadernos Codeplan, n° 1, Brasília.

FERRO, José Roberto (1992). "A produção enxuta no Brasil", in James T. Womack, Daniel T. Jones e Daniel Roos, *A máquina que mudou o mundo*. Rio de Janeiro: Campus.

FIEB — Federação das Indústrias do Estado da Bahia (1995). *Dinâmica de industrialização na Bahia: construindo uma nova estratégia*. Salvador: FIEB.

FISCHER, Rosa Maria (1985). "'Pondo os pingos nos is sobre as relações do trabalho e políticas de administração de recursos humanos", in Maria Tereza Fleury e Rosa Maria Fischer (orgs.), *Processo e relações do trabalho no Brasil*. São Paulo: Atlas.

FLEURY, Afonso Carlos (1985). "Organização do trabalho na indústria: recolocando a questão nos anos 80", in Maria Tereza Fleury e Rosa Maria Fischer (orgs.), *Processo e relações do trabalho no Brasil*. São Paulo: Atlas.

_____ (1988). "Análise a nível da empresa dos impactos da microeletrônica sobre a organização da produção e do trabalho". São Paulo: USP/DEP, mimeo.

_____ (1990). "Análise a nível da empresa e dos impactos da automação sobre a organização da produção e do trabalho", in Rosa Maria Sales de Melo Soares (org.), *Gestão da empresa, automação e competitividade: novos padrões de organização e de relações de trabalho*. Brasília: IPEA/Iplan, pp. 11-26.

FLEURY, Afonso Carlos; VARGAS, Nilton (1983). *Organização do trabalho: uma abordagem interdisciplinar*. São Paulo: Atlas.

FLEURY, Maria Tereza (1986). *O simbólico nas relações de trabalho: um estudo sobre relações de trabalho na empresa estatal*. Tese de Livre-Docência, USP.

_____ (1993). "The culture of quality and the management of human resources", *IDS Bulletin*, v. 24, n° 2, abril.

Bibliografia

FLEURY, Maria Tereza; FISCHER, Rosa Maria (orgs.) (1985). *Processo e relações do trabalho no Brasil.* São Paulo: Atlas.

FOGAÇA, Azuete; SALM, Claudio (1993). "Estudo da competitividade da indústria brasileira: competitividade, educação e qualificação — Nota técnica temática do bloco condicionantes sociais da competitividade". Campinas.

FRENCH, John (1995). *O ABC dos operários: conflitos e alianças de classe em São Paulo, 1900-1950.* São Paulo: Hucitec.

FREYSSINET, Jacques (1984). *Le chômage.* Paris: La Découverte.

FRIEDMANN, Georges (1946). *Problèmes humains du machinisme industriel.* Paris: Gallimard.

FRIEDMANN, Georges; NAVILLE, Pierre (1961). *Traité de sociologie du travail.* Paris: Armand Collin, 2 vols.

GADREY, Jean; JANY-CATRICE, Florence; RIBAULT, Thierry (1999). *France, Japon, Etats-Unis: l'emploi en détail — Essai de socio-économie comparative.* Paris: PUF.

GALLIE, Duncan (1978). *In search of new working class.* London: Cambridge University Press.

_____ (2001). "Unemployment, welfare regimes and social exclusion". *Paper* apresentado ao CNRS/ESRC Anglo-French Seminar on Social Exclusion, Londres, 11-12/12.

GALLIE, Duncan; PAUGAM, Serge (2000). *Welfare regimes and the experience of unemployment in Europe.* Oxford: Oxford University Press.

GAULLIER, Xavier (1999). *Les temps de la vie: emploi et retraite.* Paris: Esprit.

GEREFFI, Gary; KORZENIEWICZ, Miguel (orgs.) (1994). *Commodity chains and global capitalism.* Londres: Praeger.

GERMANI, Gino (1974). *Sociologia da modernização.* São Paulo: Mestre Jou.

GITAHY, Leda (1993). "Inovação tecnológica, sub-contratação e mercado de trabalho". Comunicação apresentada ao XVII Encontro Anual da Anpocs, Caxambu, 22-25/10.

GITAHY, Leda; HIRATA, Helena; LOBO, Elizabeth Souza; MOYSÉS, Rosa Lúcia (1982). "Operárias: sindicalização e reivindicações (1970-1980)", *Lua Nova*, n° 8, junho, São Paulo, Cedec/Cortez, pp. 90-116.

GITAHY, Leda; LEITE, Márcia de Paula; RABELO, Flávio (1993). "Relações de trabalho, política de recursos humanos e competitividade", *in Estudos de Competitividade na Indústria Brasileira*, http://www.mct.gov.br/mcthome/estudos/estudos.htm.

GITAHY, Leda; RABELO, Flávio (1991). "Educação e desenvolvimento tecnológico: o caso da indústria de autopeças", *Textos para Discussão*, nº 11, Campinas, Unicamp.

GITAHY, Leda; RABELO, Flávio; COSTA, Maria Conceição da (1988). "Inovação tecnológica e políticas de gestão: difusão de novas tecnologias e subcontratação em empresas metal-mecânicas de São Paulo". Trabalho apresentado no XII Encontro Anual da Anpocs, Águas de São Pedro, outubro.

_____ (1990). "Technological innovation, industrial relations and subcontracting". *Paper* apresentado ao I Symposium on "New Technological and Societal Trends" (Session IV), XII World Sociological Congress, Madri, ISA, julho.

GOUVEIA, Aparecida Joly (1965). "Desenvolvimento econômico e prestígio de certas ocupações", *América Latina*, nº 9, pp. 66-78.

GRÜN, Roberto (1986). "Taylorismo e fordismo no trabalho bancário", *Revista Brasileira de Ciências Sociais*, nº 2, v. 1, São Paulo, Anpocs, 1986.

_____ (1992). "Japão, Japões: algumas considerações sobre o papel dos conflitos intergerenciais na difusão de novidades organizacionais", *in* Rosa Maria Sales de Melo Soares (org.), *Gestão da qualidade: tecnologia e participação*. Brasília: Cedeplar.

_____ (1999). "Modelos de empresa, modelos de mundo: sobre algumas características culturais da nova ordem econômica e da resistência a ela", *Revista Brasileira de Ciências Sociais*, nº 41, v. 14, São Paulo, Anpocs, outubro, pp. 121-140.

GUERRA, Oswaldo Ferreira (1994). *Estrutura de mercado e estratégias empresariais: o desempenho da petroquímica brasileira e suas possibilidades futuras de inserção internacional*. Brasília: SESI-DN.

GUIMARÃES, Antonio Sérgio Alfredo (1982). *A formação e crise da hegemonia burguesa na Bahia*. Dissertação de Mestrado em Ciências Sociais, Salvador, Faculdade de Filosofia e Ciências Humanas da UFBa.

_____ (1988). *Factory regime and class formation: the petrochemical workers in Brazil*. Tese de Doutoramento, Madison, University of Wisconsin.

Bibliografia

_____ (1991). "Sonhos mortos, novos sonhos (fordismo, recessão e tecnologia)", *Espaço e Debates*, dezembro.

_____ (1992). "Mudanças organizacionais e relações industriais na petroquímica brasileira: os anos noventa". Comunicação apresentada ao Seminário Internacional "Transformación Industrial-Produtiva y Relaciones Industriales: América Latina y Europa en una Vision Comparativa", México, Colégio de Puebla, maio.

_____ (1998). *Um sonho de classe: trabalhadores e formação de classe na Bahia dos anos oitenta*. São Paulo: USP/Hucitec.

GUIMARÃES, Antonio Sérgio; CASTRO, Nadya Araujo (1987). "Movimento sindical e formação de classe", *Caderno CRH*, n° 5, Salvador, UFBa-Centro de Recursos Humanos. Posteriormente publicado em SIQUEIRA, Deis; POTENGY, Gisélia; CAPPELLIN, Paola (orgs.) (1997). *Relações de trabalho, relações de poder*. Brasília: Editora da UnB, pp. 47-53.

_____ (1988). "Espaços regionais de construção da identidade: a classe trabalhadora no Brasil pós-77", *Ciências Sociais Hoje 1988*, São Paulo, Anpocs/Vértice.

_____ (1990). "Classes, regimes fabris e mudança social no Nordeste brasileiro", *in* Licia Valadares e Edmond Preteceille (orgs.), *Reestruturação urbana: tendências e desafios*. Rio de Janeiro: Nobel.

GUIMARÃES, Nadya Araujo (2001). "Laboriosas, mas redundantes", *Estudos Feministas*, v. 9, n° 1, pp. 82-103.

_____ (2001a). "Laboriosas pero redundantes: diferencias de gênero em los patrones de movilidad de los despedidos por la industria brasileña em los años 90", *in* Ximena Díaz e Eugenia Hola (orgs.), *Trabajo, flexibilidad y género: tensiones de un proceso*. Santiago: CEM, pp. 113-134.

_____ (2001b). "O desafio da eqüidade: reestruturação e desigualdades de gênero e raça no Brasil", *Cadernos Pagu*, n° 17, Campinas, Unicamp.

_____ (2002). "Le sexe de la mobilité: le cas du travail industriel brésilien des années 1990", *Travail, Genre et Societés*, n° 7, fevereiro, Paris, Harmattan, pp. 125-145.

_____ (2002a). "Reestruturação sistêmica e mobilidade predatória: destinos de trabalhadores em espaços sociais sob intensa mudança", *in* Paulo Costa Lima (org.), *Quem faz Salvador*. Salvador: UFBa, pp. 269-285.

GUIMARÃES, Nadya Araujo; CAMPOS, André G. (1999). "O dia seguinte: as credenciais da sobrevivência ao ajuste nas empresas", *Educação e Sociedade*, São Paulo, Cedes/Unicamp, ano XX, dezembro, pp. 179-207.

GUIMARÃES, Nadya; COMIN, Álvaro (1998). "As novas esferas de regulação do trabalho e o dilema sindical", *São Paulo em Perspectiva*, v. 12, n° 1, São Paulo, Fundação Seade, jan.-mar., pp. 45-52.

_____ (1999). "Mobilidade ocupacional e carreiras profissionais: aspectos metodológicos e desdobramentos sociológicos das análises longitudinais do mercado de trabalho", Comunicação apresentada ao GT "Trabalho e Sociedade", XXIII Encontro Anual da Anpocs, Caxambu, 19-23/10.

_____ (2000). "A alquimia organizacional: qualificação e construção do consentimento no complexo químico brasileiro", *in* Alice Rangel de Paiva Abreu (org.), *Produção flexível e novas institucionalidades na América Latina*. Rio de Janeiro: Editora UFRJ, pp. 216-254.

GUIMARÃES, Nadya Araujo; COMIN, Álvaro; LEITE, Márcia de Paula (2001). "Por um jogo de soma positiva: conciliando competitividade e proteção ao emprego em experiências inovadoras de negociação no Brasil", *in* Nadya Araujo Guimarães e Scott Martin (orgs.), *Competitividade e desenvolvimento: atores e instituições locais*. São Paulo: Editora Senac, 2001.

GUIMARÃES, Nadya Araujo; CONSONI, Flávia (2000). "As desigualdades reestruturadas: um olhar sobre os diferenciais de sexo e raça no acesso ao trabalho em setores selecionados da atividade produtiva". Relatório apresentado ao Projeto Finep/CUT/Cebrap "Reestruturação Produtiva, Política Industrial e Contratação Coletiva nos Anos 90: As Propostas dos Trabalhadores", São Paulo, julho.

GUIMARÃES, Nadya Araujo; LEITE, Márcia de Paula (2002). "Brazil", *in* Daniel B. Cornfield e Randy Hodson (orgs.), *Worlds of work: building an international Sociology of Work*. Nova York: Kluwer Academic/ Plenun (Plenun Series in Work and Industry), pp. 23-46.

HAGEN, Everett (1962). *On the theory of social change: how economic growth begins*. Homewood, Ill.: Dorsey Press.

HARDMAN, Francisco Foot (1983). *Nem pátria, nem patrão*. São Paulo: Brasiliense.

HARDMAN, Francisco Foot; LEONARDI, Victor (1982). *História da indústria e do trabalho no Brasil*. São Paulo: Global.

Bibliografia

HASENBALG, Carlos Alfredo (1979). *Discriminação e desigualdades raciais no Brasil*. Rio de Janeiro: Graal.

HASENBALG, Carlos Alfredo; SILVA, Nelson do Valle (1988). *Estrutura social, mobilidade e raça*. Rio de Janeiro: Vértice/Iuperj.

HELLER, Agnes (1972). *O cotidiano e a história*. Rio de Janeiro: Paz e Terra.

HENRIQUES, Ricardo (org.) (2000). *Desigualdade e pobreza no Brasil*. Rio de Janeiro: IPEA.

HIRATA, Helena (1983). "Receitas japonesas, realidade brasileira", *Novos Estudos Cebrap*, n° 2, São Paulo, Cebrap.

_____ (org.) (1992). *Autour du modèle japonais*. Paris: Harmattan, 1992.

_____ (org.) (1993). *Sobre o "modelo" japonês: automatização, novas formas de organização e relações de trabalho*. São Paulo: Edusp.

_____ (1997). "Os mundos do trabalho: convergência e diversidade num contexto de mudança de paradigmas produtivos", *in* Alipio Casali, Mario Sergio Cortella e José Emidio Teixeira (orgs.), *Empregabilidade e educação: novos caminhos no mundo do trabalho*. São Paulo: EDUC.

_____ (1998). "Reestruturação produtiva, trabalho e relações de gênero", *Revista Latinoamericana de Estudios del Trabajo*, ano 4, n° 7, pp. 5-28.

HIRATA, Helena; KERGOAT, Danièle (1987). "Divisão sexual e psicopatologia do trabalho". IX Encontro Anual da Anpocs, São Paulo.

HIRATA, Helena; HUMPHREY, John (1989). Trabalhadores desempregados: trajetórias de operárias e operários industriais no Brasil, *Revista Brasileira de Ciências Sociais*, 11 (4): 71-84.

HIRATA, Helena; HUSSON, Michel; ROLDAN, Martha (1994). "Restructurations productives, et changements dans la division sexuelle du travail et de l'emploi: Argentine, Brésil et Mexique", *in Amérique Latine: démocracie et exclusion*. Paris: Harmattan.

HIRATA, Helena; ZARIFIAN, Philippe (1994). "Le modèle français sous le régard du Japon: l'example de l'agro-alimentaire". Actes du Deuxième Rencontre International du GERPISA (Groupe "Hybridation"), Paris, junho.

HOBSBAWM, Eric (1964). *Laboring men: studies in the history of labor*. Nova York: Basic Books.

HUMPHREY, John (1982). *Fazendo o "milagre"*. São Paulo: Vozes/Cebrap.

_____ (1984). "Trabalho feminino na grande indústria paulista", *Cadernos Cedec*, nº 3, São Paulo, Cedec.

_____ (1990). "Adapting the 'Japanese model' to Brazil". Comunicação apresentada Seminário Internacional "Autour du Modele Japonais", Paris.

_____ (1991). "Japanese methods and the changing position of direct production workers: evidence from Latin America". Brighton: IDS/University of Sussex.

_____ (1992). "The management of labour and the move towards leaner production in the Third World: the case of Brazil". Comunicação apresentada ao International Institute for Labour Studies Forum, Genebra, novembro.

_____ (1993). "The impact of 'Japanese' management techniques on labour in Brazilian manufacture". Brighton: IDS/University of Sussex. Posteriormente publicado em português em CASTRO, Nadya Araujo (org.) (1985). *A máquina e o equilibrista: inovações na indústria automobilística brasileira*. Rio de Janeiro: Paz e Terra, pp. 113-145.

_____ (1995). "O impacto das técnicas "japonesas" de administração sobre o uso do trabalho no Brasil", *in* Nadya Araujo Castro (org.), *A máquina e o equilibrista: inovações na indústria automobilística brasileira*. Rio de Janeiro: Paz e Terra, pp. 113-144.

HUMPHREY, John; HIRATA, Helena (1984). "Hidden inequalities: women and men in the labour process". Anais do IV Encontro Nacional da Associação Brasileira de Estudos Populacionais, São Paulo, v. 1, pp. 271-300.

HUTCHINSON, Bertram (1962). "Urban mobility rates in Brazil related to migration and changing occupational structure", *América Latina*, nº 5, pp. 3-20.

HUTCHINSON, Bertram *et al.* (1960). *Mobilidade e trabalho*. Rio de Janeiro: Centro Brasileiro de Pesquisas Educacionais.

IANNI, Octavio (1967). *O colapso do populismo no Brasil*. Rio de Janeiro: Civilização Brasileira.

KAHL, Joseph (1962). "Urbanização e mudanças ocupacionais no Brasil", *América Latina*, nº 5, pp. 196-223.

KECK, Margareth (1991). *PT: a lógica da diferença*. São Paulo: Ática.

Bibliografia

KELLER, W. (1986). "Os processos de negociação coletiva e a difusão das comissões de empresa no setor metal-mecânico paulista". Relatório de Pesquisa, São Paulo, Cebrap.

KERGOAT, Danièle (1984). "Division sexuelle du travail et qualification", *Cadres CFTD*, n° 313.

KERN, Horst; SCHUMANN, Michael (1989). *La fin de la division du travail*. Paris: Maison des Sciences de l'Homme.

KERR, Clark; DUNLOP, John T.; HARBISON, Frederick H.; MYERS, Charles A. (1960). *Industrialism and industrial man: the problems of labor and management in economic growth*. Cambridge: Harvard University Press.

KOWARICK, Lúcio (1975). *Capitalismo e marginalidade na América Latina*. Rio de Janeiro: Paz e Terra.

_____ (1988). *As lutas sociais e a cidade*. Rio de Janeiro: Paz e Terra.

LAURELL, Asa Cristina; MÁRQUEZ, Margarita (1983). *El desgaste obrero en Mexico: proceso de producción y salud*. México: Era.

LAUTIER, Bruno (1987). "Fixation restreinte dans le salariat, secteur informel et politique d'emploi en Amérique Latine", *Revue Tiers Monde*, n° 110.

LAVINAS, Lena (1997). "Emprego feminino: o que há de novo e o que se repete", *Dados*, v. 40, n° 1, pp. 41-67.

_____ (1998). "Evolução do desemprego feminino nas áreas metropolitanas". Rio de Janeiro: s.p.i., mimeo.

_____ (1998a). "Diferenciais de rendimentos entre homens e mulheres nas áreas metropolitanas". Rio de Janeiro: s.p.i., mimeo.

LE VEN, Michel (1983). "Processo de trabalho e classe trabalhadora". Comunicação apresentada ao VII Encontro Anual da Anpocs, São Paulo.

_____ (1988). "Cotidiano fabril dos trabalhadores da FIAT Automóveis de Betim". Belo Horizonte: UFMG.

LE VEN, Michel; NEVES, Magda Almeida (1985). "A crise da indústria automobilística: automação e trabalho na FIAT", *Ciências Sociais Hoje 1985*, São Paulo, Anpocs/Cortez.

LEBORGNE, Danièle; LIPIETZ, Alain (1990). "Idées fausses et questions ouvertes de l'apres-fordisme". Colóquio "Les Metropoles Mondiales: Hyper-Terciarisation ou Re-Industrialisation?", Paris, 26-27/11.

LEDRUT, Raymond (1966). *La sociologie du chômage*. Paris: Presses Universitaires de France.

LEITE LOPES, José Sérgio (1976). *O vapor do diabo: o trabalho dos operários do açúcar*. Rio de Janeiro: Paz e Terra.

_____ (1988). *A tecelagem dos conflitos de classe na "cidade das chaminés"*. São Paulo: Marco Zero.

LEITE, Elenice Monteiro (1993). "Uma escola em cada empresa?". Comunicação apresentada ao Seminário "Reestruturação Produtiva, Reorganização do Trabalho e Relações Industriais", São Paulo, Cebrap, julho. Posteriormente publicado em CASTRO, Nadya Araujo (org.) (1985). *A máquina e o equilibrista: inovações na indústria automobilística brasileira*. Rio de Janeiro: Paz e Terra, pp. 159-180.

_____ (1994). *O resgate da qualificação*. Tese de Doutoramento em Sociologia, São Paulo, USP.

_____ (1997). "Reestruturação industrial, cadeias produtivas e qualificação", *in* Liana Carleial e Rogério Valle (orgs.), *Reestruturação produtiva e mercado de trabalho no Brasil*. São Paulo: Hucitec/ABET, pp. 140-168.

LEITE, Márcia de Paula (1985). "Reivindicações sociais dos metalúrgicos", *in* Maria Tereza Fleury e Rosa Maria Fischer (orgs.), *Processo e relações do trabalho no Brasil*. São Paulo: Atlas.

_____ (1985a). "A classe operária e a questão sindical", *in* Maria Tereza Fleury e Rosa Maria Fischer (orgs.), *Processo e relações do trabalho no Brasil*. São Paulo: Atlas.

_____ (1987). "Três anos de greve em São Paulo: 1983-1985", *São Paulo em Perspectiva*, jul.-set.

_____ (1993). "Innovación tecnológica, organización del trabajo y relaciones industriales en el Brasil", *Nueva Sociedad*, n° 124, Caracas, Editorial Nueva Sociedad.

_____ (1994). *O futuro do trabalho: novas tecnologias e subjetividade operária*. São Paulo: Scritta.

_____ (1995). "Inovação tecnológica e relações de trabalho: a experiência brasileira à luz do quadro internacional", *in* Nadya Araujo Castro (org.), *A máquina e o equilibrista: inovações na indústria automobilística brasileira*. Rio de Janeiro: Paz e Terra, pp. 335-361.

_____ (1997). "Competitividade na cadeia automotiva brasileira". Seminário "Produção Flexível e Novas Institucionalidades na América

Latina", Rio de Janeiro, 18-20/9. Posteriormente publicado em ABREU, Alice Rangel de Paiva (org.) (2000). *Produção flexível e novas institucionalidades na América Latina*. Rio de Janeiro: Editora da UFRJ.

_____ (2000). "Trabalho e qualificação na cadeia automotiva: novas tendências, velhos problemas", *in* Alice Rangel de Paiva Abreu (org.), *Produção flexível e novas institucionalidades na América Latina*. Rio de Janeiro: Editora da UFRJ, pp. 107-127.

LEITE, Márcia de Paula; RIZEK, Cibele Saliba (1998). "Cadeias, complexos e qualificações", *in* Márcia de Paula Leite e Magda de Almeida Neves (orgs.), *Trabalho, qualificação e formação profissional*. São Paulo/Rio de Janeiro: Alast, pp. 45-76.

LEITE, Márcia de Paula; SILVA, Roque Aparecido da (1988). "Os trabalhadores na Constituinte". Documento de Trabalho, nº 1, Ildes, São Paulo.

LEITE, Márcia de Paula; SILVA, Roque Aparecido da *et al*. (1991). *Modernização tecnológica, relações de trabalho e práticas de resistência*. São Paulo: Iglu/Ildes/Labor.

LEITE, Rosalina de Santa Cruz (1984). *A operária metalúrgica: estudo sobre as condições de vida e trabalho de operárias metalúrgicas na cidade de São Paulo*. São Paulo: Cortez.

LIMA, Almerico (1999). *Rumo ao sindicalismo cidadão: a CUT e a qualificação profissional*. Dissertação de Mestrado em Educação, Salvador, UFBa.

LIMA, Jacob Carlos (1996). *Trabalho, mercado e formação de classe: estudo sobre operários fabris em Pernambuco*. João Pessoa: Universitária, UFPB.

LIMA, Jacob Carlos; FERREIRA, Brasília Carlos (1996). "Trabalhadores urbanos no Nordeste: trajetórias profissionais, mobilidade espacial e organização operária", *Revista Brasileira de Ciências Sociais*, nº 30, São Paulo, Anpocs, pp. 83-99.

LIMA, Maria Ilca de Souza (1997). "Mobilidade ocupacional", *in* Segundo Relatório de Pesquisa, Projeto Finep/CIET "Trajetórias Intersetoriais e Ocupacionais dos Trabalhadores Desligados da Indústria", Rio de Janeiro.

LINHARES, Herminio (1962). *Contribuição à história das lutas operárias no Brasil*. Rio de Janeiro.

LIPIETZ, Alain (1977). *Le capital et son espace*. Paris: Maspero.

_____ (1988). *Miragens e milagres: problemas na industrialização do Terceiro Mundo*. São Paulo: Nobel.

LIPSET, Seymour Martin; BENDIX, Reinhard (1963). *Social mobility in industrial society*. Berkeley: University of California Press.

LITTLER, Craig R.; SALAMAN, Graeme (1982). "Bravermania and beyond: recent theories of the labour process", *Sociology*, v. 16, nº 2, pp. 215-269.

LOBO, Elizabeth Souza (1991). *A classe operária tem dois sexos*. São Paulo: Brasiliense.

LOBO, Elizabeth Souza; SOARES, Vera (1985). "Masculino e feminino na linha de montagem". Comunicação apresentada ao GT "Processo de Trabalho e Reivindicações Sociais", IX Encontro Anual da Anpocs, São Paulo. Posteriormente publicado em LOBO, Elizabeth Souza (1991). *A classe operária tem dois sexos*. São Paulo: Brasiliense.

LOBO, Elizabeth Souza; HUMPHREY, John; GITAHY, Leda; MOYSÉS, Rosa Lúcia (1987). "A 'prática invisível' das operárias", *in* A. Kartchevsky-Bulport *et al.*, *O sexo do trabalho*. Rio de Janeiro: Paz e Terra, pp. 131-144.

LOPES, Juarez Brandão (1965). *Sociedade industrial no Brasil*. São Paulo: Difusão Européia do Livro.

_____ (1967). *A crise do Brasil arcaico*. São Paulo: Difusão Européia do Livro.

_____ (1968). *Desenvolvimento e mudança social*. São Paulo: Cia. Editora Nacional/Editora da Universidade.

_____ (1994). "Novos parâmetros para reorganização da política social brasileira", *Textos para Discussão*, 358, Rio de Janeiro, IPEA.

LOPES, Juarez Brandão; GOTTSCHALK, Amelia (1990). "Recessão, pobreza e família: a década mais que perdida", *São Paulo em Perspectiva*, v. 4, nº 2, São Paulo, Fundação Seade, abr.-jun., pp. 32-36.

MADEIRA, Felícia (org.) (1996). *Quem mandou nascer mulher? Estudos sobre crianças e adolescentes pobres no Brasil*. Rio de Janeiro: Rosa dos Tempos/Unicef.

MADEIRA, Felícia; SINGER, Paul (1975). "Estrutura do emprego e trabalho feminino no Brasil", *Cadernos Cebrap*, nº 13, São Paulo, Cebrap.

MARONI, Amnéris (1982). *A estratégia da recusa*. São Paulo: Brasiliense.

Bibliografia

MARQUES, Rosa Maria (1986). "Os trabalhadores e as novas tecnologias", *in* Lúcia Bruno e Cleusa Saccardo (orgs.), *Organização, trabalho e tecnologia*. São Paulo: Atlas, pp. 27-51.

MARTINS, Heloisa de Souza (1979). *O Estado e a burocratização do sindicato no Brasil*. São Paulo: Hucitec.

MARTINS, Heloisa de Souza; RAMALHO, José Ricardo (1994). *Terceirização, diversidade e negociação no mundo do trabalho*. São Paulo: Hucitec.

MARUANI, Margaret (2000). *Travail et emploi des femmes*. Paris: La Découverte.

MARUANI, Margaret; REYNAUD, Emmanuèle (1993). *Sociologie de l'emploi*. Paris: Éditions La Decouverte (Collection Repéres, n° 132).

MARX, Karl (1986). *El capital: crítica de la economía política*. México: Fondo de Cultura Económica, livro I.

MARX, Roberto (1996). *Análise dos projetos de implantação do trabalho em grupos na indústria brasileira: o caso da autonomia no chão-de-fábrica*. Tese de Doutoramento, São Paulo, Departamento de Engenharia de Produção da Escola Politécnica da USP.

_____ (1997). "Trabalho em grupo, polivalência e controle", *in* Glauco Arbix e Mauro Zilbovicius (orgs.), *De JK a FHC: a reinvenção dos carros*. São Paulo: Scritta, pp. 183-204.

MAYO, Elton (1933). *The human problems of industrial civilization*. Nova York: Macmillan.

McCLELLAND, David (1971). *The achieving society*. Princeton, NJ: Van Nostrand.

MELLO E SILVA, Leonardo (1997). *A generalização difícil*. Tese de Doutoramento, São Paulo, Departamento de Sociologia da USP.

MENEZES, Wilson; BARRETO, Ranieri Muricy; CARRERA-FERNANDEZ, José (s/d). "A escolha profissional após a demissão: a experiência do pólo petroquímico de Camaçari", s.p.i.

MENEZES, Wilson; CARRERA-FERNANDEZ, José (1998). "Ocupação e informalidade no mercado de trabalho da região metropolitana de Salvador", *Conjuntura e Planejamento*, n° 45, Salvador, SEI, fevereiro.

MIGLIOLI, Jorge (1963). "Como são feitas as greves no Brasil", *Cadernos do Povo*, n° 13, Rio de Janeiro, Civilização Brasileira.

MINAYO, Maria Cecilia (1986). *Os homens de ferro: estudo sobre os trabalhadores da Vale do Rio Doce em Itabira*. Rio de Janeiro: Dois Pontos.

MOISÉS, José Álvaro (1981). "A estratégia do novo sindicalismo", *Revista de Cultura e Política*, n° 5/6, São Paulo, Cedec.

MONTAGNER, Paula; BRANDÃO, Sandra C. (1996). "Novas características do desemprego". Anais do X Encontro Nacional de Estudos Populacionais, Belo Horizonte, ABEP, pp. 437-464.

_____ (1996a). "Desemprego: novos aspectos de um velho problema", *São Paulo em Perspectiva*, v. 10, n° 1, São Paulo, Fundação Seade, jan.-mar., pp. 36-45.

MONTALI, Lilia; TELLES, Vera da Silva (1986). "Família e modo de vida nas classes trabalhadoras", Anais do V Encontro Anual de Estudos Populacionais, ABEP.

MOORE, Wilbert (1951). *Industrial relations and the social order*. Nova York: Macmillan, edição revista.

MOREIRA, João Roberto (1960). "Educação, estratificação e mobilidades sociais no Brasil", *in* João Roberto Moreira, *Educação e desenvolvimento no Brasil*. Rio de Janeiro: Centro Latino-Americano de Pesquisas em Ciências Sociais.

MOREL, Regina Lúcia de Moraes (1989). *A ferro e fogo. Construção e crise da família siderúrgica: o caso de Volta Redonda*. Tese de Doutoramento, São Paulo, FFLCH-USP.

MOURA, Edila Arnaud Ferreira *et al.* (1984). "A utilização do trabalho feminino nas indústrias de Belém e Manaus". Anais do IV Encontro Anual de Estudos Populacionais, v. 1, São Paulo, ABEP.

MOYSÉS, Rosa Lúcia (1985). "O processo e a divisão sexual do trabalho nas indústrias farmacêutica e de cosméticos". Comunicação apresentada ao GT "Mulher na Força de Trabalho", IX Encontro Anual da Anpocs, São Paulo.

NEDER, Ricardo Toledo (1988). "Sindicato e novas tecnologias no Brasil: o caso dos metalúrgicos de São Paulo", *in Automação e movimento sindical no Brasil*. São Paulo: Hucitec, pp. 177-214.

NEVES, Magda de Almeida (1995). *Trabalho e cidadania: as trabalhadoras de Contagem*. Petrópolis: Vozes.

NEVES, Paulo Sergio da Costa (1999). *L'action syndicale des travailleurs du pétrole à Bahia, Brésil (pétrole, nationalisme et politique)*. Tese de Doutoramento, Lyon, L'Université Lumière, 2 vols.

Bibliografia

NORONHA, Eduardo G. (1991). "A explosão das greves na década de 80", *in* Armando Boito Jr. (org.), *O sindicalismo brasileiro nos anos 80*. Rio de Janeiro: Paz e Terra.

_____ (1998). *O modelo legislado de relações de trabalho e seus espaços normativos*. Tese de Doutoramento em Ciência Política, São Paulo, USP. Posteriormente publicado como NORONHA, Eduardo G. (1999). *Entre a lei e a arbitrariedade: mercados e relações de trabalho no Brasil*. São Paulo: LTR Editores.

_____ (2001). "Informal, illegal, unfair: perceptions of labour market in Brazil". Comunicação apresentada ao 13th Annual Meeting on Socio-Economics, SASE — Society for the Advancement of Socio-Economics, julho.

NUN, Jose Luis (1969). "Superpopulación relativa, ejercito industrial de reserva y masa marginal", *Revista Latinoamericana de Sociología*, v. 5, n° 2, julho.

OFFE, Claus (1986). "Work: the key sociological category?", *in Disorganized capitalism: contemporary transformations of work and politics*. Oxford: Polity Press, cap. 5, pp. 129-150.

OLIVEIRA, Francisco de (1987). *O elo perdido: classes e identidades de classe*. São Paulo: Brasiliense.

_____ (1988). *A economia brasileira: crítica à razão dualista*. 6ª edição. Petrópolis: Vozes.

_____ (1993). "Quanto melhor, melhor: o acordo das montadoras", *Novos Estudos Cebrap*, n° 36, julho, pp. 3-7.

OLIVEIRA, Francisco de; COMIN, Álvaro (1999). *Os cavaleiros do antiapocalipse: trabalho e política na indústria automobilística*. São Paulo: Cebrap/Editora Entrelinhas.

OLIVEIRA, Francisco de; FARIA, Vilmar; GIANNOTTI, José Arthur (1992). *Os cavaleiros do anti-apocalipse: o "acordo das montadoras"*. Projeto de Pesquisa Cebrap/Finep, São Paulo, 1992.

OLIVEIRA, José Clemente (1994). *Firma e quase-firma no setor industrial. O caso da petroquímica brasileira*. Tese de Doutoramento, Rio de Janeiro, Instituto de Economia Industrial da UFRJ.

OSSOWSKI, Stanislaw (1965). *A estrutura de classes na consciência social*. Rio de Janeiro: Zahar.

OSTERMAN, Paul (1988). *Los mercados internos de trabajo*. Madri: Centro de Publicaciones.

OUTIN, Jean-Luc (1990). "Trajectoires professionelles et mobilité de la main-d'oeuvre: la construction sociale de l'employabilité", *Sociologie du Travail*, nº 4.

PAOLI, Maria Célia (1987). "Os trabalhadores urbanos na fala dos outros: tempo, espaço e classe na história operária brasileira", *in* José Sérgio Leite Lopes (org.), *Cultura e identidade operária*. Rio de Janeiro: Marco Zero/Proed/UFRJ/Museu Nacional.

_____ (1989). "Trabalhadores e cidadania: experiência do mundo público na história do Brasil moderno", *Estudos Avançados*, v. 3, nº 13, IEA-USP, set.-dez., pp. 40-66.

PARSONS, Talcott (1952). *The social system*. London: Routledge & Kegan Paul.

PASTORE, José (1979). *Desigualdade e mobilidade social no Brasil*. São Paulo: T. A. Queiroz/Edusp.

PASTORE, José; SILVA, Nelson do Valle (2000). *Mobilidade social no Brasil*. São Paulo: Makron.

PENA, Maria Valéria Juno (1981). *Mulheres e trabalhadoras: presença feminina na constituição do sistema fabril*. Rio de Janeiro: Paz e Terra.

_____ (1986). "A mulher na força de trabalho", *BIB — O que se deve ler em Ciências Sociais no Brasil*, nº 1, São Paulo, Anpocs/Cortez, pp. 201-221.

PEREIRA, Denise; CRIVELLARI, Helena (1991). "A concepção fabril numa empresa bancária", *in* Márcia de Paula Leite e Roque Aparecido da Silva (orgs.). *Modernização tecnológica, relações de trabalho e práticas de resistência*. São Paulo: Iglu.

PEREIRA, Luiz (1965). *Trabalho e desenvolvimento no Brasil*. São Paulo: Difusão Européia do Livro.

PEREIRA, Vera Maria Candido (1979). *O coração da fábrica*. Rio de Janeiro: Campus.

PERO, Valéria (1995). "Terciarização e qualidade do emprego: uma análise da região metropolitana de São Paulo nos anos 90". São Paulo: Ildes-FES (8), julho.

_____ (1997). "Migração para fora do mercado formal de trabalho", *in* Segundo Relatório de Pesquisa, Projeto Finep/CIET "Trajetórias Intersetoriais e Ocupacionais dos Trabalhadores Desligados da Indústria", Rio de Janeiro.

PESSANHA, Elina (1985). *Vida operária e política: os trabalhadores da construção naval de Niterói*. Tese de Doutoramento, São Paulo, FFLCH-USP.

PESSANHA, Elina; MOREL, Regina Lúcia (1991). "Gerações operárias: rupturas e continuidades na experiência de metalúrgicos do Rio de Janeiro", *Revista Brasileira de Ciências Sociais*, n° 17, ano 6, outubro, pp. 68-63.

PIORE, Michael J.; SABEL, Charles F. (1984). *The second industrial divide*. Nova York: Basic Books.

POCHMANN, Marcio (1998). *Inserção ocupacional e emprego dos jovens*. São Paulo: ABET (Coleção ABET — Mercado de Trabalho).

_____ (1999). *O trabalho sob fogo cruzado: exclusão, desemprego e precarização*. São Paulo: Contexto.

_____ (2001). *O emprego na globalização: a nova divisão internacional do trabalho e os caminhos que o Brasil escolheu*. São Paulo: Boitempo.

POSTHUMA, Anne (1995). "Técnicas japonesas de organização nas empresas de auto-peças", *in* Nadya Araujo Castro (org.), *A máquina e o equilibrista: inovações na indústria automobilística brasileira*. Rio de Janeiro: Paz e Terra, pp. 301-333.

_____ (1997). "Industrial restructuring and skills in the supply chain of the Brazilian automotive industry". Comunicação ao Congresso da Latin American Studies Association — LASA. Guadalajara, 17-19/4.

_____ (org.) (1999). *Abertura e ajuste no mercado de trabalho no Brasil: políticas para conciliar os desafios de emprego e competitividade*. Brasília/São Paulo: OIT/MTE/Editora 34.

POSTHUMA, Anne; LOMBARDI, Maria Rosa (1997). "Mercado de trabalho e exclusão social da força de trabalho feminina", *São Paulo em Perspectiva*, v. 11, n° 1, jan.-mar. ("Flexibilidade, empregabilidade e direitos"), pp. 124-131.

QUIJANO, Aníbal (1970). "Redefinición de la dependencia y marginalización en América Latina". Santiago: Centro de Estudios Socio-Económicos, Universidad de Chile.

RABELO, Flávio (1989). *Automação, estrutura industrial e gestão da mão-de-obra: o caso da introdução das máquinas ferramentas com comando numérico na indústria metal-mecânica*. Dissertação de Mestrado, Campinas, Instituto de Economia da Unicamp.

RAMALHO, José Ricardo (1986). *Estado patrão e luta operária: conflitos de classe na fábrica nacional de motores.* Tese de Doutoramento, São Paulo, USP.

RAMOS, Lauro; REIS, José Guilherme Almeida (1997). "Emprego no Brasil nos anos 90", *Texto para Discussão*, nº 468, Rio de Janeiro, IPEA.

RIZEK, Cibele Saliba (1988). *Osasco, 1968: a experiência de um movimento.* Dissertação de Mestrado, São Paulo, FFLCH-USP.

_____ (1994). *O trabalho e suas metáforas: as representações simbólicas dos trabalhadores petroquímicos paulistas.* Tese de Doutoramento em Sociologia, São Paulo, USP.

RODRIGUES, Arakcy Martins (1978). *Operário, operária.* São Paulo: Símbolo.

RODRIGUES, Iram Jácome (1990). *Comissão de fábrica e trabalhadores na indústria.* São Paulo: Cortez/Fase.

RODRIGUES, José Albertino (1968). *Sindicato e desenvolvimento no Brasil.* São Paulo: Difusão Européia do Livro.

RODRIGUES, Leôncio Martins (1966). *Conflito industrial e sindicalismo no Brasil.* São Paulo: Difusão Européia do Livro.

_____ (1970). *Industrialização e atitudes operárias.* São Paulo: Brasiliense.

_____ (1988). "Os sindicatos na nova Constituição", *Jornal da Tarde*, São Paulo, 14/3.

_____ (1990). *CUT: os militantes e a ideologia.* Rio de Janeiro: Paz e Terra.

_____ (1991). "As tendências políticas na formação das centrais", *in* Armando Boito Jr. (org.), *O sindicalismo brasileiro nos anos 80.* Rio de Janeiro: Paz e Terra.

RODRIGUES, Leôncio Martins; CARDOSO, Adalberto M. (1993). *Força sindical: uma análise sócio-política.* Rio de Janeiro: Paz e Terra.

ROETHLISBERGER, Fritz J.; DICKSON, William J. (1939). *Management and the worker.* Cambridge: Harvard University Press.

RUAS, Roberto (1993). "Reestruturação sócio-econômica, adaptação das empresas e gestão do trabalho". Comunicação apresentada à Red Latinoamericana de Educación y Trabajo, Campinas, 7-11/3.

RUAS, Roberto; ANTUNES, Elaine (1997). "Estruturação, programas de qualidade e práticas de benefícios e incentivos: a questão do 'comprometimento'", *in* Liana Carleial e Rogério Valle (orgs.), *Reestruturação produtiva e mercado de trabalho no Brasil*. São Paulo: Hucitec/ABET, pp. 169-188.

RUAS, Roberto; GITAHY, Leda; RABELO, Flávio; ANTUNES, Elaine (1994). "Inter-firm relations, collective efficiency and employment in two Brazilian clusters". *Working Paper*, n° 242, International Labour Office, Genebra, março. Posteriormente publicado em *Revista Latinoamericana de Estudios del Trabajo*, ano 3, n° 6, 1997, pp. 39-78.

SABÓIA, João (1991). "Emprego nos anos oitenta: uma década perdida", *in Modelos de organização industrial, política industrial e trabalho*. São Paulo: Associação Brasileira de Estudos do Trabalho, abril.

_____ (1991a). "Emprego, renda e pobreza no Brasil na década de oitenta: transformações conjunturais e estruturais". Comunicação apresentada ao Seminário Internacional "Políticas Econômicas e Mudanças Estruturais na América Latina", Salvador, UFBa/Cofecub/Capes, novembro.

SADER, Eder (1988). *Quando novos personagens entraram em cena*. Rio de Janeiro: Paz e Terra.

SADER, Eder; PAOLI, Maria Célia (1986). "Sobre as classes populares no pensamento sociológico brasileiro", *in* Ruth Cardoso (org.), *A aventura antropológica*. Rio de Janeiro: Paz e Terra.

SAFFIOTI, Heleieth (1969). *A mulher na sociedade de classes: mito e realidade*. São Paulo: Livraria Quatro Artes.

_____ (1978). *Emprego doméstico e capitalismo*. Petrópolis: Vozes.

_____ (1985). "Força de trabalho feminina no Brasil: no interior das cifras". Comunicação apresentada ao GT "Mulher na Força de Trabalho", Reunião Nacional da Anpocs, São Paulo, mimeo.

SALAIS, Robert; BAVEREZ, Nicolas; REYNAUD, Bénédicte (1986). *L'invention du chômage*. Paris: Presses Universitaires de France.

SALERNO, Mario Sergio (1985). "Produção, trabalho e participação: CCQ e kamban numa nova imigração japonesa", *in* Maria Tereza Fleury e Rosa Maria Fischer (orgs.), *Processo e relações do trabalho no Brasil*. São Paulo: Atlas.

_____ (1994). "Trabalho e organização na indústria integrada e flexível", *in* Celso J. Ferreti *et al. Novas tecnologias, trabalho e educação: um debate multidisciplinar*. Petrópolis: Vozes.

_____ (1999). *Projeto de organizações integradas e flexíveis: processos, grupos e gestão democrática via espaços de comunicação-negociação.* São Paulo: Atlas.

SANDOVAL, Salvador (1994). *Os trabalhadores param: greve e mudança social no Brasil, 1945-1990.* São Paulo: Ática.

SANSONE, Livio (1993). "Pai preto, filho negro. Trabalho, cor e diferenças geracionais", *Estudos Afro-Asiáticos*, 25, pp. 73-98.

SANTOS, Martha (1996). "Reestruturação e emprego na química baiana: análise dos empregados da indústria química entre 1986 e 1993". Salvador: Universidade Federal da Bahia, mimeo.

SANTOS, Wanderley Guilherme dos (1979). *Cidadania e justiça: a política social na ordem brasileira.* Rio de Janeiro: Campus.

SCALON, Maria Celi (1999). *Mobilidade social no Brasil: padrões e tendências.* Rio de Janeiro: Revan.

SCHMITZ, Hubert (1995). "Small shoemakers and fordist giants: tale of a supercluster", *World Development*, v. 22, n° 1, pp. 1-28, janeiro.

SEGNINI, Liliana (1988). *A liturgia do poder: trabalho e disciplina.* São Paulo: EDUC/Sindicato dos Bancários de São Paulo.

_____ (1998). *Mulheres no trabalho bancário.* São Paulo: Fapesp/Edusp.

SEGRE, Lidia; TAVARES, Silvio (1991). "Crise, reestruturação industrial e formas de modernização micro-eletrônica da produção no setor metal-mecânico no Rio de Janeiro: ação sindical e respostas dos trabalhadores", *in* Márcia de Paula Leite e Roque Aparecido da Silva (orgs.) *Modernização tecnológica, relações de trabalho e práticas de resistência.* São Paulo: Iglu.

SEIDMAN, Gay W. (1994). *Manufacturing militance: workers' movements in Brazil and South Africa, 1970-1985.* Berkeley: University of California Press.

SILVA, Elisabeth Bortolaia (1991). *Refazendo a fábrica fordista.* São Paulo: Hucitec.

SILVA, Nelson do Valle (1979). "As duas faces da mobilidade", *Dados*, n° 21, Rio de Janeiro, Iuperj, pp. 49-68.

_____ (1981). "Cor e processo de realização socioeconômica", *Dados*, n° 24, Rio de Janeiro, Iuperj, pp. 391-408.

_____ (1992). *Uma classificação ocupacional para estudo da mobilidade e da situação de trabalho no Brasil.* Rio de Janeiro: Iuperj/LNCC.

Bibliografia

SILVA, Paula Cristina (1993). *Negros à luz dos fornos*. Dissertação de Mestrado apresentada ao Programa de Pós-Graduação em Sociologia, Universidade Federal da Bahia.

SILVA, Roque Aparecido da (1985). "Comissões de fábrica e autonomia dos trabalhadores", *in* Maria Tereza Fleury e Rosa Maria Fischer (orgs.), *Processo e relações do trabalho no Brasil*. São Paulo: Atlas.

_____ (1990). "As negociações coletivas no Brasil e o sistema de relações de trabalho". XVI Encontro Anual da Anpocs. Posteriormente publicado em ABRAMO, Laís; CUEVAS, Alberto (orgs.) (1992). *El sindicalismo latinoamericano en los 90*, v. II. Santiago de Chile: Iscos/ CISL/Clacso.

_____ (1992). "Representatividade e renovação no sindicalismo brasileiro", *Cadernos do Cesit*, nº 10, Unicamp, julho.

SIMÃO, Aziz (1966). *O sindicato e o Estado: suas relações na formação do proletariado de São Paulo*. São Paulo: Dominus.

SIQUEIRA, Deis; POTENGY, Gisélia; CAPPELLIN, Paola (orgs.) (1997). *Relações de trabalho, relações de poder*. Brasília: Editora da UnB.

SIQUEIRA NETO, José Francisco (1997). "Direito do trabalho e flexibilização no Brasil", *São Paulo em Perspectiva*, v. 11, nº 1, jan.-mar. ("Flexibilidade, empregabilidade e direitos"), pp. 33-41.

SOARES, Sergei (2000). "O perfil da discriminação no mercado de trabalho: homens negros, mulheres brancas, mulheres negras", *Textos para Discussão*, nº 769, Rio de Janeiro, IPEA, novembro.

SORJ, Bila (1983). "O processo de trabalho na indústria: tendências de pesquisa", *BIB — Boletim Informativo Bibliográfico de Ciências Sociais*, nº 15, Rio de Janeiro, 1º semestre.

_____ (1985). "Desenvolvimento e crise de uma política de gestão da força de trabalho", *Revista de Administração de Empresas*, nº 4, São Paulo, FGV.

SPINDEL, Cheywa (1980). "O processo de trabalho na indústria do vestuário". São Paulo: Idesp, mimeo.

_____ (1987a). "A formação de um novo proletariado: as operárias do distrito industrial de Manaus". Relatório de Pesquisa, Idesp, São Paulo.

_____ (1987b). "A mulher frente à crise econômica dos anos 80 (algumas reflexões com base em estatísticas oficiais)", *Estudos*, nº 18, São Paulo, Idesp.

SUAREZ, Marcus Alban (1986). *Petroquímica e tecnoburocracia: capítulos do desenvolvimento capitalista no Brasil*. São Paulo: Hucitec.

SUGITA, Kurumi (2002). "Emploi atipique et chômage dans la société japonaise". Lyon: IAO/Université Lyon, mimeo.

TAVARES, Luís Henrique Dias (1966). *O problema da involução industrial da Bahia*. Salvador: Universidade Federal da Bahia.

TEIXEIRA, Francisco (1993). "Notas sobre os impactos de mudanças gerenciais e tecnológicas na força de trabalho da indústria petroquímica baiana", *Força de Trabalho e Emprego*, Salvador, v. 10, n° 2/3, pp. 22-24.

TELLES, Jover (1962). *O movimento sindical no Brasil*. Rio de Janeiro: Vitória.

TELLES, Vera da Silva (1984). *A experiência do autoritarismo e as práticas instituintes*. Dissertação de Mestrado em Sociologia, São Paulo, USP.

_____ (1988). "Anos 70: experiências, práticas e espaços políticos", *in* Lúcio Kowarick (org.), *As lutas sociais e a cidade*. Rio de Janeiro: Paz e Terra, pp. 247-286.

_____ (1992). *A cidadania inexistente: incivilidade e pobreza — Um estudo sobre trabalho e família na Grande São Paulo*. Tese de Doutoramento, São Paulo, USP.

_____ (2001). *Pobreza e cidadania*. São Paulo: Editora 34/Curso de Pós-Graduação em Sociologia da USP.

THOMPSON, Edward P. (1963). *The making of the English working class*. Londres: Gollancz.

TITTONI, Jacqueline (1994). *Subjetividade e trabalho*. Porto Alegre: Ortiz.

TOPALOV, Christian (1994). *Naissance du chômeur, 1880-1910*. Paris: Albin-Michel, 1994.

TOURAINE, Alain (1955). *L'evolution du travail aux usines Renault*. Paris: CNRS.

_____ (1960). "Contribution à la sociologie du mouvement ouvrier: le syndicalisme de contrôle", *Cahiers Internationaux de Sociologie*, Paris, n° XXVIII.

_____ (1966). *La conscience ouvrière*. Paris: Seuil.

TOURAINE, Alain; MOTTEZ, Bernard (1961). "Classe ouvrière et societé globale", *in* Georges Friedmann e Pierre Naville (orgs.), *Traité de sociologie du travail*. Paris: Armand Collin.

TRÉANTON, Jean-René; REYNAUD, Jean-Daniel (1963). "La sociologie industrielle 1951-62", *La Sociologie Contemporaine*, v. XII, n° 2, pp. 123-136.

URANI, André (1995). "Crescimento e geração de emprego e renda no Brasil", *Lua Nova*, n° 35, pp. 5-38.

VALLE, Rogério (1991). "Automação e racionalidade técnica", *Revista Brasileira de Ciências Sociais*, n° 17, ano 6, Rio de Janeiro, Anpocs, pp. 53-67.

VARGAS, Nilton (1979). *Organização do trabalho e capital: um estudo da construção habitacional*. Dissertação de Mestrado, Rio de Janeiro, UFRJ.

_____ (1985). "Gênese e difusão do taylorismo no Brasil", *Ciências Sociais Hoje 1985*, São Paulo, Anpocs/Cortez, pp. 155-189.

VIANA, Solange Veloso (2001). *Indústria moderna e padrão alimentar: o espaço do trabalho, do consumo e da saúde*. Tese de Doutoramento, Salvador, Programa de Pós-Graduação em Saúde Coletiva da UFBa.

VIANNA, Luiz Werneck (1976). *Liberalismo e sindicato no Brasil*. Rio de Janeiro: Paz e Terra.

_____ (1978). "Estudos sobre sindicalismo e movimento operário: resenha de algumas tendências", *BIB — Boletim Informativo e Bibliográfico de Ciências Sociais*, n° 3, Rio de Janeiro, Anpocs.

_____ (1984). "Atualizando uma bibliografia: 'novo sindicalismo', cidadania e fábrica", *BIB — Boletim Informativo e Bibliográfico de Ciências Sociais*, n° 17, Rio de Janeiro, Anpocs, 1° semestre.

WARNER, William Lloyd; LOW, J. O. (1947). *The social system of the modern factory*. New Haven: Yale University Press.

WEFFORT, Francisco (1972). "Participação e conflito industrial", *Cadernos Cebrap*, n° 6, São Paulo, Cebrap.

_____ (1978). "Os sindicatos na política (Brasil: 1955-1964)", *Ensaios Opinião*, n° 2-5.

_____ (1979). "Democracia e movimento operário: algumas questões para a história do período 1945-1964", partes 1 e 2, *Revista da Cultura Contemporânea*, n° 1 e 2; parte 3, *Revista de Cultura Política*, n° 1.

WHYTE, William F. (1951). *Patterns of industrial peace*. Nova York: Harper and Brothers.

_____ (1961). *Men at work*. Homewood: The Dorsey Press.

WOMACK, James P.; JONES, Daniel T.; ROOS, Daniel (1992). *A máquina que mudou o mundo*. 2ª ed. Rio de Janeiro: Campus.

ZARIFIAN, Philippe (1999). *Objectif compétence*. Paris: Liaisons.

ZILBOVICIUS, Mauro (1997). "Modelos de produção e produção de modelos", *in* Glauco Arbix e Mauro Zilbovicius (orgs.), *De JK a FHC: a reinvenção dos carros*. São Paulo: Scritta, pp. 285-326.

ZILBOVICIUS, Mauro; GRÜN, Roberto *et al.* (1997). "Novas estratégias patronais e novas respostas operárias: a operação vaca brava", *Cadernos DEP*, São Carlos, v. 1, nº 2, pp. 2-56.

Bibliografia

SOBRE A AUTORA

Nadya Araujo Guimarães é graduada (1968-71) e mestre em Sociologia (1971-74) pela Universidade de Brasília, doutora em Sociologia (Universidad Nacional Autónoma de México, 1983), com pós-doutorado no Massachusetts Institute of Technology/DUSP — Department of Urban Studies and Planning (1993-94) e livre-docente em Sociologia do Trabalho pela Universidade de São Paulo (2002).

Foi professora dos Departamentos de Ciências Sociais da UnB (1971-73) e da Universidade Federal da Bahia (1974-95), e editora da *Revista Latinoamericana de Estudios del Trabajo*, da Alast — Asociación Latinoamericana de Sociología del Trabajo (1996-99). Atualmente, é professora associada do Departamento de Sociologia da USP, onde ingressou em 1999, e Pesquisadora I do CNPq, associada ao Cebrap — Centro Brasileiro de Análise e Planejamento, onde dirigiu a Área de Estudos do Trabalho entre 1996 e 2002. Suas atividades atuais de pesquisa direcionam-se para os estudos sobre: trajetórias de reestruturação das firmas e destinos ocupacionais de seus trabalhadores; trabalho e desigualdades de gênero e raça; estudos comparativos sobre mobilidade no mercado de trabalho; biografias ocupacionais e experiência subjetiva do desemprego em grandes metrópoles mundiais (São Paulo, Paris e Tóquio).

Publicou diversos livros, entre eles: *Repensando uma década: a construção da CUT na Bahia nos anos 80* (co-autora com P. Falcón, F. Lopes. G. Kraychette, F. Rubio e A. S. Guimarães, EdUFBa, 1994), *Relações de trabalho e práticas sindicais na Bahia* (EdUFBa, 1995), *Imagens e identidades do trabalho* (co-autora com Michel Agier e Antonio Sérgio Guimarães, Hucitec, 1995), *A máquina e o equilibrista: inovações na indústria automobilística brasileira* (organizadora, Paz e Terra, 1995), *Trabalho e desigualdades raciais: negros e brancos no mercado de trabalho em Salvador* (co-autora com Vanda Sá-Barreto, Annablume, 1998), *A ocupação na América Latina: tempos mais duros* (organização com Cláudio Dedecca, Alast, 1998), *Competitividade e desenvolvimento: atores e instituições locais* (organização com Scott Martin, Senac, 2001).

CO-EDIÇÕES CURSO DE PÓS-GRADUAÇÃO
EM SOCIOLOGIA DA USP/EDITORA 34

Mário A. Eufrasio, *Estrutura urbana e ecologia humana: a escola sociológica de Chicago (1915-1940)*

Antônio Flávio Pierucci, *Ciladas da diferença*

Leopoldo Waizbort, *As aventuras de Georg Simmel*

Irene Cardoso, *Para uma crítica do presente*

Vera da Silva Telles, *Pobreza e cidadania*

Paulo Menezes, *À meia-luz: cinema e sexualidade nos anos 70*

Sylvia Gemignani Garcia, *Destino ímpar: sobre a formação de Florestan Fernandes*

Antônio Flávio Pierucci, *O desencantamento do mundo: todos os passos do conceito em Max Weber*

Leonardo Mello e Silva, *Trabalho em grupo e sociabilidade privada*

ESTE LIVRO FOI COMPOSTO EM SABON PELA
BRACHER & MALTA, COM FOTOLITOS DO
BUREAU 34 E IMPRESSO PELA PROL EDITORA
GRÁFICA EM PAPEL PÓLEN SOFT 80 G/M^2 DA
CIA. SUZANO DE PAPEL E CELULOSE PARA
A EDITORA 34, EM MARÇO DE 2004.